일본행정론

현대일본학회 지음

서문

21세기 일본의 행정이 바뀌고 있다. 2001년 성청 개편을 시작으로 정치와 행정의 역학관계가 변화하고 있다. 또 전후 일본 사회의 견인차 역할을 담당했던 일본국가론뿐만 아니라 장기간 지속된 자민당 정권의 보수본류 체제의 행정 시스템도 근본적으로 변화되기 시작했다. 과연 일본이 세계에서 최고라는 자국에 대한 자부심과, 일본을 이끌어온 엘리트 관료들의 역할은 앞으로 어떻게 변화할 것인가?

1980년대 이후 사회과학 연구에 커다란 영향을 미친 일본의 국가와 행정에 대한 연구는 이제 새로운 국면을 맞고 있다. 세계사의 흐름으로 볼 때 중국의 급부상으로 아시아 연구에서 일본이 차지하던 비중이 급속히 변화하고 있다. 하지만 일본의 행정은 아직도 일본 사회와 국가를 이끌어가는 중심축으로 작동하고 있다. 일본 행정의 중요성은 사라진 것이 아니라 서서히 변화하고 있는 것이다.

일본을 많이 안다고 하면서도 우리 사회에서 일본 사회의 작동 원리를 치밀하게 연구하는 단체나 학회는 많지 않다. 특히, 일본 행정과 우리 행정의 유사성을 이야기하면서도 구체적인 유사성과 차별성을 구별하기는 쉽지 않다. 일본 사회의 저력을 아직도 지탱하고 있는 일본 행정을 정확히 이해하는 일은 우리의 국가경쟁력을 위해서도 반드시 필요한 과제이다.

현대일본학회에서 2008년 학술 기획사업의 일환으로 추진된 『일본행정론』의 출간은 변화하는 일본 행정의 현주소를 치밀하게 분석한 지적 산출물이다. 이 책은 오랜 기간 동안 일본 행정을 연구해온 국내 최고 전문가들에 의해 우리의 시각으로 철저히 해부한 저술이다.

이 책을 준비하면서 책의 스타일을 어떻게 만들 것인가에 대해 고민을 했다. 우선 학부와 대학원에서 교재로 활용할 수 있게 핵심적인 주제에 대한 설명과 지적 호기심을 유발하기 위한 질문을 담았다. 또한 관심 있는 독자들의 심도 있는 연구를 위해 참고문헌도 함께 실었다. 하지만 이 책은 단순한 대학 교재를 넘어서 일본 행정 연구자들의 지적 고민이 실려 있는 글들로 이루어져 있다. 따라서 일본 사회에 관심이 있는 지식인들과 정부, 기업, 연구소 등 다양한 분야의 전문가들이 참고할 수 있는 글들로 엮어졌다.

이 책을 발간하기까지 많은 사람들의 수고가 보태졌다. 권영주 총무이사가 기획에서 최종 출간에 이르기까지 모든 수고를 맡아주었다. 이와 함께 학회 일을 위해 헌신한 김기석 총무이사를 비롯해 연구와 교육 등 바쁜 와중에도 현대일본학회를 위해 귀한 원고를 주신 집필진 회원 모두에게 무한한 감사를 드린다.

무엇보다도 현대일본학회를 위해 많은 지원을 아끼지 않으시고 이번 학술서적의 출간에도 큰 도움을 주신 아주산업의 문규영 회장님께 감사드린다. 또한 학술서적이라는 한계에도 불구하고 선뜻 출판을 맡아주신 애플트리태일즈의 김옥희 사장님께 감사드린다. 아무쪼록 이 한 권의 책이 세상에 나옴으로 인해서 우리 사회의 지적 자산이 늘어가는 즐거움을 나눌 수 있기를 기대한다.

2008년 2월 25일
현대일본학회 회장 염재호

| 차 례 |

서장. 일본의 행정 : 신화와 현실

염재호

   왜 일본은 40년 만에 패전국의 위치에서 세계 제2의 경제대국으로 부상하게 되었는가? 일본의 경제성장을 이야기할 때 왜 시장의 힘보다는 국가와 정부의 특성이 강조되는가? 그렇다면 일본 정부의 국정운영은 다른 나라와 얼마나 다른 것인가? 일본은 정말 넘버원 국가인가? 소위 동아시아 국가들의 경제성장은 일본의 성장모델을 본받은 것인가? 그리고 21세기의 일본의 국가경쟁력은 지속되고 이 과정에서 행정의 역할은 계속 유지될 것인가?

   1980년대에 접어들면서 세계 정치경제 이론의 관심은 일본에 모아졌다. 찰머스 존슨(Chalmers Johnson) 교수의 「통산성과 일본의 기적」은 일본의 국가와 산업정책이 일본의 경제성장을 견인했다고 주장했다. 전 세계가 두 차례의 석유위기를 겪는 동안에 자원빈국인 일본은 이를 기술력으로 극복해 나가면서 1980년대에 들어와 세계 경제에서 우뚝 서는 주도적인 위치를 차지했기 때문이다. 섬유, 자동차, 철강, 조선, 가전제품에 이어 반도체와 같은 첨단산업에서도 일본의 경쟁력은 미국을 위협하기에 충분했다. 지속적인 대일 무역적자와 재정적자는 미국의 사회과학자들로 하여금 일본 정부와 행정에 관심을 갖게 했다. 단순한 시장의 노력과 기술만으로는 그렇게 효과적으로 미국과 전 세계의 시장을 석권하기 어려웠다는 판단이었다. 이러한 국가경쟁력의 우월성 때문에 심지어 보겔(Ezra Vogel) 교수는 일본을 세계의 넘버원 국가로 치켜세우기까지 했다.

일본 문화론과 일본의 사회적 특성 등이 논의되기도 했지만 사회과학자들은 전후 급속한 경제성장의 비밀을 일본 행정의 신화에서 찾으려고 했다. 엘리트 관료, 장기집권을 한 자민당의 관료에 대한 절대적인 지지, 행정지도(行政指導)와 같은 관료의 효율적인 시장통제 및 조정 등이 주요한 변인으로 지적되었다. 이런 가운데 일본 관료제의 특수성이 논의되었고, 일본 행정의 정치적 독립성과 기능적 효율성도 거론되었다.

1980년대를 풍미했던 일본 행정의 특수성은 정부의 시장개입이라는 미시적 산업정책에 대한 논의를 활성화시켰고, 이론적으로 국가 간의 특성 비교를 강조하는 국가론과 신제도주의 논의가 활성화되는 데 일조를 했다. 하지만 일본 행정의 신화는 2000년대에 들어오면서 소위 버블경제의 붕괴에 따른 장기 경기침체 현상이 나타나고, 규제완화의 논의와 관료조직의 정책 및 행정실패 현상들이 노정되면서 심각한 도전에 직면하게되었다.

이제 민영화와 규제완화, 정부조직구조의 개편, 일련의 행정개혁, 관료 두들기기의 포퓰리즘 정치 등의 영향으로 일본 행정은 더 이상 효율적인 사회적 기능을 수행하지 못하는 것으로 평가되고 있다. 그리고 이전의 고도경제성장기에 나타난 일본 정부 및 행정의 역할도 과대평가되었다고 비판하는 목소리마저 들리기 시작한다. 이러한 시기에 지난 20세기 후반 일본 행정의 참모습을 새롭게 조명하고 21세기에 나타날 일본 행정을 전망하는 것은 의미 있는 지적 탐구라고 할 수 있다.

「통산성과 일본의 기적(MITI and Japanese Miracle: 1925-1975)」과 「Japan As Number One」

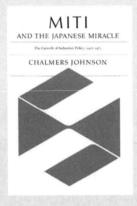

버클리 대학의 찰머스 존슨 교수는 「통산성과 일본의 기적」을 출판하면서 일본의 경제성장은 이미 전전에 형성된 국가동원체제의 상공성의 역할에서부터 그 원형을 찾아볼 수 있다고 말한다. 태평양전쟁 당시 일본 기업들의 대륙진출을 돕고 만주 시장개척의 선봉으로 지목되어 맥아더 사령부에 의해 A급 전범으로 실형을 받았다가 수상의 자리에까지 오른 상공성 사무관 출신 기시(岸信介) 수상 등 경제 관료들의 역할을 기술하고 상공성의 후신 통산성이 전후 일본 경제부흥의 총사령부 기능을 담당한다고 주장한다. 존슨 교수는 일본을 국가가 시장을 주도하는 '발전지향형 국가(the developmental state)'라고 하고 국가발전에 행정의 역할을 강조했다. 또한 하버드 대학의 에즈라 보겔 교수는 일본의 국가경쟁력을 강조하면서 일본이 세계에서 으뜸 국가라고 소개하고 있다.

1. 일본 국가발전의 원형과 행정관료제: 왜 일본 행정에 주목하는가?

섬나라인 일본은 다른 국가에 비해 문화나 문명의 흡수가 비교적 빠른 사회적 특성을 갖고 있다. 근대화 과정에서 서구로부터 문명을 받아들일 때도 다른 아시아 국가와 달리 빠른 서구화를 통해 발전을 추구해왔다. 이미 도쿠카와 이에야스의 막부체제가 출범하면서 봉건영주 중심의 번(藩)시스템에서 중앙통치의 필요성이 증대되었지만 본격적인 중앙집권적 국가 주도의 근대 행정체제의 등장은 메이지유신과 함께 시작되었다.

메이지유신(明治維新)은 일본이 근대 관료제의 기틀을 확립하는 데 출발점이 되었다. 유럽의 근대화를 모방하면서 프러시아의 관료제와 대륙법 중심의 행정체제를 받아들여 국가주도적인 발전모형이 형성되었다. 메이지유신으로 서구화에 몰입하게 된 일본의 지도자들은 탈 아시아를 선언하고 이토 히로부미(伊藤博文) 등 유신관료들이 중심이 되어 국가의 틀을 유럽식의 근대 행정체제로 개편하기 시작했다.

이러한 국가발전 모형의 역사적 유산은 메이지유신 이후에도 지속되어서 다이쇼(大正) 데모크라시 이후 대륙진출을 도모할 때에도 국가주도형 발전론이 중심이 되었고, 제2차 세계대전의 군부통치 하에서도 국가주도의 동원체제가 활용되었다. 이러한 이유로 일본의 무라마츠(村松岐夫) 교수는 일본 행정의 특질을 총동원체제라고 하고, 존슨 교수도 일본 경제성장과 행정시스템의 원형을 1925년의 상공성 행정체제에서 찾고 있고, 노구치(野口悠紀雄) 교수도 1940년 전시체제를 일본 행정의 원형으로 보고 있다.

역사적 전통은 크게 변하지 않는 것 같다. 전후 일본은 맥아더 사령부 체제 하에서 급속한 경제재건을 추진했다. 1952년 샌프란시스코 강화조약 이후 출범한 전후 일본의 국가운영은 선단호송방식(船團護送方式)과 경사생산방식(傾斜生産方式)으로 대표되는 정부 주도형 경제성장이 이루어졌다. 선단호송방식은 마치 호송선이 일련의 배를 끌고 가는 것과 같이 통산성과 같은 정부의 경제부처가 기업과 시장을 유도해 나간다는 것이다. 또한 일본은 경제재건 초기에 제한된 자본을 갖고 모든 산업에 균등하게 투자하는 것이 비효율적이라고 판단하여 철강과 석탄 산업에 치중하여 생산을 하는 경사생산방식을 통해 자본의 효율적인 투자를 추진했다.

경사생산방식으로 산업의 인프라가 구축되고 한국전쟁의 발발 등 대외적인 여건의 변화로 일본 경제가 회생되기 시작하면서 수출 지향적인 전략이 활용되었다. 정부가 기업의 국제시장 진출을 적극적으로 돕는 보호무역이 강조되었고, 이를 통해 일본의 수출경쟁력이 급격히 증대되었다. 기업의 이익 극대화 전략보다는 시장 극대화 전략이 강조되었고, 덤핑 등 불공정 무역행위뿐 아니라 국내 시장을 보호하기 위해 비관세 장벽이 활용되기도 했다. 1960년 이케다(池田勇人) 수상에 의해 제기된 '소득배증계획(所得倍增計劃)'은 10년 동안 GNP를 두 배로 증대시키는 계획으로 일본의 고도경제성장기의 상징으로 등장하게 되었다. 결국 엘리트 관료들을 중심으로 한 관주도형(官主導型)의 국가발전 모형이 매우 효과적으로 나타나 1980년대에 세계 경제의 주목을 받게 되었다.

일본 주식회사론(Japan, Inc.)

일본주식회사론은 일본 정부와 기업이 하나의 주식회사처럼 일사분란하게 움직이고 경제부처는 기획관리실과 같은 역할을 한다고 주장한다. 미 상무부 국제상무국 극동부장이었던 캐플런(Eugene J. Kaplan)이 1972년에 출간한 「JAPAN: The Government-Business Relationship/ A Guide for the American Businessman」에서 보스턴 컨설팅 그룹 동경지사의 아베글렌(James C. Abegglen) 등에 의해 지적된 통산성의 석탄과 철강 수입의 외환할당에 대한 행정지도(administrative guidance)를 인용하면서 일본 정부의 역할을 강조했다. 이후 하버드 대학의 패트릭(Hugh Patrick) 교수와 로소브스키(Henry Rosovsky) 교수가 편집해 1976년에 브루킹스 연구소에서 출간된 「Asia′s New Giant: How the Japanese Economy Works」 등이 일본 정부의 역할을 강조했다.

정치적인 측면에서도 일본 행정의 특성은 두드러진다. 먼저 미국이나 서구 유럽과는 달리 근대화 작업이 정치나 산업보다는 행정에서 우선적으로 나타난 것을 알 수 있다. 일본의 근대화는 메이지유신으로 시작되어 혁신관료들에 의해 국가 주도적으로 이루어졌고, 산업화도 이를 뒤따르고, 정치적으로는 다이쇼 데모크라시로 초기의 기본적 틀을 갖추게 된다. 또한 전후에도 일본의 정치체제는 내각제임에도 불구하고 55년 체제에서 정치권이 행정관료에게 절대적인 권한을 위임하여 경제성장을 중심으로 한 국정운영이 가능하도록 만들었다. 1장과 2장에서는 전전의 일본 행정시스템의 형성과 전후 경제성장을 이끄는 행정시스템의 특징을 설명한다.

하지만 이러한 정치와 행정의 관계는 2000년대에 들어서면서 급격하게 변하기 시작한다. 정책과정에서 소위 관고당저(官高党低) 현상이 버블경제 붕괴 이후 당고관저(党高官低) 현상으로 변모하면서 정치권에서 관료들에 대한 불신과 비판이 증대하는 결과를 낳게 되었다. 3장에서는 일본 정치와 행정시스템 변화의 전개과정을 잘 설명하고 있다.

2. 일본 행정의 특성: 55년 체제 – 엘리트 관료의 자율적 운영

외국의 학자들로부터 많은 주목을 받은 일본 행정의 특질은 과연 무엇인가? 미국이나 유럽의 관료제보다 더 효과적인 요인이 존재하는 것일까? 일본 행정에서 몇 가지 차별화될 수 있는 특성들은 다음과 같은 것이 있다.

첫째, 일본의 행정관료제는 엘리트 관료들로 이루어져 있다. 프랑스도 엘리트 관료의 충원이 두드러지지만 일본의 경우는 전전부터 엘리트 관료들로 이루어진 관료조직에 대한 국민들의 신뢰가 매우 높았다. 전후에도 동경대 법대 출신들이 주류를 이루고 사회적 엘리트들에 의해 관료집단의 충원이 이루어졌다. 이러한 일본 행정관료들의 충원과 승진, 그리고 인사시스템에 대해서는 5장에서 자세하게 다루고 있다.

둘째, 태평양 전쟁의 책임으로 정치가, 군인 등 국가지도자들이 맥아더 사령부에서 전범으로 처형되고 그 책임을 피할 수 없었지만 기술관료로서 엘리트인 관료들은 전문성으로 인해 전후 새로운 국가건설에 주도적인 역할을 담당했다. 또한 외교관료 출신인 요시다(吉田茂) 수상은 태평양전쟁을 일으킨 책임자들로 정치인들을 경원시하면서 엘리트 관료들의 정치참여를 적극적으로 후원했다. 이러한 전통은 55년 체제에서 자민당 내에 많은 행정관료의 정치적 충원을 가능하게 했다. 예를 들어, 기시 수상과 사토 수상 등 고도경제성장기의 많은 정치지도자들이 관료 출신으로 이루어져 있다.

셋째, 자민당의 55년 체제는 보수본류(保守本流)의 정치이념을 추구했다. 즉 미국과의 동맹안보체제와 경제성장을 우선시하는 국내정책 중심으로 국정을 운영했다. 자민당의 정치지도자들은 경제정책을 행정관료들에게 맡김으로써 행정의 독립성을 강화시켰다. 또한 정책과정도 품의제와 같이 행정부처 내의 상향식 의사결정과정을 통해 이루어졌기 때문에 정치가들의 행정개입은 매우 제한적으로 나타났다. 한편 자민당의 국회의원들과 행정부의 관료들의 관계는 의원들이 소위 '족의원(族議員)'으로서 특정 정책영역에 전문성을 갖고 활동하면서 매우 친밀한 네트워크 관계를 유지하게 된다. 이러한 일본의 정책과정은 8장, 9장, 10장에서 자세히 설명하고 있다.

넷째, 고도경제성장기를 거치면서 관료들의 정책이 비교적 성공적인 것으로 인식되어서 구체적인 정책집행이나 행정에 대한 비난이 나타나지 않았다. 1970년대 중반에 들어서 소비자운동이나 환경운동이 나타나면서 행정에 대한 비판이 제기되기 시작했지만 전반적으로 고도경제성장기에 나타난 일본의 행정은 효과적인 것으로 평가되면서 정부의 역할이 긍정적인 것으로 받아들여졌다.

족의원(族議員)

　자민당의 국회의원들이 자신이 속해 있는 상임위 활동을 통해 일정한 행정분야에 전문성을 갖고 정책에 참여하는 것을 말한다. 대표적인 예로 다나카(田中角榮) 수상과 그 파벌에 속한 의원들이 건설족으로 건설행정에 관련된 정책에 많은 영향력을 행사한 것을 들 수 있다. 족의원은 자민당 내에서 일종의 파벌을 형성하기도 하고, 다선 국회의원들이 해당 부처의 장관이나 정무차관으로 임명되어 부처를 이끌기도 한다.

---

3. 일본 행정의 이론화 논의: 특수성의 오해와 보편성의 추구

　1980년대는 영국과 미국이 대처리즘과 레거노믹스를 앞세워 신자유주의 이념을 주창한 작은 정부론으로 상징된다. 하지만 아이러니컬하게도 정치경제 이론의 관점에서 볼 때 한편에서는 규제완화를 추진하고 정부의 역할을 축소해야 한다는 작은 정부론을 주장하지만 이와 동시에 다른 한편에서는 일본의 산업정책을 예로 들면서 국가나 정부의 역할과 특성을 비교분석하는 국가론과 신제도주의 이론이 등장하게 된 시기이기도 하다.

　일본 행정에 대한 이론적 논의는 단순히 지역학적 연구의 관점에서 머무르지 않는다. 미국과 서구의 정치학과 행정학은 전후 행태주의적 관점에서 국가적 차이에 주목하지 않고 어느 사회에서나 적용 가능한 객관성과 보편성을 가진 이론으로 발전해왔다. 하지만 1970년대 이후에는 코포라티즘, 국가론, 신제도주의로 발전해 나가면서 각국의 정부와 사회의 특성을 비교하는 비교정치, 비교정책, 비교제도론의 이론화가 활발하게 나타났다. 즉, 서구와 다른 일본의 특수성을 예외로 보기보다는 하나의 정책제도, 또는 행정제도의 특질로 이해하고 이러한 특성의 차이를 보편적인 일반이론으로 설명하기 위한 이론적인 틀의 탐색이 다양하게 나난 것이다. 일본연구에서도 일본의 특수성을 강조하던 흐름에서 보편적인 특성을 발견하기 위한 중범위이론적 논의가 나타나기 시작했다. 비교정책 연구를 통해 독일, 프랑스, 영국의 정책제도의 차이를 비교하고, 정책분야별로 서구의 국가들과 함께 일본의 정책적인 특성도 함께 논의되기 시작했다.

일본의 행정연구도 초기의 특수성에 대한 이해에서 변화하여 일본의 정부와 기업의 네트워크 관계나 일본 기업들이 단기적인 이해보다는 장기적인 이해를 추구하는 특성 등과 같은 보편적인 현상으로 설명하기 시작했다. 예를 들어, 오키모토(Daniel I. Okimoto) 교수는 정부의 역할이 지나치게 강조된 것을 비판하고 협회나 중간 단체의 기능의 효율성을 주장한다. 아오키(Masahiko Aoki) 교수는 일본 기업에서 특수성으로 보이는 현상들의 경제적 합리성을 분석하고 서구 학자들에 의해 일본의 국가와 정부의 역할이 과도하게 강조되었다고 비판한다. 이처럼 일련의 일본 연구자들은 소위 중범위이론적 관점에서 보다 현실적인 현상분석의 대안들을 제시하게 된다.

일본의 행정학자들에 의해서도 일본 행정의 보편적인 특성들이 강조되었다. 무라마츠(村松岐夫) 교수의 「전후 일본의 관료제(戰後日本の官僚制)」나 오타케(大嶽秀夫) 교수의 「현대일본의 정치권력 경제권력(現代日本の政治權力經濟權力)」 등에서는 미국 정치학이나 행정학에서 논의되는 이론적 특성으로 일본의 행정을 분석하기 시작했다. 대표적인 예로 무라마츠 교수는 일본의 정책과정이 국가나 자민당, 또는 관료 중심이 아니고 야당을 포함한 다양한 이해집단의 정책과정 참여가 중요하다고 하면서 '유형화된 다원주의(patterned pluralism)'를 주장했다.

.   이처럼 일본 행정을 중심으로 한 이론은 한편으로는 일본 행정 자체에 대한 초기 논의가 비교적 단순화된 관찰에 근거한 것으로 비판했다. 그리고 이를 보편성을 가진 현상으로 이해하고 인과관계를 밝히려는 이론화 작업이 나타났다. 다른 하나의 특성은 모든 정치 행정 체제에 보편적으로 나타나는 현상으로 행태주의 연구를 하기보다는 각국의 특성을 비교함으로써 보다 객관적인 현상에 대한 분석을 시도하려는 것이다. 국가론과 신제도주의론의 발전으로 일본 행정의 특질을 보다 보편적인 관점에서 분석하는 것이 가능해진 것이다.

4. 일본 행정신화의 몰락

일본 행정의 효과성에 대한 다양한 이론이 시도되고 있을 때 다른 한편으로는 일본의 행정이 정말 효과적인가에 대한 비판이 일기 시작했다. 특히, 버블경제가 붕괴된 이후에 일본 관료제는 매우 심각한 관료제의 병폐현상이 나타나기 시작했다.

고도경제성장기 이후 성공에 도취된 일본의 행정관료는 규제완화 등 새로운 시대적 환경에 효과적으로 대응하지 못했다. 행정개혁 논의가 본격화된 나카소네 수상 시절 이후에도 관료조직은 비교적 무풍지대로 남아 있었다. 엘리트 관료로서의 지위는 안정적이고, 퇴직 후 아마쿠다리(天下 り)는 보장되었다. 일본의 개혁작업은 시간을 끌며 지체되었고, 자민당 장기집권으로 인해 55년 체제의 보수본류 현상은 지속되었다. 하지만 1990년대에 들어서면서 일본 사회에서 본격적인 관료 두들기기(官僚叩き)가 시작되었다.

이노구치(猪口孝) 교수는 1990년대 중반에 나타난 현상을 일본 관료제의 기능부전(機能不全)이라고 하면서 크게 네 가지 사례가 이를 촉발했다고 지적한다. 하나는 1980년대 후반에 거품경제가 심화되면서 나타난 부동산 문제에 효과적으로 대응하지 못한 주택전문금융회사(住專) 구제과정에서 나타난 관료들의 미온적인 처리문제이다. 또 다른 하나는 에이즈 바이러스에 감염된 혈액인 줄 알고 수혈에 사용한 제약회사를 옹호하고 잘못된 수혈작업을 은폐한 사례이다. 세 번째는 후쿠이 현의 몬쥬 고속증식로의 사고에 관한 문제다. 원자력에 대해 과민한 일본 국민에 대해 관료들이 사고의 정보공개를 미루거나 침묵으로 대응하는 미온적인 태도를 보인 것이다. 네 번째는 지방관료가 중앙정부로부터의 보조금 지원을 약속받기 위해 중앙정부의 관료에게 향응을 제공하는 행위이다. 1993년 나가사키 현이 소위 관관접대(官官接待)로 사용한 비용이 일억 천칠백만 엔이고 그 중 70%를 중앙정부의 행정관료를 접대하는 데 사용했다. 이러한 사례들이 언론을 통해 보도되면서 일본 국민들로부터 일본 행정관료제에 대한 신뢰는 급속히 무너져 내리기 시작했다.

이외에도 관료들의 실책과 문제는 다양한 사례에서 발견된다. 고도경제성장기의 일본 행정관료제의 제도적 특성이 지속되는 가운데 규제완화가 소극적으로 나타나고 관료들의 행태가 변화하지 않는 문제가 나타났다. 이런 가운데 한편으로는 규제완화를 하고 다른 한편으로는 재규제를 하는 현상이 반복적으로 나타나기도 했다. 또한 정보통신산업의 경우 통산성과 우정성의 행정부처 사이에 경쟁력 있는 산업을 자기 부처의 관할 하에 장악하기 위한 소위 나와바리 전쟁(繩り戰爭)이라고 하는 부처 간의 경쟁과 갈등이 심화되기도 했다.

1980년대에 들어서면서 단순한 경제성장을 위한 행정의 역할은 변화에 직면하게 된다. 효과적인 정부의 통제와 행정지도는 시장영역이 확장되고 국제화가 진행되면서 더 이상 기능을 하기 어렵게 되었다. 서구와 마찬가지로 사회복지 예산의 증대로 정부의 재정적자는 심화되고 고도경제성장기와 같은 세수 확보의 지속적인 증대는 뒤따르지 못하기 때문에 정부의 재정압박은 가중되었다. 마부치(眞淵勝) 교수는 대장성(大藏省)에 대한 분석을 통해 그동안 엘리트 관청으로 신뢰를 받아온 부처에 대한 문제를 지적했다. 금융정책과 예산정책을 동시에 관장하고 재정지출과 예산을 동시에 담당하는 행정시스템의 문제가 재정적자를 심화시켰다는 분석은 행정의 효율성에 대한 문제를 효과적으로 분석한 것으로 볼 수 있다.

1980년대 중반에 등장한 나카소네 수상의 적극적인 행정개혁의 추진은 의원내각제로서 행정에 대한 정치의 우월적 지위를 회복하기 위한 노력이 시작된 것으로 볼 수 있다. 정치권과 관료 간의 유기적이고 친밀한 네트워크 관계는 정치권이 관료들을 통제하기 시작하면서 급격하게 변화하게 되었다. 다나카(田中眞紀子) 외무장관의 아타라시(新)국장경질 사례 등 다양한 정치권의 행정통제가 진행되고 2001년 전면적인 정부조직개편에 따라 정무차관직의 확대 등 행정에 대한 정치의 우위현상이 확대되고 있다.

하지만 일본 행정신화의 몰락은 1985년 미국과의 플라자합의 이후 버블경제의 조짐을 효과적으로 모니터링하지 못한 것에서부터 기인한다고 볼 수 있다. 플라자합의로 급격히 상승한 엔화 가치를 효과적으로 조절하지 못한 것이 원인이 되어 그 이후 잃어버린 십년이라는 경기침체기를 맞게 된 것이다. 국내 부동산 폭등과 해외 부동산 투자는 언젠가 꺼질 수밖에 없는 거품경제를 초래했고, 결국은 주전(住專)문제 등으로 과대성장된 경제가 붕괴되기 시작했다. 이는 심각한 금융산업 도산의 도미노 현상과 경기의 전반적인 디플레이션 현상이 십년 이상 지속되게 만들었다.

5. 일본 행정의 변화와 전망

일본의 행정은 많은 도전을 받고 있다. 전시 총동원체제의 제도적 유증과 전후 고도경제성장기의 광범위한 범위의 시장개입 기능이 유지되기에는 국내외의 도전은 매우 강력하다. 시장과 사회는 급속히 성장했고, 국제관계는 국내정치와 행정에 많은 영향력을 행사하기 시작했다. 전통적인 행정시스템의 유지는 더 이상 일본을 이끌어가기에 효과적이지 못하게 되었다. 바로 이런 점에서 일본의 행정은 변화를 요구받고 있고, 정치가들은 일본 관료제에 대한 비난의 수위를 높이고 있다.

일본 행정의 문제는 어느 면에서 보면 고도경제성장기의 급속한 발전과정에 가려진 관료제의 전형적인 특성들이 드러나는 것에 불과하다. 니스카넨의 예산 극대화 법칙, 아마쿠다리, 관관접대 등의 문제는 관료제의 역기능에서 나타나는 보편적인 현상이다. 관료제의 공익성은 행정관료의 개인적인 도덕이나 가치에만 의존할 수 없다. 아마쿠다리는 엘리트 관료들의 낮은 보수에 대한 장기적인 보상체계의 일환으로 인식될 수 있고, 관관접대는 관료들 간의 문제를 효율적으로 풀기 위한 하나의 비공식적인 모임으로 볼 수 있다. 하지만 이런 관습적인 관료제의 역기능적인 현상들이 언론이나 정치권에 의해 밝혀지면서 일본 관료제는 심각한 정체성의 위기에 빠져들고 수동적인 대응에 머무는 한계를 보이고 있다. 11장과 12장에서는 일본 행정개혁의 전개과정과 전망, 그리고 새로운 변화에 대한 일본 행정의 변용을 보여주고 있다.

잃어버린 십년이라는 일본경제의 장기침체 현상이 정치적 포퓰리스트 고이즈미 총리 집권시기 일시적으로 회복 기미를 보이다가 다시 전 세계의 총체적 경제위기에서 어떻게 머리를 다시 들지 모른다. 이제 일본 행정은 엄청난 관료 두들기기에서부터 현실감을 되찾는 것이 필요하다. 2001년 정부조직의 전면적인 개편과 공기업 민영화와 같은 일련의 행정개혁 작업은 일본 행정이 21세기에 새로운 패러다임을 보여주길 요구하고 있다. 일본의 전통적인 행정관료제에 대한 체계적이고 객관적인 이해를 바탕으로 이제 고도경제성장기에 화려한 조명을 받으면서 과대평가된 신화를 벗어버리고 보다 현실적인 이해가 필요하게 되었다. 그런 면에서 「일본행정론」이란 책은 이러한 의문들을 풀어가기 위해 일본 연구자들에 의해 시도된 분석의 결실이라고 할 수 있다.

생각해볼 문제

1 왜 일본 관료제는 일본의 경제성장에 주도적인 역할을 한 것으로 평가되었는가?

2 실제로 일본 행정의 어떤 특성들이 일본 사회를 움직이는 데 효과적으로 작용했는가?

3 일본 행정은 변화하고 있는가? 변화하고 있다면 어떤 내용들이 변화하는 것으로 보이는가?

4 일본의 정치와 행정의 균형은 어떻게 나타나는가?

참고문헌

염재호(2005), "일본 정치행정 시스템의 제도적 변화: 2001년 일본 성청개혁의 제도론적 분석", 「아세아연구」, 제48권 제1호.

이숙종·이면우 편(1996), 「일본의 정계개편과 정책변화」, 서울: 세종연구소.

최상용 외(1994), 「일본・일본학: 현대 일본연구의 쟁점과 과제」, 서울: 도서출판 오름.

Johnson, Chalmers(1982), MITI and the Japanese Miracle(Stanford: Stanford University)

Vogel, Ezra(1979), Japan as No. 1(Cambridge: Harvard University Press)

01

페리내항과
근대 일본 관료제의 형성

●

채원호

●●●●●●

　새로운 질서로 재편되는 역사적 변동기에는 정치사회 세력 간의 관계가 유동화하고, 불확실성이 증폭된다. 이러한 변혁기에 체제를 구성하는 여러 세력 간의 이해관계가 조직화되고 균형 상태에 이르게 되면 제관계(諸關係)는 제도화되면서 안정된다. 이러한 제도론적 시각에 의하면 선진국 정치경제체제의 기초는 전간(戰間)·전후(戰後) 초기에 형성되었다고 볼 수 있으며, 많은 연구들이 이 시기에 대한 연구를 통해 현대 정치경제체제의 특징을 밝히고 있다 (Gourevitch, 1986; 樋渡, 1991).

　이 장에서는 이러한 인식론에 입각해 일본의 근현대사를 살펴보고자 한다. 일본의 근현대사에서 체제의 재편·변동기라고 할 만한 변혁기로는 메이지유신과 전후 개혁기를 들 수 있다. 일본에서의 근·현대 관료제의 성립은 이러한 변혁기와 직접적으로 연관된다. 1990년대 이후 일본에서는 전후체제의 붕괴가 논의되면서 이 시기를 또 다른 변혁기로 인식하기도 한다. 적지 않은 학자들이 1990년대 이후 진행되고 있는 정치행정 개혁에 대해 전후체제에 대한 근본적 개혁으로 그 의미를 부여하고 있다. 전환기라는 상황은 비단 일본뿐만은 아니며, 현재의 세계가 세계사적 전환기에 있음을 지적하는 논자가 많다. 전환기를 어떻게 인식할 것인가에 대해서는 논자에 따라 견해가 다르다. 혹자는 '포스트 냉전체제'라고 규정하기도 하며, 또 어떤 이는 미국 패권의 쇠퇴경향에 주목해서 제2차 대전 이후에 확립되었던 '팩스 아메리카나의 종언'으로 특징짓기도 하고, '포스트모던'의 시대로 보는 이도 있다.

　이 장에서는 전후체제의 동요 내지 붕괴가 논의되는 현재 시점에서 전후체제의 원형을 이루는 일본의 근·현대 관료제의 제도형성 및 그 특징에 대해 살펴보고자 한다.

1___ 메이지(明治) 국가와 근대 관료제

1) 근대국가와 근대 관료제

근대국가의 성립과 함께 역사의 전면에 부각되는 관료제는 국가와 시민사회의 형성과정에서 양자의 발전을 매개하는 연결고리지만, 관료제의 기능이나 구체적 발현형태는 각국이 처한 다양한 역사적 조건에 따라 상이하다. 서구의 선진 자본주의 국가들은 사회의 내재적인 분화에 기초한 근대 관료제 형성사를 가지고 있다. 프랑스의 정치사회학자 삐에르 비른봄(Pierre Birnbaum)은 그의 저서 「국가사회학」에서 국가를 서구사회의 특이한 역사적 발전과정의 소산으로 파악한다(B. Badie & P. Birnbaum, 1979; 小山 勉譯, 1990). 그는 프랑스, 독일, 영국, 미국 그리고 스위스 등 서구 여러 나라를 예로 들면서 국가, 정치중심, 시민사회의 상호관련 속에서 유형 분류를 시도한 바 있다. 이러한 시각에 의하면 중앙집권적 행정 관료 조직의 '제도화'와 이 관료제의 시민사회로부터의 '분화' 내지 '자율화'라는 기준에서 가장 현저한 발전을 이룩한 나라가 프랑스다. 국가모형의 전형인 프랑스와 대조적인 모형으로는 시민사회에 의한 자기통치형에 가까운 영국이나 미국을 들 수 있다. 다시 말해 서구 선진자본주의 국가는 시민계층이 사회적 우위를 확보하면서 주체가 된 영국의 경우와 전근대적인 요소의 완고함으로 인하여 시민계층의 독자적인 역량만으로는 국가형성이 어려웠기 때문에 일정한 강제나 타협에 의존했던 프랑스나 독일의 경우로 구분할 수 있다. 그러나 서구의 관료제는 본질적으로 국가와 사회를 중심축으로 하는 사회구성체의 내재적인 변동에 의해 형태나 기능이 결정되었다는 측면에서는 공통적이다.

그러나 일본의 경우는 서구 여러 나라의 관료제와 달리 사회의 내재적 분화에 의해 근대 관료제가 형성되었다고 보기 어렵다. 그보다는 당시 위정자에 의한 프러시아 모델의 의도적·전략적 선택이었다는 점에서 여타 서구 나라들과는 차이를 보인다.[1] 19세기 중엽 흑선의 출현이라는 충격을 계기로 비롯된 일본 국내 질서의 동요는 도쿠가와 바쿠후(德川幕府)의 붕괴와 유신 정부의 탄생이라는 거대한 체제질서의 변혁을 가져왔다. 당시 바쿠후체제를 대신하여 새로 탄생한 신정부의 과제는 구미열강에 대항하여 중앙집권적 정치체제의 구축을 모색하는 것이었다. 중앙집권적 정치체제의 구축을 위해 메이지정부가 선택한 것은 후술하듯이 의회개설로 상징되는 정치제도보다 관료제를 비롯한 근대적인 행정제도를 앞서 정비함으로써 메이지정부의 국가목표 달성에 부합하도록 관료제를 설계하는 것이었다.

이하에서는 아시아에서 근대화가 가장 앞섰던 일본의 근대 관료제가 어떠한 역사적 구조와 맥락 속에서 제도화되었는지 살펴보기로 한다.

---

1 이 시기 근대 관료제 형성이 서구 관료제를 차용했다고 하더라도 일본의 근대 관료제가 에도(江戶) 시대 '이도(吏道)'의 전통이나 유신 전의 국내의 역사적 조건과 무관하지 않을 것이나 여기서는 이에 대한 논의는 생략하기로 한다.

막스 베버의 근대 관료제론

막스 베버는 근대 관료제와 이전의 가산 관료제(家産官僚制)를 식별하기 위하여 근대 관료제의 구성요건으로 다음과 같은 12개 항목의 원칙을 제시한 바 있다.

i)규칙에 의한 업무의 규율, ii)명확한 권한의 원칙, iii)명확한 계층제(구조)의 원칙, iv)경영자원의 공사분리의 원칙, v)관직 전유(專有)의 배제원칙(관직의 세습이나 매관의 부정), vi)문서주의의 원칙, vii)임명제의 원칙, viii)계약제의 원칙, ix)자격임용제의 원칙, x)화폐정액봉급제의 원칙, xi)전업제의 원칙(겸업·부업이나 비상근·명예직 등은 전형적인 근대 관료제로 보기 어렵다), xii)규율 있는 승임제(昇任制)의 원칙. 이 중 앞의 6개 항목이 관료제조직의 구조형태에 관한 원칙이며, 뒤의 6개 항목이 조직을 구성하는 사람의 임용방법 등 인사에 관한 것이다.

고대 이집트 왕조와 오스만터어키 제국 등에 성립한 제왕·황제의 관료제는 노예에 의하여, 또 중세의 관료제는 주군(主君)과 주종관계에 있는 봉건가신단(封建家臣團)에 의하여 구성되었다. 이들 관료제는 모두 신분이 자유스럽지 못했기 때문에 베버는 일괄하여 가산 관료제(patrimonial bureaucracy)라 했던 것이다. 근대 유럽사회에서 새로이 탄생한 근대 관료제는 자유로운 신분의 관리로 구성된다는 점에서 가산 관료제와 구분된다. 즉, 근대 관료제로는 자유의사에 의한 계약에 의해 임명된 관리로 구성되는 관료제를 말한다. 베버에 의하면 이러한 근대 관료제야말로 순수하고 합리적인 관료제라 한다(西尾, 1993: 129-131).

2) 메이지 국가의 전근대성(前近代性)과 근대 관료제의 성립

메이지유신은 19세기 후반 당시 후진국이었던 일본 사회에 커다란 충격을 가져다준 급격한 사회변혁이었다. '위로부터의 혁명'이라는 일반적 시각에서 알 수 있듯이 메이지유신은 권력(유신정부 메이지정부)의 강력한 주도 아래 추진되었다. 근대 세계에서 위로부터의 급진적인 개혁의 시도는 유신기(維新期) 일본뿐만 아니라, 여러 나라에서 많이 행해졌으며 이에 대한 고찰은 역사학의 중요한 과제이기도 하다. 이 시기 위로부터의 급진적 개혁에서 중요한 의미를 갖는 것은 국가와 사회의 긴장관계는 어떠했으며, 그 과정 속에서 근대 관료제가 어떻게 제도화하고 기능했는지를 탐구하는 것이다.

메이지 국가의 특질로 지적할 수 있는 것은 메이지 국가의 성립과정에서 전근대적인 공동체가 해체되지 않은 채 온존되었다는 점이다.[2] 서구 국가들의 경우 절대왕정의 성립과정은 동시에 공동체의 해체과정이기도 하며, 공동체가 해체되는 과정이 있었기 때문에 국가를 형성할 필요가 있었다. 그러나 일본의 경우 처음으로 국가형성의 필요성을 느낀 것은 공동체의 해체 때문이 아니라, 구미열강에 의한 침략 위기 때문이었다. 말하자면 외압에 대항하기 위하여 국민국가를 서둘러 형성할 필요가 있었지만, 국민국가(nation-state) 형성에 필요한 국민형성(nation-building)은 이루어져 있지 않았다. 당시 대다수의 사람들은 농촌에 살았으며, 농촌에는 전근대적인 공동체가 거의 완전한 형태로 잔존하고 있었기 때문에 국

---

2 바쿠항(幕藩) 체제와 메이지 국가와의 연속성에 대한 논의는 「특집」國家と企業・團體・個人:公私領域再編成の政治過程, レブァイアサン2, 1988年 봄 호의 "日本歷史における公私:石井紫郎氏へのインタビュー," 참조.

민이나 국가라는 관념을 사람들에게 이해시키는 것은 극히 어려운 일이었다. 그래서 취해진 것이 가족의 관념으로 국가를 이해시키는 것이었다. 가족에는 가장인 아버지가 있듯이 국가에는 국가의 수장인 천황이 있다. 국민은 집에서 가장에게 효도와 공양을 하듯이 국가에 있어서는 천황에게 충성을 다하지 않으면 안 된다는 관념을 심어주는 것이었다. 이렇게 충효일치의 사고에 바탕을 둔 국가관을 가족국가관이라 한다면, 메이지 국가는 가족국가관에 근거한 국가였다. 가족국가관의 특징 가운데 하나는 국가를 가족의 확대개념으로 보는 점인데, 이러한 시각에 의하면 국가라는 관념 속에는 대립이나 분쟁의 가능성이 배제된다. 가족은 본래 대립이나 분쟁과는 무관한 개념으로 보기 때문에 그것이 확대된 것이 국가라고 한다면 국가도 대립이나 분쟁과는 무관한 것이 될 것이다. 정치란 무엇보다도 대립이나 분쟁에 관계하는 것이기 때문에 메이지 국가는 적어도 논리적으로는 비정치적인 국가가 될 수밖에 없었다(阿部外, 1990: 2-3). 이 때문에 당시 메이지 국가의 지도자들은 시민혁명이나 자유민권운동 등 국가와 시민사회의 긴장관계를 회피하면서 부국강병에 진력하고자 했던 것이다.

메이지 국가의 전근대성에도 불구하고, 당시의 관료제는 적어도 외견상으로는 상당히 이른 시기에 정비된다. 일본에 있어 근대 행정관료제의 탄생은 종래의 태정관제를 대신하여 설치한 1885년의 내각제도에서 비롯된다고 볼 수 있다. 이는 의회 개설에 앞서는 것으로 행정제도가 정치제도에 선행해서 정비되었다는 의미를 갖는다. 이와 같은 사실은 앞서 아베(阿部) 등이 지적한 메이지 국가의 전근대성이나 비정치성과 같은 맥락에서 이해할 수 있다. 당시 메이지유신의 지도자들은 두 가지 이유 때문에 관료제에 크게 의존하지 않을 수 없었다. 첫째는 메이지유신 지도자의 사회적 출신이 비교적 낮았다는 점, 둘째는 도쿠가와 바쿠후(德川幕府) 타도를 위해 천황의 의사에 의해 혁명을 정당화하고 천황 앞에서 원리적으로 메이지유신의 지도자를 포함하여 모든 신민(臣民)을 동등한 수준으로 보았다는 점이다. 이 때문에 근대화(공업화와 군사화)를 촉진시키기 위해서 '불편중립(不偏中立)', '무사공평(無私公平)'한 관료제를 전면에 내세우지 않을 수 없었던 것이다.

3) 태정관제(太政官制)와 내각제

일본의 관료제는 역사적으로 두 번에 걸쳐 커다란 개혁을 경험한다. 첫 번째 개혁은 1885(메이지18)년의 태정관(太政官) 제도의 폐지와 내각제도의 창설이었으며 두 번째의 커다란 개혁은 전후 점령기의 제도개혁이다. 전전의 관료제인 관리제도(官吏制度)가 그 형태를 정비하기 시작한 것은 내각제도의 발족, 일본제국헌법의 제정 전후이며, 이어서 1899(메이지32)년의 문관임용령(文官任用令)을 개정할 무렵에는 거의 체제가 정비되었다고 할 수 있다. 여기서는 태정관제와 내각제에 대해 개략적으로 살펴본다.

태정관(太政官) 제도

내각제도 이전의 직제인 태정관 제도는 대정봉환(大政奉還) 후의 신정부 기구로서 1868년(明治1) 1월, 삼직(三職)인 총재(總裁)·의정(議定)·참여(參與)의 설치에 의해 비롯된 제도이다. 이는 동년 윤 4월 정체서(政體書)가 발포되어, 서구 선진국처럼 삼권분립의 원칙에 의해 입법권의 기관으로서 행정관을 두고 천황을 보필케 함으로써 대정(大政)을 총괄하도록 한 것이다. 한편 행정관 이외에 신기관(神祇官), 회계관(會計官), 군무관(軍務官), 외국관(外國官)의 관직을 두었는데, 이들 7관(메이지2년 4월 民部官을 추가)을 총괄하여 태정관이라 칭했다(秦郁彦, 1981: 661) (〈그림 1-1〉참조). 이러한 관제는 메이지 정부 최초의 중앙관제인데 그 인적 구성은 일정한 문벌 신분을 나타낸 것이다. 이는 유신 직후 통치구조의 특색으로 변혁의 급격성을 완화하고자 연합정권적인 제도를 채용한 것이다.

그 후 태정관 제도는 곡절을 겪으면서 점차 정비되어갔지만, 복잡한 근대국가의 행정사무 처리에는 적합하지 않았다. 이 때문에 이토 히로부미(伊藤博文)는 구미의 헌법을 조사하고 돌아온 직후인 1884(메이지17)년 3월 제도취조국(制度取調局)을 설치하였다. 이토는 직접 제도취조국의 장관으로 취임하여 헌법의 제정 및 실시와 국회개설에 대비한 행정조직의 연구조사에 임했다. 창설 시부터 태정대신(太政大臣)의 지위에 있었던 산조 · 사네토미(三條實美)는 태정관 제도를 지속시킬 것을 계속을 주장했지만, 결국 이토(伊藤博文)의 안이 실현되어 1885(明治18)년 12월 22일, 태정관달(太政官達) 69호에 의해 내각제로 이행하게 되었다(秦郁彦, 1981: 661).

태정대신(太政大臣)을 정점으로 하는 태정관 체제는 천황-태정대신 · 좌우대신(황족 · 화족) 아래 사족층(士族層) 출신의 참의(參議) · 성경(省卿) · 대보(大輔)가 사실상 국정을 운용하는 체제였으며, 삿쵸(薩長)와 도히(土肥) 출신자가 중심이었다. 이와 같은 태정관 체제의 의의는 다음과 같이 요약될 수 있다. 첫째, 유신정부가 태정관 정부로서 통일정부의 형태를 단기간에 취할 수 있었던 것은 '천황'의 존재라는 일본적인 특징과 유신 당시의 어려웠던 환경이나 유신 지도자들의 수완에 힘입은 바가 크지만 당시의 사회적 조건, 즉 바쿠항(幕藩)체제의 상황이나 특질과도 깊은 관련이 있다. 둘째, 신정부는 웅번(雄藩) 중심의 '정실정부'라는 구조적 특징을 띠지 않을 수 없었다. 셋째, 태정관 정부는 일본의 역사적인 국가형성 과정에서 과도기적 특징을 가지며, 그런 점에서 대단히 중요한 의의를 가지고 있다(大島, 1976: 73-74).

 〈그림 1-1〉태정관(太政官) 제도

주: 1868년의 윤4월의 政体書에 의한 初期의 太政官制
자료: 오오시마(大島, 1976: 58-59).

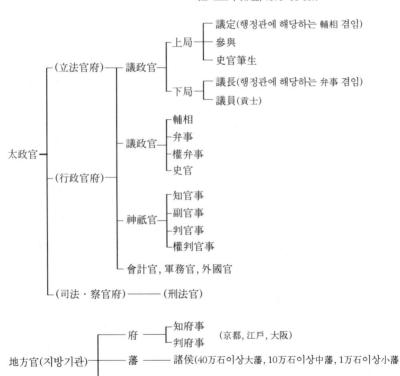

그러나 이러한 태정관 제도는 몇 차례의 개정에도 불구하고 반목과 분열에 의해 해체되었다. 태정관 제도를 대신하여 1885(메이지18)년 내각 총리대신의 권한 아래 통일되고 일원적인 행정기구를 설치하기 위하여 새로운 행정기구로서 내각제도가 도입되었다. 이로써 일본에서는 근대적인 의미의 관료제가 성립된 것이다.

내각제

일본의 전전 관료제인 관리제도(官吏制度)의 역사는 일반적으로 1885(메이지18)년의 내각제도의 발족으로 비롯된다. 1885(메이지18)년 12월 22일 태정관 제도가 폐지되고, 내각총리대신, 궁내(宮內)·외무·내무·대장(大藏)·육군·사법·문부·농상무·체신 등 대신 제도를 두었으며, 내각총리대신(宮內대신을 제외함)과 각성 대신으로 내각이 조직되었다. 당시 내각의 기본적 성격은 국무대신의 합의체였으며, 아울러 행정관청으로서 내각총리대신의 행정사무를 처리하는 기관의 성격도 가지고 있었다. 1885(메이지 18)년 12월 22일 태정관달(太政官達) 제69호에 의하여 공포된 새로운 정치기관으로서의 내각제도에서 총리대신은 '태정(太政)의 방향을 제시하고 행정 각부를 총독' 할 수 있어 권한이 강력하였다. 그러나 1889(메이지22)년의 내각관제(內閣官制)는 총리대신을 '동배(同輩) 중 수석'의 지위로 전환시켰으며, 통수권의 확립, 추밀원의 설치, 귀족원의 강력한 권한, 의원내각제의 거부, 내각의 일체성을 보장하는 연대책임의 헌법상의 부인에 따른 대신의 단독보필책임제, 국무대신·행정대신 겸임제 등을 실시함으로써 통치기구 자체의 취약성과 각성 중심의 할거주의를 초래하게 되었다.

태정관 제도와 새로운 내각제도의 차이는 다음과 같다.

첫째, 태정관은 태정대신(太政大臣)을 장으로 하는 독임기관인데 반하여 내각은 국무대신 전원으로 구성되는 합의기관이다. 둘째, 태정관 제도에서 각성의 장관(卿)은 태정관에게 예속되는 분관(分官)이었지만, 내각제도에서 각성 대신은 내각총리대신과 함께 내각의 구성원이 되었다. 셋째, 태정대신은 각성의 장관에 대하여 제도상 완전한 지휘감독권을 갖고 있었지만, 내각총리대신은 이러한 권한을 갖고 있지 않았다. 넷째, 종래 태정관에 예속되어 있었던 궁내성이 내각제도에서는 궁중(宮中)·부중(府中)을 구별하려는 취지에서 내각 바깥에 두어졌다(秦, 1981: 661).

4) 행정제도 선행의 관료제 형성과 각성분립체제(各省分立體制)

메이지 국가의 기본적인 행정제도의 의미를 가지는 관료제는 1889(메이지22)년의 제국헌법 발포를 전후하여 정비되었다. 즉, 내각제도가 발족하고 나서 얼마 지나지 않은 1886(메이지19)년 초 각성 관제가 제정·공포되었다. 또한 동년에서 이듬해에 걸쳐 지방관 관제나 관리복무규율도 정비되었다. 추밀원제가 공포된 것은 헌법 발포 전년도이며 내각직권(內閣職權)[3]을 대신하여 내각관제(內閣官制)가 제정공포된 것은 헌법 발포 직후의 일이다. 그리고 다시 그 이듬해 각성관제통칙(各省官制通則)이 정해짐으로써 천황제의 통치기구를 지탱했던 관료제의 원형이 확정되었다. 중요한 것은 이러한 기본적인 제도가 제국헌법의 시행 및 제국의회

---

3 내각직권이란 일본에서 내각 총리대신의 직무 및 내각운영 방식을 규정한 규칙이다. 1885년 12월 22일에 제정되었으며, 1989년 내각관제가 제정됨에 따라 폐지되었다.

의 개설에 앞서 확정된 것에 유념할 필요가 있다. 이는 의회개설이 근대적 정치의 탄생을 상징하는 것이라고 할 때, 근대 일본은 '정치' 제도보다도 '행정' 제도를 앞서 정비하면서 탄생했다는 것을 의미한다(今村, 1994: 41-42).

관료제(행정)의 개념이 의회제(정치)의 개념과 대치되어 사용되는 경우, 관료제 개념은 막스 베버가 말한 국가를 비롯한 거대 집단에 공통되는 몰인정한 합리적 계층제라는 보편적 개념으로서가 아니라, '사회의 일정한 특권층을 구성하는 관리 집단이 주된 정치권력의 담당자로서의 지위를 형성하는 통치구조'라는 구체적인 통치의 형태와 연결된 역사적인 개념으로 사용된다. 이러한 의미의 관료제는 기술적·보편적 개념의 관료제가 아니라 통치권의 일부를 담당하는 행정기구로서 이해되어야 하며, 전전의 일본 관료제 분석에도 이러한 관점이 차용되어야 할 것이다. 전전 일본에서 행정제도가 정치제도에 선행했다는 의미는 단순한 시기적 선후의 문제는 아니다. 메이지헌법 하에서는 천황에 직결하는 행정부가 다른 이권(二權)보다 우위에 있었음을 의미한다. 이러한 전전(戰前) '천황의 관리'라는 관념에 변화가 생기는 것은 전후 탄생한 신헌법 의해서이다. 전후 신헌법에 의해 적어도 원리적으로는 새로이 주권자가 된 국민을 직접 대표하는 입법부가 '국권의 최고기관'의 지위를 갖게 된다. 이로써 관료제는 '천황의 관리'에서 '국민의 공복'으로 그 의미가 크게 바뀌게 된다.

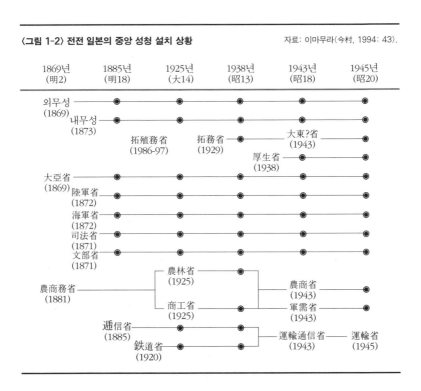

〈그림 1-2〉 전전 일본의 중앙 성청 설치 상황

자료: 이마무라(今村, 1994: 43).

정치제도보다 선행하여 탄생한 중앙 행정기구는 외무성, 대장성(大藏省), 사법성(司法省), 문부성(文部省), 육군성, 해군성, 내무성, 농상무성, 체신성 등 9성이다. 체신성의 신설은 내각제도의 발족과 같은 날로, 태정관제 하에서 최초로 설치된 외교·대장(大藏) 양성과 비교했을 때 16년의 차이가 있다. 또한 내각제도 발족으로부터 종전까지의 60년 동안 성의 수가 많이 늘어나게 된 것은 본격적인 전시체제확립을 위해 국가총동원법이 제정되기 직전, 후생성이 설립되었을 때의 일이다. 이 시기부터 전시체제 강화에 의한 각성 통폐합까지 수년 동안 13성까지 늘어나게 된다(〈그림 1-2〉 참조)(今村, 1994: 42).

5) 근대 일본 관료제의 특징

여기서는 앞서 살펴본 전전 일본 관료제(官吏制度)의 특징을 몇 가지 지적하고자 한다.

첫째, 대일본제국헌법의 관제대권(官制大權)이나 임관대권(任官大權)의 규정 혹은 관리복무규율[4]에서 볼 수 있듯이 통치권의 통괄자인 '천황의 관리'라는 관념에 입각하여 관료제도가 구축되었다. 즉 관료의 신분은 천황의 관제대권 아래에 있으며 의회의 간섭 밖에 있었다(村松, 1994: 15). 이와 같이 관료에게 특권이 부여된 것은 천황의 관리로서 고도의 충성을 바쳐야 한다는 것을 의미한다. 또 그렇게 함으로써 관리는 천황의 '신분적 대행자'로서 특권적 신분[5]을 누리는 것이다. 이 때문에 관료의 행동양식은 특권적·권위주의적인 성격을 띠고 있었으며, 관과 민의 관계는 치자와 피치자의 관계로 인식되었다. 따라서 일반 민중의 눈에 비치는 관료상은 「오카미(お上:상전)」=치자(治者)의 상(像)이었다.

둘째, '지존의 대권'에 속하는 행정권의 집행에 관계되는 관리의 임용에 관해서는 본래 전형에 의한 임용도 있었지만 시험제도가 일찍부터

---

04 1887(명치20)년 7월 칙령으로 공포된 「官吏服務規律」제1조는 '무릇 官吏는 천황폐하 및 천황폐하의 정부에 대하여 忠順勤勉을 주로 하고 法律命令에 따라 각각 그 직무를 다할 것'을 규정하고 있다. 이와 같은 규정에서 알 수 있듯이 전전의 官吏에게는 일반 시민과 달리 특별한 고도의 충성이 요구되었으며 천황에 의해 대표되는 국가에 대하여 '忠實히 無定量의 근무에 진력해야 할 공법상의 의무를 지는 것'으로 되어 있었다(美濃部, 1931: 228).

05 천황의 관리였기 때문에 당시의 官吏에게는 일정한 의무가 부과되기도 했지만 동시에 그 신분이 보장되었다. 宮中席次, 位階勳 등의 정한 바에 따라 관리는 높은 사회적 지위를 부여받았으며 이런 것들이 관존민비의 사회구조 속에서 관리에게 커다란 특권적 성격을 부여했다(渡邊, 1976: 130). 「華族制度」(1884년)나 「官吏恩給令」(1884년) 등도 관리에게 '천황의 直臣'이라는 의식을 고취시키고 관리의 특권적 신분을 보장하기 위한 제도적인 장치였다.

채용되었다는 점에 그 특징이 있다. 공정한 시험을 거쳐 선발된 관료제도는 삿쵸(薩·長) 지배체제보다는 우수한 제도였다. 관리의 중추가 되는 자는 주로 동경제국대학 법학부를 졸업하여 법률학의 소양을 갖추고 고등시험에 합격하여 주임관(奏任官)에서 칙임관(勅任官)으로 승진해가는 관리였다.

공개경쟁 임용시험을 전통적인 정실주의를 배제할 수 있는 근대적인 제도적 장치로 보는 경우, 일본에서는 꽤 빠른 시기인 1887(메이지20)년에 공개경쟁 시험제도가 채용되었다. 이는 독일이나 프랑스보다는 늦은 것이었지만 영미와는 거의 같은 시기에 시험제도가 정비된 것이다. 단, 시험제도의 공평성이나 중립성을 담보하기 위한 독립된 중앙인사기관은 제2차 대전 후 인사원(人事院)의 설치라는 제도의 개혁을 기다려야 했다.

그들은 채용 시부터 간부후보자로 규정되었으며, 이들이 엘리트집단을 형성했다. 이 때문에 학력과 시험의 종류에 의해 관리 사이에도 벽이 생기게 되었다. 일반 문관 승진의 경우에 사무계(事務系)와 기술계(技術系) 관리가 점할 수 있는 관직은 거의 정해져 있었다. 기술계 관리는 전형에 의해 임용된 후 일정한 전문 분야를, 사무계 관리는 간부후보자의 경우 시험에 의해 임용된 후 넓은 범위에 걸쳐서 행정사무를 익히도록 동일 성청의 관직을 경험시키는 관행이 채용되었다. 이러한 점에서 볼 때, 간부 관직으로의 승진은 사무계 관리가 우위에 있었다고 할 수 있다.

셋째, 메이지·전전의 관료제는 고급 관료에 한정하는 경우 귀속모델(ascriptive model)의 관료제였다. 귀속모델이란 능력 있는 자를 비교적 젊었을 때 충원하여 최고위직까지 보장하는 것으로서, 이는 일종의 의사신분제(擬似身分制)적 사회구조를 만들려는 발상에서 비롯한 것이다(村松,

1994: 15). 관리 특히 간부후보자의 임용은 채용 당시부터의 '입구선별 방식'이었으며, 당시 관료제는 정당이나 민간으로부터 될 수 있는 한 떨어져서 존재했다. 당시에는 정당 세력의 부침에 따라 자유 임용의 범위나 관리의 임용 기준이 유동적이었다. 그러나 당시 정당정치의 조락(凋落)에 따라 관리(官吏)의 정당으로부터 신분보장이 의미가 없어지게 되면서 관료제도의 폐쇄성은 일층 공고해졌다. 그러나 전체주의적 풍조가 농후하게 되고 국책에 대한 관리의 주도성이 높아지게 되자 이러한 관리제도(官吏制度)는 다양한 문제점을 노정하게 되었다. 예를 들면, 민간의 유능한 인재를 널리 등용하는 것은 법적으로는 가능했어도 현실적으로는 곤란하여 관리의 세계를 외부로부터 격리시켰으며, 관료제 내부에서는 엘리트와 비엘리트를 준별함으로써 행정운영의 전체적인 능률을 떨어뜨렸다. 또한 행정기능의 확대, 통제경제의 진전에 따른 복잡성은 국무대신 단독천황보필제와 맞물리면서, 동질적인 관료 집단에 의한 행정운영에 할거성을 더욱 격화시키게 되었다(渡邊, 1976: 130). 그러나 이러한 점 때문에 조직에 대한 헌신과 충성심을 확보할 수 있었다. 무라마쓰(村松)는 이러한 관료제의 의사신분제적 충원모델이 반드시 행정시스템의 정체로 귀착된 것은 아니며, 오히려 성청 간의 경쟁에너지를 자극하여 메이지 이래의 국가목표 달성을 위하여 이른바 '최대동원시스템'을 만들어냈다고 주장한다(村松, 1994).

넷째, 메이지·전전의 관료제에는 '중립적 국익체현자' 신화가 존재했으며 전후에도 상당부분 온존·강화되는 면을 발견할 수 있다. 이노구치(猪口孝, 1993: 206)에 의하면 일본에서는 근세의 지방 할거주의를 메이지유신 이후 극복해야 했기 때문에 학력·능력별로 공평하게 선발하는 시험제도를 채용하였으며 이를 1920년대까지 전국적으로 확대했다. 이 밖에도 근대일본에서는 무사계급이 사실상 토지소유로부터 분리되어 있었기 때문에, 메이지유신 이후 토지이익에 집착하지 않고 도시로 이주하여 활약할 수 있었다. 이 점이 근대 일본 관료제에 '중립적 국익체현자' 신화를 형성하는 데 기여한 것으로 본다.

그 밖에도 쓰지(辻淸明)는 일찍이 소화 20년대(1944-55) 일본의 행정 이미지에 대해 환상이긴 하지만 중립성 신앙이 있다고 지적한 바 있다(辻, 1958). 또한 쓰지는 일본의 행정은 문자 그대로 관존민비의 '官'이며 권위주의적이라고 지적한 바 있는데, 이러한 권위주의적이지만 중립적이라고 하는 행정의 이미지가 여전히 일본 국민의 의식 속에 자리잡고 있다는 것은 여론조사에서도 나타나고 있다(行政管理硏究センタ-, 1988; 村松, 1994: 239). 이외에도 아타치(足立)는 전전의 관리제도에 있어서 관리의 특징을 충성과 명예심에 호소하는 정신주의적 행정관리로 규정한 바 있다(足立, 1966: 36).

이러한 '중립적 국익체현자' 신화는 전후 일본의 산업발전과정에서 광범위하게 활용되어왔던 행정수단인 행정지도와 논의된 바 있다. 법령의 근거 없이 이루어지는 행정지도는 자칫 자의성을 띠기 쉬움에도 관료제에 의한 행정지도가 잘 기능하여온 데에는 '권위있는 제3자'로서 '중재자로서의 적격성'을 기대하는 신화가 전제되어 있기 때문이다(新藤, 1992). 이는 앞서 지적한 중립적 국익체현자 신화의 당연한 귀결이라고도 볼 수 있다. 그러나 이와 같은 전전 관료제의 특권성이나 중립적 국익체현자 신화는 전전의 행정이 '시민을 위한 행정'일 수는 있어도 '시민의 참여'를 통한 행정은 아니었다는 시대적 한계를 보여준다.

마지막으로 메이지 · 전전의 관료제는 '개별조직지향'의 관료제였던 데 반해, 영미의 관료제는 '전문지향'의 집단이었다고 지적할 수 있다 (Silberman, 1993). 이와 같은 차이가 생기게 된 이유는 근대 일본의 정치적 불확실성 때문이다. 메이지 일본을 둘러싼 정치환경은 극히 불확실했기 때문에 예측가능성이 낮았으며, 이와 같은 정치적 불확실성 때문에 단순한 전문적 지식의 보유자로서가 아니라, 특정의 권한과 특정의 목표에 충성을 다하는 집단을 필요로 했다고 볼 수 있다. 이에 반하여 영국에서는 정치적 불확실성이 낮았기 때문에 관료제는 정치의 도구로서 발전했으며, 관료제는 전문가의 집합체로서 충분했다. 이와 같은 개별조직 지향은 전전의 관리(官吏)제도가 통일적인 중앙인사행정기관을 결여하고 있었다는 점에도 기인한다. 각성청의 雇員 · 傭人 등 비관리(非官吏)의 임용절차는 통일성을 결여하고 있었으며, 비관리(非官吏)의 채용이나 급여에 관해서는 각 성청의 과장급 인사담당자의 개인적인 재량에 의해 결정되는 경향이 강했다. 이러한 인사행정의 통일성 결여도 성청 간의 할거주의를 조장하는 원인이 되었다.

2___ 전시기 혁신관료의 등장

서구 국가들에 비하여 뒤늦게 산업화에 착수한 일본은 산업화 자체가 국가의 정책적 개입에 의해 이루어진 측면이 강했다. 이 때문에 관료의 힘이 강했는데, 메이지 이래의 관업창설(官業創設)과 불하(拂下)로 대표되는 '식산흥업정책'이 좋은 예라 할 수 있다.

그러나 전전기(戰前期) 일본에서 민간 경제활동에 대해 정부가 직접적이고 전반적으로 관여했던 것은 아니다. 다시 말해 일본에서 민간에 대한 관청의 권한이나 지도력이 본래부터 강했던 것은 아니다. 후발국 일본에서 자본주의화의 출발점으로서 국가의 경제적 역할이 대단히 컸던 것은 사실이지만, 제1차 세계대전 기간 동안 일련의 통제입법을 제외하면, 국가의 주요한 역할은 민간자본의 보호 · 육성 혹은 경제적 구제에 있었으며, 기본적으로는 영업의 자유가 관철되는 체제였다(柴垣, 1979).

전시기 이전의 세계의 역사적 상황을 보면, 1929년 세계 경제대공황이 자본주의의 성격을 변모시켰음을 알 수 있다. 세계경제 전체가 휘말리게 되는 경제공황은 그때까지 세계경제를 주도했던 자유주의 경제의 신화를 무너뜨렸으며, 각국은 자본주의의 위기에 직면하여 새로운 시스템을 모색하기 시작했다. 미국에서는 공황에 무기력했던 공화당 정권을 대신해서, 민주당의 루즈벨트가 뉴딜정책으로 불리는 일련의 경제정책을 실시함으로써 정부기업관계의 궤도를 수정하게 된다. 한편 제1차 세계대전의 전장이었던 유럽에서도 경제공황은 각국에 심각한 영향을 끼쳤다. 특히 거액의 배상문제로 고심하던 독일에서는 사회불안이 점증하는 가운데 나치스가 대두하여 히틀러 정권 아래에서 새로운 경제시스템, 즉 '국가독점자본주의'가 탄생하게 된다. 히틀러는 자동차, 선박, 철강 등 중화학공업을 급속히 추진하는 과정에서 국가가 기업을 직접 통제하는 수법을 도입하여, 눈부신 성과를 올리게 된다. 특히, 금융산업에서는 한정된 자금을 국내에서 유효하게 활용하기 위하여 중앙은행의 권한을 강화시켰다. 이와 같은 독일의 중앙은행법은 나중에 일본은행법의 모델이 되기도 한다.

이상과 같은 역사의 흐름 속에서 일본에서는 1932년의 만주사변 후에 '신관료'라 불리는 일군의 관료들이 등장한다. 이들은 육군이 '내무성을 비롯하여 대장성, 상공성 등 각 성에 대해 혁신의 열의를 갖고 있는 관료들의 협력을 구했을 때' 호응한 관료들이다. 그 중에는 기시(岸信介), 고토(後藤文夫:내무관료, 齊藤내각의 農相), 세코미즈(迫水久常:대장관료, 패전 시 鈴木내각의 서기국장), 와다(和田博雄:전후 片山내각의 경제안정본부 장관, 나중에 사회당 政審會長) 등이 포함되어 있다. 이들 중 다수는 만주 정부에 보내져서 통제경제의 실시[6]나 치안유지 등의 직책을 맡게 된다.

고노에(近衛), 고토(後藤文夫), 마쓰모토(松本學:齊藤내각의 警保국장) 등은 1932년에 '國維會'라는 집단을 결성한다. 이들은 당시의 일본의 상태가 국가멸망에 이를지도 모르는 위기 상태에 있는 것으로 판단하여, 이에 대한 '유신'을 추진하는 모임을 결성하려 했다. 이 모임의 정신적인 지주는 양명학자인 야스오카(安岡正篤)였다. 야스오카는 전후의 관료 · 정치가들에게도 강한 영향을 미쳤다. 1933년을 전후해서는 몇 개의 정책연구 집단이 생겨났다. 이 중에서 가장 잘 알려져 있는 것은 '소화회(昭和會)' 다. 이 연구 집단은 고노에의 신체제 운동에 커다란 영향을 미친 국책연 구 그룹으로 고노에의 친우였던 고토(後藤隆之助)가 주재하였으며, 고토 (後藤文夫), 가제미(風見章), 오오코우찌(大河內一男) 등의 학자·관료에 의 해 1936년에 결성되었다. 이들은 일본의 정치체제를 개혁하여 이해의 대 립을 일소하는 전체주의적인 국가 형성을 목표로 했다. 이것이 후에 신체 제운동으로 이어진다. 그러나 조르게 사건의 피고가 된 오자키(尾崎秀實) 가 강사였다는 이유로 탄압을 받아 대정익찬회(大政翼贊會) 성립 직후인 1940년 10월에 해산되었다.

이후 신관료의 계보는 이른바 '혁신관료'로 계승되었다. 혁신관료 로 분류되는 사람 중에는 신관료와 중복되는 경우가 많았다. 신관료가 내 무관료를 중심으로 한 것이었다면, 혁신관료는 경제관료 중심이었다. 혁 신관료들의 활동무대는 1937년에 설립된 내각기획원이었다. 당시의 사 회불안을 배경으로 하여 그들은 유럽의 다양한 이념이나 사조에 감화되

---

06 1931년 만주사변으로 성립한 '만주국'에서는 관동군의 주도 하에 남만주철도주식회사(滿鐵)의 경 제조사회를 중심으로 통제경제에 의한 식민지경영 연구가 시작되었다. 통제계획은 1936년 '만주 산업개발5개년계획'으로 성립하였다. 계획이 실행 단계에 접어들면서 일본의 대장성이나 상공성을 중심으로 한 젊은 층의 혁신관료가 만주에 파견되어 실제의 통제경제의 운영을 경험하게 된다. 한 편 만주국의 관료는 통제경제를 실제로 운영하기 위하여 각종의 통제입법을 제정하였다. 만주국의 젊은 혁신관료의 통제경제 운영의 경험은 그들이 나중에 일본 본토로 귀국한 후에 일본 본토에서 통 제경제의 운영에 실제로 활용된다. 만주에서의 이러한 통제경제의 '실험'이 가능했던 것은 혁신관 료가 커다란 권한을 가질 수 있었으며, 일본 본토에서 볼 수 있었던 것과 같은 사회적·정치적 압력 으로부터 자유로울 수 있었기 때문이다. 혁신관료의 만주에서의 통제 경험은 그들이 일본으로 귀국 한 후 일본의 전시통제로 계승된다(小林, 1995; 小林외, 1995).

어 있었다. 마르크스주의에 감화된 사람도 많았으며, 후기의 혁신관료는 전체주의적인 국가통제를 지지하는 나치독일의 영향을 강하게 받기도 했다(野口, 1995: 44-6).

시장경제에 가깝던 전전 일본에서 국가와 경제간 관계가 긴밀해지기 시작하는 것은 중일전쟁·태평양전쟁으로 이어지는 전시기(戰時期)부터라고 할 수 있다. 전시기 일본의 관료는 자원 배분의 유효성을 높이기 위해 물자동원계획(物資動員計劃)을 수립하여 공업생산의 확충을 꾀했다. 그러나 생산 확충은 당초의 생각대로 진행되지 않았다. 이는 당시 주식의 소유에 의해 다수의 기업을 지배하고 있었던 재벌이 기업 활동의 제1의 목표로 이윤을 추구했기 때문이다. 이 때문에 기업의 이익은 생산 확충을 위한 투자에 쓰이지 않고 거의 대부분이 자본가에 대한 이익배당으로 돌아갔으며, 이는 현재 영미형의 기업행동과 유사하다고 할 수 있다. 이와 같은 상황에서 당시의 혁신적 관료들은 기업의 이윤추구행동을 비판하면서 재계와의 대립 속에서 일본 경제의 재편성을 꾀했던 것이다.

이와 같이 혁신관료들은 메이지 이래의 전통적인 관료상과는 다른

1940년 체제론과 일본형 정치경제시스템의 원형

노구치(野口, 1995)는 전후 일본 경제시스템의 원형이 전시기에 형성되었다고 주장하면서, 이를 '1940년 체제'로 명명한 바 있다. 그에 의하면 1940년 체제는 두 가지의 의미를 가지고 있다. 첫 번째 의미는 일본형 시스템을 뒷받침하는 일본 특유의 제도들이 전시기에 만들어졌다는 것

을 의미한다. 주식배당의 규제, 기업별노조, 종신고용관행과 연공서열형 임금체계, 간접금융 중심의 금융시스템, 직접세 중심의 세체계, 중앙집권적 재정제도 등 일본 경제의 특징적인 것들이 본래 일본에는 없었던 것이며, 전시기 경제적 요청에 대응하기 위해 인위적으로 도입된 것이라는 점이다. 두 번째 의미는 이러한 체제가 전후 점령개혁에도 불구하고 전후체제와 연속되었다는 점이다.

혁신관료들은 본문에서 살펴보았듯이, 기업은 이윤추구를 위한 존재가 아니라 국가 목적 달성을 위해 생산성을 올려야 하는 존재로 인식했다. 이 때문에 기업의 소유와 경영의 분리, 고전적인 소유권 개념의 수정 등을 주장했다. 혁신관료에 의해 작성·추진된 '新經濟體制確立要綱'은 기업의 공공화, 나치스적인 지도자 원리의 도입에 의한 통제기구의 확립, 이윤의 제한 등을 골자로 하고 있었다(채원호, 2000b).

이념으로 무장되어 있었다. 전시기 혁신적 사상을 갖고 있는 관료들이 이전과 단절적인 것은 메이지기에 성립한 내각제도나 관리제도 등 제도면에서의 변화가 아니라 사상이나 이념 측면에서의 단절이다. 이들 관료들은 전시기(戰時期)에 경제에 광범위하게 개입하게 되는데, 이것이 앞서의 논의한 전시경제의 출발점이었다.

3___ 점령 개혁과 현대 일본 관료제의 성립

1) 점령기 관료제 개혁의 의의

점령기 관료제 개혁의 특수성은 다른 개혁과 달리 관료제는 개혁의 대상이자 개혁정책의 집행도구라는 이중적인 성격에 있었다. 전전·전시통제기에 확대되었던 관료 세력은 전후 개혁를 거치면서 더욱 확실하게 국가의 중추로서 자리를 잡게 되었다. 패전 후 일본에서는 GHQ에 의한 정치의 민주화가 추진되었는데, 이를 위해 공직추방이 실시되고 재벌해체가 추진되었다. 그러나 이러한 일련의 민주화정책의 추진과정에서 관료만은 전후 개혁의 세례를 받지 않았다. 이는 전후 일본의 점령방식이 실질적으로 미국의 '단독점령'과 '간접통치'라는 형태를 취하여 그 집행에 일본 관료의 협력을 필요로 했기 때문이다. 바꾸어 말해 전후의 민주화정책은 관료의 경쟁세력을 일시적이긴 해도 정치의 무대로부터 멀리하는 효과를 가져왔다. 그 결과 개혁다운 개혁을 경험하지 못했던 관료는 전후 유일한 권력기관으로 살아남게 되며, 이후의 정치를 주도하는 가장 유력한 그룹으로 성장한다.

GHQ와 간접통치

제2차 세계대전 종결에 따라 포츠담 선언의 칩행을 위해 GHQ는 일본을 점령하여 간접 통치를 행하였다.

GHQ(General Head Quarters: 연합국군 최공사령관 총사령부)란 패전 후 일본이 연합국군에 군사점령 당했을 때, 최고사령관 맥아더원수의 두뇌 역할을 하기 위하여 1945(昭和20)년 10월 2일에 설치된 기관을 말한다. 전신은 동년 8월 마닐라의 미태평양군 총사령부 내에 설치된 군정국이며, 샌프란시스코 강화조약이 발효된 1952년 4월 28일 폐지되었다. GHQ의 조직편성은 후에 변화가 있게 되지만 설립 시에는 총사령관, 부관, 군사비서, 참모장, 부참모장, 참모장 직속의 관방(물자조달부), 참모부(4部), 막료부(9局)가 있었다. 참모 제1부는 인사 · 기획, 제2부는 첩보 · 보안, 제3부는 작전 · 인양, 제4부는 예산 · 조달 등을 담당하였으며, 막료부속의 民政局(GS)은 헌법개정 · 공직추방 등 정치민주화의 중추적인 기능을 수행했다. 그 밖에 경제과학국은 재벌해체 · 농지개혁 · 노동개혁, 민간정보교육국은 교육개혁, 공중위생복지국은 의료 · 복지 등의 분야를 담당했다(大學教育社編, 1994: 1073).

2) 점령기 국가공무원법의 성립

패전 직후 관료제 개혁은 전전 관리(官吏)제도의 부분적 손질에 그쳐 미흡했다. 그러나 새롭게 제정된 신헌법 체제에 부합하는 개혁은 1947년에 공포된 국가공무원법을 통해서였다. 즉 통치구조의 기본원리의 전환에 따른 행정의 민주화라는 이념을 구체화하기 위한 개혁 조치가 필요하게 된 것이다. 1945년 11월의 각의결정으로 실현되었던 개혁 조치에는 전후 점령정책에 따른 신헌법 체제의 이념이나 정신이 반영되어 있지 않았다. 패전 직후의 관료제 개혁은 전전에 존재했던 관료제 개혁 구상을 승계했지만, '충성원리의 전환(천황의 관리 국민전체의 봉사자로서의 공무원)'에 따른 새로운 이념에는 대응하지 못했던 것이다.

패전 후 관리(官吏)제도의 비능률 및 관공노동조합의 공세와 높은 인플레이션으로 고심하던 일본 정부는 혼란스러운 관리의 급여제도 개혁의 수단으로서 1946년 5월, 급여·수당제도의 개선을 권고하기 위한 고문단 파견을 총사령부에 요청했다. 당시 총사령부 민정국은 이 요청을 관리(官吏)제도 개혁의 호기로 판단하여 급여제도 전문가뿐만 아니라 인사행정 전문가의 파견을 본국에 요청하게 된다. 이에 따라 11월에 미국·캐나다 인사위원회연합회장 블레인 후버(Blaine Hoover)를 단장으로 하는 '대일미국인사행정고문단'이 일본에 오게 되었다. 고문단은 '인사행정의 운영에 관계되는 모든 법률·정책·관행 및 절차를 포함한 일본 정부의 인사제도를 연구하고 이를 토대로 인사행정 전체를 개혁하기 위한 권고를 행한다'는 목적을 달성하기 위하여 활동을 개시했다.

고문단은 5개월의 조사연구를 끝내고 1947년 4월 맥아더에게 중간보고서를 제출했으며, 6월에는 최종 보고서를 제출했다. 이 보고서에는 국가공무원법의 원안인 소위 후버초안이 포함되어 있었으며, 강력한 인사행정기관의 설치가 권고되어 있었다. 후버 초안은 가타야마(片山) 내각에 제안되어, 그것을 기초로 국가공무원 법안이 작성되었다. 동 법안은 8월 30일에 제1회 국회에 제출된 후 약 1개월 반의 심의를 거쳐 10월 16일

참의원을 통과하여 국가공무원법으로 성립하였다. 그러나 이렇게 성립한 국가공무원법의 내용은 후버초안과는 상당히 다른 내용을 담고 있었다. 동 법안의 심의과정에서 후버가 의도했던 강력한 인사원의 설치나 공무원의 파업금지규정이 각 성청의 저항이나 공무원 노동자를 지지기반으로 하는 가타야마(片山) 내각의 정치적 배려에 의해 수정 내지 삭제되었던 것이다. 이 때문에 동 법의 주요한 특색은 독립성이 약한 중앙인사행정기관으로서 임시인사위원회의 설치, 공무원노동자의 노동기본권 보장, '특별직'의 범위 확대, 불량공무원에 대한 탄핵제도 등이 주요 내용으로 되어 있었다.

이상과 같은 과정을 거쳐 제1회 국회에서 제정된 국가공무원법은 1947년 10월 27일에 공포되었으며, 8개월의 준비기간을 거쳐 1948년 7월 1일부터 실시되었다(단, 시행 후에도 동법이 점차적으로 적용되었기 때문에, 동법이 적용되기까지는 구 관리법제(官吏法制)가 부분적으로 명맥을 유지하였다). 그러나 시행 직후인 7월 22일에 유명한 맥아더서한이 나오게 됨에 따라 국가공무원법은 개정되는 운명을 맞게 된다.

국가공무원법의 제정 직후부터 1948년에 걸쳐 공무원노동조합의 파업공세가 격렬해짐에 따라 1947년 11월에 다시 일본에 온 후버는 파업금지규정을 삭제한 국가공무원법이 문제점을 노정시켰다고 확신하고, 원안의 규정을 부활시키기 위한 활동을 시작하였다. 1948년 7월 22일, 아시다(芦田) 수상 앞으로 보내진 이른바 맥아더서한을 계기로 국가공무원법의 후버 수정안이 제안된다. 이후 후버 수정안에 기초한 개정 법안이 제2차 요시다(吉田) 내각에 의해 국회에 제출되어 1948년 11월에 거의 무수정으로 참의원에서 가결·성립하였다.

이렇게 성립한 국가공무원법의 주요한 개정사항은 첫째, 중앙인사행정기관의 지위와 권한이 강화되었다는 점, 둘째 공무원의 파업금지규정이 부활되었다는 점, 셋째 동법의 적용을 받지 않는 '특별직'의 범위가 축소되어 사무차관이 일반직으로 편입되었다는 점, 넷째 불량공무원에 대한 탄핵제도가 폐지되었다는 점 등을 열거할 수 있다. 이로써 후버가 당초 의도했던 독립성이 강한 중앙인사행정기관의 설치는 실현되었으며, 인사원이 12월 4일에 탄생하였다.

전전의 근대 관료제도인 관리제도(官吏制度)를 근본적으로 개혁한 국가공무원법이 탄생함으로써 현대 일본 관료제의 제도적인 틀이 형성되었다. 이는 국가공무원법이 규정하는 '민주적이고 능률적'인 공무 운영을 실현하기 위한 과학적 인사행정의 제도적인 기반이 확립되는 것을 의미한다. 〈표 1-1〉은 전전 일본의 관리제도를 전후의 공무원제도와 비교한 것이다.

〈표 1-1〉 일본의 전전·전후 관료제 비교

구 분	전전(官吏제도)	전후(공무원제도)
헌 법	메이지헌법	신헌법
충성원리	천황의 〈官〉吏	국민 전체에 대한 봉사자로서의 〈公〉務員
근거법	개별법	국가공무원법(1947년 10월 21일 제정, 48년 12월 3일 개정)
신분제적 성격	공식적	비공식적
	高等官(親任官·勅任官·奏任官) 判任官 雇·傭人	논커리어 공무원 (유자격자, 간부후보, 특권관료) 커리어 공무원
인사기관	내각 법제국	인사원

자료: 필자 작성

3) 점령기 관료제 개혁에 대한 평가

점령기 행정기구의 개혁에 의해 신헌법·내각법·행정관청법이 1947년부터 동시에 시행되었다. 또한 관제대권, 각대신단독보필제(各大臣單獨輔弼制)는 부정되었으며, 의원내각제를 채용함으로써 국민주권과 국회우위를 명확히 했다. 그러나 행정기구의 개혁은 이와 같은 원칙에 기초한 체계적인 개혁은 아니었으며, 임시방편적이고 개별적인 개혁의 성격이 강했다.

전쟁 직후에는 ①육군성·해군성·대동아성(大東亞省)의 폐지, ②정보국, 신기원(神祇院) 기타 사령부의 지시에 기초한 전시 기구의 폐지, ③군수성과 농상성의 상공성으로의 복원·개편 등의 조치가 취해졌다. 그 후 신헌법의 제정 이후 1948년 봄 무렵까지는 ①합의체인 내각과 행정대신으로서 수상의 사무 부국인 총리청 분리, ②궁내성의 폐지와 궁내부의 설치, ③노동성의 설치, ④내무성의 폐지 및 전국선거관리위원회·지방재정위원회·내사국(內事局)·건설원(建設院)의 설치, ⑤사법성과 법제국의 폐지 및 법무청의 설치, ⑥지방자치법의 제정에 의한 지방제도의 개혁, ⑦경찰법 제정에 의한 경찰제도의 개혁, ⑧국가공무원법의 제정에 의한 인사행정제도의 개혁, ⑨교육기본법·학교교육법·교육위원회법 등에 의한 교육행정제도의 개혁, ⑩사회행정·경제통제부문의 행정기구의 확장(46년 8월 12일 經濟安定本部 설치) 등이 있다.

GHQ개혁과정에서는 GHQ와 더불어 행정조사부가 수행했던 역할에 주목할 필요가 있다. 첫째, 기구개혁과 공무원제도의 개정에 관한 사령부측과의 절충은 1946년 10월 11일의 각의결정에 의해 행정조사부만을 통하게 함으로써 대부분의 경우 행정조사부가 필요한 조정을 행하게 되었다. 둘째, 각성청의 기구·정원의 통제, 종합조정의 기능은 종래 법제국의 소관이었지만, 동 국이 법무성으로 이관됨에 따라 1948년 4월 16일의 '행정기구의 개혁 및 정원의 증감에 관한 종합조정에 관한 건'이라는 제목의 각의결정에 의해 이 기능을 행정조사부가 장악하게 되었다. 행정개혁을 소관하는 GHQ 가까이에 관청이 신설됨으로써 GHQ주도의 행정개혁이 보다 용이하게 된 셈이다.

이어서 1948년 2월 26일에 설치된 임시행정개혁심의회는 ①확대된 기구의 간소화를 중심으로 ②행정경영 부국(部局)의 설치, ③건설성의 설치, ④기업관청(國鐵과 專賣)의 개혁, ⑤지방 특별행정기관의 정리 ⑥예산제도의 개혁 등이 검토되었는데 일부를 제외하고는 거의 실현되었다. 행정개혁 시스템이라는 관점에서 볼 때, 흥미로운 점은 1948년 3월에 폐지가 예정되어 있었던 행정조사부가 동년 7월 1일에 행정관리청으로 격상되었다는 점이다. 게다가 이 사이에 대장성 주계국(主計局)의 예산편성기능도 함께 갖는 보다 강력한 '행정관리기관'의 구상이 GHQ로부터 나왔지만, 각 부국의 반대 때문에 결국 실현되지 못했다. 이후 1951년 5월 3일의 리지웨이 성명에 의해 점령개혁의 재검토와 강화 후의 자주자립체제를 목표로 한 재개혁이 시작되었다. 그러나 약간의 성과를 내기는 했어도 逆코스적 개혁의 대부분은 실현되지 못했다.

이와 같이 일본의 전후 관료제는 정치적 환경이 급변하고 국민주권에 입각한 신헌법이 제정되면서 그 변질이 불가피하게 되었으며 공무원에 관한 통일적인 법전으로 국가공무원법이 제정됨으로써 새로운 제도적인 기반을 갖게 되었다. 그 밖에도 점령개혁을 통한 정치체제의 전환, 통제경제체제의 정비와 해제를 배경으로 비교적 실현성이 높은 기구의 재편을 행하였다. 제로베이스 개혁에 가까운 것이었다고 할 수 있을 것이다 (大山, 1991, p.114).

그럼에도 불구하고 점령기 관료제에 대한 전후 개혁의 평가에 관해서는 '관료기구의 온존(溫存)과 강화' 설이 유력하다. 이러한 견해의 근거에는 점령개혁에 있어서 민주화의 불철저와 점령 이후의 재개혁에 있어서 逆코스에 의한 복권이라는 시대인식이 있다(辻, 1958). 쓰지(辻)의 견해처럼 전전 관리기구의 온존과 강화가 관찰되는 것은 전후 개혁의 슬로건이었던 '민주화' 개혁이 그만큼 불충분했다는 의미이다.

이와 같이 점령기 개혁에 대해서는 제로베이스적 개혁으로 보는 견해와 쓰지(辻)로 대표되는 전전전후 연속론이라는 시각차이가 존재한다. 점령기 개혁을 논함에 있어 흔히 범하기 쉬운 오류는 점령기에 이루어진 (일부의) 개혁만을 평가하여 이를 강조하는 경향이 있다는 점이다. 점령기에 이루어진 개혁 못지않게 좌절된 개혁도 있으며, 개혁이 이루어지지 않은 부문도 많이 있었던 점에도 눈을 돌을 필요가 있다. 개혁이 있었던 경우에도 이전 제도와의 관련성이나 제도적 관행이 잔존하는 경우도 있기 때문에 개혁에 대한 평가는 신중해야 할 것이다. 일본의 점령기 관료제 개혁을 평가하는 경우도 관리제도(官吏制度)가 공무원제도로 바뀐 점을 들어 제로베이스에 가까운 개혁이 있었다는 견해(大山, 1992)가 있으나, 전전 관리제도의 신분적 성격이 전후 관료제 속에서도 커리어, 논커리어라는 의사(擬似) 신분제적 관행으로 존속하고 있기 때문에 제로베이스에 가까운 개혁이었다고 보기는 어려울 것이다. 관료제도 전반을 완전히 이질적이고 완결성을 갖는 미국의 제도로 대치한 것은 아니기 때문이다. 따라서 이 글에서는 전후 관료제는 전전 관료제와의 연속선상에서 이해하고자 하며, 전전 관료제가 탈권위주의적으로 계승된 것으로 보고자 한다.

'탈권위주의'적 계승이었다는 것은 전전의 관료제가 권위주의적이 었다는 의미이기도 하다. 전전 메이지헌법 하에서 행정기구를 장악한 것은 천황대권이었으며, 관료는 천황의 관리(官吏)로 이해되었기 때문에 의회에 의한 관료제 통제는 기대하기 어려웠다. 특히 전시 총동원체제 하에서는 각종 통제입법에 의하여 민간에 직접 개입하는 등 관료제에 대한 민주적 통제는 상상하기 어려웠다. 그러나 전후 점령당국에 의한 전시 행정기구－육군성·해군성 등－의 폐지나 권위주의적인 경찰 권력을 장악하고 있던 내무성 해체·경찰법 폐지 등의 조치는 전전 관료제의 권위주의적인 성격을 배제시키는 방향에서 이루어진 일련의 개혁이라고 볼 수 있다.

역코스 정치

逆코스(정치)란 샌프란시스코 강화조약, 日美안보조약의 조인(51년 9월)·발효(52년 4월)를 전후하여 점령정책의 재검토에 의한 법개정 破壞活動防止法, 自治体警察·公安委員會의 廢止, 軍人恩給의 復活, 警察予備隊의 保安隊로의 개편(후에 自衛隊) 등과 추방해제에 의해 정계에 복귀한 전전 보수정치가의 복고적인 정치활동 등으로 상징되는 전후 민주적 점령개혁에 대한 반동적인 움직임 가리킨다(大學敎育社編, 1994: 179). 일본 점령의 초기에 행해진 일련의 민주화개혁이 일단락된 후, 미국의 일본 점령정책은 1948년 초 무렵부터 뚜렷하게 변화하기 시작했다. 언론에서 이러한 변화를 逆코스로 부르기 시작한 것은 점령 말기인 1951년 11월의 일이다(요미우리신문의 연재〔逆코스〕). 그러나 逆코스의 어감이 점령정책이 180도 전환하여 전전의 일본을 지향했다는 인상을 주지만 이는 잘못된 생각이며, 그보다는 당시 중국의 공산주의화, 미소냉전 등 국제정치 환경이 정책전환을 가져왔다는 것이다. 미국의 점령 관계자는 역코스의 존재를 인정하지 않으며, 따라서 영어의 'reverse course'란 일본의 '逆코스'라는 말에서 역수입된 번역어라는 것이다(世界 594号, 1994: 28-29).

생각해볼 문제

1 근대 관료제의 개념적 특징 및 유형에 대해 학습하기

2 서구 국가들과 구분되는 근대 일본 관료제의 특징은 무엇인가?

3 전시기 혁신관료의 등장이 일본의 정치경제시스템에 미친 영향은 무엇인가?

참고문헌

채원호(2000a), 군정기 한국관료제의 형성에 관한 연구: 전후 점령기 일본과의 비교를 중심으로, 「한국행정논집」, 12(3).

채원호(2000b), 일본형 경제시스템에 관한 역사적 고찰: 전시 정부기업관계의 변화를 중심으로, 명지대학교 일본문제연구센터, 「일본연구」, 8.

채원호(2005), 일본의 행정지도와 정부기업관계: 산업정책을 중심으로, 한성대학
　　교 사회과학연구원, 「사회과학논집」, 19(1).

足立忠夫(1966), 「行政管理論」, 東京: 玄文社.

井出嘉憲(1982), 「日本官僚制と行政文化」, 東京: 東京大學出版會.

伊藤大一(1980), 「現代日本官僚制の分析」, 東京: 東京大學出版會.

大河內繁男(1976), 日本の行政組織: 內閣制度の展開を中心にして. 辻淸明編集
　　代表, 「行政學講座 第2卷」, 東京大學出版會.

大島太郎(1976), 日本の統治構造:太政官政府の成立をめぐって. 辻淸明編集代
　　表, 「行政學講座 第2卷」, 東京大學出版會.

大山耕輔(1992), 行政機構における占領改革・再改革の成果と政策過程. 日本政
　　治學會編, 「年報政治學1991:戰後國家の形成と經濟發展:占領以降」, 東京:
　　岩波書店.

小林英夫(1995), 「超官僚」, 東京: 德間書店.

小林英夫・岡崎哲二・米倉誠一郎・NHK取材班(1995), 「「日本株式會社」の昭和
　　史:官僚支配の構造」, 東京: 創元社.

柴垣和夫(1979), 「經濟新體制」, と統制會・その理念と現實, 東京大學社會科學
　　硏究所編, 「戰時日本經濟」, 東京: 東京大學出版會.

大學敎育社編(1994), 「現代政治學辭典」, 東京: おうふう社.

西尾勝(1993), 「行政學」, 東京: 有斐閣.

野口悠紀夫(1995), 「1940年體制: さらば「戰時經濟」」, 東京: 東洋經濟新報社.

秦郁彦(1981), 「戰後日本官僚制の制度・組織・人事」, 東京: 東京大學出版會.

樋渡展洋(1991), 「戰後日本の市場と政治」, 東京: 東京大學出版會.

村松岐夫(1994), 「日本の行政: 活動型官僚制の變貌」, 東京: 中央公論社.

Badie B. and P. Birnbaum(1979), The Sociology of State, The University of Chicago Press, 山勉譯, 「國家の歷史社會學」, 東京: 日本經濟評論社, 1990.

Silberman, Bernard S.(1993), Cages of Reason. The University of Chicago Press.

02

현대 일본의 행정시스템

| 구조적 특성과 변화 |

김기석

●●●●●●

이 장에서는 현대 일본의 행정시스템을 일본 의원내각제 권력구조의 특성과 연관관계, 중앙성청과 관료제 조직의 유형, 양태, 특성, 그리고 최근의 관련이슈 등을 중심으로 살펴봄으로써 전후 일본 행정시스템의 전반적인 양상과 특징을 설명하고 최근 어떠한 방향으로 변화하고 있는지를 살펴보는 것이 목적이다.

일본은 명치유신 이후 근대화 및 경제발전 과정에서 국가목표가 서구경제를 따라잡는(catch up) 것이었으며 이런 명시적인 국가목표의 달성을 위해서 청렴하고 유능한 관료들이 효과적인 정책수립과 실행을 통해 경제발전을 견인하였다는 것이 일반적인 인식이었으며 이는 1980년대 이후의 많은 논란에도 불구하고 일본 행정시스템에 대한 하나의 정형화된 사실로 공인되어왔다. 특히 2차 세계대전 이후, 일본이 전쟁의 폐허로부터 경제를 되살리고 세계 제2위의 경제대국으로 우뚝 설 수 있었던 데는 우수한 경제관료들이 앞장서서 적극적이고 효율적인 산업정책과 규제조치들을 중심으로 관료주도형 경제운용 방식을 채택한 것이 핵심 요소라는 생각인 것이다(Johnson 1982).

여기에는 몇 가지 중요한 이유들이 있다. 우선 일본의 관료는 도쿄대 법과대학으로 상징되는 일본사회에서 가장 우수한 엘리트 집단이 모여 있으며 이들은 전후 재계, 정계, 군 등 대부분의 일본 엘리트들이 점령군사령부에 의해 숙청되어 약화되는 과정에서도 살아남을 수 있었기에 상대적으로 강한 사회적 영향력을 유지해왔다는 것이다. 게다가 관료는 정책결정에 필요한 지식, 경험, 정보를 독점하고 있어 정책의 어젠다를 만드는 과정에서부터 그 결정과정에 이르기까지 눈에 보이지 않는 광범위한 영향력을 가질 수 있다는 것이다.

　특히 일본의 경제정책 결정 과정에 관료가 막강한 영향력을 발휘할 수 있었던 것은 일본 경제시스템 및 국가·시장관계의 독특성 때문이라는 것이 통설이다. 전후 일본의 정부·시장관계의 원형은 소위 '1940년 체제'로 불리는 제2차 세계대전기의 통제경제체제, 그 중에서도 특히 금융통제제도였다. 이 전시체제의 특징은 저금리로 발행된 국채의 조달, 즉 국책수행이었는데 전후 일본의 경제부흥과 경제성장은 이 규제방식이 만들어낸 초과수요의 조작에 의한 자금집중과 전략산업·수출산업을 대상으로 한 중점적 투자에 의해 이루어진 것이었고 그 중심에 대장성이 있었다. 대장성은 민간금융기관, 특히 대형 시중은행과 긴밀한 정보교환 및 협의관계를 만들어 소위 '호송선단방식'이라고 불리는 독특한 유형의 금융시스템을 만들고 사실상 그에 대한 지배적 권한을 행사하였다. 그리고 이런 유형의 광범위한 규제권한과 기업(혹은 재계)의 밀접한 결탁은 정도와 유형의 차이는 있지만 대부분의 일본 관료조직에 광범위하게 존재했던 것으로 이해된다.

　이런 특징을 가진 일본형 경제시스템의 가장 큰 특징 중 하나는 행정지도와 재량권으로 상징되는 비공식적 정책수립 및 시행과정이다. 이는 서구의 법률엄수주의와는 대비되는 비공식 관행 존중의 행정이다. 말하자면 법집행자의 주관적 판단이나 재량을 법적 규정의 엄밀한 해석과 적용에 우선시키는 방식인 것이다(후쿠이 2000, 182). 이는 전쟁의 폐허로부터 일본 경제를 일으키고 유수한 경쟁자들을 물리치고 세계시장으로 진출하기 위하여 산업을 전략적으로 조직해 나가는 데 매우 효과적인 방식이었고 따라서 일본 경제의 고도성장기에 커다란 역할을 할 수 있었다는 것이다.

하지만 1980년대 이후, 일본 경제의 세계화가 급속히 진행되는 과정에 미국과의 무역마찰이 격화되고 1990년대에 들어서면서부터는 일본 경제가 장기불황에 빠지게 되는 와중에 관료중심적 경제시스템의 비효율과 문제점이 드러나게 되자 일본 행정시스템에 대한 비판과 개혁의 필요성이 제기된다. 심지어 '관료망국론'이 횡행할 정도였다. 그 결과 오랜 논란과 정치적 과정을 거쳐 2001년 성청개혁이라는 커다란 성과를 낳게 되는데 이 장에서 우리가 살펴보게 될 일본 행정시스템의 기본적인 형태 및 특징은 그 성청개혁의 결과 성립된 새로운 체제를 과거와의 비교라는 관점에서 재구성함으로써 파악될 수 있는 것이다.

일본의 행정시스템과 관료제도를 이해함에 있어 한 가지 혼동하지 말아야 할 것은 일본 정부가 적극적인 공공정책을 폈다거나 관료가 경제정책의 수립과정에 주도적 역할을 해왔다는 사실이 반드시 일본 정부의 상대적 규모가 크다는 것을 의미하지는 않는다는 점이다. 예컨대 일본의 공무원 수는 다른 선진국과 비교했을 때 오히려 상대적으로 적은 것으로 알려져 있다. 1998년의 시점에서 인구 천 명당 공무원 수를 국제적으로 비교하면 영국 85명, 프랑스 97명, 미국 75명, 독일 65명인데 반해 일본은 38명으로 선진국의 2분의 1 내지 3분의 1 수준이다(채원호 2005, 292). 2003년의 공무원 숫자를 비교하면 영국은 공무원 총수 526만 명 중 중앙공무원 수는 243만 여 명이고 호주의 경우는 총 공무원 수 153만 명 그리고 연방공무원 수가 24만 4천여 명인데 비해 일본은 중앙공무원 총수 434만 여 명 그리고 국가공무원 수도 109만 명에 불과하여 인구대비 공무원 숫자라는 측면에서 일본은 결코 큰 나라가 아니다. 아울러 일본 정부의 예산규모도 GDP에 대한 비율로 비교하면 다른 선진국 정부들에 비해 낮은 수준이다. 그런 사실은 일본 행정시스템과 관료제도가 특징적 측면을 가지고 있음을 암시한다. 아울러 그 특징을 정확히 이해하기 위해서는 일본 행정시스템이 가지고 있는 제도적인 구조와 현실적인 작동방식을 입체적으로 이해할 필요가 있다는 의미이고 바로 그것이 이 장을 통해서 시도해볼 작업인 것이다.

〈표 1〉 일본 공무원 현황: 2003년

공무원 434만 7천 명	국가공무원 109만 7천	특별직 31만 2천	장관, 부장관, 정무관, 대사, 공사	약 400 명	
			재판관, 재판소 직원	약 3만 명	
			국회직원	약 4천 명	
			방위청 자위대원 등 직원	약 28만 명	
		일반직 78만 5천	비현업 국가공무원 48만 3천*	행정직	약 25만
				교육직	약 7만
				의료직	약 6만
				세무직	약 5만
				공안직	약 4만
				연구직	약 1만
				기타	약 1만
			검찰관	약 2천	
			현업국가공무원(국영기업인 우정, 임야, 인쇄, 조창분야 근무직원)	약 29만 9천	
	지방공무원 324만 7천	특별직		약 8만	
		일반직 약 315만*	일반행정직원	약 67만	
			복지관계직원	약 48만	
			교육공무원	약 121만	
			경찰 소방직원	약 41만	
			기타 공영기업직원	약 43만	

* 세부인원은 추정치로 합계와 차가 있을 수 있음.

1___ 일본의 의원내각제 권력구조와 행정

1) 내각의 지위 및 권한

　명치유신 이후 근대 국가건설 과정에 내각제를 채택한 일본은 2차 세계대전 이후에도 내각책임제 권력구조를 유지하고 있다. 한 마디로 일본의 내각은 행정의 최고 의사결정기관이다. 따라서 일본 헌법 제 65조는 "일본의 행정권은 내각에 속한다"고 규정하고 있으며 제 66조는 "내각은 행정권의 행사에 관해 국회에 대해 연대해서 책임을 진다"고 규정하고 있다. 이것이 일본의 권력구조가 내각책임제로 불리는 이유이다. 보다 구체적으로 이는 통칭 집단책임의 원칙(Principle of Collective Responsibility)이라고 불리는 것으로서 제 69조는 "국회가 내각에 대해 불신임안을 통과시킬 경우, 혹은 내각에 대한 신임안을 부결할 경우 10일 이내에 중의원이 해산되지 않는 한," 수상을 포함한 전원이 일괄적으로 "총사퇴해야한다"고 '책임' 지는 방법을 명확히 규정하고 있다.

　일본의 권력구조 하에서 내각의 권한은 광범위하고 포괄적이다. 헌법은 내각에 대해 일반행정사무 이외에 법률을 성실히 집행하고 국가의 사무를 총괄하는 일, 외교관계를 처리하는 일, 조약을 체결하는 일, 법률이 정하는 바에 따라 공무원에 관한 사무를 관장하는 일, 예산을 작성하

여 국회에 제출하는 일, 정령을 제정하는 일, 대사, 특사, 감형, 형 집행면
제 및 복권을 결정하는 일 등을 할 수 있도록 규정하고 있다(제73조). 또한
내각은 국회의 해산, 국회소집, 최고재판소장의 지명권과 그 외의 재판관
임명권, 천황의 국사행위에 대한 조언 승인권 등의 권한도 가진다.

2) 내각의 구성: 수상과 각료

1. 수상

내각은 의회에 의해서 선출된 총리대신과 그에 의해서 임명된 각료들
로 구성된다. 일본헌법 제72조는 수상의 권한을 "내각총리대신은 내각
을 대표하여 의안을 국회에 제출하고 일반국무 및 외교관계에 대해 국회
에 보고하며, 행정각부를 지휘·감독한다"고 규정하고 있다. 이에 따라
수상은 내각의 대표로서 각의를 주재하고 정부의 주요정책에 관한 기본방
침을 각의에서 발의하며 각의에서 결정된 방침에 의거하여 행정각부를 지
휘 감독하는 행정부의 수장 역할을 하는 것이다. 또한 헌법 68조의 규정에
따라 수상은 내각의 구성원인 국무대신을 임명하고 파면할 수 있다.

국회의원만이 수상이 될 자격을 가지며 수상은 국회에서 표결로 선
출되는데 이 표결은 국회가 구성되자마자 다른 어떤 업무보다 우선적으
로 이루어져야 한다(헌법 67조). 양원제 의회구조를 가진 일본에서 수상
선출은 중의원과 참의원에서 각각 별도의 표결을 진행하여 각각의 지명
자를 선출하지만 일본헌법은 양원의 지명자가 다를 경우 하원의 의사를
존중하도록 규정하고 있다. 수상은 자위대의 최고 지휘감독권을 가지고

외국으로부터의 무력공격 등이 있을 시에는 자위대의 출동을 명령할 수 있다. 아울러 내각이 가지는 중의원 해산권도 실제로는 수상의 전권사항이라고 할 수 있다. 이처럼 일본의 수상은 내각책임제인 일본의 권력구조 하에서 막강한 제도적 권한을 가진다. 하지만 아래에서 다시 설명하듯이 일본정치의 다양한 특성, 특히 파벌정치적 속성 때문에 일본수상의 실질적인 리더십은 제도상 권한에 미치지 못한다는 것이 정설이다.

예컨대 수상은 조각권, 즉 각 성청의 국무대신을 임명할 권한을 가지지만 이를 임의로 행사하는 것이 아니라 자민당과의 밀접한 상호작용을 통해서 행사하도록 되어 있는 것이다. 말하자면 자민당 총재선거에서 승리하여 수상에 지명[1]되게 되면 그는 우선 내각의 비서실장격인 내각관방장관을 임명하고, 당 간사장, 총무회장, 정무조사회장 그리고 참의원 의원회장으로 구성된 당 4역과 신임 관방장관을 수상관저로 불러 조각본부를 구성하고 여기서 협의하여 각료들을 선임하는 것이 관례로 되어 있다.

2. 각료와 각의

각료는 수상에 의해 임명되는데 헌법상 과반수 이상을 국회의원으로부터 충원하도록 규정되어 있다(헌법 제68조). 말하자면 헌법의 규정상 국무위원의 반을 국회의원이 아닌 사람으로 임명할 수 있지만 실질적으로

---

1 이는 55년 체제 하 일본정치의 가장 큰 특징 중 하나로서 비록 수상이 사실상 중의원의 표결을 통해서 지명되기는 하지만 자민당이 중의원의 다수를 차지하는 정치구조가 오래동안 계속되었기 때문에 일본의 수상은 자민당 총재선거를 통해서 실질적으로 결정되며 중의원에서의 표결은 요식행위로 간주되는 것이다.

국회의원이 아닌 일반인이 내각에 기용되는 경우[2]는 매우 드물다. 그것은 정치인들에게는 각료의 지위가 자기의 지역구를 초월하여 전국적인 인물로 발돋움할 수 있는 매우 중요한 지위인 데다 통상 자민당 의원은 250명 이상이 되는 만큼 당내의 의원들 간에도 일정 횟수 이상의 연이은 당선 및 적지 않은 당내 경쟁을 치러야 각료가 될 수 있다는 점 때문이다. 파벌정치에 의한 당 혹은 정부 내의 직위배분 역시 일반 전문가를 각료로 임명하기 어렵게 만드는 요인이다.

아래의 〈그림 1〉은 일본 내각의 구성을 보여준다. 내각의 멤버인 각료의 구성은 내각관방장관과 11개 성의 대신 그리고 내각부에 부속되는 청과 일부 중요 위원회의 특명담당대신 등으로 구성된다(〈표 1〉 참조). 2001년의 성청 개혁 전 일본의 중앙부처는 1부 21성청(혹은 1부 12성 9청)[3]이었다. 중앙정부를 슬림화하기 위한 대규모 성청개혁의 결과로 구성된 일본의 중앙성청 조직은 1부 11성이다. 이것은 내각부, 그리고 총무성, 법무성, 외무성, 재무성, 문부과학성, 후생노동성, 농림수산성, 경제산업성, 국토교통성, 환경성, 방위성[4] 등이며 이 외에도 정부가 중요시하는 특별한 의제를 다루는 특명전권대신을 임명하여 내각에 참여시키고 있다.

---

2 전후부터 1990년대초까지 국무대신 임명자 530여명 가운데 의원직을 겸임하지 않은 대신은 16명에 불과했다고 한다. 최근의 예는 고이즈미 내각 당시 게이오 대학의 경제학 교수였던 다케나가 헤이조(竹中平藏)를 경제관련 국무대신직에 중용한 바 있다.

3 8청은 청 중에서 국무대신을 장으로 하는 것을 센 것이다. 일본의 국무대신은 성의 수장과 청 중에서 법으로 인정된 청의 수장으로 구성되기 때문이다.

4 방위성의 경우는 2001년 개혁 이후에도 내각부의 외청으로 남아 있었으나 2007년 1월 성으로 승격된 것이다.

내각의 회의인 각의는 통상 매주 화요일과 금요일의 오전 10시부터 수상관저 4층에 있는 각의실에서, 그리고 국회의 회기 중에는 국회의사당 내에 있는 각의실에서 오전 9시부터 개최되며 이것이 정례각의이다. 각의는 정례회의가 원칙이지만 긴급을 요하는 안건을 처리하기 위해서 정례일 이외에 개최하는 임시각의도 있다. 또한 신속한 처리가 필요하지만 정식 토의를 필요로 할 정도는 아닌 안건에 대해 내각관방의 직원이 각의서를 가지고 돌면서 각료의 서명을 받는 경우도 있다고 한다(김준섭 2007, 194-185). 각의결정은 내각의 의사결정 그 자체이며 해당 안건에 관한 각의서에 각료가 서명한 후 마지막으로 수상이 서명하는 것에 의해 성립된다.

내각부는 2001년의 성청개혁의 산물로 과거의 총리부를 수상의 권한을 강화하기 위한 목적으로 확대시켜 내각 혹은 각 성청의 종합적인 조정업무를 담당하는 부서로 신설한 것이다. 내각부는 〈그림 1〉에서도 보는 바와 같이 국가정책의 방향성과 관련된 중요한 기구로서 경제재정자문회의, 종합과학기술회의, 남녀공동참획회의, 중앙방재회의 등 각료급 위원장을 갖는 특별위원회와 경찰청을 거느린 국가공안위원회 및 공정거래위원회를 포괄한다. 그리고 황실의 업무를 관장하는 궁내청, 금융업무를 관장하는 금융청 등 외청도 포함한다. 내각부는 수상의 관할 하에 있지만 실질적으로는 내각관방장관이 이끄는데 내각관장장관은 수상을 보좌하고 각의의 진행역을 맡으며 각 성청 간에 정책을 둘러싼 이견이나 분쟁이 발생하였을 때는 내각의 통일성을 확보하기 위해 중재자 역할을 담당한다. 또한 내각의 입장에서 여당과 국회 등과 절충하는 역할을 맡을

〈그림 1〉일본 내각 구성도

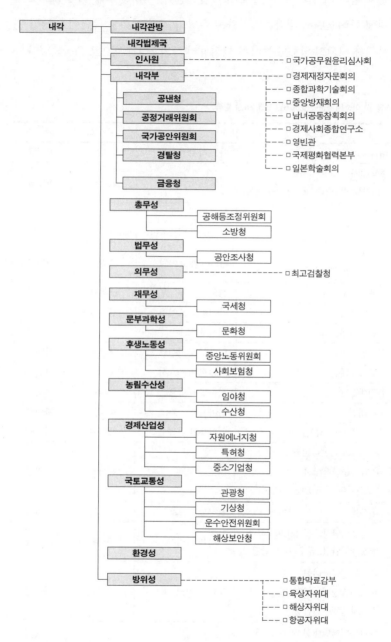

내각 — 내각관방 / 내각법제국 / 인사원 - □ 국가공무원윤리심사회 / 내각부 - □ 경제재정자문회의 / □ 종합과학기술회의 / □ 중앙방재회의 / □ 남녀공동참획회의 / □ 경제사회종합연구소 / □ 영빈관 / □ 국제평화협력본부 / □ 일본학술회의

공뵈청 / 공정거래위원회 / 국가공안위원회 / 경탈청 / 금융청

총무성 — 공해등조정위원회 / 소방청

법무성 — 공안조사청

외무성 - □ 최고검찰청

재무성 — 국세청

문부과학성 — 문화청

후생노동성 — 중앙노동위원회 / 사회보험청

농림수산성 — 임야청 / 수산청

경제산업성 — 자원에너지청 / 특허청 / 중소기업청

국토교통성 — 관광청 / 기상청 / 운수안전위원회 / 해상보안청

환경성

방위성 - □ 통합막료감부 / □ 육상자위대 / □ 해상자위대 / □ 항공자위대

뿐 아니라 내각의 대변인으로서도 활동한다. 이러한 역할 때문에 2000년 대에 들어오면서 내각관방장관은 수상의 가장 가까운 측근이 임명될 뿐 아니라 정치적 비중도 높아져 사실상 내각의 2인자 격으로 격상되었다.

〈표 2〉 아소내각명단(2008년 9월 24일 발족)

직명	성명	소속의회	소속정당
내각총리대신	아소 타로	중의원	자민당
총무대신 　내각특명담당대신(지방분권개혁)	하토야마 구니오	중의원	자민당
법무대신	모리 에이스케	중의원	자민당
외무대신	나카소네 히로후미	참의원	자민당
재무대신 　내각특명담당대신(금융)	나카가와 쇼이치	중의원	자민당
문부과학대신	시오노야 류	중의원	자민당
후생노동대신	마에조노 요이치	참의원	자민당
농림수산대신	이시바 시게루	중의원	자민당
경제산업대신	니카이 토시히로	중의원	자민당
국토교통대신	가네코 카즈요시	중의원	자민당
환경대신	사이토 테츠오	중의원	공명당
방위대신	하마다 야스카즈	중의원	자민당
내각관방장관, 납치문제담당	가와무라 다케오	중의원	자민당
국가공안위원회위원장 　내각특명담당대신 　(오키나와 및 북방대책, 방재)	사토 쯔토무	중의원	자민당
내각특명담당대신 (경제재정정책)	요사노 가오루	중의원	자민당
내각특명담당대신 (규제개혁) 행정개혁담당, 공무원개혁담당	아마리 아키라	중의원	자민당
내각특명담당대신 과학기술정책, 식품안전) 소비자행정추진담당	노다 세이코	중의원	자민당
내각특명담당대신 (소자화대책, 남녀공동참획)	오부치 유코	중의원	자민당

2___ 중앙 행정조직과 관료제도

1) 성청제도의 조직유형

일반적으로 일본의 중앙부처 조직을 통칭하여 성 · 청제도라고 부르지만 실제로 일본의 중앙부처는 부, 성, 청 및 위원회 등 4가지 종류의 조직으로 구성된다. 전후 일본의 정부조직은 2001년의 대대적인 조직개편 과정을 거쳐 현재 1부 11성 체제로 되어 있다. 내각부 및 각 성의 행정사무 중 독립성이 높고 사무량이 많아 내부의 국으로 감당하기 어려운 업무들은 외부에 위원회나 청을 설립하여 업무를 이관한 것이다. 따라서 부 · 성의 외국으로서의 청과 위원회는 부 · 성으로부터 어느 정도의 독립성이 주어진다.

이 글에서는 일본의 경제정책을 총괄하는 경제산업성의 예를 통해 일본 행정시스템을 설명하고자 하며 구체적인 명칭이나 형태는 다르지만 다른 성청들도 기본적으로 같은 조직구조를 가지고 있다고 생각하면 된다. 〈그림 2〉는 경제산업성의 조직현황을 보여준다. 경제산업성 본성은 대신을 비롯한 지도부와 산업구조심의회 등 10여 개의 심의회, 대신관방, 경제산업정책국, 통상정책국 등 업무영역에 따라 구분한 6개의 국 그리고 특허청, 중소기업청, 자원에너지청, 원자력안전보안원 등 4개의 외청 등으로 구성된다. 그리고 경제산업성은 본성 직속의 경제산업국이 8개의 지방 분국을 가지고 있다.

경제산업성의 지도부는 대신과 부대신(2명), 그리고 대신을 도와 특정 정책 및 기획업무를 맡는 대신정무관(2명), 사무차관 그리고 대신관방 등으로 이루어지며 이 중 관료출신으로 채워지는 1명의 사무차관을 제외하고 모두 정치인 출신, 특히 의원들로 임명[5]된다. 이러한 방식은 2001년의 행정개혁 이후 새로 도입된 방식이다. 과거 관료출신의 사무차관과 정치인 출신의 정무차관 1인씩만 둠으로써 정무차관은 명목상의 역할에 그치고 실질적인 행정업무는 사무차관의 지휘 하에 수행하였던 행정방식에서 좀 더 정치주도 혹은 수상 중심의 행정을 지향하기 위해 정치가 출신의 고위직을 다수 새로 설치함으로써 생겨난 방식이다. 그러나 이처럼 다수 포진하게 된 정치가 출신의 고위 행정직 담당자들이 실제로 의도한 변화를 가져오고 있는지에 대한 평가는 엇갈린다.

경제산업성을 비롯한 각 성청의 사무차관은 관료로서 오를 수 있는 최정상의 자리로서 실질적인 행정사무와 관련하여 각 성청을 통솔하는 최고책임자의 역할을 담당한다. 대신관방은 한국의 장관비서실에 비견될 수 있지만 훨씬 광범위한 역할을 한다. 경제산업성의 예를 보면 대신관방은 관방장과 총괄심의관을 비롯한 6명의 심의관과 1명의 참사관 그리고 비서과, 총무과, 회계과, 정책평가홍보과, 정보시스템 후생과 등으

---

5 이는 2001년 성청개혁의 결과 나타난 것이여 이에 대해서는 아래에서 좀 더 자세히 설명할 것이다.

로 구성된다. 이 중 비서과는 인사를 담당하고 회계과는 성의 예산을 담당하며 총무과는 문서 및 정보를 담당하는데 이를 대신관방의 3과라 하고 그 과장들은 핵심국장직을 거쳐 고위직으로 출세하기 위한 필수코스로 인식되어왔다.

성의 내부조직은 국(局)과 과(課)를 기본으로 하여 이루어지는데 과는 행정조직에 있어서 일의 기본단위로, 기획입안, 법안작성, 관계행정조직과의 조정, 내각법제국과의 협의, 그리고 여당과의 조정 등을 중심으로 업무를 수행하는 조직 단위이다. 또 인허가, 보조금 등의 조성, 행정지도 등도 과를 중심으로 전개된다. 그런 의미에서 과(실)는 각 부성청의 정책, 방침이 구체화되는 실질적 기반이며, 어떠한 형태든 과의 변경은 실질적 정책수행 기능의 변화를 의미한다(마부치 1999). 국은 몇 개의 과 업무를 통괄한다.

2) 관료

전후 일본의 공무원 제도는 국가공무원법 및 지방공무원법 등에 입각하여 총리부 산하의 독립기관인 인사원이 관리하는 공무원시험에 의해 관료를 충원하여왔다. 이러한 능력 중심의 관료 충원시스템은 근대화 이후 일본이 청렴하면서도 능력있는 인재들을 관료로 충원함으로써 국가주도의 공공정책과 경제발전을 이룩할 수 있었던 원동력 중 하나로 여겨진다.

일본의 공무원 시험은 I, II, III급의 세 가지로 구분되는데 I종은 대졸자, II급은 전문대학 수준 그리고 III급은 고졸 수준의 학력을 가진 수

〈그림 2〉 일본 경제산업성 조직도

경제산업연구소 공업소유권정보연수관 일본무역보험 산업기술종합연구소 제품평가기술기반기구 신에너지산업기술종합개발기구 일본무역진흥기구 원자력안전기반기구 등	중소기업금융공고 상공조합중앙금고 일본자전차진흥회 일본소형자동차진흥회
	일본상공회의소 전국중소기업단체중앙회 전국상공회연합회

통상정보 정책국	자원 에너지청	원자력안전 보안원	특허청	중소기업청
국장	장관 차장	원장 지장 상의관 수총괄안전 심사관	장관 특허기감	장관 차장
정보정책과 정보경제과 정보처리진흥과 정보통신기계과 서비스정책과 서비스산업과 상무과 거래신용과 유통정책과	장관관방		총무부	장관관방
	종합정책과 국제과	기획조정과 원자력안전 홍보과 원자력안전 기술기반과 원자력안전 특별조사과 원자력발전 안전심사과 원자력발전 검사과 핵연료 사이클규제과 핵연료 관리규제과 방사성폐기물 규제과 원자력방재과 수석송림 안전심사관 총괄안전심사관 전력안전과 가스안전과 보안과 액화석유가스보 안과 광산보안과	부장 비서과 총무과 회계과 기술검사과 특허정보과 국제과	창사관
	자원에너지 산에너지부			사업환경부
소비경제부	부장 정책과 석유천연가스과 석유정제비혹과 석유유동과 석탄과 광물자원과		심사업무부	부장 기획과 금융과 재무과 거래과
부장 소비경제정책과 소비경제대책과 제품안전과			부장 방석심사과 총국지원과 국제출원과 의징과 상표과 심사장	장관관방
	전력가스사업부		특허심사제1부	부장 경영지원과 창업연대추진과 기술과 상업과 소규모 기업창사관
	부장 정책과 전력시장정비과 가스시장정비과 전력기반정비과 원자력정책과 핵연료사이클 산업과		부장 조정과 심사장	특허심사제3부
			특허심사제2부	부장 심사장
			부장 심사장	특허심사제4부
				부장 심사장
				심판부

험생들을 대상으로 한다. 하지만 각 시험에 있어 공식적인 학력제한은 없다. 시험은 보통 상식 및 전공지식에 대한 필기시험과 면접으로 구성된다. 전공시험은 법학, 경제학, 물리학, 화학처럼 전공영역에 따라 치러지는데 수험생들은 자신의 전공에 따라 과목을 선택하여 시험을 치르며 일단 시험에 통과하면 면접시험의 대상이 된다(United Nations 2006, 12).

일본의 공무원 충원시스템이 갖는 한 가지의 특징은 시험과 채용을 분리하고 있어 시험의 합격이 곧바로 공무원으로의 임용을 보장하는 것은 아니라는 점이다. 시험은 일종의 자격시험이고 일단 시험에 합격된 인원들은 1년 내지 3년 동안 충원대상 리스트에 올라있게 되며 이들을 상대로 각 성청이 다시 엄격한 면접 등을 통해 자신들이 필요로 하는 인원들을 선발한다. 이 때 각 성청은 가장 우수한 인재들을 영입하기 위해 경쟁한다. 일반적으로 수험생 사이에서 가장 인기있는 성청은 재무성, 경제산업성, 국토교통성 등인데 여기에 들어가기 위해서는 높은 시험점수나 좋은 학력(예컨대 동경대학교 법학부 출신)을 갖추어야 한다는 것이다. 이러한 독특한 충원방식 때문에 각 성청에 속한 공무원들은 자신의 조직에 높은 소속감과 충성심을 가지게 되고 따라서 일본의 관료조직이 상대적으로 강한 성청종할주의를 가지게 되는 것으로 지적되고 있다.

I급 시험을 통해서 충원된 공무원은 일반적으로 경력조(career)라고 부르고 성청 본부에서 일괄적으로 인사관리하여 성청의 핵심적인 보직을 담당하는 간부요원으로 성장하게 된다. II급 시험을 통과한 공무원은 비경력조(non-career)로 불리는데 성청의 각 국이나 파견기관에서 인사

관리를 하게 되고 통상의 업무에 종사하며 대체적으로 순환보직하지 않으면서 담당업무에 대한 전문가로 성장하게 된다.

일본 공무원의 직책에 따른 직위는 매우 세분화되어 있고 다양한 명칭으로 불리지만 일반적으로 계원 – 계장 – 주사 – 과장보좌 – 기획관 – 과장 – 심의관·부장 – 국장 – 사무차관의 순서로 승진하게 된다. 경력조의 경우 이러한 직책들을 가장 빠른 경로로 승진하여 사무차관에 이를 수 있으며, 비경력조는 고위직으로의 승진이 매우 까다롭고 제한적이어서 주로 하위직 공무원으로 경력을 마치게 된다. 관료의 승진은 성과(merit base)에 따라 이루어지며 승진시험 같은 것은 없다. 승진을 결정하는 요인들은 공무원시험 성적, 근무경력, 근무성과 등이다(김장권·김세걸 2001, 137-140).

일반적으로 각 성청의 인사담당부서는 보직순환계획을 짠다. 이러한 계획은 최종적으로 대신 혹은 사무차관 등 성청의 지도부가 승인함으로써 성립된다. 일반적으로 관료들은 몇 년을 주기로 다른 보직으로 순환된다. 경력조의 경우 반드시 자기의 성청에만 머무는 것이 아니며 다른 성청으로도 순환보직 될 수도 있지만 결과적으로는 자신을 임명한 성청으로 돌아오는 것이 관례이다(〈표3〉 참조).

년차	연령	본청	산하기관 등
채용	22	A국 A과	
2년차	23	B국 C과	
3년차	25	B국 C과 계장	
5년차	27	다른 성청 근무	
7년차	29	A국 A과 과장	
8년차	30	지방공공단체 근무	
11년차	33	과장 보좌	(국을 돌며 1년씩)
15년차	37	산하 특수법인 근무	
17년차	39	A국 A과 기획관	
19년차	41	A국 B과 실장	
20년차	42	과장 참사관	(국을 돌며 1년씩)
28년차	50	심의관 국차장 부장	
29년차	51	국장(A국, D국), 정책총괄관 차관보 (재무관, 외무심의관 등)	
34년차	56	사무차관	

3) 주요 행정업무 및 결정과정

오늘날 국가가 행정을 통해서 담당하는 업무는 광범위하지만 일반적으로 관료의 업무는 정책입안, 입법부에 대한 대응, 공무원의 인사, 파견기관이나 특수법인과 공익법인 등에 대한 지휘와 감찰, 민영기업에 대한 감찰, 지위, 인허가 등의 정책결정과 관련한 영역에서 업무를 수행한다 (최은봉 2007, 228).

내각제 국가인 일본에서 법안을 제정하는 것은 국회의 고유업무지만 실제로는 각 성청의 관료들이 입안한 법안을 내각이 제출하고 이를 국회에서 심의하고 제정하는 소위 내각제출법안이 의원발의법안에 비해 압도적 다수를 차지한다. 법안을 새롭게 제정하는 경우 각 성청의 담당자(특히 비경력 중견관리들)는 법안의 기초가 되는 요강안을 작성한다. 각 성청의 과 단위로 이루어지며 과장 정도의 중견관료가 주도하는 법안의 작성과정은 다양한 형태의 사전 협의과정(根回し)을 포함한다. 즉 법안을 작성하는 과정에서 실무자들은 국장 등 간부들에게 수시로 설명을 하고 관련된 심의회 등에 자문을 의뢰하여 그 답신을 받거나 필요에 따라서는 여야당의 관계의원들에게 사전에 설명하는 등의 과정을 거쳐 관련 이해당사자들의 의견을 충분히 반영하기 위해 노력하는 것이다.

이러한 과정을 거쳐 만들어진 법안은 각 성청의 문서과에서 법조문의 심사를 받은 이후 다른 성청과 절충작업을 거치며 내각법제국에 제출되어 현행법제와의 관계, 내용의 법적 타당성, 법안의 정합성, 법안의 명칭 및 조문의 배열 등에 대해 심사를 받는다. 이 과정에서 필요에 따라 법안을 수정한 후 각 성청 내부에서 사무차관이 주최하는 성의(省議)에서 승인을 받은 다음, 대신의 결제를 얻어 사무차관회의에 보내지고 여기서 승인된 법안은 각의로 보내지며 각의의 결정을 얻어 의회로 송부되는 것이다(김장권·김세걸 2001, 156).

예산안은 내각부의 경제재정자문회의에서 주요 기본방침(骨太の方針)이 정해지고, 각 성청의 과 차원에서 예산요구안 작성이 5월경에 본격화

되기 시작하여 7월 중순경에는 해당 성청의 대신관방 회계과까지 올라가게 된다. 여기서 각 과와 국으로부터의 사정청취와 조정이 행해지고 각 성청의 예산요구안이 만들어진다. 여기에는 요구예산의 명칭, 요구액, 전년도 예산액, 산출근거 등이 명시된다. 각 성청이 작성한 예산요구안은 8월 말까지 재무성에 제출된다. 재무성 주계국은 9월 초순경에 걸쳐 각 성청의 담당자들로부터 예산요구에 대한 설명을 듣는다. 이때 각 성청 담당 주계관 하에 있는 주사들이 중심이 되어 요구사항의 우선순위와 경비의 적정성 등을 검토한다. 이러한 과정을 통해 얻은 정보에 기초하여 주계관들이 각 성청의 예산요구안을 심의한 다음, 주계국 회의에서 조정을 거쳐 재무성원안을 작성하고 이것이 재무성 성의에서 확정되면 재무대신을 통해 각의에 보고하고 의회로 송부한다.

이외에도 관료는 정책을 기획하고 실행하는 업무가 많고 그 실행 방식으로 법령의 제정, 예산확보를 위한 보조금이나 시설의 요청, 행정지도와 인허가를 위한 민영기업의 통제 등의 여러 형태를 취하게 된다. 지휘, 감독, 지도, 인허가 업무의 경우에는 소규모 안건에 대해서는 지방국이나 지방공공단체가 맡고 중대한 안건에 대해서는 중앙관청이 처리하여 각 국의 담당관이 집행하게 된다(최은봉 2007, 230).

일본 행정시스템의 특징 중 하나는 품의제라고 불리는 법안 작성과정이다. 품의제란 하의상달식 법안 작성과정을 말하는 것으로 관료제의 말단 사무관에 의해 기안된 계획이나 결정에 대한 품의서(결재문서)가 관계자들에게 순차적으로 회람되고 나아가 계층적 조직구조를 거슬러 올라가 순차적으로 상급관리자들에게 회람되어 최종적인 결재권자에 이르는 의사결정방식이다. 이러한 품의제는 품의서의 회람에 많은 시간이 요구되어 행정의 효율성을 침해한다거나 품의서를 열람하는 것만으로 그에 암묵적으로 동의하는 것으로 간주되어 결과적으로 책임소재를 분산시키고 하의상달식 의사결정 방식 때문에 상급관리자의 리더십이 결여되는 등 많은 문제점이 제기되어왔다(김장권·김세걸 2001, 142-143). 하지만 최근에는 일상적인 업무나 법규를 재량적으로 적용하는 행정처분 등의 의사결정에 주로 채택되고 있을 뿐 중요한 정책판단을 요하는 사안에 대해서는 상의하달식 의사결정 방식도 병행되어 사용되고 있다고 한다.

3___ 일본 행정시스템과 최근 이슈

    이상과 같은 기본구조와 제도적 특성을 가지고 있는 일본의 행정시스템 및 관료조직의 실질적인 작동은 제도적 요인 이외에도 다양한 요인들과 연계되며 따라서 오랫동안 많은 학문적 논의의 대상이 되어왔다. 예컨대 일본 행정 내지 그 주체인 관료가 공공정책의 결정과정에 어느 정도의 영향력을 미치며 일본 공공정책 결정의 실질적 주체가 누구인가를 둘러싸고 정관관계의 양상과 본질에 대한 논의가 1980년대와 1990년대 진지하게 이루어졌다. 또 전후 일본의 행정시스템이 가진 문제들을 해결하기 위해 오랫동안 논의되고 2001년에 시행된 성청개혁 및 그 효과에 대한 논란, 일본행정조직의 가장 큰 문제로 지적되어온 아마쿠다리의 현황은 어떠하며 최근에 어떠한 변화가 있는지, 일본 공공정책 결정의 실질적 주체 논의와 깊게 연관되어 있었던 심의회 문제 등이 그것이다. 여기에서는 이러한 전형적인 논의 주제들에 대해 간략히 언급하면서 최근 일본의 행정시스템에 나타나고 있는 변화들을 소개하고 그 방향성을 짚어보고자 한다.[6]

---

6 행정 및 관료에 대한 이해에 있어 핵심적인 문제였던 정관관계에 대해서는 다음 장 최은봉의 논문에서 보다 자세히 다룰 것이므로 여기서는 논의를 생략한다.

1) 정치주도형 행정시스템으로의 개혁

일본의 행정시스템과 관련하여 정계는 물론 언론, 학계 등에서 오랫동안 가장 활발한 논란의 대상이 되었던 것은 행정개혁문제였다. 이는 이미 1980년대 이후 지속적으로 일본 정치의 핵심적인 테마 중 하나였으며, 1980년대 당시의 나카소네 수상에 의해 설치된 제2임조가 국철이나 NTT 그리고 전매공사의 민영화 등을 실현시키면서 부분적인 성과를 거두기도 하였다. 하지만 1990년대에 심화된 신자유주의 이데올로기의 확산과 세계화 그리고 대미 무역마찰 같은 국제적 환경의 변화와 함께 장기적인 경제침체와 그에 따른 관료 책임론의 대두, 주택채권전문회사 문제, 에이즈 약화사건, 대장성 관료들의 독직사건, 한신대지진과 오옴진리교 테러와 같은 비상사태에 대한 비효율적 대응 등 관료행정의 비효율성이 부각되는 여러 가지 사건들이 중복되면서 전후 관료주도 행정체제에 대한 비판과 함께 그 근본적인 개혁의 필요성이 심각하게 대두된 것이다.

특히 1990년대의 장기불황이 심화되고 있던 1996년 하시모토 정권이 내건 소위 6대 개혁과제[7]의 일환으로 행정개혁이 제시되면서 행정개혁은 일본 정치사회에 본격적인 의제로 등장하였고 1998년 중앙성청개혁기본법이 성립된 후 2001년 그에 입각한 성청개혁이 단행되면서 일본의 행정시스템은 위에서 설명한 바와 같은 오늘날의 모습을 갖추게 된 것이다. 사실 앞서도 언급한 바와 같이 일본의 관료조직이 매우 강력한 권

---

7 6대 개혁과제란 행정개혁, 재정구조개혁. 사회보장구조개혁, 경제구조개혁, 금융시스템개혁, 그리고 교육개혁 등이었다.

한을 가진 집단이었다는 점을 감안하면 1부 22성청 체제로 이루어진 과거의 행정조직을 거의 절반으로 줄여 1부 11성청 체제로 줄이는 대대적인 구조조정은 관료조직의 조직적 저항 때문에 매우 어려운 작업이었으며 따라서 성청개혁의 원인이나 진행상황 및 그 결과 등에 대한 학문적 논의들은 비교적 다양하게 이루어져왔다. 그럼에도 불구하고 현행 일본의 행정시스템이 어떤 특징을 가지고 있는가를 이해하기 위해서는 이 당시 진행된 성청개혁이 어떤 방향성을 가지고 진행되어 현재의 모습을 가지게 되었는가를 이해하는 것이 필수적이다.

2001년 일본 성청개혁의 중심 아이디어는 성청의 숫자를 대폭 줄여 중앙성청을 대단위화 하고, 중앙정부의 기능을 가능하면 지방정부에 이양하는 등의 작업을 통해 작은 정부를 지향한다는 점과 함께, 관료의 정책결정 기능을 정치인에게 이양하는 말하자면 관료 주도로부터 정치가 주도로 혹은 당고관저(党高官低)형의 정책결정 메커니즘을 구축하려 하였다는 점이다. 이는 관료의존형 정책결정 체제에 대한 일본 사회의 비판에 대응하려는 것이 성청개혁의 핵심 동기였다는 점을 감안하면 충분히 이해가 가능한 부분이다. 그 결과 개혁은 크게 다음과 같은 방향성을 가지게 되었다.

- 내각부를 설치하고, 수상을 보좌하는 내각관방장관을 비롯한 내각관방의 정책조정 기능을 크게 강화하며 기존의 총리부, 경제기획청, 오키나와개발청의 기능 중 일부분을 내각부가 수행하도록 하는 등의 조치를 통해 수상관저의 정치적 기능을 강화하였다.

● 연장선상에서 경제재정자문회의, 종합과학기술회의, 중앙방재회의, 그리고 남녀공동참획회의 등 각료급 위원장을 갖는 위원회들을 내각부에 신설하여 국가적으로 중대한 이슈들에 대해 수상이 직접 리더십을 발휘하여 대응할 수 있도록 하였다. 이 중에 특히 경제재정자문회의는 과거 대장성과 각 성청 간의 교섭, 그리고 일부 족의원들에 의해 지배되던 정부예산 결정과정에 수상과 관방장관을 포함한 주요 각료들의 참여를 체계화함으로써 그 영향력을 확대하였다는 점에서 확실히 '정치주도'적 과정으로 정착시키고자 한 것이다.

● 또한 앞에서도 언급한 바와 같이 과거 대신, 사무차관, 정무차관 시스템 속에서 사실상 유명무실하던 정치인의 정책결정과정에 대한 참여를 부대신, 정무관 등으로 확대하여 성청의 중요한 정책결정이 관료에 의해 상당 부분 좌우되는 것을 막고 정치적인 고려가 가능하도록 조치를 취한 것 등이다.

이러한 정치주도형 정책결정 과정의 정착을 위한 여러 조치 이외에도 행정개혁은 행정정보의 공개 및 국민에 대한 설명책임의 강화, 정책평가 기능의 향상, 독립행정법인 제도의 창설 등을 통해 행정의 투명화 및 슬림화를 달성하고자 하였다.

물론 이러한 성청개혁이 실행된 지 8년 가까이 지난 현재까지도 그것이 소기의 성과를 거두었는가에 대한 논란은 이어지고 있다. 예컨대 수상관저 혹은 정치주도의 정책결정과정이 이전과 달리 일본의 개혁정책을 보다 손쉽게 하고 그에 대한 책임성(accountability)을 높여줄 수 있었는지 그리 명확하지 못하다. 부대신 혹은 정무관으로 성청에 근무하는 정치인 출신 인사들이 관료조직의 배타성을 극복하고 효과적으로 정책결정과정을 리드하고 있는지도 명확하지 못하다. 오히려 성청의 숫자를 줄여 거대 성청을 탄생시킨 결과, 실질적인 관료의 규제능력은 오히려 증가하는 부작용도 적지 않았다는 지적이 제기되고 있다.

2) 아마쿠다리(天下り)와 심의회

일본 행정시스템의 전반적인 변화들과 밀접히 연계되어 있는 테마로서 많은 관심의 대상이 되었던 것은 아마쿠다리, 심의회, 행정지도, 성청 종할주의, 품의제 등이다. 이는 과거 관료주도형 행정시스템이 일반적이던 당시에 나타난 일본형 행정시스템의 특징들로서 말하자면 이러한 일본 행정의 특성들이 행정개혁 이후에 어떻게 변화하고 있는가에 연구자들의 관심이 집중되는 것이다. 여기서는 최근까지도 가장 논란이 되고 있는 아마쿠다리와 심의회 정치에 대해 간략하게 소개해본다.

- 아마쿠다리란 관료가 퇴직 후 지방자치체, 공단 등의 특수법인, 재단·사단 등의 공익법인, 은행, 제조업 등의 민간기업에 간부나 중역으로 재취업하는 관행을 일컫는 말이다. 이런 관행이 일본에서 보편화된 원인은 정부가 가지고 있는 높은 규제권한이다. 말하자면 민간기업들은 아마쿠다리를 통해 전직 관료들을 받아들이고 그들이 가진 관료조직 내의 인적 네트워크와 영향력을 활용해 재

량적 규제에 대한 정보를 수집하고 영향력을 가지고자 하는 것이다. 정부의 입장에서는 행정의 효율성을 높이는 효과를 기대할 수 있고 공무원 당사자들에게는 소위 '보상급여(遲れて支拂われる報酬)', 말하자면 공무원 시절의 낮은 급여와 승진경쟁에서의 탈락에 대한 보상의 성격을 가지기도 한다. 이런 성격 때문에 아마쿠다리는 정부와 산하기관 혹은 민간 기업들 사이에 밀접한 연계 네트워크와 유착관계를 형성시키는 것이다(Shaede 1995).

아마쿠다리가 일본행정에서 문제시되는 이유는 성청관료들과 기업 사이의 유착관계가 아마쿠다리의 범위를 넓히기 위한 관료들의 노력을 자극하여 성청 종할주의를 강화시킴은 물론 전체적으로 행정의 효율성을 떨어뜨리기 때문이다. 현직 관료들은 미래의 직장이 될 기업들에 대해 엄격하고 합리적인 정책집행보다 선심성·편의성 행정을 하게 되고 이는 다양한 형태로 예산낭비와 정책적 비효율을 가져오게 된다. 예컨대 각종 관급공사 입찰의 경우 아마쿠다리 중역이 있는 기업들은 그들의 인적 네트워크를 동원하여 성청의 내부정보를 얻어낸다든지 하는 방법으로 유리한 입장에서 입찰에 임하고자 시도하며 그럴 경우 정부입장에서는 발주할 공사의 낙찰가가 높아지는 등 국민의 세금을 낭비하게 된다. 하지만 아마쿠다리를 의식하는 관료라면 예산절감보다는 자신의 미래를 위해 예산상 손해를 눈감게 된다는 것이다. 실제로 각 성청의 주 아타쿠다리 대상이 되는 공기업들은 유착관계로 인한 관료들의 느슨한 감시·감독 때문에 방만하고 비효율적인 경영을 일삼아 그 자체가 개혁대상으로 부각되기도 하였다.

따라서 아마쿠다리에 대한 효과적인 규제는 일본행정개혁의 중요한 테마 중의 하나였다. 일본 정부는 아마쿠다리의 관행을 뿌리뽑고자 다양한 유형의 아마쿠다리 규제방안을 시도하였다. 예컨대 공무원의 이직 후 2년 이내에는 출신 부처와 관계가 깊은 민간기업에 취업하는 것을 원칙적으로 금하고 있다. 중앙관청에서 민간기업으로 자리를 옮긴 공무원은 이직 후 2년간, 이직 전 5년간 재직한 부서를 상대로 청탁 알선 등의 행위를 했을 경우 형사처벌 대상이 된다. 물론 그 정도 규제로 아마쿠다리는 근절되지 않았다. 2007년~2008년의 경우, 퇴직한 과장급 이상 국가공무원 1,423명 중 독립행정법인, 공익법인, 특수법인, 인허가법인 등에 재취업한 숫자가 590명에 달해 이를 공식 발표하기 시작한 2002년 이래 최대였다고 한다(産経新聞 2008/12/25). 이에 따라 일본 정부는 2007년 국가공무원법을 개정하고 '관민인재교류센터'와 '감시위원회'를 2008년까지 설치하기로 규정하고 3년 간의 경과조치로서 감시위원회로부터 승인을 얻은 경우에 한해 각 성의 아마쿠다리 알선이 가능하도록 하였다(毎日新聞 2008/12/20). 말하자면 아마쿠다리를 양성화하기로 한 것이다. 하지만 최근까지도 강력한 야당의 반대에 부딪혀 여전히 제대로 시행되지 못하고 있는 실정이다. 아마쿠다리 문제는 여전히 일본 행정의 가장 첨예한 문제로 남아 있는 것이다.

● 일본 행정의 특징을 보여주는 또 하나의 현상이 심의회 정치이다. 물론 심의회 등을 통한 정책결정과정의 보완은 많은 나라에서 행해지며 일본에만 독특한 현상은 아니다. 하지만 일본의 경우는 특히 심의회가 국가와 재계의 중간조직으로서 존재하면서 양자 사

이의 공식적이고 상설적인 정책망으로서 기능하는 것으로 인식되어왔다. 위에서 예시한 경제산업성의 경우 현재 산업구조심의회를 비롯하여 소비경제심의회, 수출입거래심의회, 중소기업정책심의회 등 7개의 심의회와 그와 유사한 기능을 수행하는 연구회 등을 두고 있다. 이 중 산업구조심의회를 예로 들면 현재 업계, 학계 등의 대표 25인으로 구성되어 있으며 이슈영역에 따라 지역경제산업분과회 등 20여 개의 분과회 내지 부회로 세분화되어 구성되어 있다(경제산업성 홈페이지). 물론 여타의 심의회들도 비슷한 형태로 운영되고 있다. 그리고 전체적으로 2001년의 행정개혁 이후 성청의 숫자가 감소함에 따라서 심의회의 숫자도 218개에서 104개로 반 이상 감소하였다(정상호 2003, 310).

심의회의 설치목적은 전문적 지식을 확보하는 한편 여론을 행정에 반영하며 행정에 있어 이해를 조정하고 아울러 정보를 교류하려는 것이었다. 일본 행정시스템을 이해함에 있어 심의회가 관심의 대상이 되는 이유는 심의회가 답신의 형태로 제시하는 정책 아이디어나 방향 등이 각 성청의 정책수립과 실행에 영향을 미친다는 점과 함께 궁극적으로 심의회의 기능과 성격은 일본 행정시스템의 성격을 보여주는 좋은 단서가 되기 때문이다.

그런 상황에서 논란의 핵심은 표면적으로 정부와 업계를 연계해주는 중간조직적 성격을 띠는 심의회가 실질적으로 어떠한 역할을 하는가이다. 전통적으로는 심의회가 관료들에 의해 자신들의 정책을 정당화하기 위해 외부의 권위를 차용하는 수단으로 활용되고 있다는 시각이 우세하였다(진창수 1995, 273-278; 정상호 2002, 290-294 참조). 말하자면 관료들은 자신들이 정한 의제, 그리고 자신들이 수집한 정보를 제공하여 자신들이 원하는 방향의 답신이 나오도록 유도할 수 있는 능력을 가지고 있어 실질적인 정책방향은 결국 관료 자신들이 생각한 방향으로 흐르도록 되어 있다는 것이다. 게다가 심의회의 답신이나 결정사항을 받아들일 것인가 아닌가는 전적으로 관료들의 판단에 맡겨져 있다는 점도 심의회의 독자적인 영향력을 의심하게 하는 중요한 근거가 된다.

반면 1990년대 이후에는 심의회가 점차 관료들의 영향력으로부터 벗어나서 나름의 역할을 가지게 되었다는 주장도 대두되고 있다. 특히 1990년대에 들어 채택되기 시작한 행·재정개혁을 비롯한 다양한 개혁의제들을 이끌어 간 답신들은 그것이 관료의 영향력 하에 있다면 채택되기 어려운 것들이라는 것이다. 게다가 행정의 장기적 방향에 관한 답신들은 각 성청의 소속 심의회보다 내각부 소속 심의회들에서 만들어지는 경향도 나타나고 있다. 이런 상황에서 심의회 운영에 대한 관료의 영향을 배제하고 진정하게 사회의 다양한 이해관계와 목소리가 정책결정과정에 반영될 수 있는 방향으로 심의회의 운영을 획기적으로 개선하는 문제는 여전히 중요한 일본 행정의 이슈가 되고 있다.

4___ 맺음말

　이상에서 현대 일본 행정시스템의 제도적 특징, 작동방식 그리고 여전히 핵심적인 논란이 되고 있는 테마들을 살펴보았다. 전후 일본의 행정시스템과 관료는 일본 경제성장의 견인차로서 사실상 일본 공공정책결정의 중심적인 행위자로 인식되어왔다. 하지만 1980년대 이후 변화된 국내외적 환경에 행정시스템과 관료들이 효과적으로 적응하지 못하고 다양한 문제점들을 노출하기 시작한 데다 특히 1990년대 '잃어버린 10년'이 계기가 되어 일본의 행정시스템과 관료들은 대대적인 개혁 내지 구조조정의 대상으로 전락하였으며 그 결과는 2001년의 성청개혁으로 나타났다. 이후 2003년경부터 일본 경제가 장기불황으로부터 벗어나기 시작하고 일본정치가 고이즈미 개혁의 열풍으로 어느 정도 정치주도의 모습을 띠게 되면서 행정시스템 및 관료에 대한 비판은 1990년대와 비교할 때 상대적으로 가라앉은 것으로 보인다.

　하지만 아마쿠다리나 심의회 문제에서 보듯이 일본 행정시스템의 개혁은 결코 완성되지 않은 진행형의 과제이다. 특히 2008년 미국발 경제위기가 상당 기간 영향을 미칠 것이며 일본 역시 그 부정적 파고로부터 자유롭지 못하다는 점을 감안하면 변화된 경제환경에 일본 행정시스템과 관료조직이 얼마나 효과적으로 적응하느냐에 따라 새로운 형태의 행정개혁 문제가 불거질 가능성은 남아 있다. 또 2010년에 치러질 중의원 선거에서 자민당 정권이 매우 위태로운 상황에 처해 있어 자민당 정권이 붕괴되고 민주당 혹은 민주당과 연합한 다른 정파에 의해 정권이 장악될 경우, 관료개혁 문제는 또다시 첨예한 정치적 의제로 떠오를 가능성도 적지 않다. 기본적으로 1990년대 이후 정치주도의 행정시스템을 향한 다양한 개혁조치들이 시도되었음에도 불구하고 여전히 행정에 대한 관료들의 영향력이 크기 때문이다.

생각해볼 문제

1 일반적으로 내각제의 전형은 영국의 내각제인 것으로 인식된다. 영국 내각제와 일본 내각제가 어떠한 측면에서 유사하고 어떠한 측면에서 차별성을 갖는지 비교하고 일본 내각제만의 특성이 무엇인지를 생각해볼 것.

2 정치주도형 행정시스템이란 정년이 보장되는 관료들이 정치가들처럼 정기적인 선거를 통해서 정치적 책임을 지지 않음으로 정책의 수립과 실행에 보다 책임성(accountability)을 높이려는 의도로 개혁과정을 거쳐 도입된 것이다. 그런데 일반적으로 정치는 행정에 비해서 더욱더 부패하고 무능한 것으로 인식되며 일본에서도 정치가가 관료에 비해 덜 부패했다거나 더 유능하다는 인식은 별로 없다. 과연 정치주도의 행정시스템과 관료주의도 행정시스템 중 어느 것이 보다 나은 정책적 결과를 가져올 수 있다고 생각하는지 각 시스템의 장점과 단점을 중심으로 논의해볼 것.

③ 1990년대 이후 지구화와 신자유주의 시대가 도래하면서 관료들의 규제권한은 시장의 건전한 작동을 막는 불필요한 장치인 것으로 인식되는 추세이다. 따라서 규제완화는 한일 양국 모두에서 중요한 정치적 테마이다. 최근 한일 양국에서 이슈가 되고 있는 규제완화에 대한 논란은 어떠한 것들이 있고 어떤 공통점과 차이점이 있는지를 생각해볼 것.

참고문헌

김장권 · 김세걸(2001), 「현대일본정치의 이해」, 방송통신대학교 출판부.

김준섭(2007), "통치구조", 현대일본학회 편. 「일본정치론」, 논형.

염재호(2005), "일본정치행정시스템의 제도적 변화: 2001년 일본 성청개혁의 제도론적 분석", 「아세아연구」, 48권 1호.

정상호(2003), "한국과 일본의 정부위원회 제도의 역할과 기능에 대한 비교 연구", 「한국정치학회보」, 37집 5호.

진창수(1995), "일본의 국가/기업관계와 중간조직," 「한국과 국제정치」, 11권 2호.

채원호(2005), "전환기 일본의 중앙정부개혁," 「한국거버넌스학회보」, 12권 1호.

최은봉(2007), "관료제도," 현대일본학회 편, 「일본정치론」, 논형.

현대일본학회 편(2007), 「일본정치론」, 논형.

후쿠이 하루히로(2000), 「현대일본의 권력구조개혁」, 현대일본학회 편.

新藤宗幸(1993), 「行政指導: 官僚と業界のあいだ」, 岩波書店.

村川一郎(1994), 「日本の官僚」, 丸善.

Nakano, Koichi(1998), "The Politics of Administrative Reform in Japan, 1993-1998: Toward a More Accountable Government?" Asian Survey vol. 38 no. 3 (March)

Shaede, Unlike(1995), "The 'Old Boy' Network and Government-Business Relationships in Japan", Journal of Japanese Studies vol. 21, no. 2.

United Nations(2006), "Japan: Public Administration Country Profile."

일본국헌법

경제산업성 홈페이지

내각부 홈페이지

총리실 홈페이지

03

일본의 행정구조와 정치

| 정치가와 행정관료의 관계 |

•

최은봉

●●●●●

　이 장의 목적은 일본의 행정을 이해함에 있어서 정치와의 연관성에 대해서 파악하고자 하는 것이다. 사회과학 본래의 소명은 한 사회가 안고 있는 문제에 대한 적확한 예견 및 진단을 내리는 것이다. 그런 다음 현실 사회에 대한 문제의식에 기초하여, 현실을 넘어 이상을 추구하되 실천 가능한 처방을 내리는 것이다. 사회과학의 핵심 분야인 정치학과 행정학은 이러한 사회적 책무를 공유한다. 한 사회가 위기에 직면했을 때 위기를 극복하기 위해 누가 국면타개의 대안을 모색할 것이며, 그에 대한 방안을 어떻게 제시할 것인가? 정치와 행정은 기본적으로 이러한 공통된 문제의식을 가지고 국정의 설계와 기능을 논의한다.

　이 장에서는 우선, 일본에서 정치와 행정의 상호의존과 상호매개의 양상을 의원내각제의 구조와 운영의 측면에서 설명한다. 다음으로 전후 일본 관료제의 기반과 변용에 대해 알아보고, 정책과정에서 정치가와 관료의 상대적 영향력이 어떻게 변화되어왔고 평가되어왔는가를 살펴본다. 끝으로 최근 진행된 행정개혁이 국정운영의 정치주도로의 변화를 의도한 것이므로 그 내용과 그것이 정관관계에 주는 함의를 통해 일본의 행정과 정치의 교차점을 파악할 것이다.

1___ 정치와 행정의 상호의존: 구조와 운영

　일본은 국회에 의해서 내각이 조직되는 의원내각제이다. 국회의원이 동료의원 중에서 수상(내각총리대신)을 선출하고 그 밖의 각 국무대신도 수상이 의원 가운데서 지명한다. 선거에 의해 의회에서 다수파가 정권을 차지하면 최대 다수를 확보한 그 정당에서 수상이 나온다. 의원내각제에서 정치적 정통성은 국회의 신임, 즉 국회의원의 선거에서 나온다. 일본의 수상은 선거에 의한 의회의 다수파가 정권을 차지하고 거기서 선출된 수상이 내각을 구성하므로 정부의 작동에 결정적인 영향력을 행사하는 요인은 의회 내 정당의 간 균형이다. 의원내각제 하에서의 행정부는 유기적으로 입법부에 연결되어 있고 국회에서 다수를 점한 내각일수록 정권의 안정도는 높다(山口二郞, 2007).

　의원내각제 정부는 의회에서 탄생하며, 또한 의회에서의 불신임 투표에 의해 무너질 수도 있는 상호적 취약성을 가지고 있으므로 합의제의 전제 하에서 효과적으로 정부를 운영해 가야 한다. 의원내각제도 대통령제와 마찬가지로 삼권분립을 원칙으로 하고 있지만 입법권을 갖는 의회와 행정권을 갖는 내각 사이에 긴밀한 관계가 존재한다. 의원내각제는 정치와 행정의 상호의존을 전제로 하므로 여당의 현직 국회의원이 대신(장관)으로서 행정을 담당하는 예에서 보듯이 행정부과 여당이 일치하거나 중복된 부분이 많다.

　일본의 전후 평화헌법에서는 입법, 행정, 사법을 분리하여 국회, 내각, 사법부로 권한이 배분되어 있고 상호간 균형과 견제의 국정운영이 통치원리로 되어 있다. 내각은 수상을 중심으로 각 성청을 담당하는 대신으로 구성되며 통치기구에서 가장 중요한 위치를 차지하고 있다. 내각의 임무는 행정부문을 지휘, 감독하고 행정 각 분야를 종합조정하는 것이므로 이론적으로 보면 행정은 전반적으로 내각의 책임 하에 운영된다. 이것이 정부의 핵심으로서 정치적 집행부(political executive)가 되며 행정부의 최고층(총리와 내각)으로 구성된다. 거기에서 국가의 우선순위를 정하고 정책집행을 감독하며 목표를 위해 지지를 동원하고 위기관리의 리더십을 제공한다.

　그러나 2001년 성청개편[1] 이전까지 일본의 경우, 내각이 정책조정이라는 본연의 적극적 기능보다는 부처 간의 의견 차이를 조율하는 역할에 중점을 두어왔으나 그것도 각 성에 대한 종합적 조정을 담당하는 수준에는 미치지 못했다. 사실상 국가의 구체적인 행정 사무는 내각의 지휘 하에 있는 1부 12성청(2000년까지는 1부 21개 성청)을 비롯하여 많은 행정기관의 공무원들로 구성되는 관료제에 의하여 집행되어왔다. 이런 상황에서 기존의 행정시스템은 '관료주도' 라는 일본 특유의 특성을 유지해왔고,

---

1 1996년 8월 하시모토 수상이 효율 저하, 부패사건으로 비판이 고조되고 있던 관료제의 1부 21개 성청을 1부 12개 성청으로 통폐합, 축소하고 관료제 권력의 상징이었던 대장성을 재무성과 금융감독청으로 분할하는 것을 골자로 한 행정기구개편안을 제시했다. 이 법률안이 국회를 통과하여 2001년 1월부터 개편된 행정조직이 운용되었다. 이 장의 행정개혁을 설명하는 절에서도 다시 언급하겠지만, 본서의 행정개혁을 다룬 장에서 그 내용을 심도있고 자세하게 다루고 있다.

업무의 분담관리와 책임이라는 원칙의 이면에 성청 간의 할거주의, 성청 내의 부처할거주의 등의 양상이 나타났다. 전후 일본의 내각제도의 주요 원칙은 수상주도의 원칙, 합의제의 원칙, 성청소임분할의 원칙(所轄의 원칙)이었다. 그러나 이 세원칙 가운데 실제로 운영에 있어서 기반이 된 것은 각성 관료기구가 권한을 행사하는 소임분할의 원칙이었기에 제도론적으로 보자면 수상의 권한은 매우 약했다.

그럼에도 불구하고 일본의 수상에게 큰 권력이 있는 것으로 생각되는 것은 일본의 경제발전과정에서 역대 수상이 자민당 내 유력 파벌의 영주이며, 파벌 간의 합종연횡에 의해 정권이 유지되었기 때문이다. 그가 정권당 내에서 가지는 절대적인 정치적 영향력이 수상이라는 지위에서 행사된 권한으로 비추어진 것이다. 냉전 체제 하에서 자유진영에 뿌리를 두고 수상의 리더십 하에 일국주의적 경제발전을 일관되게 추구해왔다는 점도 수상이 강도있는 영향력을 행사한 것으로 보이게 했다.

그러나 호소가와 연립내각 이후 다극분산형 정당제를 경험하게 되면서 자민당은 소수당의 위치에 놓이게 되었다. 그 후 무라야마 정권에서도 수상의 출신 정당은 여당 제2당이었고, 하시모토 정권은 자민당을 축으로 하고 있었지만 그는 소속 파벌의 영주가 아니었다. 특히 1990년대 이후 탈냉전의 시대상황은 일본이 단순히 일국주의적 경제발전의 노선을 취하기 어려운 국제환경으로 변했다. 이런 난국을 헤쳐갈 리더십의 부재가 일본의 문제라고 지적되는 이러한 배경에서 행정관료제의 재정립과 수상의 정치력과 권한의 강화를 꾀한 내각주도의 정치행정체제로의 개혁이 시도된 것이다.

2___ 관료제의 기반과 변용

　　민주국가에서는 입법, 사법, 행정의 삼권분립이 명시되어 있으나 일
본에서만이 아니라 다른 국가에서도 대체로 행정권은 입법, 사법에 비해
상대적인 우위를 보이고 있다. 일본에서도 근대국가 성립기 이후 행정의
기능은 확대일로를 걸어왔다. 전후에 들어와 정부주도로 고도성장정책
이 실시되고 사회간접자본의 확충, 사회복지에 대한 수요를 충족시키기
위해 체계적인 행정의 기능에 대한 요구는 더욱 커졌다. 고도성장기에 정
부는 복지와 환경에 대한 국민의 기대에 부응하여 공공주택, 보건의료시
설의 확충에 주력했다. 산업화와 더불어 도시화가 진행되면서 도로, 댐,
항만, 발전시설, 공원, 상하수도, 문화회관, 체육관 등 사회간접시설 건설
과 공공시설 정비를 추진하였다.

　　20세기를 전후해 세계 각국은 정도의 차이는 있지만 경제사회발전
의 선도자로서 정부의 적극적인 역할을 중시하는 행정국가를 표방하였
다. 행정국가는 경제사회 전반에 대한 정부의 개입을 추구하는 과정에서
공공 부문의 팽창을 초래했다는 공통점이 있다. 또한 전후 복지국가와 발
전국가의 구현과정에서 유럽이나 동아시아의 관료들은 실적주의와 직업
공무원제에 기초하여 관료제의 양적, 질적 팽창을 산출하였다. 일본도 영
국을 비롯한 복지국가와 유사한 과정을 거치게 되면서 정부의 재정은 급

속도로 확대되었고 행정제도의 기능도 강화되었다.

일본은 산업화된 국가 중에서도 특히 관료제가 강한 나라로 분류된다. 그 이면에는 우선 관료제가 구축된 메이지 초기부터 일본 관료제가 정치적인 압력을 덜 받았다는 배경이 있다. 또한, 전후 개혁이 이루어지는 중에도 관료조직은 대부분 그대로 존속하여 주요 정치가를 배출하는 기반이 되었다는 점도 중요한 이유이다. 미군정의 간접통치 방식으로 인하여, 전후 개혁에도 불구하고 일본의 관료제는 가장 강한 통치기구로 남아 있었다. 일본의 관료조직은 내무성과 철도성을 제외하면 전전의 성청이 그대로 유지되어 정치적인 공백상태에서 실질적인 공공정책의 결정주체로서 강력한 영향력을 행사했다. 이러한 조건에서 일본의 관료, 특히 통산성을 중심으로 하는 경제관료가 전후 일본 경제의 고도성장을 주도해왔다. 정치로부터 독립된 중립적 위치에서 행정업무의 수행면에서 우수함을 보여주면서 고도성장의 견인차로서 효율적이며 강한 '관료제의 신화'를 구축한 것이다.

미국의 몬타나주 크기의 군도로 이루어진 국가로서 천연자원이 부족한 환경에서도 일본은 세계에서 두 번째 경제대국으로 부상했다. 제2차 세계대전에서 패배한 일본이 1990년대 초 세계 제일의 채권국가이자 경제원조 국가가 되었다. 일본을 대상으로 하는 외국연구자들은 공통적으로 어떻게 이런 성과를 달성할 수 있었을까 하는 점에 지대한 관심을 갖는다. 아마도 이에 대해서는 일본 특유의 역사적 배경에서 답을 찾을 수 있겠다. 전쟁 이후 냉전구도 하에서 미국의 지속적인 원조, 저평가된 엔화, 값싼 원유와 한국전쟁으로 인한 군수품 조달 등은 경제회복에 크게 공헌을 했다. 이처럼 유리한 환경 아래에서 중공업에 치중한 산업구조를 구축하여 일본은 마침내 전 세계를 주도하는 산업생산국이자 정교한 소비재와 공업제품을 수출하는 국가로 부상했다.

'일본 주식회사'는 이러한 경이로운 일본의 경제적 성공에 대한 일반적인 설명이었다. 민족적으로 동질 의식이 강한 일본인들에게는 전시의 굶주림의 기억과 미국과 유럽 강대국을 추월하겠다는 갈망이 있었다. 이같은 후발산업국으로서의 추격의식과 더불어 일본이 '발전국가'로서 성장하도록 중요하게 작용한 것은 다름아닌 제도, 관료제도와 행정제도였다. 일본의 관료제는 전후 재건에서 중요한 역할을 수행했다. 전후 일본은 형식적으로는 미국식의 자유민주주의 체제였으나 실질적인 정치체제는 기업에 의해 지배되고, 관료에 의해 주도되었다. 일본 정부는 공무원들에게 고위직을 허용하고 공개경쟁을 통해 유능한 지원자를 수용했다. 공직 은퇴 후 민간기업에 재취업하거나 기업에서 나와 공직으로의 이동(아마쿠다리)을 새로운 직업으로 간주할 수 있는 동기를 부여했고, 그것은 다수당인 자유민주당과 거대기업의 연합에 의한 것이었다.

존슨(C. Johnson)이 「통산성과 일본의 기적」에서 언급했듯이, 고위 관료들은 엘리트적 기질을 갖춘 경제참모의 막료 집단을 형성했다. 직업적인 경제관료 특히 통산성은 일본 성공에 중추적인 힘이었다. 전후 재건이 시작되면서 통산성은 국가경쟁력을 확보할 때까지, 해외 경쟁으로부터 보호받는 특정 산업의 성장을 목표로 삼고, 결정적인 과실을 줄이기 위해 설득을 통해 국가 경제를 운영했다. 적은 규모의 엘리트 중심의 관료제가, 시장경제가 지배적인 구조에서, 설득에 기초하여 국정을 경영하며 전후 수십년의 짧은 기간안에 비약적 경제발전을 이끌어낸 것이다. 이점이 전후 일본 경제의 성장요인을 '관료주도론' 혹은 '관료우위론'에서 찾는 근거이며, 이러한 관점의 논거는 일본 관료가 정부의 정책과정에서 행사해온 강력한 영향력이다.

　관료 우위론은 제2차 세계대전 전부터 형성되어온 관료기구가 전후의 정치행정에서도 전문적 지식과 기술, 정보에 대해 탁월한 영향력을 갖고 정책을 주도한다는 것이다. 정책결정과정을 관료의 전략과 의도에 따라 주도하며 관료의 내부 조정과 정치가의 설득에 의해 정책을 구체화해 간다는 것이다. 이런 구도에서 정치가는 선거구와 자신과 관련된 정책분야의 고객집단의 이익을 관료에게 전달하고, 이익집단은 자신들의 이해관계를 관료기구에 압력활동을 통해 입력하여, 이를 수렴한 관료가 최종적으로 영향력을 발휘하여 정책결정에 중요한 역할을 한다는 것이다.

3 일본의 권력: 정치가와 관료, 누가 주도하는가?

1) 자민당 장기 집권과 정관관계의 변화

전후 일본의 정책결정과정에서 영향력있는 집단은 누구인가 하는 문제는, '누가 지배하는가', 일본의 권력이 어떻게 배분되어 행사되는가에 대한 질문이다. 일반적으로 정책결정과정은 각 성청의 담당과에서 정책의 1차 초안을 만들고 이를 해당 국의 총무과에서 검토하면 그 후 관방의 문서과에서 정책을 작성한다. 관료기구의 정책 방향이 결정되면 이와 동시에 관료기구는 정부 여당에 정책을 홍보하고 지지를 얻기 위해 사전협의를 개시한다. 관료기구의 사전협의의 상대는 정부 여당의 해당 정책전문 의원이 중심이 된다. 자민당 단독정권 시기(1955년-1993년 연립정권 성립 이전)에는 관료와 의원 간에 사전협의가 끝나면 정무조사회, 총무회, 정책심의회에서 가결되어 자민당 정책으로 결정되고 이것이 정부의 정책으로 확립되었다. 국회의원이 정책을 직접 발안하여 국회에 상정하는 사례도 있고 그 비율이 늘기는 했으나 위에서 기술한 방식으로 법안이 입안되는 과정이 일반적이었다.

전후 초기에는 이러한 관료의 강한 영향력에 비해 정치가의 정책능력과 영향력은 상대적으로 현저하게 낮았다. 그러나 자민당의 장기집권이 유지되면서 정치가의 역량과 영향력은 차츰 과거에 비해 높아졌다. 자민당 지배체제가 견고하게 유지되는 상황 하에서 자민당 국회의원들은 각 성청의 대신과 정무차관을 맡을 기회가 많아졌다. 이들은 여당 내 각 정무조사회 부회에 소속되어 관심을 갖는 개별 정책에 대한 전문 지식을 심화시켜 정책의 방향성을 설정할 수 있는 능력을 키웠다. 국회 내에서 각 위원회에서 진행하는 정책토론을 통해 의원들은 자신과 관련된 정책 분야에 상당한 수준의 전문가로 발전하였다. 나아가서 당선 횟수가 높은 정치가들은 점차 독자적으로 법안을 만들 수 있는 정도로 입법 능력이 향상되었고, 각 성청의 업무에 장기적으로 관심을 갖고 관련 정책에 대해 쌓은 지식과 경험을 토대로 관료기구에 영향력을 행사하기에 이르렀다. 이처럼 특정정책분야의 전문 정치가로 등장한 집단을 '족의원(族議員)'이라 한다. 후생복지 분야의 전문 정치인은 후생족, 문부성 사안과 관련된 의원은 문교족, 재정 분야에 정통한 의원은 대장족, 도로나 건설 분야 전문 정치인은 건설족이라 한다.[2]

특히 1970년대 이후 족의원을 매개로 하여 정책결정에 있어서 자민당과 관료, 그리고 재계의 연합이 두드러지게 나타난다. 자민당이 장기간 국회에서 안정적 다수를 차지하자 정책을 입안하는 관료나 자신들의 이익을 반영하고자 하는 재계는 집권당인 자민당과의 관계를 돈독히 할 필요가 있었다. 자민당으로서도 재계를 통해 자금력과 집표력을 확보하고, 정책입안의 전문성을 갖고 정책수행력을 갖춘 관료와 협조관계를 맺는

---

2 자민당 내에서 이러한 특정 정책 영역의 전문적 집단의 등장과 정책과정에서 집권당과 관료간의 협조 네트워크의 형성은, 비교정치의 관점에서 보자면, 미국 정치에 있어서 의회의 권한강화와 위원회, 행정관청, 이익집단 간에 이루어지는 철의 삼각형(iron triangle)과 유사한 관행이라고 할 수 있다.

것이 필요했다. 당시 이러한 상호 필요에 의해 자연스럽게 이루어진 연합
이 정계관계업계의 연계체계이다. 이 연합이 상당한 수준의 응집력을 보
여주었는가, 혹은 내부의 경쟁적 이해관계를 가지고 있었는가, 아니면 관
료우위의 틀 안에서 작동했는가에 대한 견해는 다양하다.

정관업 연계 구조가 정책결정과 집행 과정에 초래한 폐해도 많이 지
적되고 있지만, 족의원의 활동은 일면 정치가들의 정책능력의 향상과 정
치적 영향력의 증가를 보여주는 것이기도 하여, 일본 정치가 더 이상 획
일적인 관료지배체제에 의해서만 이루어지는 것은 아니라는 증거로 종종
거론된다. 이처럼 기존의 관료의존형 정책 형성에서 벗어나 정책결정이
이루어지는 새로운 현상을 두고, 정치가 행정에 비해 상대적으로 강화되
었다 하여 '정고관저(政高官低)'라 하였다. 정치가와 관료의 관계에 관한
앞서의 설명을 종합하면, 1960년대까지는 여당이 관료에게 정책입안 등
을 위임한 경향이 강하다가, 1970년대부터 정당이 제도화되고 특히 자민
당이 장기집권하면서 여당 내 유력 정치가들의 정책입안, 수립에 대한 개
입이 행해지기 시작했다. 특히 예산편성과정의 사례는 정책결정과정에
여당 정치가의 영향력이 점차 확대되어왔다는 점을 보여주고 있고, 이를
가리켜 '당고정저(党高政低)'가 되었다고도 한다.

정관관계의 연구에서 관료우위론에 대한 반론은 무라마츠(村松岐夫)
의 「전후 일본의 관료제」(1981)와 그에 앞서 오오타케(大嶽秀夫)의 「현대
일본의 정치권력, 경제권력」(1979)에서 제시되었다. 무라마츠는 관료기
구 온존의 전전전후 연속론과 예산법안 제안과 수립에서의 관료우위설을
검토하고, 관료와 정치가의 인터뷰에 근거하여, 자민당은 관료출신이 많
아 출신관청의 의향을 기반으로 행동한다는 기존의 정치행동론을 비판하

였다. 무라마츠는 비판의 근거로서 다음 세가지 변화를 중시했다. 우선, 자민당의 장기집권이 지속됨에 따라 자민당 정치가가 정책적인 지식을 축적하게 되었다는 점, 둘째, 초기 취약했던 자민당이 점차 제도화되면서 자민당이 정치권 내에서 영향력을 확보하게 되었다는 점, 셋째, 1970년 이후 사회적 경제적인 급격한 변화와 관료기구 간의 대립으로 인해 더 이상 관료가 총합적인 조정을 기능을 하지 못하게 되었다는 점을 지적했다. 다원주의적 시각은 정책결정과정에서 민간의 이익대표로서 정당의 역할에 초점을 맞추고 관료와 정치가 간의 영향력을 일종의 제로섬 게임으로 인식하는 경향이 있다. 그러한 관점의 특징은 1970년대 이후 점차 일본에서 정책영향력의 우위가 관료제에서 정치로 이동하고 있으며 정치가의 영향력이 확대되고 있다는 점을 강조하는 것이다.

2) 행정관료의 유형 변화와 정치 인식

정관관계의 변화에 대한 다양한 평가는 일본관료제에 관한 기존 논의의 검토를 통해서도 추론해볼 수 있다. 행정관료의 권한, 역할, 의식에 관해 다양한 주장이 시기에 따라 다르게 나타나고 있기 때문이다. 마부치는 아래와 같이 일본의 행정관료의 지배적 유형의 변화를 추적하며 행정과 정치간의 상관관계를 설명했다(眞渕勝, 1987, 1995, 2004).[3]

---

3 일본에서 주요 정책을 누가, 어떻게 결정하는가에 대한 대별되는 입장은 엘리트주의적 시각, 국가주의적 분석, 조합주의적 견해, 다원주의적 관점 등으로 나타난다. 일본의 정치변동과 정책변화를 이해하기 위해서는 이러한 시각에 나타나는 주요 행위자에 대한 차별적 비중에 주목할 필요가 있다. 이러한 다양한 관점에 대한 논평도 중요하지만, 이 글에서는 정관관계에 한정하여 정치와 행정의 관계를 논의하고자 하므로 상세하게 다루지 않았다.

특권적 관료론-이상주의에 기초한 국사형

1950년대의 일본의 관료상에 주목한 츠지(辻清明)의 관료론은 당시 일본의 행정관료의 관찰을 통해 이상주의에 기초한 국사형의 특권적인 관료의 모습을 기술했다. 전통적으로 일본의 관료제에는 가산적 관료제의 성격이 농후한데 그 특징은 '후견성의 원리'에서 비롯된 것이며 이 원리가 특권적 관료제를 뒷받침하는 정치이념이라고 보았다. 이런 정치이념을 수립함으로서 군주권력과 그에 수반하는 관료기구는 광범위한 국가 영역에서 인민을 신민으로 인식하고 그들에 대한 관료의 초월적인 지배와 지위의 보장을 지속하게 하였다. 전후에도 전전의 이러한 관료기구가 온존 강화되고 있음을 강조한 츠지의 시각은 일본관료론의 통설적인 견해로 받아들여졌다. 츠지의 이러한 인식은 전후에도 지속되는 특권적 관료제는 관료를 민주화하는 차원에서 개혁되어야 하고 그래야 일본의 민주화를 이룰 수 있다는 주장이기도 하다. 여기서 관료제의 민주화는 제도의 민주화와 특권적 관료의 의식의 민주화를 포함하고 있다. 국사형의 특권적 관료의 공익관은 국가우선의 관점에서 수립되며 그들의 행동은 국익을 지고의 가치로 하여 그것을 중심으로 이루어진다.

정치적 관료론-현실주의에 기초한 조정형

1970년대 중반 고도성장기를 경험하고 후기산업사회의 단계로 접어드는 일본의 정치, 행정, 사회의 변화를 관찰하며 무라마츠는 앞서 살펴보았듯이 관료의 역할인식을 경험적으로 분석하여, 그런 변화가 행정시스템에는 어떻게 나타나는가를 설명했다. 그는 일본의 행정관료는 정치보다 우위에 서려는 태도를 가진 관료 즉, 국사형의 고전적 관료와 정치와 행정 영역 사이에서 자기임무를 수행하려는 태도를 가진 관료 즉, 정치적 관료의 두가지 유형으로 대별된다고 한다. 그의 고전적 관료는 츠지의 특권적 관료를 의미한다고 보아도 무방하며, 무라마츠가 일본 관료의 변용에서 강조하고자 한 것은 정치적 관료의 존재에 대한 인식이다. 그는 경험적 관찰을 통하여 1970년대 이후 일본의 행정관료의 지배적인 유형은 정치적 관료형이며 그들의 공익관은 여러 가지 다양한 이해관계를 조율하는 조정자로서의 역할을 중시한다고 밝혔다.

일본의 정치과정을 보면 국익제일주의가 그대로 수용되는 것이 아니라 국가 차원의 이익을 사회로 이전시켜가는 과정을 거치며, 정치적 관료는 이익단체에 의해 표출된 여러 이익 가운데 사회의 공익에 근접한 가치를 창출하려는 중재 역할을 담당한다는 것이다. 새로운 타입의 조정형 관료는 정책이슈와 환경의 변화, 그리고 세대교체에 따라 등장했다는 것이다. 국사형 관료의 이상주의에서 정치형 관료의 현실주의로 변화했다는 것을 나타내는 지표는 첫째는 정치에 대한 양보이며, 둘째는 사회와의 융합, 즉 이익단체와 교섭을 벌인다는 점이라고 한다.

이원(吏員)적 관료론-합리주의에 기초한 중립형

조정형 관료에서 더 나아가 1980년대에 들어서 부각되는 관료유형은 이원(吏員)형 관료이다. 이원형 관료는 조정형 관료와 정치적 중립, 능률과 조정, 좋은 정책의 조건이라는 점에서 대조적인 특징을 나타내고 있다. 조정형 관료는 행정도 정치의 일부이며, 행정관료는 정치와의 관계라는 현실을 직시하지 않으면 안 된다고 생각한다. 공익에 대한 인식은 다양한 이익이 교차하는 가운데서 성립되며, 행정관료도 적극적인 자기의 입장 및 이익을 주장할 수 있다고 생각한다. 이에 반해 이원형 관료는 행정관료의 정치적 중립성을 중시하며 행동에 반영한다. 그들은 행정관료의 역할이란 정치에 의해 부과되는 과업을 수행하는 데 한정된다고 보았다. 따라서 좋은 정책의 조건으로서 국회의 역할이 중요하며 국회가 실질적인 정책형성의 기능을 수행해야 한다고 주장한다. 조정형 관료가 국회를 정통성 부여의 기관으로서만 인정하는 데 비해, 이원형 관료는 국회가 그들이 따라야하는 명확한 행동의 지침을 수립해줄 것까지 기대한다.

이처럼 정치와의 관계에 있어서 이원형 관료는 조정형 관료가 인정하는 것보다 훨씬 더 정치에 양보하여 정책에 대한 실질적 판단을 전적으로 정치에 위임한다. 정치에의 위임은 국사형에서 조정형으로 변화되는 과정에도 나타나지만 양자 간에는 사회와의 관계에 있어서 차이가 있다. 이원형 관료는 정치의 우위를 인정하며 사회로부터 떨어져서 존립기반을 유지하는 데 비해, 국사형 관료는 사회의 높은 곳에 하나의 섬처럼 존재하며 사회와 거리를 두었던 것이다.

지금까지 살펴본 관료의 주도적 유형의 변화에 대한 논의를 정리하면, 1960년대까지는 일본에서 국사형 관료가 지배적이었으나, 1970년대에는 조정형 관료가 전면에 등장하고, 1980년대에는 이원형 관료가 새로운 유형으로 나타났다는 것이다. 국사형, 조정형, 이원형 관료로의 유형전환과 정치와는 관계는 직선적이다. 행정이 정치에 양보함에 따라 관료 우위에서 자민당 우위로 변화되었고 거기에는 자민당 일당 우위체제의 정착이란 배경이 있었다.

그러나 사회와의 관계에서 보면, 국사형에서 조정형으로의 이행에서는 사회와의 협조관계가 심화되었으나, 조정형에서 이원형으로의 변화에서는 사회와의 거리가 확대되었다. 행정이 사회를 효과적으로 유도, 규제, 감독하기 위해서는 행정자원이 필요하다. 행정자원의 종류는 이익을 제공해주는 능력(보조금, 저리의 융자, 특허권의 인가, 정보의 제공 등), 불이익을 줄 수 있는 징벌조치(소환조사, 보고의무, 영업면허정지 혹은 취소, 허가처분유보 등), 행정기관의 특정 활동에 대한 여론의 지지 등이 있다.

국사형 관료가 행정을 집행하던 시기는 이러한 행정자원이 풍부한 상황에서 사회를 유도했다. 일반회계를 통한 각종 보조금, 재정융자계획 및 일본개발은행, 일본수출입은행에 의한 이자융자, 조세특별조치 등을 통해 행정은 민간경제를 유도하는 데 중요한 역할을 담당했다. 그러나 사회가 성숙함에 따라서 사회자원과 행정자원이 균형을 이루게 되었다. 저축증대, 민간자금력 성장, 국가의 재정적자의 증가 등에 따라서 행정이 제공할 수 있는 경제적인 인센티브가 확실히 줄어들게 되었다. 행정에 대한 국민의 인정도도 낮아지고, 기업 및 민간단체와의 관계를 형성하는 데 있어서 행정관료의 영향력은 약화되었다. 행정은 더 이상 일방적으로 사회를 이끌어갈 수 없게 되었고, 관청 중의 관청이라 할 수 있는 대장성마저 금융계에 대해 행사하던 영향력이 1980년대에 들어서며 감소하게 되었다.

행정자원이 점차 적어지는 가운데 행정관료는 사회를 지도하고 유도하기보다 교섭해야 하게 되었다. 이렇게 되자 행정관료의 의식도 이상주의에서 현실주의로 서서히 바뀔 수밖에 없었다. 점차 행정과 사회와의 경계선이 불명확하게 되고 1970년대는 마침내 네트워크가 중요시되었다. 더 나아가 사회자원이 행정자원을 능가하며 양자 간의 균형과 역학관계가 무너지는 단계에 이르렀고, 특히 국제화의 진행은 행정과 사회의 균형을 사회 쪽으로 더욱 기울게 하였다. 외국기업 및 외국정부가 국내기업 및 이익단체와 마찬가지로 혹은 더 많은 것을 행정에 요구하였고, 외국기업에 대한 행정지도는 거의 효과를 발휘하지 못하였다. 행정이 사회에 압도되는 상황에 직면하게 되자 사회의 여러 행위자들과 직접 대면을 가능한 한 피하고 자기방어를 하기에 이르렀다. 이런 점에서 1980년대 현실주의에 기초한 조정형 관료에서 합리주의에 기초한 이원형 관료로의 이행은 행정과 사회와의 역학관계에서 행정의 방어책으로 취해진 것이라고도 볼 수 있다.

3) 행정관료의 상황 적응과 일탈

1980년대 이후의 행정주도에서 정치주도로, 사회대면에서 사회격리로의 변화가 일어나는 과정과 원인에 대해서는 자민당 정권의 지속이라는 요인만으로는 설명이 되지 않는다. 여기에는 연립정권 하에서의 여당의 정책형성 영향력의 변화와 버블경제의 발생과 붕괴에 따른 경제상황의 변화가 고려되어야 한다. 마부치는 이러한 변화에 행정관료가 적응하는 과정에서, 아래와 같이 조정형 관료의 좌절을 읽어내고 있다.

앞서 분류한 세 가지 유형의 관료 중 국사형 관료는 책임감이 강한 반면 독선적이 될 가능성이 많다. 이원형 관료는 맡겨진 일을 민첩하게 처리하는 장점이 있으나, 주어진 틀 안에서만 일하기 쉬운 단점이 있다. 원칙에 충실한 엘리트 관료다운 면모이긴 하지만 방어적인 태도라고 비난받을 수 있다. 이 두 유형의 관료에 대해서는 장단점을 지적하기 쉽다. 하지만 조정형 관료의 특성은 단순히 설명하기가 쉽지 않다. 조정형 관료는 정치가의 의견도 듣고 이익단체의 의견도 들으며 유연한 균형을 취하려는 관료유형이다. 무라마츠는 조정력이 있는 정치적 관료상이 다원화한 정치사회에 적합하다고 보았다. 이러한 관료상을 비판하는 사람들도 정치적 관료의 역할에 대해 과소평가는 해도 부정적인 평가를 내리지는 않았고, 행정관료들도 조정형 관료를 이상적인 관료로 보았다.

조정형 관료의 장점은 유연한 사고를 한다는 것인데, 바로 그 점에 무원칙적으로 움직이기 쉬운 동기가 내재되어 있다. 이 면이 심각하게 나타나면 공사를 혼동하게 된다. 조정형 관료는 이해관계자 간에 수용 가능한 타협안을 찾는 것을 중시하기 때문에 풍부한 인맥의 형성과 접촉이 반드시 필요하다. 그러나 정보를 얻기 위해 사람들과의 교제가 확대되다보면 공사 구별을 지을 수 없는 위험이 존재한다. 관료와의 접촉으로 이익을 얻으려 하는 측에 편의를 제공하고, 관료는 이를 공무를 위한 것이라고 생각하다보면 이런 행위를 문제라고 인식하지 못하게 된다.

1990년대 후반 이후 계속 드러나는 관료의 불상사는 조정형 관료가 이러한 덫에 걸린 결과이기도 하다. 따라서 조정형 관료로부터 이탈하여 이원형 관료로의 이행은 정치와 사회의 변화에 적절히 부응하여 이루어진 것이라 보기 어렵다. 오히려 그런 이행은 1990년대에 발생한 일련의 관료 부패 사건을 향한 여론의 비난에 대한 대응이었다고 보인다는 것이다. 이런 점에서 그것은 일본 관료제가 성숙하여 새롭게 변용된 역할을 주체적으로 선택하여 이루어진 이행이 아니라 병리적인 반응의 결과에 의해 부과된 이행이었다는 것이다. 1990년대 이후 행정개혁이 추진된 이면에는 다양한 배경 요인이 있었으며, 사실상 이런 점도 개혁에 수반된 한 가지 단면이었다는 것을 알 수 있다.

4___ 행정개혁의 의도와 정관관계에 대한 함의

1990년대 일본의 행정과 정치의 중요한 논점으로 부상한 것은 정치가와 관료 간의 관계에 대한 재검토였다(新藤宗幸, 2004). 자민당 일당 우위정권 하에서 정권은 정책, 사업의 기획기능, 종합조정기능을 관료기구에 의존해왔다. 정권의 안정은 자민당을 초 포괄정당(catch-all party)[4]으로 성장시켰고, 1970년대 이후 자민당의 관심은 일본정치의 안정보다는 당내 정치의 안정에 있었다고도 할 수 있다. 자민당의 포괄정당화는 당내에 이익집단으로 분리된 의원집단(족의원 집단)을 양산했다. 더욱이 자민당 내의 관료제화의 진행과 함께 의원은 의석의 지속적 확보에 최대의 관심을 갖고 정치자금의 획득을 목표로 개별 족의원 집단에 포섭되었다. 다른 한편, 관료기구의 각 부국의 입장도 행정자원의 안정적인 확보를 위해서 족의원 집단과의 관계를 밀접히 유지하려 했다. 족의원 집단도 배후

---

4 자민당의 전통적 지지집단은 농민과 중소상공인 등 구중간계급, 그리고 중장년, 노년층, 저교육층이었다. 그러나 자민당이 장기집권하게 되면서 정권의 유지를 위해서는 이들의 지지만으로는 안 되고 성공적인 산업화의 결과로 형성된 광범위한 도시중간층을 공략해야 할 필요성을 인식했다. 자민당은 기존의 정당활동에서 벗어나 새로운 이해관계를 반영하기 위해 정당활동의 분절화해야 하는 요구에 직면하게 되었다. 이에 부응하여 자민당은 재계와 농민을 대표하는 정상조직들과의 제도적 연계로부터 보다 다양하고 특수한 이익집단들과의 네트워크를 만들어가야 했고, 이런 과정을 통해 자민당이 포괄정당화되어간 것이다.

이익집단과의 관계라는 현실을 고려하고 그에 따른 정치자금의 조달을 위하여 관료제 부국의 응원단이 된다. 정권당과 관료기구의 관계는 무라마츠의 지적대로, 다수의 다원적 이해관계의 정치세력이 정치적 거래에 참가하지만 비교적 장기적이고 안정적이고 유형화한 다원주의의 반영으로 이해할 수 있다. 그러나 이러한 유착관계는 1980년대 말부터 1990년대 초에 일련의 정치부패가 발생하도록 한 온상이 되기도 했다.

이런 가운데 1993년의 선거는 정치개혁의 실행을 쟁점으로 하였고, 그 결과 자민당 단독정권이 아닌, 7당 1회파를 여당으로 하는 호소가와 연립정권이 성립하였다. 연립정권 당시 정관관계를 수정하려는 것은 매스컴을 비롯한 지배적인 논조였다. 1990년대 후반 밝혀진 수차례 고급관료의 스캔들은 관료의 위신을 떨어뜨렸고 관료제 개혁의 당위성을 확인시켰다. 이후 정치개혁의 초점은 자민당 정권 하에서 정립된 정관관계를 정치주도로 새로이 바꾸고, 내각주도의 행정체제를 구축하는 것으로서, 그 핵심은 내각제도와 그 운영체제의 개혁이었다.

1996년 10월 중의원 총선거에서는 모든 행정개혁의 실행을 공약으로 내세웠다. 물론 당시 정관관계의 개혁만이 행정개혁의 동인은 아니었다. 버블경제의 파탄 후 경제불황과 재정파탄이 개혁의 또 다른 주요 동인이 되었다. 1996년 11월 하시모토 총리을 회장으로 행정개혁회의가 설치되어 1997년 12월 최종보고서를 제출하였다. 이 최종보고서를 기초로 하여 1998년에 중앙성청기본개혁법이, 1999년에는 중앙성청기구 관련법이 성립되었고, 2001년 1월에는 중앙행정기구의 재편성이 실시되고, 같은 해 4월에 독립행정법인이 출범하였다. 총무성, 국토교통성, 후생노동성의 성청 통합, 환경청의 환경성으로의 승격과 더불어, 독립행정

법인 제도는 내각주도의 행정체제 즉, 행정관료의 개혁에 중요한 초석이 되었다.[5]

　뒤이은 고이즈미 정권의 탄생은 일본의 정치구조의 획기적인 변화, 자민당의 변용에 대한 기대를 반영한 것이다. 2001년의 자민당총선거 예비선거에서 고이즈미는 많은 이들의 예상을 뒤집고 대승을 거두었다. 예비선거에 참여한 자민당의 지방당원 등은 대부분 원래 국가주의자도 신보수주의자도 아니다. 그들은 소박한 생활보수주의자이며, 자민당 하의 업계단체 및 군은련(軍恩連) 등의 전통적인 이익집단의 의향에 충실하게 행동하는 사람들이었다. 그런데 이러한 거대한 조직의 존재가 그들의 생활과 기업의 안정에 더이상 기여하지 않는다고 생각하고 있던 차에, 자민당을 '깨부순다'는 고이즈미의 선언은 생활보수주의자들을 매료시킨 것이다. '자민당을 깨부순다'는 것은 말 그대로 자민당과 관료제와의 관계의 구조를 근본에서부터 고쳐 내각주도제를 확립하고자 함이다.

　수상, 내각주도체제의 제도화와 함께 2001년 1월 기존의 정무차관제도가 폐지되고 부대신, 대신정무관제도가 도입되었다. 각 성의 대신을 대신한 부대신, 대신정무관으로 정권팀을 구성함으로써 각 성의 관료에 대한 내각의 지도력을 강화할 수 있다. 이처럼 1990년대 초 시작된 정관관계의 수정과 수상, 내각주도체제의 구축은 제도적 조건의 정비를 촉진했고 2001년 행정개혁은 수상, 내각주도체제를 목표로 실행에 옮겼다.

---

5 행정개혁의 주요 결실은 다음과 같다. 내각법 제3조 및 국가행정조직법 제5조에서 정한 주임대신제도는 개정에서 머무르지 않고, 내각법 제4조, 1항을 개정하여 각의에서 수상발의권을 결정하였다. 또한 수상 및 내각의 스탭기관으로서 내각부가 설치되었다. 따라서 내각부는 국가행정법에서 정한 기관에서 벗어나 수상 및 내각의 판단에 의한 유연한 조직편제가 가능하게 되었다.

그러나 다른 한편으로는 공무원제도 개혁의 방향이 새로운 행정개혁에서 의도하는 효과를 저해하는 면이 있었다. 다시 말해, 내각부가 수상의 정치적 리더쉽을 강화에 기여한다고 해도, 각성의 소임 분할의 원칙이 계속되는 한 직업공무원이 주도하는 관료기구에 정권의 의사를 구체적으로 반영하는 것을 어렵게 한다. 이러한 모순이 극명하게 드러난 것이 일본 도로공단을 비롯한 도로관련 기구의 민영화 과정이다.

이처럼 이후 정권의 움직임에서는 여전히 관료제에 대한 의존과 자민당 족의원과의 타협이 눈에 띄기도 하지만, 행정개혁이 내각의 강화, 수상의 권한 확대 등 정치주도제의 확립을 추구했다는 점은 정관관계의 큰 변화를 의미한다. 1980년대의 행정개혁이 위기를 맞은 재정을 재건하는 것에 일차적 목표를 두었던 데 비해, 1990년대 중반기에 하시모토 정권에 들어와 본격적으로 재개된 행정개혁의 목표는 확연하게 관료주도에서 벗어나려는 정치적 의지를 반영했다. 1980년대는 일본이 경제적으로 안정성장의 과정에 있었고 국제적 위상도 높았으며 자민당의 우월정당체제가 정착된 때이다. 당시에는 체제 자체의 변혁에 대한 바람은 그다지 강하지 않았기에 행정과 재정의 부분적 조정만으로도 변화의 요구에 대응할 수 있었다. 그러나 1990년대에 들어서면서 글로벌 차원의 시장의 압력과 관료와 정치의 부패에 대한 대중적인 압력이 가중되기 시작했다. 이런 요인이 체제 자체에 대한 동요로 이어지면서 개혁에 대한 논의도 본격적으로 추진된 것이다. 이후 일본의 행정개혁은 관료로부터 정치집단으로 힘의 이동을 꾀하는 정관관계의 구조적인 변화를 추구하게 되었다.

행정개혁은 원래 정치의 논리와 행정의 논리가 교착하는 과제이다. 행정개혁은 경제변동, 정권교체, 혁명, 종전과 같은 정치변동기에 실행되는 경우가 많다. 그런 때 정권 담당자는 정치노선의 변경을 상징하는 행위로서 행정개혁을 기획하므로 일정한 가치와 이념을 담은 정치적 색채를 띄는 것은 당연하다. 따라서 행정, 재정 구조에 있어서 기존의 기득권을 가지고 있는 정계, 관계, 업계의 강력한 저항에 부딪치는 예가 많다. 이런 저항을 물리치고 행정개혁을 추진할 수 있는 정치지도력이 뒷받침되지 않으면 성공적으로 개혁의 목표를 달성할 수 없다는 점에서도 정치적인 시도이다. 행정개혁이 완수되면 종래의 권력구조에는 변화가 나타나게 된다는 면을 보아도 정치적인 성격이 강하다. 일본의 행정개혁은 현재진행형으로서, 정관관계에 어떤 결과를 가져올지에 대한 종합적인 평가를 내리기는 이르다는 점에서 미완성의 상태이다.

5___ 맺음말

정치와 행정은 고유의 범주와 중심점을 가지고 있으나, 각 행위자의 규범과 구조와 행동이 작동하는 종합적 시스템의 차원에서 상호연관되어 있다. 정치가와 관료의 활동은 본연의 범주로부터 외연 또는 내포의 유기적 과정을 통해 서로 밀접하게 맞닿아 있다. 넓은 의미에서 한 사회의 국정의 운영은 국가와 시장, 정치·행정과 사회, 행정과 정치 간의 관계가 연계 되어 이루어지는 총체적 프로세스이다. 이 장에서 다룬 내용들은, 국가조직의 운영, 영향력, 실체를 다면적으로 파악하기 위해서는 정치와 행정이 접점을 이루거나 길항하는 양상을 이해해야 한다는 필요에서 살펴본 것이다.

일본 행정에 대한 연구에서는 통상적으로 관료제론, 행정관리와 행정개혁, 중앙지방관계, 그리고 이에 더하여 정관관계(政官關係)에 주목해왔다. 다양한 연구에서 시사하는 점에 비추어, 현대 일본의 행정은 정치가와 관료 어느 한편이 다른 한편을 완전히 배제하고 주도해왔다기보다는, 국정 목표의 변화에 부응하며 정치가와 관료조직의 상호의존에 의해서 운영되었다고 보는 것이 적절하다. 행정의 척도인 효율성과 공공성, 그리고 정치의 척도인 민주성과 대표성은 때로 충돌하지만 바람직한 정치체제의 운영을 위해서는 각각의 가치가 최대한 존중되도록 규범을 세울 필요가 있다. 그 점이 정관관계에 있어서, 정치와 행정의 우월, 종속 관계를 규정하는 통제의 규범, 정치와 행정의 상호불개입의 관계를 전제로 하는 분리의 규범, 그리고 정치와 행정의 상호의존과 보완 관계를 규정하는 협력의 규범이 필요한 이유이다.

끝으로, 이 장에서 논의한 일본의 정치와 행정, 정계와 관계의 현장을 소재로 한 드라마를 한편 소개한다. 인물이나 스토리는 허구이지만, 국내외 사회환경의 변화에 따라 다각도의 개혁을 추구하려는 일본의 실상을 반영한 흥미로운 드라마로서 현실을 이해하는 데 참고가 될 것이다.

드라마 "CHANGE" 후지TV (2008.05.12~2008.07.14 방영)

CHANGE는 최연소 총리가 되는 아사쿠라 케이타를 통하여 일본 정계와 관계를 그린 작품이다. 아사쿠라 케이타는 나가노현 초등학교 교사인데, 그는 천체관측을 즐기는 조용한 인물이다. 그런데 후쿠오카현의 중의원의원이던 그의 아버지와 후계자이던 장남이 갑자기 사고로 사망하여 그는 그 뒤를 이어 보궐선거에 출마하게 된다. 지지율이 사상 최저에 이른 여당 정우당의 입장에서는 다가오는 총선거에 대한 영향 때문에 반드시 보궐선거에서 승리해야 했기에 정치와 무관한 차남 케이타를 억지로 설득하여 입후보시킨 것이다. 아사쿠라 케이타의 당선을 위하여 정우당 총무회장 칸바야시의 비서 미야마가 파견되며, 유명한 선거 전략가 니라사와도의 일을 거들게 된다.

스스로 당선이 될 리 없다 하던 케이타는 자신을 당선시키기 위하여 노력하는 사람들을 보며, 학생들에게 말하던 "out인 것을 알면서도 최선을 다해라" 내용을 지키기 위해 노력한다. 그러나 케이타의 지지율이 높아지자 반대 후보는 그의 아버지의 부정을 고발하고 케이타는 연설 중 이를 인정하고, 사과한다. 이로 모두 그가 떨어질 것이라 예상하나 그와 달리 케이타는 역전하여 의원으로 당선되며 도쿄로 향하게 된다.

그러나 그는 나가타쵸에 쉽게 적응을 하지 못하며, 그의 비서가 되라는 상사의 명령으로 케이타를 보좌하게 된 미야마 역시 큰 기대를 하지 않는다. 그러던 중 원래 총리가 스캔들로 사임하게 되어 총리직이 공석이 되는데, 여당의 거물 정치인들은 2달 밖에 임기가 남지 않은 총리직을 모두 사양한다. 앞서 케이타의 보궐선거에 영향을 미친 칸바야시는 케이타를 총리로 만들고 그가 실질적인 권력을 잡은 뒤 스스로 총리가 되고자 한다. 국민을 위하여 일하고 싶다고 느끼기 시작한 케이타는 칸바야시의 설득에 아무것도 모른 채 결국 총리가 된다.

그의 비서였던 미야마는 동경대 법학부를 졸업하여 재무성에 들어갔으나 진정으로 국가를 위해 일해보고 싶다는 생각에 정치계로 들어선 인물이었으나, 그녀 역시 순진하며, 케이타를 따라 갑자기 총리수석보좌관이 된다. 아사쿠라 케이타는 총리가 되면서 국민과 시선을 동일하게 갖고 그들을 위하여 일하고자 한다.

CHANGE에서 내각총리대신이 되는 朝倉啓太(아사쿠라 케이타) 역을 맡은 기무라타쿠야

그러나 정치에 관하여 아는 것이 없는 총리는 미야마를 제외한 보좌관, 내각 등 많은 이들에게 무시를 받지만 그는 날마다 밤을 새가며 임무를 다하기 위해 노력하고 그런 그의 모습에 점차 보좌관 및 일부 정치인들은 그를 따르게 된다. 케이타가 업무에 능숙해지고, 스스로 생각하고 움직일 수 있고, 인기가 높아지자 칸바야시는 더 이상 그를 좌우할 수 없게 된다. 이에 칸바야시는 케이타를 궁지에 몰아넣고, 과거 그의 비서였던 미야마도 총리를 배신하도록 한다. 하지만 미야마는 다시 케이타에게 돌아가고, 아사쿠라 총리에게 이미 충성하게 된 보좌관들, 일부 정치인들과 함께 케이타는 업무를 충실히 수행한다. 그리고 그는 칸바야시의 음모가 있었으나 본인의 불찰을 인정하며, 책임을 지고, 민의를 구하기 위해 생중계 TV연설을 통해 본인의 사임과 동시에 중의원 해산, 총선거를 선언한다. 드라마는 아사쿠라 케이타가 그의 비서와 측근들의 협조를 받으며 총선거에 출마하는 모습을 보여주며 끝난다(출처: http://wwwz.fujitv.co.jp/change/index.html).

생각해볼 문제

1 일본의 입법과정에서 정치가와 관료의 역할과 상대적 영향력에 대해서 조사해보자.

2 행정개혁을 통해서 관료제의 축소와 변용이 추구되어왔는데 그 진행과정

과 결과에 대해서 평가해보자.

❸ 행정복지국가에 대한 기대가 증대하는 환경하에서 행정관료의 기능과 정치가 집단과의 유기적 연관성에 대해서 살펴보자.

참고문헌

김정렬 · 한인섭(2008), 「행정개혁론: 국제비교와 실증분석」, 박영사.

김재호 외(2002), 「현대 일본정치시스템의 이해」, 형설출판사.

이상훈(2003), 「일본의 정치과정」, 보고사.

일본학교육협의회(2002), 「일본의 이해」, 태학사.

최은봉(1994), "제4장 일본의 관료제와 정치과정", 「일본 · 일본학」, 오름, pp.102~158.

_____(2007), "제7장 관료제도", 「일본정치론」, 논형, pp. 224-262.

최장집 · 소네 야스노리 공편(2003), 「변동기의 한일정치비교」, 아연출판부.

니시오 마사루 저. 강재호 역(1997), 「일본의 행정과 행정학」, 부산대출판부.

다테바야시 마사히꼬(2004), "제3장 관료", 「일본정치의 이해」, 푸른미디어.

마스지마 도시유키 · 고바야시 히데요리 엮음.이종수 옮김(2002), 「일본의 행정개혁」, 한울.

베버, 막스 저. 금종우 · 김남석 역(1981), 「지배의 사회학」, 서울:한길사.

야마구치 지로 저. 이원덕 역(2002), 「위기의 일본정치」, 일조각.

히라노 히로시 · 고노 마사루 저. 이성환 역(2004), 「일본정치의 이해」, 푸른미디어.

Aberbach, J. D, R. D. Putnam, and B. A. Rochman(1981), *Bureaucrats &*

Politicians in Western Democracies.

Dunleavy, P. (1991), Democracy, Bureaucracy and Public Choice.

Purnendra Jain · Takashi Inoguchi. 1997. Japanese Politics Today. (New
York: St. Martin's Press)

Schubert, G. (1957), "Public Interest in Administrative Decision-making,"
American Political Science Review, No. 2.

ダウンズ, A. (1975),「官僚制の解剖」, サイマル出版會.

辻淸明(1969),「日本官僚制の研究」, 東京大學出版會.

畠山弘文(1989),「官僚制支配の日常構造」, 三一書房.

伊藤光利·田中愛治·眞渕 勝(2000),「政治過程論」, 有斐閣.

中野 實(1992),「現代日本の政治過程」, 東京大學出版會.

中むら 章(2001),「官僚制と日本の政治」, 北樹出版.

樋渡展洋·三浦まり(2005),「流動期の日本政治」, 東京大學出版會.

日本政治學會(1995), "特集1. 現代日本政官關係の形成過程",「日本政治學會年
報」, 岩波書店 刊.

飯尾 潤(2004), "日本における二つの政府と政官關係",「レヴァイアサン」, 34
春, 木鐸社.

眞渕 勝(1987), "現代官僚の「公益」觀",「季刊行政管理研究」, 12月號.

_____(1995), "官僚制の後退?",「組織科學」, 13巻 3號.

_____(2004), "官僚制の變容-縮する官僚",「レヴァイアサン」, 34 春, 木鐸社.

村松岐夫(1981),「戰後日本の官僚制」, 東洋經濟新報社.

_____(2008),「行政學 敎科書: 現代 行政の政治分析」, 有斐閣.

山口二郎(1987),「大藏官僚支配の終焉」, 岩波書店.

_____(2007),「內閣制度」, 東京大學出版會.

新藤宗幸(2004), "日本官僚制の改革と政治的任命織", 「レヴァイアサン」, 34 春,

　　木鐸社.

wikipedia 백과사전 http://www.wikipedia.org

일본수상관저 http://www.kantei.go.jp

04

일본 행정조직의 지속과 변화

| 중앙성청, 위원회, 지방지분부국, 특수법인 |

하정봉

●●●●●●

　　국가가 사회에 대해 다양한 행정활동을 전개하기 위해서는 효율적인 행정조직을 필요로 한다. 행정조직이 어떻게 설계되어 있고 어떻게 운용되고 있는가를 살펴보는 것은 그 나라의 정치와 행정 간의 관계, 그리고 국가와 시장 간의 관계라는 거시적 측면뿐만 아니라 의사결정 및 (관료)조직문화라고 하는 미시적 측면에서도 중요한 의미를 지닌다. 이 장에서는 명백히 행정조직에 속하는 부(府), 성(省), 청(廳), 위원회(委員會)뿐만 아니라 국가의 통제 아래에서 실질적으로 행정활동의 일부를 담당하고 있는 특수법인 및 NPO(Non-profit organization) 등에 대해서도 검토함으로써 일본 행정조직을 포괄적으로 다루고자 한다.[1] 이는 포괄적 접근이 일본 국가조직의 실체와 영향력을 보다 적실성 있게 파악할 수 있기 때문이다. 이를 위해 먼저 일본 중앙 행정조직구성을 개괄적으로 살펴보고 나서 전후 일본 성청체제의 특징에 대해서 알아보기로 한다. 아울러 1980년대 이후에 추진된 '작은 정부'로의 행정개혁과 1990년대 중반 이후의 지방분권화의 움직임 속에서 일본 행정조직의 변화양상과 함께 전통적 특성의 지속에 대해서도 간략히 검토하기로 한다.

1　일본의 중앙 행정조직은 중앙성청, 중앙정부 등으로 불리는데 지방자치단체, 지방정부와 대비되는 개념이다. 중앙정부의 범위는 일반적으로 국가행정조직법상의 省 및 그 外局(廳, 委員會) 그리고 내각설치법에 의한 내각부와 그 外局(廳, 委員會)을 가리킨다.

1___ 중앙성청(中央省廳)

1) 관제대권의 폐지와 국가행정조직법의 제정

1889년 헌법에서 행정관리 및 조직에 관한 권한이 천왕의 전관사항으로 규정(이른바 관제대권(官制大權))되어 있었다.[2] 이에 따라 각 성청 하부의 조직단위 설치 및 소장사무에 관한 사항은 법률에 의하지 않고 천왕의 명령이라고 할 수 있는 각성관제통칙(各省官制通則)이라는 칙령(勅令)으로 규정되어 사실상 각 기관의 재량으로 행정조직을 편성할 수 있었다.

이후 일본의 패전과 미국의 점령에 의한 일련의 개혁조치들이 취해졌는데 행정조직과 관련해서는 1948년 관제대권이 폐지되고 새로이 국가행정조직법이 제정된다. 국가행정조직법은 국회의 동의를 거쳐서 행정조직을 신설, 폐지, 변경하도록 하는 것으로 각 성청의 과(課)단위까지 가능한 한 상세하게 법률로 정하도록 하였는데 이는 행정조직에 대해 '법치 행정'의 원리를 구현하고자 한 것이었다고 볼 수 있다.

이 국가행정조직법은 국가의 행정기관 조직에 관한 규격법 내지 기준법이라는 성격을 갖는 것으로 조직단위의 종류 및 명칭, 법정사항 및

---

2 1889년 헌법은 각성의 대신은 천왕에 대해 개별적으로 책임을 지는 '단독보필책임제'를 채택함으로써 각 성청간의 조정을 어렵게 만들어 부처할거주의(sectionalism)를 조장하는 역할을 하게 된다.

정령위임사항의 구분 등에 관한 통칙을 규정하고 있다. 또한 각성의 설치·편제·소장사무는 이 통칙에 따라 각성설치법으로 개별적으로 정하도록 되어 있다. 그리고 동법률은 국가의 행정기관으로 부(府), 성(省), 위원회(委員會), 청(廳)의 4가지 유형을 명시하여 규정하고 있다. 예컨대 국가행정조직법 제3조 3항은 부와 성을 '내각의 통괄 하에 행정사무를 담당하는 기관으로서 설치된 것'으로, 위원회와 청은 부, 성의 '외국(外局)으로서 설치된 것'으로 규정하여 특정 부, 성에 속하기는 하지만 일정한 독립성을 부여하고 있다. 또한 동법 제5조 1항은 부, 성에는 '내각법상의 주임 대신'을 그 장으로 하며, 위원회 및 청에는 필요한 경우에 한해 '국무대신'을 둘 수 있다고 규정하고 있다.

각성(各省)대신과 대신청(大臣廳)

내각총리대신, 각성의 장인 各省大臣은 국가의 행정사무를 분담하고 있다는 의미에서 내각법상의 주임대신으로 불린다. 주임대신은 국무대신을 겸하도록 하고 있는데 이는 내각과 그 통괄 하에 있는 각 행정조직 간의 일체성 확보를 위한 것이다. 또한 내각법에 의해 국무대신의 정원은 총리대신을 제외하고 원칙적으로 14인으로 정해져 있다. 한편, 내각부의 외국으로서 설치된 청 및 위원회 가운데, 그 장에 국무대신이 임명되어 있는 청 또는 위원회를 대신청(大臣廳)이라고 한다. 대신청은 독자적으로 그 외국에 청을 둘 수 있는 등 조직상의 특례가 있으며 그 장은 통상 '장관'이라고 불린다. 2007년 방위청 승격과 함께 대신청에 관한 법률조항은 폐지되었고 위원회로서 국무대신이 임명되는 공안위원회는 종래 대신청에서 대신위원회로 그 법률적인 지위가 변경되었다.

2) 1부 12성 체제의 성립

구체적으로 국가행정조직법상 어떠한 성청이 설치되어 있는가를 살펴볼 필요가 있는데 먼저 1945년에는 육군성 및 해군성이 각각 육군 및 해군 소속 군인의 전후 복귀를 담당하는 제1복원성 및 제2복원성으로 변경되었다. 제1복원성 및 제2복원성은 1946년에 폐지되지만 1952년에 국토방위를 담당하는 보안청으로 변경된 후 1954년에 방위청으로 확대·개편되기에 이른다. 1947년에는 노동성이 설치되었고 같은 해 12월에는 GHQ(연합군총사령부)에 의해 내무성이 해체되면서 건설기능이 건설원(1948년 건설성으로 승격)으로 분리되었다. GHQ의 내무성 해체는 군국주의체제를 뒷받침하던 강력한 중앙집권구조를 타파하기 위한 것으로 내무성 해체와 함께 경찰기능의 민주화·분권화 및 도도부현 지사의 주민직선 선출제가 도입되었다.[3] 1949년 총리부가 설치와 함께 상공성이 통산성으로 변경되었으며 체신성이 우정성과 전기통신성(전전공사)으로 분할되었다. 1960년에는 내무성의 후신으로 선거관리, 지방자치 및 지방재정, 국가소방 업무 등을 담당하는 자치성이 신설되었는데 전전의 내무성이 경찰, 건설 등의 권한을 보유하였던 것에 비하면 자치성의 권한은 크게 축소된 것이라고 평가할 수 있다. 이로써 전후 성청개편이 일단락되어 1부 12성 체제가 완성되었는데 이후 2001년 성청개편까지 새로운 부·성의 신설·개편 없이 유지되게 된다. 다만 청차원에서 환경청(1971년), 국토청(1974년), 총무청(1984년)의 신설과 같이 산발적인

---

3 과거 내무성 소관 업무는 건설성, 노동성, 자치성으로 분할되었다. 특히 경찰기능에 대해서는 특별 고등경찰제도의 폐지, 자치경찰제 도입, 정치적 중립성과 민주적 통제 확보를 위한 공안위원회 설치 등이 이루어졌다.

조직개편이 이루어졌을 뿐이다.

한편, 행정조직 개편에 대한 엄격한 법적규제는 1980년대 들어 완화되었다. 앞서 언급한 바와 같이 1948년에 제정된 국가행정조직법은 관방, 국, 부의 설치 및 개폐는 물론 그 업무분장의 범위까지 각 성청의 설치법이라는 법률에 구속을 받도록 되어 있었는데 이는 사회 환경의 변화를 반영한 조직의 변경을 극도로 제약하는 결과를 초래하였다. 이에 역대 내각은 수차에 걸쳐 국가행정조직에 관한 규제를 완화해줄 것을 요청하였으나 행정에 대한 민주적 통제가 약화될 수 있다는 우려 때문에 오랜 기간 동안 실현되지 못하였다. 그러나 1980년대 들어 임시행정조사회가 이러한 경직성을 완화할 것을 권고[4]하였고 마침내 1984년 국가행정조직법이 개정되었다. 개정 후의 국가조직법은 부, 성, 청의 설치 및 소장사무만을 법정사항으로 하고 관방, 국 이하의 조직단위의 설치 등을 모두 정령 이하에 위임하도록 하였다.

3) 중앙성청(中央省廳)의 통폐합

1996년 초에 등장한 하시모토(橋本) 정권은 행정개혁, 재정구조개혁, 금융시스템개혁, 사회보장개혁, 교육개혁의 이른바 '6대 개혁'을 추진하였다. '6대 개혁' 가운데 행정개혁의 구체적인 성과가 성청재편이었으

---

4 제2차 임시행정조사회의 제3차 답신은 '행정의 개선노력은 항시적으로 이루어져야 하는 것으로 고도성장시대가 저물고 행정을 둘러싼 내외의 정세가 긴박하며 변화가 급격한 오늘날 행정기구의 비대화 및 행정운영의 경직화를 방지하고 그 간소합리화를 계속적으로 촉진할 필요가 있다. 이를 위해서는 우선 행정부의 항시적 자기혁신이 추진될 수 있는 구조를 만드는 것이 효과적이며 또한 행정조직 규제의 탄력화 등 그에 필요한 조건의 정비를 꾀하여야 한다'고 제안하였다.

〈표 4-1〉 1945년 이후 부·성(府·省)체제의 변화

년도	1945년	1960년	1994년	2001년
부·성수	11성	1부 18성청 (12성+5청+1위원회)	1부 21성청 (12성+8청+1위원회)	1부 12성청 (10성+1청+1위원회)
부·성의 구성	사법(司法)성 외무(外務)성 대장(大藏)성 제1복원(復員)성 제2복원(復員)성 내무(內務)성 문부(文部)성 농림(農林)성 상공(商工)성 후생(厚生)성 운수(運輸)성	총리(總理)부 행정관리청 경제기획청 국가공안(公安)위 원회 방위(防衛)청 법무(法務)성 외무(外務)성 대장(大藏)성 문부(文部)성 후생(厚生)성 농림수산(農林水 産)성 통상산업(通商産 業)성 운수(運輸)성 우정(郵政)성 노동(勞動)성 건설(建設)성 자치(自治)성 홋카이도개발청 과학기술(科學技 術)청	총리부 총무청 오키나와개발청 경제기획청 국가공안위원회 방위청 자치성 우정성 법무성 외무성 대장성 농림수산성 운수성 국토청 홋카이도개발청 건설성 통상산업성 환경(環境)청 후생성 노동성 문부성 과학기술(科學技 術)청	내각(內閣)부 총무(總務)성 국가공안위원회 법무(法務)성 외무(外務)성 재무(財務)성 문부과학(文部科學)성 후생노동(厚生勞動)성 농림수산(農林水産)성 경제산업(經濟産業)성 국토교통(國土交通)성 환경(環境)성 방위(防衛)청

				2007년
				1부 12성청 (11성+1위원회)
				내각(內閣)부 총무(總務)성 국가공안위원회 법무(法務)성 외무(外務)성 재무(財務)성 문부과학(文部科學)성 후생노동(厚生勞動)성 농림수산(農林水産)성 경제산업(經濟産業)성 국토교통(國土交通)성 환경(環境)성 방위(防衛)성

주: 청 및 위원회는 대신청 및 대신위원회만을 포함

며 그 기본적인 방침은 행정개혁회의를 중심으로 검토되었다. 장기간 안정적으로 유지되던 1부 12성체제의 개편이 추진된 데에는 선진국 따라잡기(catch-up)가 어느 정도 달성되었다는 시대인식과 더불어 고도성장이 끝나고 재정위기가 심화되는 상황 속에서 행정의 효율화를 위해 행정기능의 재검토가 필요하다는 인식이 있었다. '행정의 역할론(수비범위론)'으로 대표되는 행정기능 재검토론은 이미 1970년대 후반부터 등장하기 시작하여 1981년에 발족한 제2차 임시행정조사회(제2임조)의 활동을 통해 구체화되었다.

즉 제2임조는 행정지도·규제·보호를 수단으로 개입을 계속하려는 행정과 보호·육성정책에 의존하려고 하는 민간부문을 모두 비판하면서 행정개혁의 방향으로 ① 본래 민간의 자립·자조 활동이 일어나야 할 분야에 대해 행정이 과도하게 관여하고 있는 부문의 축소, ② 정부와 민간이 과도하게 경합, 중복되는 분야의 민영화, ③ 시장경제활동에 대한 보조금과 인허가제도의 폐지 및 축소, ④ 수익과 부담의 균형이 과도하게 불균등한 곳에 대해서는 부담의 적정화 조치 등을 주장하였다. 제2임조는 행정의 기능에 대해서도 원점에서부터 재검토가 필요함을 지적하면서 첫째, 행정의 역할 및 책임영역의 축소가 필요한 분야(농업, 사회보장, 문화 및 교육), 둘째, 본래 행정의 책임영역에 속하기는 하지만 그 운용의 개선 등에 의해 효율화를 꾀할 필요가 있는 분야(외교, 경제협력, 방위), 셋째, 행정 책임영역의 축소와 제도 운용의 개선이 동시에 필요한 분야(국토, 주택·토지, 에너지, 과학기술)로 구체적인 기능개편안을 제시하였다.

제2임조의 제안은 실제 성청 기능의 재편으로까지는 이어지지 못하였으나 나카소네(中曾根) 당시 수상의 강력한 리더십 속에 전전(電電)공사,

전매(專賣)공사, 국철(國鐵)의 3공사(公社)의 민영화가 실현되었다. 1985년 4월, 전전공사가 NTT(Nippon Telegraph and Telephone Corporation)로 전매공사는 일본담배산업(JT. Japan Tobacco Inc.)으로 바뀌었으며 이듬해인 1986년 11월에는 국철이 분할 민영화되어 각 지방JR(Japan Railway Company)이 탄생하였다. 제2임조에 뒤이어 1994년 말에 설치된 행정개혁위원회도 '행정관여를 개선하는 데 있어서의 기본원칙'으로 첫째, 민간에서 할 수 있는 일은 NPO(Non Profit Organization) 등을 포함한 민간에 맡긴다는 민간우선의 원칙, 둘째 시장원리 활용 및 권한과 책임의 명확화와 함께 정부실패를 고려한다는 행정활동의 효율화 원칙, 셋째, 행정의 설명책임, 편익과 비용의 종합적 고려, 수량적 평가의 도입, 정보공개 등을 내용으로 하는 행정의 투명성 및 설명책임의 수행을 제시하였다.

1996년에 설치된 하시모토(橋本) 내각의 행정개혁회의는 제2임조와 행정개혁위원회의 노선을 이어받아 사업·사무의 민영화 및 민간위탁을 통한 행정기능의 감축과 함께 독립행정법인제도[5]의 활용을 강조하였다. 또한 종래의 24성청을 반으로 줄이는 데 있어서 개혁의 원칙으로 대(大)성청주의, 수상관저 기능의 강화, 대장성개혁, 환경성의 신설, 과학기술청과 문부성의 통합을 제시하였다. 이와 함께 규제완화와 지방분권 병행 추진함으로써 관민역할 분담의 개편도 추진하였다. 중앙성청 개혁은 하시모토 정권시기에 대략적인 방향이 결정되어 오부치(小渕) 정권에 의해

---

5 2001년 4월부터 시행된 독립행정법인제도는 법인이 주무관청으로부터 지급되는 운영비 및 교부금, 그리고 조직편성 등에 관해서는 자유재량을 가지는 대신 3~5년 단위의 중기목표와 계획 작성의 의무가 있으며 그 결과에 대해 법인의 존폐를 비롯한 엄격한 외부평가를 받게 된다.

서 실현되었다. 세부내용을 살펴보면 먼저 총리부를 대신해서 내각부가 설치되었으며 13성청(문부성, 후생성, 운수성, 우정성, 노동성, 건설성, 자치성, 총무청, 홋카이도개발청, 경제기획청, 과학기술청, 오키나와 개발청 및 국토청)이 정리·통합되었고 4개 성(총무성, 국토교통성, 후생노동성, 문부과학성)이 신설되었다. 환경청은 폐기물 대책을 포함해 환경성으로 승격되었고 대상성은 금융관계 행정이 금융청으로 분리되면서 재무성으로 개편되었다. 이는 금융과 재정을 통합 관장하던 대장성에서 금융기능을 분리함으로써 경제분야에 관한 규제완화의 효과를 기대한 것이라고 할 수 있다. 통상산업성은 원자력 행정을 포함하는 경제산업성이 되었고 그 외 법무성, 외무성, 농림수산성, 국가공안위원회 및 방위청은 기능의 변동 없이 존속하게 되었다. 그리고 자치성은 관료기구 전반에 대한 내부 정책평가 실시권한을 보유한 총무성으로 확대·개편되었다. 중앙성청 개편 외에 심의회 등의 정리·합리화, 특수법인의 통폐합도 병행·추진되었다.

이와 함께 정책의 기획·입안기능과 집행기능을 분리하려는 목적에서 독립행정법인제도가 도입되었다. 정책의 기획·입안기능은 본성에서 담당하고 집행기능은 독립행정법인 또는 외국(外局)에서 담당하여 각 기능의 특화를 꾀하려는 것으로 중앙성청개편 시 성청의 외국(外局)으로 7개 실시청[6]을 지정하였다. 당해 성청의 장은 실시청의 장에게 업무에 관한 권한을 위임하되 실시청이 달성하여야 할 목표를 설정하고 그 목표에 대한 실적평가를 공표하도록 하였다.

---

6 공안조사청, 국세청, 사회보험청, 특허청, 기상청, 해상보안청, 해난심판청인데 정책집행기능을 담당한다.

개혁목표	내용	개혁목표	내용
정치주도의 확립	○ 내각기능의 강화 ● 내각 총리대신의 발의권 명확화 ● 내각관방의 기능 강화 ● 내각부의 설치 ○ 부대신·대신정무관의 도입	부처 할거주의 폐해 시정	○ 임무를 기초로 한 1부 12성 대부·성 체제로의 개편 ○ 성청간 정책조정 강화 ○ 정책평가 활성화
행정의 투명화·자기 책임화	○ 독립행정법인제도의 창설에 의한 행정운영의 투명화, 자기책임화 ○ 정책평가의 결과등 공표 ○ 시민의견제출(public comment)절차 확충	행정의 슬림화	○ 민영화·민간위탁 확대 ○ 독립행정법인화(약 90개의 사무, 사업) ○ 조직축소(관방, 국의 총수 128→96, 課室의 총수 약 1200→약 1000) ○ 심의회등 통폐합(211→91) ○ 공무원정원 삭감(10년 내 25%)

자료: 大森彌, 2006: 88

그런데 성청재편은 단지 중앙성청 수 및 공무원 정원의 축소, 민영화와 민간위탁 등 행정의 슬림화만을 추구한 개혁은 아니었다. 〈표 4-2〉에 정리되어 있듯이 행정에 대한 정치주도성 확립, 부처할거주의 폐해 시정[7], 행정의 투명성 및 자기책임 확보라는 다양한 개혁목표가 추구되었다. 행정조직과 관련된 주요한 내용을 살펴보면 우선 각성에 대한 종합적 조정을 담당하기 위해 내각부를 설치하고 내각총리대신의 '내각의 중요정책에 관한 기본적인 방침'에 대한 발의권을 명확하게 하는 '내각기능의 강화', 그리고 정치인 등을 부대신에 임명하여 관료에 대한 통제력 강화를 꾀한 '부(副)대신제의 도입'이 이루어졌다.[8] 특히, 내각부 설치는 총리부 및 총리부 산하의 경제기획청의 기능을 통합하여 내각을 지원하는 스텝기능의 강화를 추구한 것이었다. 그리고 내각부에는 경제재정자문회의, 종합과학기술회의, 중앙방재회의, 남녀공동참획회의 등 4가지 중요 정책 회의가 설치되었다. 이는 종래의 일본형 정치행정시스템을 개혁하기 위해서는 무엇보다도 수상의 강력한 리더십이 필요하다는 인식에서 출발한 개혁이다. 1970년대 말부터 '작은 정부'로의 행정개혁이 추진되어왔으나 그 진전이 더디었던 것은 관료 및 이해관계집단의 저항을 극복할 만한 정치적 리더십이 부족했기 때문이라는 것이다. '행정조직의 슬림화'를 전면에 내세운 중앙성청 개편은 결국 관료주도형 정치라 일컬어지는 일본 특유의 상황을 정치적 리더십으로 반전시키고자 하는 강한 의도가 포함되어 있다고 평가할 수 있다.

7　전통적으로 일본의 행정조직은 '국은 있으나 성청은 없다'고 일컬어질 만큼 성청간 할거주의(Sectionalism) 못지않은 성청 내 할거주의가 문제점으로 지적되어왔다. 그런데, 성청단위의 개편에도 불구하고 성청의 구성요소인 국(局)단위의 개편은 거의 이루어지지 않았다. 각성의 공통관리업무를 담당하는 대신관방, 그리고 성전체의 정책을 총괄하는 '종합정책국'을 제외하고는 구성청의 국이 신설 성청조직에 그대로 이전되었다.

8　부대신은 차관보다 급이 높으며 대신정무관은 국장 혹은 심의관급이다. 부대신과 대신정무관은 특별직으로 통상 국회의원이 임명된다.

〈표 4-3〉 일본의 성청체제(2008년 10월 말 현재)

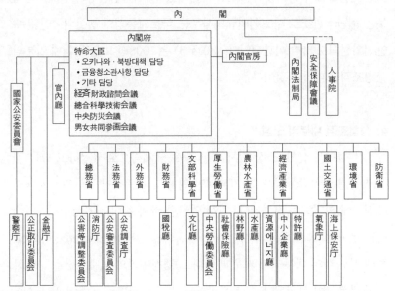

자료: 藤井浩司·懸公一郎, 2007: 133의 〈도표 1〉.

2001년 이후에도 중앙성청에 대한 몇 가지 개편이 이루어지고 있다. 먼저 공정거래위원회가 전기통신 및 방송사업을 관장하는 총무성에 소속되어 있는 문제점을 해결하기 위해 2003년 4월 내각부로 그 소속이 변경되었다. 그리고 2001년 중앙성청 개편 시 미루어졌던 방위청의 성 승격이 2007년 1월에 실현되었는데 성으로 승격됨으로써 내각총리대신 명의로 이루어졌던 예산요구 및 성령의 제정이 방위대신의 권한으로 가능하게 되었다. 이 밖에도 국토교통성 소속의 선원노동위원회 및 해난심판청이 2008년 10월 폐지되어 종래 선원노동위원회가 담당하던 집단분쟁조정사무는 후생노동성의 외국(外局)인 중앙노동위원회와 도도부현의 행정 위원회인 도도부현노동위원회로 이관되었다. 해난심판청의 징계처분업무는 해난심판소로 사고원인규명사무는 국토교통성의 신설외국인 운수안전위원회로 각각 이관되었다. 〈표 4-3〉은 2008년 10월말 현재 일본의 성청조직을 나타낸 것이다.[9]

4) 성청조직 내부의 구성

각 성청의 설치, 소장사무, 권한 등을 구체적으로 규정하고 있는 것은 각성청 설치법이지만 그 기본적인 원칙 및 표준적인 구성은 국가행정조직법에 의거하여 정해진다. 앞서 언급한 바와 같이 국가행정조직법에서는 부·성 및 그 외국(外局)인 청·위원회를 행정기관으로 규정하고 있는데 부·성의 내부조직 가운데 하나로 행정기관의 임무수행을 분담하는 내부부국이 설치된다. 내부부국에는 반드시 관방과 국(성청임무를 일차적으로 분담하는 조직)을 두어야 한다. 그리고 관방과 국의 하부에는 부, 과(실), 계 등의 국가 행정업무를 분담하는 하부조직단위를 설치할 수 있다(〈표 4-4〉 참조).

내각부 및 11개의 성은 '주임대신'을 장으로 하는 독임제 조직이나 그 부·성대신의 아래에 대신의 정무(정치적인 정책판단)를 보좌하는 정치임용의 특별직인 부대신 및 대신정무관(大臣政務官)직이 설치되어 있다. 대신, 부대신, 대신정무관은 각부·성의 정치부문을 담당하는데 현재 부대신은 1~2명, 대신정무관은 1~3명씩 배치되어 있으며 내각 총사퇴 시

---

9 內閣府의 外局으로 소비자청의 신설이 추진되고 있다.

〈표 4-4〉 성청내부의 조직구조

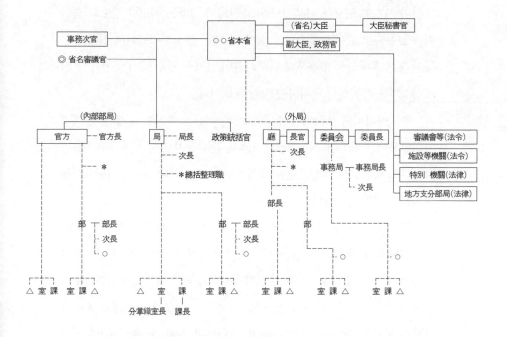

주: 1) 사각형으로 표시한 조직 및 직명은 법률사항임. 그 밖에 점선은 정령규정 사항
    2) ◎ 로 표시된 성명심의관은 법률로 설치가 규정된 총괄정리직
    3) 정책통괄관은 국장급. 내각부본부에는 반드시 설치하여야 함
    4) ＊ 표시는 부장·차장급의 총괄정리직
    5) ○ 표시는 과장급분장직
    6) △ 표시는 과·실에 배치된 분장직
자료: 大森彌, 2006: 96의 〈도표 3-2〉

에는 대신과 마찬가지로 그 지위를 잃도록 규정되어 있다.[10] 사무차관(1명)은 부·성 내 사무를 관장하는 최고 책임자이며 일반 행정직의 최종 승진 자리이기도 하다. 대신을 보좌하여 성청사무를 정리하고 각부국 및

기관의 사무를 감독하는 것을 임무로 한다. 부·성 내 인사권은 부·성 대신이 가지고 있으나 사무차관은 자신의 후임자를 지명할 정도의 영향력을 보유하고 있다고 평가받고 있다. 임기는 통상 1~2년이며 입성(入省) 동기 혹은 후배입성자 가운데 사무차관이 탄생할 경우 동기 입성자 및 선배입성자는 자진해서 퇴직하는 것이 관례이다.

부·성의 내부부국에서 관방(官房)의 역할은 특이한 존재이다. 지방자치단체에는 관방이라는 이름의 조직은 존재하지 않지만 내각부본부 및 각성본성에 반드시 대신관방을 설치하도록 되어 있다. 청 및 위원회사무국에는 설치가 가능하다고 규정되어 있다. 각 성청의 내부조직은 그 활동의 성격별로 고객을 직접 상대하는 것, 자연이나 사물을 상대하는 것, 타행정기관을 상대하는 것, 당해 행정기관의 내부조직을 상대하는 것으로 분류할 수 있는데 관방조직은 행정기관 내부조직을 대상으로 한다. 즉 일본의 중앙성청에서는 기획조정, 예산, 인사, 문서, 조직에 관한 업무를 세분화하지 않고 하나의 국(부·성에서는 대신관방, 청에서는 장관관방)에 집중시키고 있다. 관방조직을 구성하는 각과 특히 총무(문서), 비서(인사), 회계의 3과는 성청 전체의 의사결정과 재원·인원의 배분에 중추적인 역할을 담당하고 있으며 관방이 행하고 있는 법령심사, 문서심사, 예산사정(査定), 정원사정, 조직심사 등은 각부국의 정책입안 및 집행활동을 통괄하여 관리하는 측면도 있다.

부·성조직은 관방, 국(부), 과(실)을 원칙으로 하되 사무의 성질에 따

---

10 총무, 외무, 국토교통성에는 부대신 2명, 정무관 3명으로 타 성청에 비하여 많은 인원이 배치되어 있다.

라서 전문관제(총괄정리직, 분장직 등)를 보조적인 수단으로 활용하도록 하고 있다. 과차원의 단위로 과, 실, 분장관은 관방, 국의 소장사무를 분담하기 위해 설치된다. 이러한 내부부국과 별도로 외국으로서 청·위원회, 지방지분부국, 특별기관, 심의회 등의 설치도 가능하다. 외국인 청·위원회에는 내부부국과는 달리 국을 설치할 수 없고 부(部)제를 기본으로 하고 있다. 부·성조직은 대신을 정점으로 부대신(대신정무관) → 사무차관 → 관방장·국장 → 국차장·부장 → 과장 → 계장 → 계원이라고 하는 피라미드 형태로 구성이 되어 있는데 사무차관 레벨에서 과장, 과장보좌레벨에 이르기까지 각 단계에 상응하는 스텝적인 '직(職)'이 설치되어 있는 것도 일본 행정조직의 특징이다. 차관급으로는 성명심의관(省名審議官), 국장급으로는 정책통괄관(政策統括官), 국·차장급으로는 관방심의관, 과장급으로는 참사관, 과장보좌급에는 기획관 등이 그에 해당하는데 대부분 총괄정리직, 분장직이 보임된다. 부, 성, 청 차원에서 설치되는 총괄정리직은 법률규정에 의하나 그 밖의 총괄정리직 및 분장직의 설치 및 개폐는 정령사항이다. 총괄정리직 또는 분장직은 일반적으로 특정분야에 대해 고도의 지식, 경험, 능력 등이 필요한 직위의 경우 설치되는데 그 사무는 기획조정, 조사, 심사적인 성격이 강하다. 특히 분장직은 사무의 성질상 과·실에서 고정적인 사무분장을 정하는 것이 부적당하나 과장에 상당하는 직으로 해당 분장사무를 기동적·탄력적으로 추진하고자할 경우 설치된다. 분장직은 기본적으로 사무를 분장하여 처리하는 계선(라인)적 성격이 강한 직으로 참모(스텝)적 성격이 강한 총괄정리직과 구별된다.

2___ 위원회와 지방지분부국(地方支分部局)

1) 행정위원회

행정위원회는 미국의 독립규제위원회를 모델로 하여 1945년 이후 설치된 조직이다. 국가행정조직법 제3조에 근거하여 설치되는데 총리부의 외국인 공정거래위원회, 국가공안위원회, 공해 등 조정위원회, 법무부의 사법시험관리위원회, 공안심사위원회, 노동성의 중앙노동위원회가 설치되어 있다. 그 밖에 국가행정조직법의 적용을 받지 않으나 인사원(내각에 속하지만 독립성 유지)과 회계감사원(헌법상 내각으로부터 독립한 기관)도 합의제 조직으로서 광의의 행정위원회에 포함된다고 볼 수 있다. 전후 행정위원회제도가 도입된 것은 행정의 정치적 중립성의 확보, 전문기술적 판단이 필요한 영역의 증대, 이익대표에 의한 이해조정의 필요성 등에 의한 것이었다. 이에 따라 행정위원회의 활동은 내각으로부터 일정한 독립성을 확보하고 있으며 위원의 임명도 국회의 승인을 필요로 한다. 행정위원회는 행정결정 및 처분권한을 가지고 있으며 경우에 따라서는 준입법적, 준사법적 권한도 행사할 수 있다.[11]

2) 심의회

국가행정 조직법 제8조에 따르면 심의회는 각 성청의 활동에 관해

"중요사항에 관한 조사심의, 불복심사 및 그 밖에 학식경험자 등의 합의에 의한 처리가 타당하다고 생각되는 사무를 처리하기 위해" 설치된 합의제 기관이다. 행정위원회와 유사하나 심의만을 담당하고 집행권한을 보유하고 있지 않는 점, 제3조 기관인 경우 위원회 산하에 사무국의 설치가 가능하다는 점이 차이점이다. 단순히 위원회라는 명칭만으로는 제3조의 행정위원회인지 제6조의 심의회인지를 구별할 수 없으나 그 권한의 차이가 크다는 점에 주의할 필요가 있다. 일반적으로 심의회의 역할은 특정과제에 대해 대신의 자문에 응하여 의견을 제시하거나 인허가 등의 행정처분에 관한 타당성 여부를 심사하는 제3자기관의 성격을 갖는다. 이러한 행정위원회와 심의회에 대해서는 행정의 전문성과 중립성을 촉진한다는 긍정적인 평가와 함께 행정기관이 선호하는 인물이 위원에 선정되고 제안되는 안도 행정기관의 생각을 대변하는 내용에 불과하다는 비판이 제기되기도 한다.

3) 시설등기관 및 지방지분부국

각 성청에는 시험연구기관(항공우주기술연구소, 국립과학박물관 등), 회계검사기관(농약검사소, 식물방역소 등), 문교연수기관(국립학교, 국립공문서관 등), 의료후생기관(국립병원 및 요양소 등), 교정수용시설(형무소, 소년원 등), 작업시설(통계센터 등)과 같은 다양한 시설등기관이 설치되어 있다. 또한

---

11 기존관청의 해체에 따라 설치된 합의제 기관으로는 내무성해체에 의한 지방재정위원회, 국가공안위원회 등이 있다(이른바 '민주화'의 여파). 미국의 독립규제위원회를 모델로 경제 분야의 공정성 확보를 주요 목적으로 한 위원회로는 공정거래위원회 및 증권거래위원회가 있으며 이해 당사자들 간의 자주적인 합의제 기관으로서는 중앙노동위원회를 들 수 있다.

특별기관으로서 자위대, 경찰청, 검찰청, 재외공관 등 29기관이 설치되어 있다.

지방지분부국은 크게 나누어 광역적 블록 단위로 설치되어 있는 기관, 도도부현단위로 설치되어 있는 기관, 그 밖의 기관(지국, 사무소, 지소, 출장소 등)으로 구분된다.[12] 예를 들어 세무서, 세관, 기상대, 형무소, 우편국, 영림서, 공항사무소, 공공직업안정소 등이 지방지분부국에 해당하는데 국가공무원의 60%가 이러한 지방지분부국에 소속되어 있다. 이러한 지방지분부국은 지방자치단체에 사무를 위임하지 않고 중앙성청이 지방에 기관을 설치하여 직접 업무를 담당하는 것을 의미한다. 지방지분부국에 대해서는 행정구조의 복잡성과 더불어 이중행정이라는 비판이 제기되고 있으며 행정개혁 특히 지방분권의 관점에서 그 업무의 지방자치단체로의 이양이 추진되고 있다.

---

12 도도부현 단위에는 사무소가 설치되며 그 이하의 단위에는 출장소 혹은 지소가 설치된다.

3___ 특수법인과 NPO

일본에서는 엄밀한 의미에서 행정조직은 아니지만 행정기관과 밀접한 관계를 가지면서 행정기관의 업무를 보조하거나 대신하는 조직이 상당히 발달해 있다. 특수법인, 인가법인 등 행정부의 직간접적 통제를 받으면서 공공서비스를 제공하는 준행정 조직뿐만 아니라 업계단체 등 민간조직도 행정기관을 대신하여 활동하는 경우도 적지 않다. 예를 들어, 소비자 보호를 위한 가이드라인(지침) 작성을 업계단체가 자발적으로 하고 있으나 이는 본래 행정부가 담당하여야 할 업무를 민간에서 대신하고 있는 것으로 볼 수 있다. 이처럼 정부와 민간영역 사이에 위치하면서 공적인 서비스를 제공에 관여하는 조직을 조직경계영역조직 혹은 gray zone조직이라고 한다. 이하에서는 대표적인 gray zone조직인 특수법인과 업계단체·NPO에 대해서 살펴보기로 한다.

1) 특수법인

특수법인은 특별법에 의해 정부가 직접 설립하는 조직을 가리킨다. 국가공무원 정원에는 포함되지 않으나 사업, 예산, 인사 면에서 각 담당 성청 주무대신의 통제 하에 놓여 있는 조직이다. 유형별로 보면 공단(신동경국제공항 등), 사업단(우주개발사업단 등), 공고(國民金融公庫 등), 특수은행

(일본개발은행 등), 영단(帝都고속도교통영단), 특수회사(일본담배산업주식회사 등), 기타법인 등이 있다. 과거에는 공사라는 유형도 존재하였으나 앞서 언급한 3공사 민영화로 특수회사로 변경되어 현재는 중앙정부 차원에서 공사형태는 존재하지 않는다.[13] 특수법인의 임원에는 소관관청의 퇴임 관료가 취임하는 경우가 많은데 이에 대해 '낙하산 인사(天下り)'라는 비판과 함께 그 조직운영이 비효율적이라는 지적도 많았다. 특수법인에 대해서는 행정개혁이 추진될 때 마다 축소 또는 통폐합이 추진되었으나 조직 내외의 저항으로 근본적인 재편이 이루어지지 못하여 왔다. 그런데 2001년 중앙성청개편의 후속조치로 '특수법인등 개혁기본법'이 제정된 이후 고이즈미(小泉) 수상의 강력한 리더십에 의해 특수법인은 극히 일부를 제외하고는 특수회사화(신동경국제 공항공단 등), 독립행정법인화(우주개발사업단 등), 민영화(JR서일본 등)의 대대적인 개편이 이루어졌다.

2) 업계단체와 NPO

업계단체는 민간의 동업자들이 업계의 이익을 촉진하기 위해 설립하는 것으로 다양한 활동을 수행한다. 기본적으로 업계 내부에서 회원 상호 간의 친목도모, 정보교환, 기술연마, 윤리강령의 제정 등을 담당하고 정치헌금의 분담, 정치가와의 교섭, 선거응원 활동 등 정치활동을 수행하기도 한다. 나아가 행정기관이 업계에 행정지도를 하거나 업계의 의견을 행정기관에 전달할 때 담당창구 역할을 수행하는 등 행정활동의 일부도 담당한다. 업계단체의 법적지위는 다양한데 인가법인, 공익법인 외에도 법

---

13 지방자치단체 차원에서는 지방도로공사, 토지공사, 지방주택공급공사 등이 존재한다.

인격이 없는 임의단체도 존재한다.

NPO(민간 비영리 단체조직)는 시민의 자발적인 참여에 의해 운영되는 조직을 가리키는데 1998년 특정비영리활동촉진법이 제정된 이후 급증하여 2008년 12월 말 현재 3만 6,300개에 달하고 있다(http://www.npo-homepage.go.jp). NPO의 활동영역은 인권보호, 국제원조, 환경보전, 마을만들기 등 매우 광범위하다. 그 가운데 특히 복지분야에서는 노인 돌봄 등과 같은 공공서비스 제공을 통해 종래 행정기관이 제공하였던 서비스의 일부를 분담하는 등 행정기관과 민간단체간의 협동이 진전되고 있다. 최근 공공서비스의 제공에 있어서 다양화, 지역화 그리고 주민의 선택가능성이 중시되고 있는데 이러한 맥락에서 획일적인 공공서비스 제공에 적합한 행정기관보다는 유연한 서비스 제공이 가능한 공익법인, NPO 등의 조직을 통한 공공서비스 공급방식이 확대되고 있다. 이들 조직은 기본적으로 민간영역에 속하고 있으나 공적자금이 투여되고 시민생활과 직결된 행정서비스를 제공하고 있다는 점에서 성과평가를 포함한 민주적인 통제조치를 마련하는 일이 중요한 과제로 부상하고 있다.

4___ 전후 일본 성청체제의 특징

지금까지 일본 성청체제를 개괄적으로 살펴보았는데 일본 성청제의 특징으로는 다음과 같은 점을 지적할 수 있다(辻淸明, 1969; 大森彌, 1995: 伊藤大一, 1990; 西尾勝, 1993).

1) 부·성체제의 장기안정성

앞서 살펴본 바와 같이 1960년 자치성이 신설되어 1부 12성 체제가 성립된 이후 2001년 성청개편이 이루어지기까지 청(廳) 차원의 증설은 이루어졌지만 약 40년간 성(省) 차원의 조직 개편이 이루어지지 않았다. 내각의 구성도 매우 안정적이어서 내각마다 대신의 수가 변동하는 프랑스와는 달리 일본의 내각은 행정기관 편제에 따라 대신을 임명하는 방식을 취하였다. 또한 행정기관의 조직·정원에 대한 법적 제약이 강력한 '쇠창틀(鐵格子) 효과'를 발휘하여 행정기관의 팽창을 효과적으로 억제하는 데 기여하였다. 이로 인해 결과적으로 부·성체제의 장기안정을 가능하였다고 할 수 있는 반면 경제·사회환경의 변화에 대응한 탄력적인 조직변경은 상대적으로 용이하지 못하였다는 측면도 있다.

2) 관방계통조직의 발달

각 국 및 각 성청 수준의 관방계통 조직이 고도로 정비되어 정형화되어 있다는 점이다. 라인은 조직의 근간이 되는 업무를 수행하고 스텝은 조언·권고만을 담당한다고 하는 고전적 라인(line)·스텝(staff)이론에 의하면 관방계통조직은 각종 통제권을 행사하고 있기 때문에 스텝에 해당하지 않는다. 그러나 라인 계통조직에 조언·보좌를 하는 전통적 기능은 물론 기관장의 관리기능을 대행하여 조직에 대한 통제까지 담당하는 것을 스텝의 임무라고 하는 스텝개념을 널리 재해석하는 견해에 따르면 관방계통조직이야 말로 일본 행정조직에 발달한 일본적 스텝조직이라고 할 수 있다. 일본 행정기관의 단위조직은 상급기관 혹은 기관장의 직접적인 지휘감독에 복무하고 있다기보다는 오히려 그것을 대신하여 관방계통조직의 농밀한 통제 하에 놓여 있다고 할 수 있다. 즉, 과는 국장보다 국의 총무과의 통제 하에, 국은 대신보다 대신관방각과의 통제 하에 그리고 성은 내각보다는 내각관방의 엄격한 통제 하에 놓여 있다는 것이다.

전후 일본 관료제에서 관방부문의 발달·진화는 내부관리(조직 혹은 정보관리, 인사관리, 재무관리) 상의 필요를 훨씬 뛰어넘어 관방부문의 질적 변화를 초래하였으며 관방부문이 행정부 내의 조직 간 교섭뿐만 아니라 관료제의 외부, 즉 여당기관 및 국회상임위원회와의 사이에도 밀접한 네트워크를 형성하는 중추조직으로서의 역할을 담당하고 있다.

3) 유연한 업무분담: 대사무실주의(大部屋主義)

대사무실주의(大部屋主義)로서의 과(課)

서구의 사무실이 개실 또는 부스로 나누어진 방으로 구성되는데 반해 일본의 행정기관은 일반적으로 커다란 방에서 업무를 수행하고 있다. 이는 단순히 공간배치의 차이만이 아니라 의사결정방식의 차이를 상징하는 것으로 오오모리(大森彌)는 대사무실주의(大部屋主義)라고 지칭하였다. 사무실 배치를 구체적으로 살펴보면 창 쪽에는 과장이 앉고, 가장 가까운 위치에 필두보좌(총괄 과장보좌)가 앉는다. 다른 과장보좌와 전문관이 책상을 나란히 하고 계마다 과장을 중심으로 배치되어 있다. 창에 서 입구 쪽으로 갈수록 직위가 낮아진다. 심의관, 국장, 사무차관은 개실 이며 부속의 주사나 비서를 두고 있다.

자료: 今村都南雄他, 1999: 171의 〈표 6-1〉

일본의 사무실 구조는 서구의 사무실과 달리 별도의 개인실을 갖지 않고 과 혹은 실 단위의 대사무실에서 업무를 수행하며 이는 의사결정방 식의 차이로 이어진다는 것이다. 즉 일본에서는 과장(실장) 이하 말단 직 원까지 전원이 협력해서 조직의 분장사무를 수행하고 있다. 일본의 성청 내부조직은 각성청조직법(法律), 조직령(政令), 조직규정(省令) 등에 의해 제약을 받고 있지만 동일조직 내의 업무분담에 대해서는 최소 업무분장 단위인 계단위까지만을 규정하고 있을 뿐, 개개인에 대한 명확한 업무분 장은 불명확하다. 불명확한 업무분장과 대사무실의 공간배치 결과 동일 한 공간을 공유하는 과(실)단위에서 실질적 커뮤니케이션이 활발히 이루 어지고 각 직원의 업무분담의 유연성이 높아지지만, 개개인의 업무실적 을 명확히 평가하기 어렵다는 단점도 발생한다. 행정조직과 관련하여서 는 직원과 업무를 동시에 폐지하는 방식을 취하지 않는다 하더라도 조직 의 개폐가 가능하다는 점이 지적되고 있다.

4) 전결권한의 분할구조

조직 간의 수평적인 업무분장과는 달리 조직 내 수직적인 분업체계를 명확하게 설정하는 것은 용이한 작업이 아니다. 특히 일본의 조직관련 법령에는 조직 내 수직적 분업에 대해서 거의 언급하고 있지 않다. 전결규정이라고 일컬어지는 결재권한의 위임에 관한 내부관리규정이 제정되어 있기는 하지만 전결권의 이양이 어떤 경우에 누구에게 이루어지는가는 실제로는 조직관행에 맡겨져 있다. 더구나 전결규정에 의한 전결권의 이양은 국장 혹은 과장급까지에 국한되어 있기 때문에 전결과정에서 계원, 계장, 담당과장보좌, 총괄보좌, 과장 사이의 분업구조는 극히 불명확하다. 이와 같이 개인의 권한과 책임을 명확히 하지 않는 전결권한의 분할구조라는 특징이 비교적 다수의 관계자의 개입이 이루어지는 상향적 의사결정 방식인 품의제(稟議制)의 조직적 기초를 이루고 있다.

5) 할거주의와 다원적 성청 간 조정

일본의 성청 간 할거주의에 대한 평가는 엇갈리고 있다. 원칙적으로 총리대신의 각성에 대한 지휘는 개별적으로는 불가능하고 각의를 통해서만 가능하였기 때문에(분담관리의 원칙) 부처 간의 알력과 갈등을 종합적 관점에서 조정하지 못한다는 것이 일본성청 체제의 치명적인 약점으로 지적되어왔다. 이것의 해결을 위해 2001년 수상의 리더십을 강화하고 성 간 통합을 내용으로 하는 개혁 조치가 이루어진 것은 앞서 언급한 바 있다. 이처럼 부처할거주의에 대해서는 부처 간 조정의 난맥상을 지적하면서 그 부정적 효과를 지적하는 것이 일반적 · 통설적인 견해라고 할 수 있다. 1964년 제1차 임시행정조사회 답신은 할거주의를 부정적으로 평가하는 전통적 견해를 대변하고 있는데 20년 후인 제2차 임시행정조사회 답신에서는 할거성을 초래하는 부처 간의 분립에 대해 긍정적으로 평가하여 상반된 견해를 제시한 바 있다. 즉 임시행정조사회 답신은 "고도산업사회에서는 행정수요가 복잡다기한데 행정운영에서 고도의 전문성이 요구된다. 따라서 각 성청에 의한 행정의 기능분담(부처할거주의)은 불가피하다. 또한 각 성청이 각각의 행정책임 수행이라는 사명감을 불태워 그 성과를 상호 경쟁하는 것은 행정의 활력을 높이는 동시에 행정에 대한 국민의 다양한 여망에 응답함으로써 국민의 신뢰를 확보하는 데 바람직한 것이다."라고 주장하였다. 실제로 과거 일본의 산업정책이 비교적 성공적이었던 이유로서 통산성과 대장성 간에 발생한 '정책의 시장'에 의해 산업정책의 품질이 유지 가능하였음을 지적하는 견해도 존재한다(馬渕, 1994).

5___ 일본 행정조직의 지속과 변화

　　앞서 지적한 바와 같이 2001년 성청개편 시 내각기능강화의 일환으로 내각부에 중요 정책회의가 설치되었는데 그 가운데서도 경제재정자문회의는 고이즈미(小泉) 정권 시절 내각의 정책결정에 중추적인 역할을 담당하였다. 경제재정자문회의는 수상을 의장으로 하여 주요 각료 및 일본은행 총재를 비롯한 경제계, 학계에서 선발된 4명의 민간인 위원으로 구성되는데 그 심의대상은 경제전반의 운영, 재정정책의 기본, 예산의 기본방침 작성 등 매우 포괄적이다. 과거 구대장성을 중심으로 수행되어왔던 예산편성 방식에 대해 기본방침(骨太の方針)을 톱다운(top-down) 방식으로 제시하여 예산편성의 주도권을 내각이 발휘하도록 하는 효과를 가져왔다. 또한 경제재정자문회의는 우정민영화 및 삼위일체 개혁 등 고이즈미 개혁 전반에 걸친 논의를 주도하였다. 이에 따라 각성간의 정책조정기능은 내각에 집중되게 되었다. 이처럼 총리대신 직속으로 문제를 해결하고자 하는 수법은 아베(阿部) 내각에서도 지속되어 교육재생(教育再生) 등 내각의 중요과제를 각성에 위임하지 않고 내각에서 주도 하에 교육재생회의를 설치하여 추진하였다. 종래 일본의 정책결정과정에서는 대신의 짧은 재직기간, 특정분야에 전문적 지식을 축적한 이른바 족의원(族議員)의 영향력, 그리고 비교적 높은 관료자율성을 바탕으로 한 각성의 할거주의적 정책형성이라는 특징이 두드러졌다. 그런데 성청개편과 함께 이루어진 내각기능 강화로 인해 내각주도의 정책조정이 점차 강화되고 있으며 이에 따라 분담관리의 원칙으로 상징되는 일본 성청체제의 할거주의 성향은 상대적으로 약화되고 있는 듯 보인다. 다만 이러한 변화가 수상의 개인적인 특성에서 기인하는 일시적인 현상인지 아니면 지속적인 변화로 볼 수 있는 가에 대해서는 장기적인 관찰이 필요하다. 한편 2001년 성청 개편 시 국(局), 과(課) 단위의 개편이 거의 이루어지지 못하는 등 단순히 '간판 바꿔 달기'에 지나지 않았다는 비판도 여전히 존재한다. 일본행정조직에서 과는 정책형성의 가장 기초적인 단위로서 기능하고 있다는 점을 고려할 때 성청차원의 조직개편만으로는 행정의 실체적 변화는 기대하기 어렵다는 것이다. 이러한 의미에서는 여전히 일본 성청체제의 할거주의적인 성격은 크게 변하지 않았다는 판단도 가능하다. 내각기능의 강화와 할거주의 전통 사이에서 일본의 행정조직의 구조와 행태가 어떻게 변화하여 갈 것인가에 대해서 앞으로도 계속 주목할 필요가 있다. 덧붙여 1980년대 이후 '작은 정부', '행정의 간소·합리화' 등 전통적 행정영역의 축소를 지향하여온 일본의 행정개혁 흐름 속에서 행정조직을 근간으로 한 전통적 공(公) 영역과 기업을 중심으로 한 사(私) 영역 사이에 공사혼합 영역이라 할 수 있는 공(共)적 영역이 확대되고 있다. 이러한 의미에서 향후 일본 행정조직의 변화를 이해하고 전망하기 위해서는 행정조직과 사회의 경계영역(gray zone)에 속하는 특수법인, 업계단체, NPO 등의 활동양상에 대해서도 주목할 필요가 있다.

부·성(府·省)편성의 연금술

고전적 조직관리 이론과의 결합으로 확립된 전통적인 행정관리론의 대표자인 L.H. Gulick의 부·성편성론은 널리 알려져 있다. 이는 Roosevelt 대통령이 뉴딜기에 설치한 '행정관리에 관한 대통령 위원회'의 일원으로서 준비한 '조직이론에 관한 노트'라는 이름으로 제시된 것으로 유명한 POSCORB론과 함께 당시 행정이론의 정수를 보여주는 것으로 평가받고 있다. Gulick은 주요한 조직 편성원리로 ① 주요목적, ② 주요과정(기술적 과정, 절차), ③ 고객 또는 대상사물, ④ 지역이라고 하는 4가지 기준을 들고 있다. 실제로 각성의 소장사무를 포괄하는 임무규정을 일람해 보면 잘 알 수 있듯이 예로부터 채용되어져온 기준은 ① 주요목적인 것은 더 말한 나위도 없다. 행정조직의 가장 포괄적인 목적으로는 '공공의 복지'라는 추상적 가치가 있으며 각성은 그 임무로 여겨지는 목적을 달성하기 위해 조직되어 그 내부조직 및 외국(外局)이 갖추어져 있다. 이것이 합리적 조직편성의 요체인 '기능화(functionalization)' 원리이며 기능화란 H. Simon이 지적한 바와 같이 '조직목적을 종속적인 제(諸)목적으로 분해(break-down)하는 것'을 의미하는데 이러한 기능화에 따라 행정조직은 '실행되어져야 할 업무'의 체계로 변모하게 되는 것이다.

그런데 Gulick의 부·성편성론은 주요목적을 중시하는 기능화에 그 중점을 두고 있지 않다. "행정학도는 마치 연금술사가 현자의 돌을 찾는 것처럼 오랫동안 효과적인 부·성편성의 단일 원리를 찾아왔다. 그러나 그 노력은 헛된 것이었다. 단 하나의 가장 효과적인 부·성편성 시스템 따위는 없다는 것은 자명하다." Gulick은 ①의 기준에 따를 경우 조직편성은 수직적인 것이 되며, ②④의 기준을 따를 경우 조직편성은 수평적인 것이 되고 ③의 경우는 고객기준을 따를 경우 수직적, 대상기준을 따를 경우 수평적 조직편성에 가까워진다고 본다. 그리고 어떤 편성기준이 되었던 다른 기준과 밀접하게 연관되어 있으며 "제원리 간의 우선순위를 정하기 위한 가장 효과적인 패턴은 존재하지 않는다"고 주장하였다. 왜냐하면 조직은 그 활동의 생성, 발전, 안정, 쇠퇴 등의 각 국면에 따라 어떤 단계에서 타당한 원리가 다른 단계에 이르면 부적절한 것으로 되기 때문이라는 것이다. 따라서 부·성 편성 패턴을 결정함에 있어서 편성시기, 기술적 발전의 정도, 사업체의 규모 등 여러 가지 요인들을 감안해야 한다고 역설하였다.

자료: 今村都南雄, 2006: 148-151에서 요약 발췌.

생각해볼 문제

1 부·성 간 할거주의의 장점과 단점은 무엇인가?

2 일본 행정조직 가운데 관방조직의 역할은 무엇인가?

3 일본 행정조직에서 조직원간의 유연한 업무분담을 촉진하는 요인은 무엇인가?

참고문헌

진창수(2003), 「일본의 정부개혁」, 성남: 세종연구소.

伊藤大一(1990), 「現代日本官僚制の分析」, 東京大學出版會.

伊藤正次(2003), 「日本型行政委員會制度の形成」, 東京大學出版會.

今村都南雄(1986), 「省廳間の政治手續き」, 日本政治學會編, 「現第日本の政治手續き」, 岩波書店.

今村都南雄(1994), 「行政組織制度」, 西尾勝・村松岐夫編, 「講座行政學第 2 卷: 制度と構造」, 有斐閣.

今村都南雄他(1999), 「改訂版 ホーンブック行政學」, 北樹出版.

今村都南雄(2006), 「官廳のセクショナリズム」, 東京大學出版會.

大森彌(1995), 「省廳の組織と定員」, 西尾勝・村松岐夫編, 「講座行政學第4卷: 政策と管理」, 有斐閣.

大森彌(2006), 「官のシステム」, 東京大學出版會.

城山英明束젣干결細野助廣編(1998), 「中央省廳の政策形成過程: 日本官僚制の解剖」, 中央大學出版會.

辻清明(1969), 「新版 日本官僚制の研究」, 東京大學出版會.

西尾勝(1993), 「行政學」, 有斐閣.

藤井浩司・懸公一郎(2007), 「コレーク行政學」, 政治経濟叢書.

牧原出(1995-1996), 「內閣・官房・原局 (一), (二)」, 「法學(東北大學)」, 59卷, 60卷.

馬渕勝(1994), 「財政金融政策」, 西尾勝・村松岐夫編「講座行政學第3卷: 政策と行政」, 有斐閣.

馬渕勝(2004), 「現代行政分析」, 放送大學教育振興會.

05

일본의 인사행정

| 다코츠보(タコッポ)형 |
인사와 변화 가능성

·

길종백

●●●●●

2008년 9월, 후쿠다(福田康夫) 총리가 내각 총리직에서 물러나면서 전임 총리였던 아베(安倍晋三)와 비슷하게 1년 남짓한 재임기간을 기록하게 되었다. 5년제 대통령제를 취하고 있는 우리나라와 비교하면 그 재임기간이 상당히 짧은 편에 속한다. 물론 1950년대 초반 요시다(吉田茂), 1960년대 후반 사토(佐藤榮作), 그리고 2000년대 초반 고이즈미(小泉純一郎) 등과 같이 5년 이상을 총리로 재직한 경우도 있었다. 하지만 2차 세계대전 이후 역대 총리의 평균 재임기간은 26개월에 불과하였으며, 재임기간이 100일을 넘기지 못한 총리도 4명이나 있었다. 일본의 경우 정책결정의 최고 책임자라고 할 수 있는 총리의 재임기간은 짧은 편에 속하며 내각의 교체도 빈번하게 이루어지고 있다.

총리와 내각의 짧은 임기와 잦은 교체는 국가정책의 불확실성을 높이거나 일관성을 저해할 요인으로 작용할 수 있지만 실제로 일본에서 그러한 상황이 발생한 적은 별로 없었다. 오히려 많은 경우 국가정책의 일관성과 미래 예측 가능성을 확보하기도 한다. 왜 그런 현상이 가능한가에 대해서는 다양한 논의와 분석이 진행되어야 할 것이지만, 여기에서는 일본의 인사행정에 초점을 두고 그 실마리를 찾고자 한다.

일반적으로 인사행정은 정부활동의 수행에 필요한 인적자원을 충원하고 유지하며, 근무 의욕을 고취하고 통제하는 일련의 활동이라고 정의할 수 있다. 구체적으로 선발과 임용, 승진, 보수, 교육 및 훈련, 파견, 퇴직 등의 활동을 포괄한다. 이러한 활동은 행정부가 효율적으로 업무를 실시할 수 있도록 인재를 관리하는 활동이라는 점에서 모든 국가들에게 공통된 부분이다. 하지만 그것을 실시하는 방법은 각 나라마다 차별성을 지닌다. 예를 들어 미국은 직위분류제를 기본으로 하면서 정치적 임용을 광범위하게 적용하고 있지만, 일본은 정치적인 임용이 아주 제한적으로 이루어지고 있다.

5장에서는 임용, 승진, 그리고 퇴직 등에 중점을 두면서 일본 인사행정의 특성과 변화 가능성을 살펴보고자 한다.

1___ 일본의 인사행정 현황과 제도

    일본의 공무원은 국가공무원과 지방공무원으로 구성되며, 2007년도 현재 약 392만 2천 명이다. 그리고 국가공무원은 특별직과 일반직으로 이루어지며, 특별직은 정무 담당, 입법, 사법, 방위성 등과 같이 개별적인 인사제도의 설계나 특별한 신분 보장이 필요하여 채용이나 신분 보장 등에서 일반 공무원에 해당하는 원칙을 적용하기 곤란한 직을 대상으로 한다. 특별직에 속하지 않는 국가공무원은 일반직에 해당하며, 국가공무원법의 모든 규정을 적용받는 대상이라고 할 수 있다. 아래에서는 일반직 국가공무원을 논의의 주요 대상으로 하게 될 것이다.

1) 국가공무원법의 제정과 개정

    제2차 세계대전 후 일본은 천황제를 대신하여 국민주권의 원리를 기본으로 하는 새로운 헌법을 제정하였다. 西尾(2001: 134-135)에 따르면 평화헌법이라고 불리는 신헌법에는 인사행정과 관련하여 가장 기본적인 조항들이 포함되었다. 예컨대 공무원이 천황의 관리라는 관념의 부정(15조 1항), 공무원의 불편부당성(15조 2항), 공무원제의 법률주의(73조 4항) 등을 들 수 있다. 그리고 이러한 조항들에 근거하여 공무원제의 근본원리를 정한 것이 1947년에 제정된 국가공무원법이다. 당시의 국가공무원법은 상

〈그림 5-1〉 국가공무원 종류와 구성비

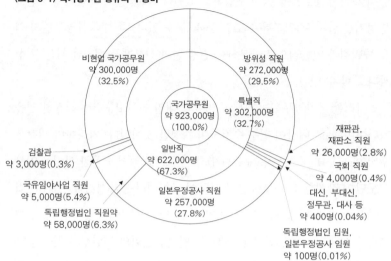

비현업 국가공무원
약 300,000명
(32.5%)

방위성 직원
약 272,000명
(29.5%)

국가공무원
약 923,000명
(100.0%)

특별직
약 302,000명
(32.7%)

일반직
약 622,000명
(67.3%)

검찰관
약 3,000명(0.3%)

국유임야사업 직원
약 5,000명(5.4%)

독립행정법인 직원약
약 58,000명(6.3%)

일본우정공사 직원
약 257,000명
(27.8%)

재판관,
재판소 직원
약 26,000명(2.8%)

국회 직원
약 4,000명(0.4%)

대신, 부대신,
정무관, 대사 등
약 400명(0.04%)

독립행정법인 임원,
일본우정공사 임원
약 100명(0.01%)

〈그림 5-2〉 직업의 봉급표 재직현황

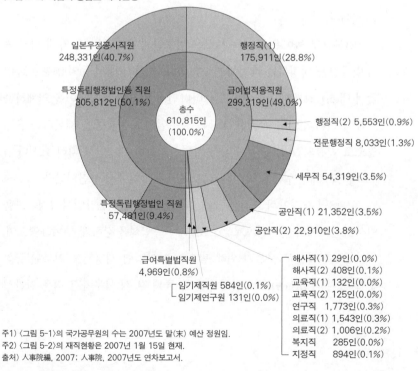

일본우정공사직원
248,331인(40.7%)

행정직(1)
175,911인(28.8%)

특정독립행정법인등 직원
305.812인(50.1%)

급여법적용직원
299,319인(49.0%)

총수
610,815인
(100.0%)

행정직(2) 5,553인(0.9%)

전문행정직 8,033인(1.3%)

세무직 54,319인(3.5%)

공안직(1) 21,352인(3.5%)

공안직(2) 22,910인(3.8%)

특정독립행정법인 직원
57,481인(9.4%)

급여특별법직원
4,969인(0.8%)

임기제직원 584인(0.1%)
임기제연구원 131인(0.0%)

해사직(1)   29인(0.0%)
해사직(2) 408인(0.1%)
교육직(1) 132인(0.0%)
교육직(2) 125인(0.0%)
연구직   1,773인(0.3%)
의료직(1) 1,543인(0.3%)
의료직(2) 1,006인(0.2%)
복지직   285인(0.0%)
지정직   894인(0.1%)

주1) 〈그림 5-1〉의 국가공무원의 수는 2007년도 말(末) 예산 정원임.
주2) 〈그림 5-2〉의 재직현황은 2007년 1월 15일 현재.
출처) 人事院編, 2007; 人事院, 2007년도 연차보고서.

당히 개혁적인 요소를 많이 포함하고 있었다. 예를 들어 독립된 중앙인사행정기관 설치, 직위분류제 도입 등을 들 수 있다. 특히 국가공무원의 직을 특별직과 일반직으로 구분하여 전쟁 전의 신분제를 폐지한 것은 큰 성과라고 할 수 있다.

이러한 국가공무원법은 당시 미국의 대일 인사고문단이 작성한 것을 가타야마(片山) 내각이 일부 수정하여 제정한 것이었다. 가타야마 내각은 후버(Blaine. Hoover, 인사고문단 단장)가 미국으로 일시 귀국한 사이에 인사고문단이 작성한 요강(要綱)을 수정하여 국회에서 통과시켰다. 통과된 법률안은 원안과 비교하였을 때 세 가지 점에서 큰 차이가 있었는데, 첫째 새롭게 설치되는 중앙인사행정기관인 인사위원회의 독립성과 권능을 약화시킨 점, 둘째 각 성(省)의 사무차관을 특별직으로 하여 정치인의 임용을 가능하게 한 점, 셋째 일반직 직원의 쟁의행위를 금지한 규정을 삭제한 것이다.

일본으로 돌아온 후버는 새로운 법률안의 수정 사실을 알게 되자 즉시 법률안을 개정하는 작업에 착수하였다. 게다가 냉전 등의 영향으로 미국의 대(對) 일본정책에 변화가 나타나면서 일본의 노동운동을 억제하는 흐름이 전개되었다. 그러한 흐름은 공무원의 노동운동을 제한하는 움직임으로 연결되었다. 결국 후버가 기초·입안한 개정안에 따라 요시다(吉田) 내각은 개정 법안을 작성하고 1948년에 국회에서 성립되었다.

1948년 개정안의 요점은 크게 3가지였다. 첫째 중앙인사행정기관을 인사위원회에서 인사원(人事院)으로 고쳐 독립성을 강하게 부여하였으며, 국가공무원법을 실시하기 위해 필요한 인사명령 제정권을 인사원 규칙 및 인사원 지령(指令)으로 위임하였다. 둘째 각 성 사무차관 직을 일반직으로 고쳐 정치임용의 대상으로부터 제외하였다. 셋째 일반직 직원을 노동 3법(노동조합법, 노동관계조정법, 노동기준법) 및 최저임금법 등의 적용대상에서 제외하였다. 이후 2007년 국가공무원법 개정까지 지속적으로 개정이 이루어졌으나, 전후 일본의 국가공무원제도의 기본적인 틀은 1947년·1948년 시점에 확립되었다고 할 수 있다.

2) 인사원의 독특한 독립성

인사원은 국가공무원 중에서 일반직의 인사관리에 관한 대부분의 사무를 통일적으로 소관(所管)하는 중앙인사행정기관으로 1948년에 창립되었다. 행정기관으로서 내각 관할(所轄)에 속하며 내각에 보고하는 의무를 지니고 있다. 하지만 광범위한 준입법권과 준사법권을 지니고 있으며, 정부 외국(外局)으로 자리매김되는 행정위원회와는 달리 상당히 독립적이며 자율적인 성격을 가지고 있다. 예컨대 인사원에는 국가행정조직법이 적용되지 않으며 내부기구는 인사원이 자율적으로 관리하고 있다. 또한 인사원의 보고 및 권고는 내각뿐만 아니라 국회에 대해 동시에 이루어져야 하며, 이른바 이중 예산제도가 이루어지고 있다. 이러한 점은 헌법에 근거규정을 두고 있는 회계감사원의 지위와 유사하다고 할 수 있다.

이러한 인사원의 독립적 지위와 권능은 전후 후버의 구상에 따른 것으로 전쟁 전의 권위주의 관료제를 타파하고 신헌법과 일치하는 행정을 확립하기 위한 연합국군총사령부(GHQ)의 의중을 반영한 것이었다. 하지만 인사원에게 인사 권한을 빼앗기는 것을 두려워한 각 성청은 인사원에 대하여 비판적이었으며 역코스의 시대(逆コ—スの時代)를 거치면서 그 목소리는 더욱 높아졌다. 인사원의 폐지 및 인사위원회 설치(총리부)를 담

은 법안이 2번이나 국회에 제출되기도 하였다. 村松(1999: 175)에 따르면 인사원은 존폐의 위기에서 공무원법에 명시되어 있는 직계제(職階制)(position classification system; 직위분류제) 실시를 단념함으로써 살아남을 수 있게 되었다.

물론 인사원은 인사원 권고를 통해 일반직 직원의 근무 조건 전반에 관한 시정을 권고하는 권능을 지니고 있다. 하지만 인사원 권고는 내각의 각의 결정을 통해 최종적으로 승인되기에 그 효력은 미약한 편이다. 또한 1965년에 설치된 총리부 인사국(현재 총무성 인사 · 은급(恩級)국)이 인사원의 권한 일부를 이양받아 '직원의 능률, 후생, 복무 등에 관한 사무'와 '각 행정기관이 그 직원에 대해 실시하는 인사관리에 관한 방침, 계획 등에 관해 그 통일의 유지상 필요한 종합조정에 관한 사무'를 관장하고 있다. 인사원은 인사관리에 관한 중앙인사행정기관으로서 상당한 정도의 자율성과 독립성을 보유하고 있지만 현실적으로 공무원제도를 발전시키는 데 필요한 최소한의 역할을 담당하는 기관에 머물고 있는 측면이 강하다고 할 수 있다.

3) 직계제(직위분류제)와 급여제

村松(1999: 172)에 따르면 직계제는 임무와 급여를 하나의 직위(position)에 할당하고, 그 직위를 기초로 관직을 형성한다는 사고방식에 기초한다. 그리고 西尾(2001: 137)는 과학적 관리법에서 발전한 고전적 조직편성원리가 이러한 사고방식에 근거하고 있다고 지적한다. 즉 조직이란 직무 · 직책의 체계이며, 조직의 각 직위에는 그 직위에 할당되어 있는 범위의 직무 · 직책을 수행하기 위해 필요로 하는 충분한 자격 · 능력을 가진 인재를 임용해야만 한다는 것이다. 따라서 합리적인 인사관리를 위해서는 조직의 소관업무를 수행하는 데 필요한 모든 직무·직책에 대해 그 분류체계(직계제)를 확립하는 것이 선결요건이며, 그것을 확립한 후에 직원의 시험, 임용, 연수, 급여 등의 인사관리의 틀을 설계해야만 한다는 것이다. 일본은 국가공무원법 29조에서 직계제에 관한 규정을 명시하고 공무원제도의 기초로 삼고 있다.

중앙인사기관으로서 인사원은 창립 초기부터 직계제 실시라는 임무를 맡게 되었다. 인사원은 1950년 직계제의 근본원리 등을 정한 직계법(국가공무원의 직계제에 관한 법률)을 제정하는 것에 성공하였다. 하지만 기술적인 어려움과 직계제 도입에 대한 강한 반대에 부딪혀 직계제는 현재까지 실시되지 않고 있다.

坂本(1994)는 직계제가 아직 시행되지 못하고 있는 이유로서 직계제가 일본의 전통적인 조직 운영방식에 적합하지 않는다는 점을 지적하고 있다. 우선 직계제에서는 각 직급의 직무와 책임을 기술한 직무명세서에 따라 개별 직무를 수행하는 것이 전제이다. 하지만 그러한 방식은 일본의 오베야슈기(大部屋主義: 큰 직무실에서 한 집단에 속해 협력하면서 업무를 수행하는 전통적인 집무체제)에 적합하지 않는다는 견해가 강했다는 것이다. 둘째 직종 간의 이동이 어렵다는 직계제의 특성과 일본의 종신고용 관행이 충돌한다는 것이다. 일본의 경우 장기적으로 여러 가지의 직무를 경험·이동하면서 넓은 시야를 지닌 종합직(generalist) 관리자를 육성하려는 인사정책을 채택하고 있다. 이를 위해서는 직종 간의 이동이 원할해야 하는데 직계제에서는 그러한 이동이 쉽지 않다는 것이다. 셋째 직계제는 급여에서 직무급을 전제로 하는데 일본의 경우 연공과 함께 승진, 승급한다는 생활급적 사고가 강하게 남아 있어 직계제가 적합하지 않은 것으로 간주되었다는 것이다.

그런데 직계제가 시행되지 않는다는 것은 국가공무원법 중에서 직계제에 근거하고 있는 많은 규정이 일종의 휴면상태에 빠지게 되는 것이며, 인사행정에 공백이 발생한다는 것을 의미한다. 이런 상황에서 일본은 1950년에 제정된 급여법(일반직의 직원 급여에 관한 법률)을 잠정적인 대안조치로서 사용하고 있다. 즉 직계제에 적합한 급여준칙이 만들어지기 전까지의 기간 동안 잠정조치로서 직원에게 적용하는 봉급표의 종류를 행정직, 전문행정직, 세무직 등 아홉 종류로 나누고, 각각 봉급표 별로 직무의 급(級)과 호봉을 설정하였다(〈그림 5-2〉 참조). 예컨대 인사이동의 지령에는 임명되는 관직명과 함께 'OO직급 OO호봉을 지급함'이라는 급여법 상의 등급이 기록된다. 급여법 상의 직종과 등급 매김이 직계제의 직급을 대신하여 인사관리 상 어느 정도 기능을 수행하고 있다고 할 수 있는 것이다.

현재 급여제는 11등급(1등급이 가장 낮음)으로 이루어지는데, 본성의 부장이나 난이도가 높은 과장 직무를 담당하는 것이 11급이라고 할 수 있다. 그리고 11급 이후는 지정직으로서 국장, 심의관, 차관 등이 해당한다. 현재의 11등급제는 1985년 이후 실시되고 있는데, 그 이전의 연원을 살펴보면 15급제(1948년~1957년), 8등급제(1957년~1985년)의 시기가 있었다.

대장성급여국이 중심이 되어 추진한 급여법이 제도화되고, 인사원이 새로운 국가공무원시험을 실시한 것이 15급제 시기의 주요한 특징이다. 이때 인사원은 새로운 시험에 전쟁 전의 '신분부여형 시험'과 달리 '급여등급형 시험'으로서의 성격을 부여하고자 하였다. 이는 국가공무원법 (직계제)이 예정하고 있는 '자격판정형 시험'을 실시하기 전까지의 잠정적인 조치였다. 하지만 각 성청은 이것에 전쟁 전과 같이 고등문관시험을 지속하고자 하는 성격을 부여하였으며, '급여등급형 시험'은 점차 기정사실로 되어갔다.

8등급제 시기에는 인사원도 급여제도를 통해 직계제의 기능을 대신하고자 하였으며, 급여법 체제가 확고하게 자리 잡았다. 기존의 6급 시험은 상급 시험으로 변경되고, 1960년에는 상급시험이 갑종·을종 시험으로 나눠진다. 각 성청은 갑종시험 합격자를 간부후보생으로서 실질적으로 취급하게 되었다. 갑종 신설에 대해서는 인사원 내부에서 반대가 있었으나, 대장성에서 인사원(임용국)에 슛고(出向)했던 임용국장 등 3인이 다른 직원의 반대를 물리치고 실현시켰다. 그리고 11등급제의 시기에 커리어에게 유리한 승격제도의 변경이 이루어지고, 1985년도부터 상급갑종 시험은 Ⅰ종 시험으로 변경되어 오늘날에 이르고 있다(日本行政學會編, 2007: 207-210).

4) 채용시험의 종류와 신분제적 요소

국가공무원의 채용은 크게 시험을 통한 채용과 전형(選考)을 통한 채용으로 구분된다. 2006년도의 경우 총 28,542명이 채용되었는데 그 중에서 전형채용을 통해 채용된 직원은 13,011명(전체의 45.6%)이고, 시험 채용을 통해서는 15,531명(54.4%)이 채용되었다. 보통 전형채용은 교육직, 의료직과 같이 특별한 지식이나 기술 등을 필요로 하는 관직 등에 대해서 경쟁시험 이외의 능력을 실증하는 시험방법을 통해 선발이 이루어진다. 그리고 시험 채용은 인사원이 실시하는 것과 외무성 및 우정공사가 실시하는 것으로 대별되는데, 2006년도의 경우 전자는 14종류의 시험이, 후자는 3종류의 시험이 실시되었다. 이 가운데 인사원이 실시하는 국가 공무원채용 Ⅰ종, Ⅱ종, Ⅲ종 시험은 각 성청에 공통되는 직을 대상으로 한 일반적인 공무원 시험이며, 다른 11종류의 시험은 외무공무원, 국세 전문관, 노동기준감독관 등과 같이 개별 부성의 고유 관직을 대상으로 하는 시험이다.

Ⅰ종, Ⅱ종, Ⅲ종 시험에서 공식적인 학력제한은 없으나 Ⅰ종 및 Ⅱ종 시험은 대학 졸업생 정도를 Ⅲ종 시험은 고교 졸업생 정도를 염두에 두고 있다. Ⅱ종 시험의 경우 과거에는 단기대학의 졸업생을 염두에 두었으나, 최근에는 일반 4년제 대학을 졸업한 학생들의 합격이 많아지는 경향이다. 뒤에서 논의하겠지만 이러한 흐름은 일본의 공무원제도의 변화에 영향을 주고 있다.

Ⅰ종, Ⅱ종, Ⅲ종 시험 중 Ⅰ종 시험에 합격하여 본성에 채용되는 사람은 그 외의 부국이나 지부(出先機關)에서 채용한 사람과 구별되고, 보통 커리어(キャリア, career)라고 불리며, 그 외의 사람을 논커리어(ノンキャリア, non-career)라고 칭한다. 일반적으로 커리어는 성청의 핵심요원으로 성장하게 되며, 논커리어는 실무형 공무원으로 양성된다. 그리고 Ⅰ종 시험 중에서 법률직, 행정직, 경제직 시험에 합격하여 채용된 직원을 사무관으로 부르며, 이공계 학부학과의 전공에 대응하는 시험 구분 및 그 외의 시험 구분에 합격하여 채용된 직원을 기관(技官)이라고 칭한다. 같은 커리어라고 하더라도 사무관과 기관을 구별해서 대우했던 성청이 많았으며, 그러한 경우 서로 맡을 수 있는 직책이 구분되었다. 이러한 구분은 자

격임용시험을 설계하는 데 있어서 채용을 시작하는 시점부터 직원 사이에 종별을 두고, 채용 후 직원 처우에서 구별이 발생하는 등 일종의 신분제적인 요소를 반영하는 것이다.

〈그림 5-3〉 2006년도 국가공무원 채용시험 구분

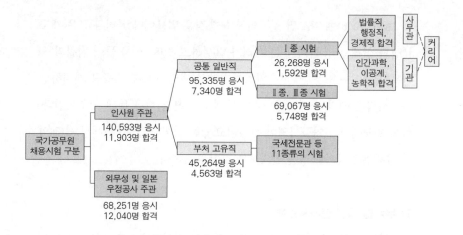

2___ 일본 인사행정의 운영

稻継(2008)에 따르면 일본의 인사행정은 법률이나 규칙과 같은 제도 규정과 실제 운영 사이에 큰 괴리가 발생하고 있다. 예를 들어 직원의 승진은 경쟁시험을 통한 것이 원칙이지만 실제로는 일부 직종을 제외하면 승진시험은 생략된 채 소속 상신 등에 근거한 전형을 통해 이루어진다. 실제 운영에서는 연공서열이 적용되고 있는 것이다. 그런 점에서 제도 외에 실제 운영상의 특징을 살펴보는 것이 중요하다.

1) 부처별 집권 인사시스템

일본의 인사행정은 시험으로 합격자를 결정하게 되면 채용, 승진 등은 성청별로 이루어진다. 중앙인사행정기관으로 인사원과 총무성의 인사·은급국이 있지만 공무원의 채용과 승진은 모두 각 성청의 전형에 맡겨져 있는 부처별 인사시스템을 채택하고 있다. 우선 인사원은 선발시험을 주관하는 역할을 담당하고 각 성청은 필요로 하는 인재를 개별적으로 채용하고 있는데, 이것을 이른바 '선발-채용 분리주의'로 부른다. 여기서 시험은 일종의 자격시험에 해당한다. 따라서 시험에 합격하게 되면 채용시험 결과에 근거하여 성적순으로 작성되는 채용자후보자명부에 후보자로서 기재될 뿐이며, 그 유효기간은 1년 내지 3년 간이다. 인사원은 각

부처의 임명권자로부터 요청이 있으면 명부 순으로 추천하게 되고, 각 성청은 면접 및 심사를 통해 필요한 인원을 선발되게 된다.

채용뿐만 아니라 승진의 경우도 각 성청이 인사담당 부서를 중심으로 실시하고 있다. 국가공무원법에 의하면 인사 임명권은 각 성청의 대신에게 있는데, 성청 내의 상급 직원에게 위임하는 것이 가능하다. 실제로 승진을 포함한 인사이동과 관련된 전형은 사무차관을 정점으로 인사관리를 담당하는 부서가 맡고 있다. 결국 각 성청의 중심에 있는 관방이나 총무부가 채용과 면직의 권한을 지니는 인사집권의 형태를 취하고 있다.

일반적으로 각 성청의 인사담당부서는 신입직원을 종합직으로 채용하여, 초기 연수를 실시한 후에 각 부서에 배치한다. 각 부서에 배치된 직원은 실무훈련(OJT)을 통해 개인의 능력 개발이 기대된다. 또한 매년 정기 인사이동으로 직원들에게 자극을 주어 장기간에 걸친 인재 육성을 지향하며, 인사담당부서는 인사이동과 관련하여 보직순환계획을 작성한다. 이러한 계획은 최종적으로 대신 혹은 사무차관 등 성청의 지도부가 승인함으로써 성립된다. 커리어의 경우 반드시 자기의 성청에만 머무는 것이 아니라 다른 성청으로도 순환보직이 될 수 있지만 최종적으로는 자신을 임명한 성청으로 돌아오는 것이 관례이다.

각 성청의 인사이동은 일반적으로 매년 4월과 6월에 이루어진다. 4월 인사는 신규 임용에 따른 것으로 과장보좌 이하의 하위직 인사가 대상이며 정기예산국회가 끝나는 6월에는 과장급 이상의 상급공무원을 대상으로 인사를 진행한다. 이중 상급공무원에 대한 인사는 5월 초 사무차관이 용퇴하겠다는 뜻을 해당 성청 대신에게 전하고 허락을 구하면서 인사가 개시된다. 6월 중순에서 7월 초순 사이에 사무차관이 중심이 되고 관방장, 비서과장이 포함되어 인선이 시작된다. 그리고 각 성청의 과장급 인사에 대해서는 관방장, 인사과장(비서과장)을 중심으로 이루어진다.

이와 같이 개별 성청에서 상급공무원에 대한 인사절차가 진행되어도 과장 또는 그 이상의 관직으로 승진하는 인사에 대해서는 인사원의 승인 절차가 필요하다. 특히 국장급 이상으로의 승진은 각의동의(了解)사항이 다. 따라서 각의에 인사명부를 제출하기 전에 개별 성청은 내각관방 부(副)장관(사무담당)에게 사전에 설명하게 되어 있다. 차관이나 국장급의 인사에는 총리대신이나 각 성청 대신의 의향이 반영될 여지가 가능하지만 상급공무원의 교육적 배경의 균질화로 인해 후보자명부에서 누가 임명되어도 정책 가치를 둘러싼 대립으로까지 발전하는 경우는 아주 드물다고 할 수 있다. 즉 각 성청의 공무원은 정치 임용의 대상이기보다는 사무차관까지 일반직으로 간주되고 있다. 이러한 부처별 인사시스템은 소속 공무원의 조직 몰입, 정치적인 중립성과 안정성을 확보할 수 있지만, 각 성청의 강고한 할거주의(sectionalism)의 기반이라는 문제점을 안고 있다.

2) 이중의 장기 말 승진시스템

커리어와 논커리어는 채용 순간부터 그 승진이 서로 다른 경로를 따라서 이루어지는데, 稻継(1996)는 '이중의 장기 말(二重の駒型)' 승진시스템이라고 부른다. 이 승진시스템에서는 '동기채용 동시승진'의 원칙과 '동시대량 인사이동'의 원칙이 작용하며, 승진과 급여의 차이가 상대적으로 늦게 발현되기에 '늦은 승진(遲い·昇進)' 시스템이라고도 할 수 있다. 즉 직원들의 능력과 축적된 업적은 커리어 공무원의 경우에는 40세 이후에, 논커리어의 경우에는 32세 이후에 발현된다(〈그림 5-4〉 참조). 또한 늦

은 승진시스템은 급여에서도 급여의 차이가 조금씩 축적되어 나타나는 포상 시스템과 연관된다. 급여는 근무 연수에 따라 연령과 함께 상승해가는 연공주의적 요소가 강하지만, 승급·승진의 유무에 따라 서서히 급여 곡선에 차이가 생긴다. 결국 능력이나 급여는 오랜 기간의 축적을 통해 서서히 나타난다.

우선 '동기채용 동시승진'은 커리어와 논커리어가 동료들과 함께 일정 시점까지 동시에 승진한다. 그리고 차이를 두는 시기와 선발시점이 비교적 늦게 이루어진다. 일반적으로 커리어는 과장까지 동기들과 동시에 승진하며, 논커리어는 계장까지 동시에 진급하게 되며, 그 이후에는 각자 그룹에서 격렬한 경쟁이 이루어지는데 탈락자에 대한 배려를 통해 갈등을 줄인다. 커리어는 논커리어에 비해 그 수가 적고, 논커리어 중에서 과장보좌, 실장, 과장에 도달하는 직원은 아주 희박하다. 따라서 커리어는 과장까지는 동기가 대부분 승진하게 된다. 하지만 과장 이후는 조직 내의 좋은 자리(良いポスト)를 차지하기 위한 경쟁이 격렬하게 이루어진다. 그리고 경쟁에서 탈락한 직원은 외부로 퇴출되는데(Up or Out), 동기 중에서 급이 다른 직에 동시에 근무하지 않도록 하는 인사정책을 취한 결과이다. 일종의 장려퇴직이라고 할 수 있다.

물론 1985년 정년제가 도입된 이후 일단 60세에 퇴직하는 형태가 되었지만 상급공무원의 경우에는 동기 커리어 집단에서 1명이 차관이 되면, 다른 커리어는 일제히 퇴직하는 관행으로 대표되듯 조기 퇴직의 관행이 남아 있다. 이러한 관행은 전쟁 전부터 유지되어온 것으로 상급공무원은 승진 속도가 빠른 대신 민간과 비교해서 비교적 젊은 나이에 후진에게 양보하고 퇴직하고 있다. 이는 인사의 경직화를 방지하면서 관료의 결속

력과 연대성을 강화하는 효과를 지니고 있다. 하지만 경험과 능력을 지닌 인재가 효율적인 업무를 추진할 수 있는 위치에서 일찍 물러난다는 점에서 비효율성이라는 지적도 있다. 그런데 이러한 문제에도 불구하고 조기 퇴직 관행이 유지되는 것은 무엇보다 퇴직 후의 재취업 자리가 광범위하게 열려 있는 것과 연관이 있다. 그래서 상급공무원의 재취직에는 '아마쿠다리(天下り)'라는 비판이 있다.

논커리어의 경우에는 30대 전반에 계장까지는 동시에 진급하지만 그 후는 피라미드 구조의 하위 부분에서 승진경쟁이 이루어진다. 과장보좌로 승진하기 위해서는 더 심한 경쟁을 넘어서야 하며 아주 소수는 본성(本省) 과장까지 도달한다. 논커리어는 커리어와 달리 이러한 경쟁에서 탈락해도 외부로 나가는 일은 거의 없다. 대신에 탈락한 직원은 그 직위와 역할에 머물며, 정년까지 상당한 위신을 지니면서 직무를 담당하게 된다. 오베야슈기의 직무형태나 품의제, 네마와시(根回し) 등의 집단적 의사결정 방식에서는 낮은 등급일지라도 숙련된 실무형 공무원의 역할이 중요하기 때문이다.

한편 '동시대량 인사이동'의 원칙은 인사와 관련하여 조직 구성원 간의 갈등을 완화하기 위한 조치이다. 그것은 인사이동에서 승진이나 처우의 차이가 아주 적게 나타나게 되며, 인사에 불만을 느끼는 사람을 줄어들게 하는 효과를 발휘한다. 다만 그러한 차이가 조금씩 확대되어 가며, 동시대량 인사이동은 계획적으로 그 차를 승인하게 하는 심리적 수순이라고 할 수 있다.

〈그림 5-4〉 '이중의 장기 말(二重の 駒型)' 승진시스템

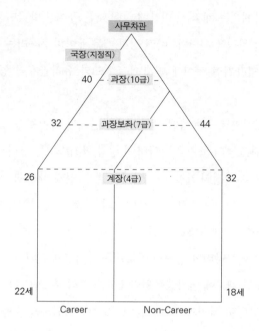

〈자료〉 稲継(1996: 35)의 그림 일부 수정.

3) 아마쿠다리(天下り)

아마쿠다리는 관료가 퇴직 후 재직하고 있던 성청과 관련성이 높은 민간기업이나 특수법인 또는 지방자치단체에 간부나 중역으로 재취업하는 관행을 말한다. 이런 관행이 보편화된 원인으로 정부가 가지고 있는 높은 규제 권한을 들기도 한다. 즉 민간기업은 아마쿠다리를 통해 전직관료를 받아들이고 그들이 가진 관료조직 내의 인적 네트워크와 영향력을 활용해 재량적 규제에 대한 정보를 수집하고 영향력을 가지고자 하는 것

이다. 정부 입장에서는 행정의 효율성을 높이는 효과를 기대할 수 있고 공무원 당사자에게는 재직 시 민간에 비해 낮은 급여를 받았던 것에 대한 일종의 보상의 성격을 지닌다. 이런 성격 때문에 아마쿠다리는 정부와 산하기관 혹은 민간기업 사이에 연계 네트워크와 유착관계를 형성시키는 것이다.

그런데 성청관료들과 기업 사이의 유착관계가 아마쿠다리의 범위를 넓히기 위한 관료들의 노력을 자극하여 성청 할거주의를 강화시킨다. 게다가 전체적으로 행정의 효율성을 떨어뜨릴 수 있기 때문에 아마쿠다리는 문제시되고 있다. 현직 관료들은 미래의 직장이 될 기업들에 대해 엄격하고 합리적인 정책집행보다 선심성 · 편의성 행정을 하게 되고 이는 다양한 형태로 예산낭비와 정책적 비효율을 가져오게 된다.

이런 문제점 때문에 국가공무원법에서는 퇴직 후 2년 간은 퇴직 전 5년 동안 근무하였던 자리와 관계가 깊은 기업에 취임하는 것을 금지하고 있다. 이러한 취업제한제도는 공무원이 재직 중 권한을 남용할 수 없게 하고 공정한 업무 집행을 위한 것이다. 물론 인사원의 승인을 받는 경우에는 재취업이나 영리 기업을 경영하는 것이 가능하다. 인사원은 퇴직자가 회사 임원으로 취임하거나 본성 과장급 이상의 직원이 취업하는 경우에는 직접 승인을 하고 그 외의 경우는 각 성청에 위임하고 있다.

상급 공무원의 재취직 현황

2006년에는 인사원의 승인을 받은 건수가 70건이었고, 그 중 임원에 취임한 사람은 23명이었으며, 과장급 이상이 18명이었다. 그리고 각 성청에서 재취업을 승인한 인사는 611명이었다(人事院編, 2007: 143-154). 또한 2007년 8월부터 1년 동안 퇴직한 과장급 이상 국가공무원 1,423명의 재취직 현황을 보면 인허가 등으로 중앙관청과의 연계가 강한 독립행정법인이나 공익법인(재단, 사단), 특수법인, 인가법인에 재취직한 직원은 590명으로 2002년 공표 개시 이후 가장 많았으며, 퇴직자 중에서 재취직한 것이 확인된 직원은 1,293명이었다(産経新聞, 2008년 12월 25일자 인터넷기사).

3 __ 인사행정을 둘러싼 환경 변화와 공무원제도 개혁

인사시스템을 둘러싼 내부적인 변화와 함께 행정을 둘러싼 정치 · 경제 · 사회의 급격한 변화로 인해 공무원제도의 개혁 움직임이 나타나고 있다.

1) 기존의 인사시스템 전제조건과 그 변화

稻継(2008)에 따르면 기존의 인사시스템이 작동하기 위해서는 크게 3가지 전제조건이 필요하다. 첫째 높은 직위까지 높은 승진율이 유지되어야 한다. 그것을 위해서는 조직규모의 확대, 상급직에 도달하지 못하는 직원 층의 존재, 그리고 외부로부터 중도채용의 제한이 필요하다. 둘째 동기라고 하는 비교 가능한 준거집단이 존재하고, 동기의식이 양성되는 것이 필요하다. 셋째 동기 사이에는 능력이 비교적 균질하고, 마지막까지 전원이 승진지향을 유지하는 것이 필요하다.

이러한 전제조건은 고도경제성장기에는 어느 정도 유지되었다. 우선 1960년대와 1970년대의 고도경제성장기에는 직원 수 및 직위 증가가 지속되었으며, 1969년 총정원법이 실시된 이후에도 조직 규모를 확대하는 것은 곤란하였으나 특수법인 및 공익법인 등의 자리를 통해 높은 승진율을 유지하였다. 여기에 여성 직원의 승진은 상당히 제한되었으며 중도

채용도 거의 없었다. 그리고 계층별 연수나 동기모임을 통해 동기의식도 양성되었다.

하지만 최근에는 이러한 전제조건에 변화가 발생하면서 인사시스템의 변화가 요구되고 있다. 우선 조직 성장이 둔화되거나 축소되면서 높은 승진율을 유지하는 것이 어렵게 되었다. 특수법인이나 공익법인에 대한 아마쿠다리의 규제도 강화되었다. 시험 채용에서도 커리어와 논커리어의 비중이 변화하면서 커리어에게 유리한 인사시스템을 유지하는 것이 어렵게 되었다. 예컨대 시험채용에서 Ⅰ종, Ⅱ종, Ⅲ종 시험 출신자의 채용 비율을 보면 1960년대 중반에서 1970년대 초반에는 1：1：10이었던 것이 최근에는 1：3：1으로 되었다. 그리고 여성의 사회참여에 대한 인식 확산과 함께 Ⅰ종, Ⅱ종 시험에서 여성 합격자 비율이 큰 폭으로 증가하고 있다. 또한 승진지향의 젊은 층이 줄어들고 관리직보다는 특정 업무 분야에 몰두하는 경향을 지닌 직원이 증가하여 커리어 지향의 분산화가 보이고 있다. 나아가 외부로부터 늦은 선발 시스템은 일률적인 연공서열 제도로 인식되면서 인사제도에 대한 비판의 목소리가 높아지고 있다.

2) 공무원제도 개혁

행정을 둘러싼 환경의 변화로 종래의 인사행정은 한계에 직면하고 있으며, 연이은 공무원의 부패사건 발생, 공무원에 대한 국민의 신뢰 저하 등이 나타나면서 공무원제도 개혁을 통한 새로운 인사행정의 구축이 요구되었다. 그러한 요구는 2007년 국가공무원법의 개정과 2008년 국가공무원제도개혁기본법으로 연결되었다.

(1) 국가공무원법 개정

2007년 6월 국가공무원법의 개정이 이루어졌다. 이번 개정은 법 제정 후 이루어진 몇 차례의 개정과 달리 처음으로 인사관리 제도 자체에 대한 개정이라는 점에 그 특징이 있다. 村松(2008)에 따르면 새로운 법 개정의 주요 내용으로 5가지를 들 수 있다. 첫째 인사관리의 원칙을 신설하고 새로운 평가제도를 정비하는 것이다. 즉 직원의 채용 후 임용 및 급여 그리고 그 외 인사관리는 직원의 채용연차 및 합격한 채용 시험의 종류에 상관없이 인사평가에 근거하여 적절하게 실시해야 한다는 것을 '국가공무원의 인사원칙'으로 하였다. 또한 그 전제가 되는 새로운 인사평가제도를 정비하기 위해 인사평가의 기준이나 방법을 정하도록 하였다. 둘째 직제상의 단계와 표준근무수행능력의 설정이다. 셋째 각 부성이 직원 및 퇴직자를 영리기업이나 관련 법인에 대해 재취업 알선을 실시하는 것을 금지하고 직원이 직무와 이해관계를 가진 일정 영리기업에 구직활동을 하는 것을 금지하였다. 넷째 직원의 퇴직 후 취업을 돕기 위해 내각부에 관민인재교류센터를 설치하고(2008년 12월 설치), 퇴직 후 취직에 관한 규제의 실효성을 확보하기 위해 내각부에 재취직등감시위원회를 설치하도록 하였다. 다섯째 개정법을 특정독립행정법인의 임원(役職員)에게도 적용한다는 것이다.

개정 내용 중에서 눈여겨보아야 할 것으로 새로운 인사평가제도의 도입을 들 수 있다. 왜냐하면 평가는 업무를 사후적으로 측정하지만 동시에 어떻게 업무가 실시될 것인가를 사전적으로 예측할 수 있게 하기 때문이다. 인사평가와 관련해서 자세히 살펴보면 국가공무원 개정으로 2007년 7월부터 2년 이내에 인사평가를 실시하도록 되어 있다. 따라서 늦어도 2009년도에는 제도를 시행하지 않을 수 없게 되었다. 제도 시행을 앞두고 총무성과 인사원은 공동으로 2008년 7월에 '인사평가 리허설 시행 실시 요령'을 공표했다. 이에 따르면 인사평가제도에 대한 평가 방법의 이해를 돕고 세부적인 제도 설계에 참고하기 위해 총무성과 인사원은 2008년에 일반직국가공무원 전원이 참여하는 리허설을 실시하고자 하였다. 평가의 종류는 정기평가와 특별평가로 나뉘고, 정기평가는 능력평가 및 업적평가로 특별평가에 대해서는 능력평가만으로 하도록 하고 있다. 능력평가는 평가기간(10월 1일에서 9월 30일까지)에 직원이 발휘한 능력을 년 1회 평가하는 것으로 하며, 평가항목은 각 부성이 훈령으로 규정하고, 직원이 현재 일하는 관직의 직제상 단계의 표준적인 관직에 관련되는 표준직무수행능력의 유무로 판단할 수 있어야 한다. 업적평가는 업무에 관한 목표와 관련되며 년 2회(4월 1일에서 9월 30일까지, 10월 1일에서 3월 31일까지의 기간) 실시한다. 평가단계는 5단계로 하며 특별평가 및 간부직원 평가는 평가단계를 줄일 수 있다. 간부직원(본성 부장·심의관급 이상)의 경우에는 별도의 방법으로 하는 것이 가능한데, 차관급의 경우 평가자는 대신으로 하고 능력·업적을 각각 2단계(가, 불가)로만 하며, 국장급은 차관이, 부장·심의관급은 국장이 평가하며 능력·업적을 각각 3단계(2단계가 표준)로 한다. 평가결과에 불만이 있는 경우 불만상담 및 불만처리를 위한 시스템을 구축하도록 하고 있다.

공무원 부패 스캔들과 국가공무원윤리법 제정

1989년 발생한 리쿠르트 사건은 정계·관계·재계에 걸쳐 뇌물제공 및 수뢰혐의로 기소된 12명이 유죄판결을 받은 것에 그치지 않고 1990년대 일본의 정치개혁 및 자민당 몰락의 주요한 요인이 되었다. 그런데 이 사건은 전직 사무차관(노동, 문부)이 연루되었던 관료 부패의 대표적인 사건이기도 하였다. 이후 1990년대에 들어서도 대장성(현 재무성)과 후생성 관료들의 부패사건(不祥事)이 발각되었다. 2007년 전직 방위사무차관이 오직혐의로 체포되어 실형을 선고받았으며, 2008년에는 국토교통성의 커리어 기관(본성기획전문관)이 경매입찰방해용의로 체포되었고, 전직 문부과학성 문교시설기획부장이 뇌물용의로 체포되었다. 1990년대 관료들의 부패사건과 시민옴부즈만이 밝혀낸 관료접대의 실태에 대한 비판 등을 배경으로 1999년 국가공무원윤리법이 제정되었으나(西尾, 2001: 149), 관료들의 부패사건은 개인의 직업윤리 문제와 함께 관과 업계의 유착, 관의 강한 규제 권한, 조기 퇴직과 낙하산 인사 등 제도적인 문제도 함께 연관되어 있어 윤리법의 제정만으로는 한계를 지니고 있었다고 할 수 있다.

(2) 국가공무원제도개혁기본법 제정

2008년 6월, 국가공무원제도개혁기본법이 성립되었다. 기본법은 국가공무원제도개혁에 관한 기본이념 및 기본방침을 정하고, 국가공무원제도개혁추진본부의 설치를 통해 제도개혁을 종합적으로 추진하는 것을 목적으로 하고 있다.

기본법은 첫째 중앙성청의 간부인사를 일원 관리하는 내각인사국을 내각관방에 설치하고, 둘째 채용 시험의 변경 및 간부후보육성과정 등을 통해 커리어와 논커리어로 나누어진 인사시스템을 폐지하며, 셋째 정치가와 공무원의 접촉기록 작성 및 정보공개를 통해 투명화를 추진하고, 넷째 공무원의 정년을 단계적으로 늘리는 것(65세로)을 검토하며, 다섯째 낙하산인사를 규제하는 것 등을 주요 내용으로 하고 있다. 또한 내각에 추진본부를 설치하여(2008년 7월에 첫 회합) 제도개혁 추진을 위한 기획 · 입안 · 종합조정 및 개혁에 관한 시책을 실시하도록 하고 있다.

추진본부는 모든 국무대신이 참여하며 내각총리대신이 본부장을, 내각관방장관, 공무원제도개혁담당대신, 총무대신이 부본부장을 맡는다. 그리고 제도개혁 추진과 관련된 중요사항에 대해 심의하는 고문회의(좌장은 일본경단련회장이며 11인으로 구성)와 노동기본권 및 노사관계에 관한 사항을 조사 · 심의하기 위해 노사관계제도검토위원회(12인으로 구성)를 두고 있다. 또한 본부에 관련 사무를 처리하기 위해 사무국을 두고 있는데, 2008년 10월 현재 사무국 인원 41명 중에서 민간 출신자를 16명 등용하고 있다(사무국장은 전 일본경단련 전무이사).

4___ 맺음말

　최근에 접어들어서 펼쳐지고 있는 일본의 인사행정개혁은 이제 막 법률이 성립되었기에 그 성패를 예단하는 것은 불가능하다. 물론 새로운 법률이 현재의 인사관리에 적지 않은 변혁을 야기할 것으로 예측된다. 하지만 일본 인사행정이 제도와 운용상의 괴리가 크다는 것이 하나의 특징이라는 점을 고려하면 현재의 법률만으로는 새로운 인사행정체제의 구축은 곤란하지 않을까? 현재의 인사행정개혁 법안을 성립시키기 위해 1997년 공무원제도조사회가 설치된 이후 10여 년의 시간이 필요했다. 앞으로 법제도와 실제 운용과의 괴리를 줄이는 어려운 과제를 해결하기 위해서 어떤 방안이 탐색되고 실시될 것인가를 살펴보는 것은 경계인의 입장에서는 흥미로울 것이다.

　하지만 일본의 인사행정의 특징이라고 할 수 있는 제도와 운용상의 괴리, 커리어와 논커리어의 구별 등은 한국의 인사행정에서도 발견되는 현상이다. 한국도 1990년대 후반 IMF 시기를 거치면서 연공서열제가 파괴되고 고위공무원단의 도입, 인사평가제도 등이 도입되었지만 그러한 제도가 성공적으로 현장에 정착되었다고 단언하기는 어려운 면이 많다. 또한 일본과 달리 커리어와 논커리어의 구분에 대한 논의도 활발하지 않은 편이다. 즉 일본 인사행정개혁의 성패와 법제도를 실현해가는 움직임은 텔레비전에 비치는 이웃의 흥미로운 이야기가 아니라 신중하게 관찰하고 충분히 검토해야 할 우리의 고민거리이기도 하다.

부챗살(ササラ)형과 문어항아리(タコツボ)형

丸山(1961: 129-137)에 따르면 사회나 문화를 하나의 형태로 도식화하여 표현하면 크게 두 가지 형태로 구분할 수 있다. 하나는 부챗살(ササラ)형 문화로서, 마치 대나무 끝을 가늘게 여러 갈래로 나눈 것과 같이 공통된 기반을 근거로 각 부분들이 서로 소통하는 형태의 문화이다. 다른 하나는 문어항아리(タコツボ)형 문화로서, 각기 분리·고립되어 있는 문어항아리가 나란히 늘어서 있는 것과 같이 공통된 기반이 부재한 채 개별 부분들이 서로 분리되어 소통이 단절되어 있는 문화이다. 이러한 구분에 의하면 일본은 후자에 그리고 서구는 전자에 가깝다. 관료조직의 경우 일본은 개별 부처가 각각 하나의 폐쇄적인 문어항아리가 되는 경향이 있다. 지금까지 일본의 인사행정은 이러한 문어항아리형의 모습을 많이 지니고 있다고 할 수 있다.

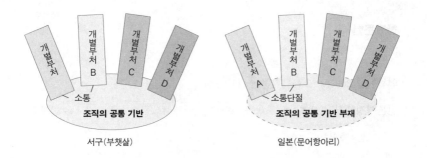

서구(부챗살)   일본(문어항아리)

생각해볼 문제

1 소설이나 영화에서도 일본의 인사행정이 잘 묘사되어 있는 경우가 많다. 예컨대 2000년 한국에서 개봉된 '춤추는 대수사선(원제; 踊る大搜査線)'도 그러한 영화의 하나라고 할 수 있는데, 본문에서 다루어진 내용 외에 일본 인사행정의 특징이라고 말할 수 있는 현상으로 어떤 것이 있을지 논의해 보자.

2 인사원(人事院)은 구체적으로 어떤 업무를 담당하고 있는가?

3 현재 일본의 인사행정제도 개혁은 일종의 제도의 변화라고 할 수 있다. 제도 개혁이 이루어진 후에도 실제 운용과의 괴리가 발생하지 않게 하기 위해서는 어떤 제도적인 설계가 필요할 것인가?

4 일본의 인사행정을 둘러싼 다양한 변화 중에서 가장 주목해야 할 것은 무엇인가? 그리고 많은 변화에도 불구하고 여전히 일본의 특징으로 생각할 수 있거나 남게 되는 것은 무엇인가?

5 일본의 인사평가제도와 한국의 인사평가제도의 공통점과 차이점은 무엇인가?

참고문헌

인사원편(2007), 「公務員白書 平成19年版」.

일본행정학회편(日本行政學會編)(2007), 「年報行政研究 行政改革と政官關係」, ぎょうせい.

이나츠구 히로아키(稲継裕昭)(1996),「日本の官僚人事システム」, 東洋経濟新報社.

이나츠구 히로아키(稲継裕昭)(2008),「新しい公共経營と人事育成・人事評價」, 村松岐夫編,「公務改革の突破口: 政策評価と人事行政」, 東洋経濟新報社.

사카모토 마사루(坂本勝)(1994),「國家公務員制度」, 西尾勝・村松岐夫編,「講座 行政學 第2卷: 制度と構造」, 有斐閣.

마루야마 마사오(丸山眞男)(1961),「日本の思想」, 岩波新書.

니시오 마사루(西尾勝)(2001),「行政學 新版」, 有斐閣.

미야모토 마사오(宮本政於)(1997),「お役所の掟」, 講談社.

무라마츠 미치오(村松岐夫)(2008),「公務員制度の比較研究の目的」, 村松岐夫編, 「公務員制度改革: 米・英・獨・仏の動向を踏まえて」, 學陽書房.

이호철(1996),「일본 관료사회의 실체」

인사원 홈페이지(http://www.jinji.go.jp/)

총무성 홈페이지(http://www.soumu.go.jp/)

06

일본의 예산운영시스템
| 제도, 조직, 과정 |

·

이정만

●●●●●

　이 장에서는 예산운영을 중심으로 일본 재무행정의 특징을 살펴보고자한다. 구체적으로는 우선 예산의 형식과 절차에 관한 예산제도, 예산편성을 중심으로 한 예산과정, 그리고 예산의 주요 내용을 분석하고 그 기본적 특징을검토하고자 한다.

　예산은 정부목표 실현을 위한 정부활동에 필요한 재원을 조달하고 배분하는 정부의 경제활동으로서 정부정책의 기본방향과 구체적인 정부활동의 내용과 수준을 반영하고 있다. 그리고 민주주의 국가의 예산은 희소한 재원의 효율적 활용이라는 행정적 합리성에 의해서만이 아니라 다양한 정치집단과 세력이 개입된 복잡한 정치적 조정과정을 거쳐 결정된다. 따라서 예산은 집권세력의 정치이념이나 예산배분을 둘러싼 권력관계에 의해 규정되는 측면이 강하다.

　이렇게 보았을 때 한 국가의 예산운영의 내용과 방식은 그 나라의 정치행정시스템의 구조적 특성을 반영하는 것이라고 할 수 있다. 이러한 예산의 정치행정적 성격을 이해하기 위해서는 예산 관련 법제도의 단순한 기술(記述)이나설명만이 아니라 제도 형성의 역사적 · 정치적 맥락과 함께 제도 운영의 동태적인 과정에 대한 연구가 필요하게 된다.

　그리고 근대적 예산제도의 형성과정에서도 알 수 있듯이 예산은 기본적으로 국민의 대표기관인 의회에 의한 재정통제를 통한 재정민주주의 실현을위한 제도적 장치의 성격을 지니고 있다. 그런 이유에서 예산운영의 기준이 되는 예산원칙도 이러한 재정민주주의의 관점에서 도출되고 있다. 물론 재정기능이 확대되고 복잡하게 된 현대국가에서는 통제 중심의 예산원칙을 엄격하게 지키기가 어려워지고 있지만 민주적 재정통제의 원칙은 대체될 수 없는 예산의 기본원칙이라고 할 수 있다. 따라서 예산제도와 그 운영과정은 우선적으로 의회에 의한 재정통제의 관점에서 검토될 필요가 있다.

한편 예산은 경제 성장 및 안정과 같은 경제적 기능뿐만 아니라 공공서비스의 공급을 통해 다양한 정치사회적 기능을 수행하고 있다. 특히 시장경제체제의 민주주의 국가에서는 사회 각 부문의 다원적인 이해관계의 조정과 함께 사회안전망의 구축을 통해 사회적 통합과 안정을 도모해야 하는 역할을 요청받고 있다. 따라서 예산운영의 산출과 성과를 평가할 때에는 경제적인 측면뿐만 아니라 재정의 정치사회적 기능에도 주목해야 할 필요가 있다.

이 장에서는 이러한 예산의 복합적 성격 및 기능에 주목하면서 일본 예산운영의 특징을 검토하고자 한다. 그리고 독자들의 이해를 돕기 위하여 필요한 부분에서는 우리나라의 예산제도와 비교하면서 설명하고자 한다.

1___ 예산제도

여기서는 일본 정부 예산의 형식, 종류, 예산담당기관 등을 중심으로 예산운영의 기본틀을 파악하고 재정민주주의 관점에서 그 함의를 검토하고자 한다.

1) 예산의 형식과 내용

일본의 예산은 법률이 아니라 우리나라와 같이 예산이라는 형식으로 성립된다. 미국, 영국, 캐나다, 프랑스, 독일 등 많은 주요 국가에서 예산은 법률로서 성립되고 있는 점을 고려하면 일본은 우리나라와 마찬가지로 예외적이라고 할 수 있다.

일본이 예산을 법률이 아닌 별도의 예산이라는 형식을 택하고 있는 것은 1889년(명치22년)에 공포된 일본 최초의 근대적 헌법인 명치헌법으로 거슬러 올라간다. 명치헌법에서는 이른바 천황이 법률과 동등한 칙령을 제정할 수 있었는데 이 칙령을 의회의 의결을 거치는 예산으로 변경할 수 있게 되면 천황의 권위가 침해된다는 이유에서 예산으로 칙령을 변경할 수 없도록 하기 위해 법률이 아닌 형식을 택하게 되었다고 한다(神野, 2007a : 33). 따라서 법적 구속력을 갖는 세출예산과 달리 세입예산은 조세 법령에 근거하여 징수하게 될 정부 수입에 대한 추계의 성격을 갖는 데에 불과하다.

예산의 내용은 재정법 규정에 따라 예산총칙, 세입세출예산, 계속비, 명시이월비, 국고채무부담행위로 구성된다. 우리나라의 예산과 기본적으로 거의 동일한 내용 구성이라고 할 수 있다. 여기서 세입세출예산이 예산의 본체라고 할 수 있는데 세입세출예산은 우선 집행 책임을 명확히 하기 위해 수입 및 지출과 관계가 있는 조직별로 구분하고 있다. 다만 세입예산에서는 '주관'으로 분류되는 데에 비해 세출예산에서는 집행책임이 따르는 '소관'으로 분류되고 그 안에서 다시 '조직'으로 분류되는 차이가 있다.

이러한 조직별 구분 다음에 세입예산에서는 성질별로 부 · 관 · 항으로, 세출예산에서는 목적 · 기능별로 항이라는 예산과목으로 각각 분류된다. 그리고 세입예산 및 세출예산 다 같이 항의 밑에 목이라는 예산과목을 둔다. 국회의 의결 대상이 되는 예산과목은 항까지이고 이를 의정과목이라고 부른다. 목 이하의 예산과목은 행정과목으로 불리며 예산의 첨부서류에 계상되어 국회심의의 참고가 된다. 이와 같이 세출세입예산을 조직별 · 기능별 · 품목별 분류를 결합한 예산과목으로 분류하고 있는데 이러한 예산과목의 분류방식도 우리와 유사하다.

2) 예산의 종류

(1) 일반회계와 특별회계

중앙정부 예산은 기본적으로 일반회계와 특별회계로 구성된다. 정부의 기본회계라고 할 수 있는 일반회계와 별도로 구분되어 운영되는 특별회계는 '특정한 사업을 수행하는 경우, 특정한 자금을 보유하여 운용하는 경우, 기타 특정한 세입을 갖고 특정한 세출에 충당하여 일반의 세입세출과 구분하여 경리할 필요가 있는 경우'에 설치할 수 있도록 하고 있다(재정법 제13조의 2).

우리나라의 기금에 해당되는 재정자금도 특별회계의 형태로 운영되는 이유도 있어 일단 일반회계 대비 특별회계의 규모가 상당히 큰 편이라고 할 수 있다. 특별회계 규모가 크게 감축된 2008년도 예산의 경우에도 전체 세출 총액 451.5조엔에서 일반회계가 83.1조엔, 특별회계가 368.4조엔으로 일반회계의 4배에 육박하고 있다. 회계 상호간 중복 계상액을 제외한 순계 기준으로 보면 전체 세출 순계액 212.6조엔에서 일반회계 34.2조엔, 특별회계가 178.3조엔으로 일반회계의 6배에 가까운 규모를 보이고 있다(〈그림 1〉 참조).

〈그림 1〉 일반회계와 특별회계의 총계와 순계(2008년도 예산)

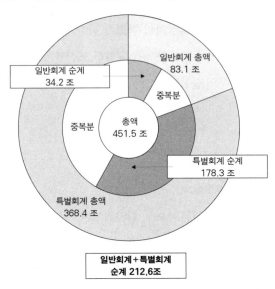

자료 : http://www.mof.go.jp/jouhou/syukei/tokkai2006/tokkai2006_03.pdf.

중앙정부의 특별회계는 그 설치요건에 따라 크게 사업특별회계, 자금특별회계, 구분경리특별회계 등 3가지로 분류할 수 있고, 사업특별회계는 사업의 성격에 따라 기업, 보험사업, 공공사업, 행정적 사업 등으로 나누기도 한다. 2008년도 현재 사업특별회계 16개, 자금특별회계 2개, 구분경리특별회계 3개로 총 21개의 특별회계로 구성되어 있다.

특별회계에 대해서는 공채발행이 원칙적으로 금지되어 있는 일반회계와 달리 공채발행이 가능하고 기업회계방식을 채택할 수 있는 등 탄력적인 재정운영을 위해 일반회계와는 다른 다양한 재무회계처리상의 특례가 부여되어 있다. 이렇게 일반회계보다 의회의 예산통제가 상대적으로 약한 특별회계예산이 일반회계예산보다 더 빠른 속도로 증가함에 따라 재정통제의 관점에서 문제시되어왔다. 특히 석유파동으로 인한 경기침체에 따른 세수 증가가 둔화되던 1970년대 중반부터 특별회계에서 대규모의 차입금과 공채 발행이 반복되는 가운데 세출 규모가 급속하게 증가하면서 재정적자의 규모도 확대되는 양상을 보이고 있다.

이러한 특별회계 규모의 팽창은 최근까지 지속되었는데 이것이 결국 재정위기를 심화시키는 구조적 요인으로 지적되면서 특별회계의 축소 조정을 위한 개혁이 추진되고 있다. 즉 2005년도부터 불필요한 사업의 폐지, 특별회계 사업기관의 독립행정법인화, 일반회계로 통합, 유사회계의 통합 등의 방식으로 대규모의 통폐합 조치가 이루어지고 있고 예산 규모도 대폭 감축되고 있다.

(2) 정부관계기관예산

일반회계와 특별회계가 정부예산의 중추적인 부분에 해당된다면 이에는 해당되지 않지만 이들 예산과 함께 국회의 심의·승인을 필요로 하는 또 다른 예산으로서 정부관계기관의 예산이 있다.

정부관계기관이란 통상 특수법인이라고 불리는 기관으로서 개별 법률에 의해 설립된 전액 정부출자의 법인을 말한다. 정부관계기관은 기업적 경영을 통한 효율적인 운영을 위하여 중앙성청으로부터 독립되어 운영된다. 그러나 정부가 전액 출자하고 관계 성청과 유사한 기능을 수행하고 있기 때문에 예산에 준하는 형식을 갖추어 일반·특별회계의 정부예산과 함께 의회의 의결을 받도록 하고 있다.

정부관계기관은 공기업 민영화 및 행정개혁에 의해 그 수가 줄어들어 2008년 현재 국민생활금융공고, 농림어업금융공고, 중소기업금융공고, 일본주택투자은행 등 정책금융을 담당하는 5개의 공고(公庫)와 2개의 은행으로 정리되었다. 예산 규모도 많이 축소되어 1998년도 7.4조엔이었던 것이 2008년도에는 약 2.1조엔의 규모를 보이고 있다(http://www.mof.go.jp/jouhou/syukei/h20top.htm).

이러한 정부관계기관은 우리나라의 정부투자기관에 유사한 것으로 볼 수 있는데 일정한 정부투자 공기업의 예산에 대해서도 의회의 의결을 받도록 하고 있는 점에서 우리나라와 차이가 있다. 그러나 모든 정부 전액 출자기관이 여기서 말하는 정부관계기관에 포함되는 것도 아닌 데다 정부관계기관의 예산에 계상되는 세입세출의 범위도 일부분으로 한정되어 있다는 점이 재정통제의 관점에서 제도적인 결함으로 지적되고 있다(新藤, 1995 : 204).

(3) 재정투융자계획

예산은 아니지만 예산과 유사한 기능을 수행하는 것으로서 최근에 이루어진 재정투융자제도개혁 이전에는 거의 일반회계예산의 절반에 이르는 규모를 갖고 있다는 이유로 '제2의 예산'이라고 불리던 재정투융자계획이 있다.

재정투융자는 우편저금, 연금 등 정부사업을 통하여 적립된 자금과 정부의 신용으로 조달된 공적 자금을 정부가 정책목적 달성을 위해 각종의 공공기관에 투자(출자)하거나 융자(대부)하는 활동을 말한다. 즉 정부가 거대한 금융기관으로서 수행하는 공적 금융활동을 의미한다. 재정투융자계획은 이러한 투융자 활동을 효과적으로 하기 위해 회계연도 단위별로 책정한 자금배분계획을 가리킨다. 재정투융자계획이 수립된 것은 1953년도부터인데 예산과 밀접한 연관이 있기 때문에 예산편성과 연계하여 책정되며 특별회계예산서의 첨부자료로 국회에 제출되어 승인받도록 하고 있다.

재정투융자의 자금원은 2001년에 시행된 전면적인 재정투융자제도개혁 이전에는 일반회계, 산업투자특별회계, 자금운용부자금, 간이보험자금, 정부보증채 등으로 구성되어 있었다. 그 가운데서 우편저금, 후생연금·국민연금 등으로 조성되는 자금운용부자금이 전체 자금의 80% 전후로 가장 큰 비중을 차지하고 있었다. 그리고 재정투융자 대상 기관은 크게 특별회계, 지방자치단체나 지방공영기업, 공단이나 사업단, 정부관계 금융기관 등으로 분류할 수 있다.

이러한 재정투융자계획을 통하여 대규모의 공적 자금을 재정정책의 수행에 전략적으로 동원·활용해온 것이 일본 재정운용의 한 특징이라고 할 수 있다. 이러한 재정투융자는 기간산업의 육성과 산업기반시설의 확충을 통하여 고도경제성장에 기여한 것으로 평가받고 있다(藤原, 1992 : 187-8).

반면 정책자금의 배분을 둘러싼 정·관·업의 유착과 함께 건설토목사업으로 상징되는 비효율적이고 방만한 공공투자사업의 구조적 요인으로 지적되어왔다. 또한 저성장기로 진입한 후 재정투융자사업의 대상이 산업경제 영역에서 주택을 중심으로 한 사회정책의 영역으로 이동하게 됨에 따라 사업의 공공성과 함께 투융자의 수익성이 담보되어야 하는 재정투융자제도 자체가 지속되기 어려운 상황에 봉착하게 되었다(神野, 2007b : 340-4).

이러한 배경 속에서 2001년에 재정투융자제도에 대한 대규모의 개혁이 추진되었다. 개혁의 기본방향은 민간금융과 보조금의 중간 형태인 재정투융자에서 민간금융적 성격을 강화하고 전체 재정투융자 규모를 축소하는 데에 있었다. 이는 공공부문의 축소와 시장원리의 중시라는 고이즈미(小泉) 전 내각의 구조개혁의 기본 노선을 반영한 것이다.

이러한 정부 재정투융자제도의 개혁은 공적 자금 운용의 투명성 및 효율성 확보의 측면에서는 긍정적으로 평가할 수 있다. 그러나 재정투융자사업의 성격은 고려하지 않은 채 재정투융자 규모의 축소에만 치중함으로써 사업의 성격상 보조금적 재정투융자로 수행되어야 할 공공성의 영역이 위축되는 문제점도 지적되고 있다.

(4) 기타 예산의 종류

이상과 같은 예산의 회계 및 내용에 따른 예산의 종류와는 별도로 성립 시기에 따라 본예산(당초예산), 보정예산, 잠정예산으로 분류된다. 일본의 회계연도는 영국의 예를 따라 4월에 시작하여 다음 해 3월에 종료되는데 본예산은 회계연도 개시 전에 성립되는 예산을 말하고 보정예산은 회계연도 도중에 본예산의 내용을 변경하거나 경비 지출을 추가하여 성립된 예산으로 우리나라의 추가경정예산에 해당된다.

잠정예산은 본예산이 회계연도 개시 전까지 성립되지 않은 경우 필요불가결한 최소한의 경비에 한하여 잠정적으로 편성되는 예산으로서 국회의 의결을 필요로 하는 점에서 우리나라의 준예산제도와 다른 점이라고 할 수 있다.

3) 예산운영체계

이상과 같은 일반회계, 특별회계, 정부관계기관예산 등은 별개로 독자적으로 운영되기보다는 상호간의 복잡한 재정적 거래를 통하여 실행된다. 2008년도 세출예산을 기준으로 보면 일반회계 총액이 약 83.1조엔, 특별회계 총액이 약 368.4조엔, 정부관계기관예산 총액이 1.9조엔으로 전체 예산 총액은 453.4조엔이지만 중복액을 제외한 순계액은 총계액의 절반도 안 되는 214.1조엔이다(〈표 1〉 참조).

이는 회계 간의 전출입이 매우 다양하고 대규모로 이루어지고 있다는 것을 의미한다. 또한 중앙정부 단위의 예산과 지방재정 간의 전출입도 복잡하게 이루어진다. 실제로 일반회계에서 직접 인건비나 물건비로서 지출하는 금액은 일반회계 세출의 10%에도 미치지 못하고 나머지는 특별회계로 전입되거나 지방자치단체에 대한 보조금으로 전출되고 있다.

（단위 : 억엔）

일반회계예산 총액(A)	830,613
특별회계예산 총액(B)	3,684,477
정부관계기관예산 총액(C)	19,555
총계(E) = (A+B+C)	4,534,643
중복액(F)	2,393,655
순계액(G) = (E-F)	2,140,990
지방재정계획액(H)	834,014
합계(I) = (G+H)	2,972,251
중복액(J)	276,305
순계액(K) = (I-J)	2,662,419

자료 : 池田(2008), 65.

이러한 예산 상호간의 재정적 거래에다 재정투융자를 포함시키면 재정운영의 전체적인 윤곽이 파악된다(〈그림 2〉 참조). 이러한 복수의 회계 상호간의 재정적 거래는 다른 국가에서도 관찰되는 일반적인 현상이지만 일본의 경우는 그 규모가 상당히 크고 다양한 형태로 이루어진다는 점에 특징이 있다고 할 수 있다. 이러한 복잡한 재정관계는 예산운영의 전모를 한눈에 파악하기 어렵게 하고 결국 관료제 외부에 의한 재정통제를 곤란하게 하는 요인으로 지적된다.

그리고 이상과 같은 예산 이외에도 국회의 심의 대상에는 포함되지 않지만 정부가 재정적으로 관여하는 공단, 사업단, 특수회사, 그리고 그 이외의 다양한 형태의 공기업이 존재하고 그러한 공적 기업의 예산까지 합치면 공공부문의 예산 규모는 더욱 커지고 그 구성이 복잡해지는 것은 물론이다.

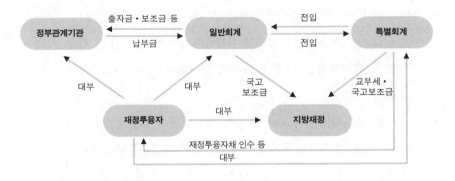

〈그림 2〉 예산운영체계

자료 : 神野(2007b), 116.

4) 예산 관련 조직

(1) 중앙예산기관

일본에서 정부예산편성 및 집행의 최종 권한은 내각에 있지만 현재 내각의 내부에서 예산편성과 집행의 총괄적인 책임을 맡고 있는 기관은 재무성이다. 재무성은 2001년 1월에 시행된 정부조직 개편의 일환으로 종전의 대장성 내부 조직이 소폭 축소되는 가운데 명칭이 재무성으로 변경되어 새롭게 발족하였다.

재무성은 예산편성 및 운영과 함께 수입 · 지출 사무를 총괄하는 이른바 재무행정통합형 중앙예산기관의 유형에 속한다고 할 수 있다(강신택, 2000 : 183). 재무성은 관방(총무조직) 외에 5개의 국이 있는데 그 가운데 예산편성을 담당하는 국은 주계국(主計局)이며 그 외에 주세국, 관세국, 이재국, 그리고 외청인 국세청이 수입·지출 관련 재정 업무를 소관하고 있다. 주세국과 관세국은 세제를 기획 입안하고 조세의 부과·징수 등 수입 기능을 관할하고 있으며 이재국은 정부자금의 관리·지출, 국채 발행 및 재정투융자 등을 담당하고 있다(http://www.mof.go.jp/mof/zaimusyo.htm).

예산편성 업무를 소관하고 있는 재무성 주계국은 주세국의 세수 추계를 기초로 하면서도 독자적인 세수 추계와 재정운용방침에 따라 세입예산과 세출예산의 규모를 결정한다. 그 과정에서 세제개혁에 관해서는 주세국과, 재정투융자계획 및 공채발행에 관해서는 이재국(理財局)과 수차례의 내부 협의를 거친다.

뒤에서 언급할 경제재정자문회의가 설치되고 나서 예산편성과정에 일정한 변화가 나타나고 있지만 전체적으로 예산당국 주도의 예산편성과정은 유지되고 있다고 할 수 있다(本田, 2001 : 159-62). 한편 개별 성청 내부의 예산 업무로서는 각 국 수준의 예산편성은 각 국의 총무과가 소관하고 성청 수준의 예산편성은 관방 대신 예산담당과(회계과)가 담당하고 있다.

(2) 경제재정자문회의

예산편성과 관련한 최근의 중요한 제도개혁의 하나가 경제재정자문회의의 설치이다. 경제재정자문회의는 2001년의 정부조직 개편의 일환으로 신설된 내각부 산하에 내각총리를 의장으로 경제 전반의 운영과 예산편성의 기본방침에 대해 심의하는 자문기구로 설치되었다. 이는 종전의 구대장성이 장악하고 있었던 거시적 예산편성의 주도권을 내각으로 옮겨 내각의 정책 및 예산 기능을 강화하는 한편 예산편성과 경제운용의 연계성을 강화하여 재정운용의 효율성과 건전성을 제고하기 위한 것이다 (이남수·서세욱, 2007 : 10-12).

경제재정자문회의는 각 성청의 예산요구 전 매년 6월에 '경제재정운영과 구조개혁에 관한 기본방침'을 정하고 7월에는 '예산의 전체상'을 제시하여 재무성의 예산요구기준 책정에 반영하도록 하고 있다. 그리고 11~12월에는 종래에 대장성이 주도하여 책정하던 '예산편성 기본방침'을 자문회의에서 작성하여 각의에 제출하여 결정하도록 하고 있다. 그리고 정부예산안이 각의에서 통과된 다음 해 1월에는 '구조개혁과 경제재정의 중기전망'을 책정하여 향후 수년간의 경제 및 재정운영에 대한 전망을 제시하고 있다(www.cao.go.jp/).

이러한 경제재정자문회의의 설치로 예산편성과정에서 일정한 변화가 나타나고 있다. 종전과 달리 재무성이 예산요구기준을 마련하기 이전에 예산운영에 관한 기본방침이 경제재정자문회를 통해 내각에서 결정되고 예산편성 기본방침도 재무성의 예산안이 내각에 제출되기 전에 제시되는 예산과정이 정착되고 있다.

이는 과거의 구대장성이 거시적 예산편성권을 사실상 거의 독점적으로 행사해왔던 점을 감안하면 거시적 예산편성에 대한 내각의 조정·통제 기능이 강화되고 있는 변화의 조짐으로 볼 수 있다. 그렇다고 경제재정자문회의가 재무성의 예산편성 주도권에 실질적으로 큰 제약을 가하고 있는 것으로 보기는 어렵다. 재무성의 예산요구기준 책정 이전에 결정되는 '경제재정운영과 구조개혁에 관한 기본방침'은 재무성과 사전에 협의·조정 과정을 거쳐 결정되고 있으며 그 내용도 기본적으로 예산당국의 재정건전화 노선과 배치되는 것도 아닌 데다 재정개혁과 예산편성의 기본적인 방향성을 제시한 것에 불과하기 때문이다(大田, 2006 : 50-3, 106).

그리고 경제재정자문회의의 심의를 통해 각의에서 결정되는 예산편성 기본방침도 예산입안과정의 최종단계인 12월 초순에 제시되기 때문에 예산편성을 실질적으로 구속하는 지침으로 기능한다고 보기는 어렵다(神野, 2007b : 124-5). 결국 예산편성의 구체적인 내용은 재무성이 작성하는 예산요구기준과 그에 기초한 재무성의 예산사정에 의해 결정된다고 할 수 있다.

이렇게 보았을 때 재정개혁 및 재정운영의 기본방향을 제시하는 경제재정자문회의의 역할은 인정하더라도 구체적 예산편성 단계에서의 재무성 주계국의 주도적인 역할에는 기본적으로 큰 변화가 없다고 할 수 있다.

(3) 국회 및 회계검사원

재무성 및 경제재정자문회의 이외에 예산과 관련된 공식적 조직으로서는 국회와 회계검사원이 있다. 일본의 국회는 중의원·참의원으로 구성되는 양원제인데 예산의 심의·의결에서는 헌법상 중의원에게 선의권과 함께 우월적 권능을 부여하고 있다. 그리고 일본은 의원내각제를 택하고 있기 때문에 국회에 제출되는 정부예산안은 사전에 다수당과 협의·조정되어 승인된 것으로서 국회에서는 거의 무수정으로 통과되는 것이 상례이다.

한편 회계검사원은 내각으로부터 독립된 지위의 기관으로서 국회의 결산 심의에 앞서 정부 세입세출의 결산을 검사하여 확인하는 기능을 수행한다. 또한 회계검사원은 상시적으로 정부기관에 대한 회계검사를 실시하여 회계경리를 감독하고 그 검사 결과를 국회에 보고하여 결산 심의에 참고하도록 한다. 우리나라 감사원과 유사한 기능을 수행하고 있는데 회계검사 이외의 일반적인 직무감찰 권한을 갖고 있지 않은 점이 다르다고 할 수 있다.

2___ 예산과정

일본에서 차년도의 정부예산은 통상 당해연도 회계연도 개시 직후에 편성 작업이 시작되어 다음 해 1월 중에 정부안이 국회에 제출되면 2개월 정도의 심의 기간을 거쳐 3월 말에 국회 의결을 통해 성립된다. 예산이 성립되면 각 정부기관에서 회계연도 종료일 3월 31일까지 예산이 집행되고 예산 집행이 끝나면 결산 작업이 진행된다. 각 정부기관이 세입세출 결산서를 작성하면 그를 근거로 회계검사원이 회계검사를 한 후 11월 말경에 결산보고서와 회계검사보고서가 국회에 제출되어 심의 · 승인되면 약 3년 간에 걸친 예산순환(budget cycle)이 종료하게 된다. 여기서는 예산편성과정을 중심으로 예산과정을 살펴보고자 한다.

1) 공식적 예산과정

(1) 거시적 예산편성과정

예산편성은 크게 행정부가 예산안을 작성하는 입안과정과 국회에서 정부 예산안을 심의하여 의결하는 결정과정으로 나눌 수 있다. 그리고 이러한 예산편성은 거시적 예산편성과 미시적 예산편성이라는 두 가지 측면을 내포하고 있다(西尾, 2001 : 327-33).

거시적 예산편성이란 세출예산 총액의 규모라는 큰 틀을 정하고 그에 맞추어 세제개정이나 공채발행의 여부·규모 등을 결정하여 세입예산을 정하는 하향적 예산편성을 의미한다. 한편 미시적 예산편성이란 각 성청의 예산요구를 취합하고 사정하여 세출예산의 구체적인 세목을 결정해가는 상향적 예산편성이라고 할 수 있다. 결국 예산편성이란 거시적 예산편성과 미시적 예산편성 간의 불일치와 갈등을 통합, 조정해가는 과정에 다름 아니다.

앞에서 본 바와 같이 일본의 중앙예산기관은 재무성이고 재무성 내의 주계국이 중심이 되어 경제·재정 상황 및 경제재정자문회의의 기본방침 등을 고려하여 차년도 재정운용방침을 정하고 그에 근거하여 세입세출예산의 규모와 예산요구기준 등을 정한다. 2001년의 정부조직 개편의 일환으로 신설된 경제재정자문회의가 예산편성의 기본방향 설정을 통해 거시적 예산편성에 일정 부분 관여하게 되었지만 재무성 주도의 거시적 예산편성과정은 기본적으로 유지되고 있다고 할 수 있다.

재무성 내에서 주계국이 중심이 되어 재정운용방침과 세입세출예산의 규모 등 거시적 예산편성의 기본 골격이 형성되면 이것이 8월경에 각 성청에 예산요구기준으로 제시되고 각 성청으로부터 예산요구를 받아 9월부터 본격적인 사정작업이 진행된다.

(2) 예산입안과정

미시적 예산편성에 해당되는 예산입안은 각 성청의 예산요구안 작성, 재무성의 예산편성기준 제시와 각 성청의 예산요구안 제출, 재무성 주계국의 예산사정 및 부활절충, 각의 결정의 단계로 이루어진다. 이러한 예산입안 작업은 기본적으로 종전과 변함없이 재무성 주계국과 각 성청의 예산담당조직이 중심이 되어 진행된다.

먼저 신년도 예산이 성립되면 곧 바로 각 성청에서는 예산업무를 담당하는 대신관방 회계과를 중심으로 재무성의 예산편성기준이 제시되기 전부터 차년도 예산요구를 위한 작업이 시작되는데 각 성청의 예산요구안의 작성과정은 크게 두 단계로 이루어진다(神野, 2007b : 126-9).

첫 번째 단계는 각 성청의 각 국(局)별로 예산요구원안을 작성하는 단계로서 각 국별로 예산요구를 정리하는 작업은 각 성청의 각 과가 예산요구의 원안을 작성하는 일부터 시작된다. 이를 각 성청의 각 국의 총무과가 사정하고 각 과와 절충과정을 거쳐 각 국의 예산요구원안을 결정하게 된다. 두 번째 단계는 각 국별로 작성한 예산요구원안을 각 성청 단위의 예산요구원안으로 정리하는 단계로서 보통 회계과에 해당되는 각 성청의 대신관방 예산담당과가 각 국의 총무과가 제출한 예산요구원안을 사정하여 각 성청의 예산요구안을 만들어가는 과정을 거친다.

이러한 각 성청의 예산요구안 작성 작업과 병행하여 재무성에서는 앞에서 언급한 바와 같이 차년도 재정운용방침과 세입세출예산의 규모 등을 정하는 거시적 예산편성 작업이 진행된다. 그 결과를 바탕으로 재무성에서는 8월경에 각 성청의 예산요구의 상한과 예산편성의 기본방침을 정한 예산요구기준을 제시하게 되고 각 성청에서는 이 예산요구기준을 반영하여 예산요구안을 최종적으로 정리하게 된다.

예산요구기준

　　1961년의 예산편성 시 예산요구액에 상한을 설정한 것에서 유래되는데 당시에는 통상적으로 실링(ceiling)이라고 불렀는데 세출 규모의 통제와 투자 우선순위의 설정을 통해 예산당국의 재량권을 확보하기 위한 수단으로 활용되었다. 1985년도 예산편성 때부터 개산요구기준으로 명칭을 변경하였다. 일본에서는 각의에서 정부예산안이 결정되기 전까지의 예산을 개산(概算)이라고 부른다. 그래서 각 성청의 예산요구를 개산요구라고 하고, 재무성의 예산요구기준과 예산사정을 개산요구기준, 개산사정이라고 부른다.

　　이렇게 각 성청에서 작성된 세출예산요구안이 8월 말경에 재무성 주계국에 제출되면 다음은 재무성 주계국에 의한 예산사정 단계로 진입되는데 재무성의 예산사정 작업은 통상적으로 사정, 내시, 부활절충, 결정이라는 절차를 거친다.

　　우선 주계국 내에 9명의 주계관(과장급)과 그 밑에 복수의 과장보좌급의 주사(主査)가 성청별·분야별로 분장하여 예산요구안을 사정하게 된다. 그리고 그 결과를 바탕으로 주계국 전체 차원의 조정 과정을 거쳐 재무성원안이 작성된다. 물론 이 과정에서는 각 성청에서 예산획득을 위한 응원세력으로 동원한 족의원이나 이익단체 등이 개입된 복잡한 절충과정을 거치게 된다.

족의원(族議員)

　　특정한 정책분야에 대해 상당한 지식을 갖고 그 분야의 정책결정과정에서 큰 영향력을 행사하는 국회의원을 일컫는 말이다. 이러한 족의원은 일본의 자유민주당(자민당)의 장기 일당지배의 산물이라고 할 수 있다. 자민당 내의 정책기구인 정무조사회의 각 부회(部會)는 거의 중앙성청의 편제에 대응하여 조직되어 있는데 자민당 소속 국회의원들이 특정 부회에서 장기간 활동하면서 정책 지식을 축적하는 동시에 관련 중앙성청의 고위 공무원들의 인사에 관여하면서 정책결정과정에서 영향력을 얻게 됨에 따라 생겨나게 되었다. 이들 족의원은 일반적으로 정책과정이나 예산과정에서 관련 업계 및 관련 성청의 이익을 옹호하면서 정치자금을 포함한 정치적 영향력을 확대하고자 하는 경향을 보인다.

　　이렇게 작성된 재무성원안은 통상 12월 중순경에 각의에 제출되고 각 성청에 내시된다. 이에 불만이 있는 성청은 재무성에 부활요구서를 제출하고 이른바 부활절충에 들어간다. 부활절충에서는 먼저 각 성청과 재무성 간에 과장, 국장, 사무차관으로 이어지는 행정관료 수준에서 단계별 절충이 이루어지고 여기서도 합의를 보지 못한 정치적 판단을 필요로 하는 중요사항에 대해서는 자민당 간부도 동참하는 대신(大臣) 절충을 통해 최종적으로 조정하게 된다. 이 과정에서도 공식적인 절충과정과 별도로 족의원이나 관계 이익단체 등이 다양한 경로를 통해 압력활동을 전개하는 것은 물론이다. 이렇게 부활절충을 통해 최종적으로 만들어진 재무성 원안이 각의에서 의결되면 예산서의 형식으로 정리되어 다음 해 1월에 국회에 제출된다.

그런데 여기서 주목할 만한 것은 예산편성 기본방침이 실질적으로 예산입안 작업이 마무리되는 12월 초순에 제시된다는 점이다. 이는 사전에 정해진 예산편성방침에 따라 예산안이 만들어지기보다는 각 성청이 작성한 예산안을 취합하여 조정한 결과가 사후에 예산편성방침으로 정리되는 형태이다. 이런 이유로 일본의 예산편성과정은 미시적 예산편성이 거시적 예산편성을 지배하는 점증주의적 특성이 강하게 나타나는 것으로 볼 수 있다(Campbell, 1977).

(3) 예산심의 · 결정과정

예산은 국회에 제출되면 심의 · 의결이라는 정치과정을 거친다. 예산은 일본헌법에 규정된 중의원의 예산 선의권(先議權)에 따라 먼저 중의원에 제출되고 우선 중의원 본회의에서 내각총리의 시정방침연설이 있은 후에 예산은 예산위원회에 회부되어 실질적인 심의단계로 넘어간다.

그런데 예산이 통상 1월 하순에 국회에 제출되기 때문에 중의원과 참의원에 할당되는 심의기간은 대략 1개월 정도에 불과하다. 게다가 예산위원회에서는 통상 정책 전반에 대한 질의가 대부분을 차지하여 구체적인 예산의 내용에 대해서는 제대로 심의가 이루어지지 못한다. 그리고 국회의 다수당이 내각을 구성하는 의원내각제의 특성상 정부예산안은 거의 무수정 통과되는 것이 상례이다.

중의원에서 예산안이 가결되면 참의원의 심의가 시작되지만 참의원에서도 짧은 기간에 예산의 구체적인 내용에 대한 심의가 이루어지기 어려운 것은 중의원과 마찬가지이다. 게다가 헌법 규정에 따라 중의원과 참의원의 의견이 일치하지 않는 경우나 참의원이 중의원에서 가결된 예산안을 송부받고 30일 이내에 의결하지 않은 경우에는 중의원의 의결대로 예산이 성립되기 때문에 참의원의 예산심의가 갖는 정치적인 비중은 약화될 수밖에 없다.

이러한 국회의 부실한 예산심의는 의회를 통한 민주적 재정통제와 다원적 이익의 균형·조정이라는 관점에서 문제점으로 지적되어왔다. 그렇다고 해서 일본의 예산편성과정에는 다양한 이해관계를 조정하는 정치과정이 없다고 할 수는 없다. 다만 일본에서는 의회를 중심으로 한 정치적 과정이 아니라 관료제 내부의 예산입안 단계에서 다양한 이해관계가 조정되는 특징을 보인다(神野, 2007b : 129-30). 뒤에서 언급하는 바와 같이 국회의 예산심의 이전의 행정적 과정에서 이미 재무성 및 각 성청을 중심으로 집권당이나 이익단체 등이 참여하는 정치적 조정이 이루어지기 때문에 국회의 예산심의는 형식화되는 양상을 보이고 있다.

2) 비공식적 정치과정

위에서 본 예산편성과정은 공식적인 예산 관련 조직에 의한 공식적인 예산과정이라고 할 수 있다. 그러나 실제의 예산편성은 이러한 공식적인 과정과 병행하여 성청의 예산요구 단계에서부터 각종의 다양한 정치집단과 사회 세력이 개입된 복잡한 비공식적인 절충·조정 과정을 거치면서 구체화된다.

그러한 정치적 절충과정의 중심에는 이른바 55년 체제 성립 이후

1990년대 초반의 일시적인 정권 상실기를 제외하곤 줄곧 일당우위적 장기집권체제를 유지해온 자유민주당(자민당)이 있다. 이러한 장기집권체제 유지의 주요수단이 되는 예산배분 과정에 자민당 소속 족의원의 비공식적인 영향력 행사와는 별도로 당의 공식적인 조직이 관여하는 절차가 일정한 관행으로 제도화되어왔다(新藤, 1995 : 218-21).

우선 경제재정자문회의가 예산편성 전에 작성하는 '경제재정운영에 관한 기본방침'과 '예산의 전체상'에 대해서도 자문회의 측은 내부의 심의 과정과 별도로 자민당과 사전에 협의·조정하는 과정을 거친다. 그리고 8월경 재무성이 예산요구기준을 책정하기 전과 예산요구기준이 각의에서 통과된 이후에도 재무성 주계국장은 자민당의 간사장 등 최고 간부를 방문하여 사전에 차년도 예산의 기본골격 및 구체적인 예산요구기준의 운용과 수치를 설명하고 협조를 구하는 절차를 거친다. 이 과정에서 자민당은 지방자치단체 및 업계 등 지지단체의 주요 관심사인 공공투자사업을 중심으로 자민당의 예산편성에 대한 기본 입장을 전달한다.

그리고 12월 초순경에 경제재정자문회의가 예산편성 기본방침을 작성하여 각의에 제출하는 시점에도 자민당과 사전에 협의·조정하는 과정을 거친다. 이러한 일련의 과정을 거쳐 자민당은 재무성 예산원안이 각의에 제출되기 4, 5일 전에 '자민당예산편성대강'을 작성하여 발표한다. 이 예산편성대강은 사전에 협의·조정된 내각의 예산편성 기본방침과 내용적으로 별 차이가 없는 데다 사업의 구체적 예산액을 제시하고 있지는 않지만 자민당의 예산편성의 기본방침 및 중점정책의 우선순위를 제시한 것으로서 재무성의 최종 예산사정에 큰 영향을 미쳐왔다.

그리고 재무성의 예산원안이 내시된 이후의 부활 절충은 기본적으로 재무성과 각 성청 간에 이루어지는 것이지만 그 과정에서 각 성청 및 지방자치단체 등은 관련 자민당 족의원이나 지역 출신의 국회의원을 동원한 예산투쟁을 전개한다. 또한 관료적 절충에서 결론을 얻지 못한 주요한 정치적 쟁점 사항에 대해서는 자민당 주요 간부가 동석하는 대신(大臣) 절충에서 결말을 짓는 정치적 절충 절차가 마련되어 있다.

결국 자민당의 구체적인 역할이나 재무성과의 상호작용은 예산편성 시기의 경제재정 여건이나 자민당 총재인 총리대신의 정책노선에 따라 다소 차이를 보이고 있지만 예산편성의 주요 내용에 대해서는 관료제 내부의 예산편성과정과 병행하여 자민당과 사전 협의·조정하는 절차가 일정한 관행으로 제도화되어 있다고 할 수 있다(大島·神野·金子, 1999 : 237-42; 飯尾, 2004 : 8-11).

3__ 재정 규모 및 세입세출 내용

1) 재정 규모

정부 재정지출의 규모는 2006년도 일반정부(공적 기업을 제외한 중앙정부와 지방정부) 지출을 기준으로 보았을 때 국내총생산(GDP)에서 35.9%를 차지하고 있어 다른 OECD 국가와 비교해서는 작은 편이라고 할 수 있다(〈표2〉 참조).

〈표 2〉 국내총생산 대비 재정지출의 규모(2006년도)

(단위 : %)

	일본	미국	영국	독일	프랑스	스웨덴
정부최종소비지출	17.6	16.0	22.2	18.4	23.6	26.8
일반정부 총자본 형성	3.2	2.5	1.9	1.4	3.4	3.2
사회보장이전	11.4	12.0	13.0	18.6	17.8	16.7
기타	3.7	6.3	7.6	7.0	8.6	8.9
일반정부 총지출 합계	35.9	36.7	44.7	45.4	53.3	55.6

자료 : http://www.mof.go.jp/jonhou/syukei/siryou/sy20031.pdf.

그런데 정부의 자본형성지출은 다른 국가와 비교하여 오히려 상대적으로 높은 편인데 이는 일본이 다른 주요 선진국보다 사회자본 정비가 늦은 데에도 이유가 있겠지만 다른 국가보다 상대적으로 공공사업을 통한 사회자본 형성에 재정정책의 중점을 두어온 결과라고 할 수 있다(藤原, 1992 : 4-5).

시계열적으로 국내총생산에서 차지하는 일반정부 재정지출 규모의 추이를 보면 연도에 따라 기복은 없지 않지만 전체적으로 지속적인 증가 추세를 보이다가 세출삭감 중심의 재정개혁이 본격화된 2000년대 초반부터는 증가폭이 둔화되면서 2003년도부터는 소폭이나마 감소하는 양상을 보이고 있다(財務省財務總合硏究所, 2008b).

그리고 일반정부 재정지출 내역의 구성비를 보면 정부최종소비지출은 1970년대 중반까지는 다소 증가하는 추세였지만 1980년대 이후부터는 감소 추세인 반면에 사회보장이전지출은 1970년대에 접어들어 급속히 증가하는 추세를 보이다가 1990년대에 접어들어서는 증가폭이 다소 둔화되고 있다. 다만 여기서 말하는 사회보장이전지출은 연금, 실업수당 등과 같은 현금급부만을 가리키며 그 이외의 의료, 노인·아동 복지서비스 등과 같은 현물급부이전을 포함한 사회보장비는 지속적으로 증가하고 있는 것으로 나타나고 있다.

한편 자본형성지출은 1970년대 후반까지는 계속 증가하는 추세였으나 그 이후 상대적 비중은 감소하는 추세를 보이고 있다. 이는 고도경제성장 이후 사회자본 정비의 수요가 줄어든 데다 재정적자에 따른 공공사업비의 감축 조치가 반영된 결과로 볼 수 있다.

2) 세입 및 세출 구조

(1) 세입구조

2008년도 일반회계예산을 기준으로 하면 세입 총액 약 83조엔에서 조세 및 인세 수입이 53.5조엔으로 64.5%를 차지하고 그 나머지의 대부분은 전체 수입의 30.5%를 차지하는 25.3조엔의 공채 수입으로 충당되고 있다(〈그림 3〉 참조).

〈그림 3〉 일반회계 세입 구성(2008년도)

(단위 : 억엔, %)

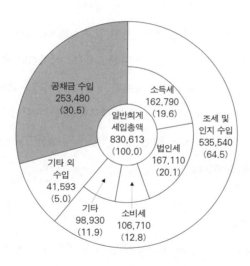

자료 : http://www.mof.go.jp/jonhou/syukei/siryou/002.htm

이러한 정부수입의 시계열적 추이를 보면 국채가 발행되기 전 1965년도의 조세 수입은 전체의 85% 이상을 차지하던 것이 1970년대 중반부터 대규모의 국채가 발행되면서 60%대로 급격히 하락하였다. 그러다가 1980년대 후반에 들어오면서 잠시 국채 발행이 줄어들어 80%대를 회복한 후 1990년대 초반부터 다시 대규모 국채 발행과 함께 조세 수입은 50%대로 하락하였다. 2000년대에 접어들어서는 재정재건을 위한 재정개혁에 힘입어 조세 수입의 비중은 60%대를 회복하고 있는 상황이다 (http://www.mof.go.jp/jouhou/syukei/siryou/sy2003b. htm).

그리고 조세 수입의 구성을 보면 소득세 및 법인세 등 이른바 직접세의 비중이 60% 이상이다. 이는 미국을 제외한 다른 주요 OECD 국가보다 직접세의 비중이 약간 높다고 할 수 있다(財務省財務總合研究所, 2008a). 그렇다고 하여 일본의 조세체계가 다른 OECD 국가보다 응능원칙에 입각하여 과세의 공평성을 중시한 것이라고 말하기 어려운 측면이 있다. 일본의 직접세 비중이 높은 것은 통상 조세부담의 전가가 이루어져 실질적으로 간접세라고 할 수 있는 법인세의 비중이 상대적으로 높은 결과이기 때문이다(神野, 2007b : 179-80).

(2) 세출구조

정부지출의 내역을 2008년도 일반회계 세출의 주요 경비별 분류로 보면 세출총액 약 83조엔 가운데서 사회보장비가 21.7조엔으로 26.2%를 차지하여 가장 많고 그 다음이 국채비인데 20.1조엔으로 전체 세출에서 24.3%를 차지하고 있다. 지방교부세교부금이 다음인데 15.6조엔으로 18.8%를 차지하여 이 세 가지 경비가 전체 세출에서 2/3 이상을 차지하고 있다(〈그림 4〉 참조). 특히 국채의 이자와 원금 상환에 충당되는 국채비가 전체 세출에서 1/4 가까이를 차지하고 있어 재정의 경직성은 매우 높은 편이라고 할 수 있다.

〈그림 4〉 일반회계 세출 경비별 분류(2008년도)

(단위 : 억엔, %)

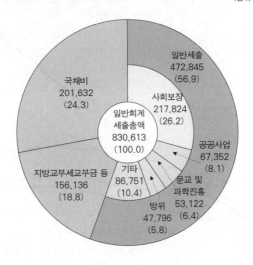

자료 : http://www.mof.go.jp/jonhou/syukei/siryou/002.htm

한편 시계열적 추이를 보면 사회보장관계비의 비중이 사회복지제도의 확충과 인구의 급속한 고령화에 따라 지속적으로 증가해왔으며 국채비도 급격한 증가세를 보이고 있다. 반면 공공사업비의 비중은 계속 증가해오다가 1990년대 후반부터 재정구조개혁의 일환으로 상당히 급격한 감소 추세를 보이고 있다. 지방교부세교부금, 교육비 등도 꾸준히 증가해오다 1990년대 후반부터 세출삭감 개혁에 의해 다소 감소되는 추세이다(〈그림 5〉 참조).

〈그림 5〉 세출 구성의 추이

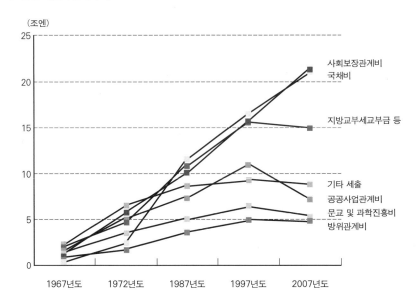

자료 : http://www.mof.go.jp/zaisei/con_02_g03.html

3) 국채 관리

일본의 재정법은 균형재정주의에 입각하여 국채발행을 원칙적으로 금지하고 있다. 다만 공공사업비, 출자금 및 대부금의 재원에 대해서는 국회의 의결을 거친 금액의 범위 내에서 공채를 발행 또는 차입금을 할 수 있도록 하여 이른바 투자적 경비에 대한 국채(건설국채)는 예외적으로 허용하고 있다.

　일본은 1·2차 세계대전 기간의 국채 남발로 인한 악성 인플레이션의 경험과 고도경제성장에 따른 안정적인 세수 증가로 전후 1965년도 이전까지는 공채를 발행하지 않았다. 그런데 경상적 경비 충당을 위한 특례공채가 1965년도에 발행되었고 그 이후부터는 건설국채 발행이 이어졌다. 그러다가 1973년의 석유파동과 경기침체에 따른 세수 감소를 계기로 특례국채를 1975년도부터 현재까지, 1980년대 후반 90년대 초에 걸쳐 몇 년 동안을 제외하고 계속 발행하고 있다.

특례공채

　일본 재정법의 규정에 따르면 투자적 경비가 아닌 경상경비를 충당하기 위한 공채 발행은 위법이다. 그렇기 때문에 일본 정부는 일종의 편법으로 그 연도에 한한 재정특례법을 국회에 제출하여 그 법률에 근거하여 공채를 발행해왔다. 그래서 이를 특례공채 또는 적자국채라고 부르고 있다.

　결국 1960년대 후반의 국채발행이 세입정책 차원이라기보다는 경기부양을 의식한 투자적 경비 조달을 위한 공채발행이었다면 1975년도 후반기부터는 주로 경기침체에 따른 세입부족을 충당하기 위한 적자국채 발행이 주를 이루고 있다. 그 결과 세입 총액에서 공채가 차지하는 공채 의존도가 점점 증가하여 2000년대 초반에는 40%를 상회하고 누적 장기 채무잔고가 2008년도 현재 약 615조엔으로 GDP의 105%를 차지하고

있다. 여기에다 지방자치단체의 장기채무잔고 197조엔를 더하고 양자의 중복분을 제하면 778조엔으로 GDP에서 147.6%를 차지하고 있다 (http://www.mof.go.jp/jouhou/syukei/siryou/sy2003g.pdf).

다른 OECD국가들도 1970년 이후 공채 의존도가 높아진 것은 일본

대규모 재정적자의 제도적 요인

일본이 다른 OECD 국가와 비교하기 어려울 정도의 대규모의 국채가 지속적으로 발행되어온 요인은 무엇보다 국채발행에 의한 지출확대와 감세정책이 경기부양 효과도 얻지 못한 채 재정운영의 비효율성이 증대되어온 데서 찾을 수 있을 것이다. 이러한 직접적 요인 이외에도 정치경제학적 관점에서 다양한 논의가 이루어져왔다. 그 가운데서 대표적인 것으로서는 국채발행 규모 등을 정하는 재정정책 권한과 함께 발행된 국채를 민간금융기관 및 중앙은행에 반강제적으로 인수하게 할 수 있을 정도로 금융기관에 대한 지배권을 구대장성이 갖고 있었던 일본의 재정·금융제도에서 그 요인을 분석하는 견해가 있다(眞淵, 1994). 한편 구대장성이 당초의 균형재정주의에서 물러나 적자공채 발행으로 재정정책의 방향을 전환한 이면에는 족의원을 중심으로 한 자민당의 영향력이 강화된 정책결정과정의 변화에서 찾는 견해도 있다(山口, 1987). 즉, 1960년대 후반 이후 자민당 일당우위체제가 정착되면서 정책결정과정에서 자민당의 영향력이 강화됨에 따라 자민당의 공공사업 및 사회복지 관련 재정지출 확대 요구를 구대장성이 수용하지 않을 수 없었다는 분석이다.

과 유사하지만 90년대에 접어들어 다양한 세출억제 정책과 세제개편으로 공채 의존도를 감소시키거나 일정 수준을 유지하는 데에 반해 일본의 경우는 공채 의존도가 계속 증가하여 다른 OECD국가의 2~3배에 이르는 높은 공채 의존도와 GDP 대비 채무잔고액 비중을 보이고 있다.

이러한 재정적자의 누적은 재정의 경직화를 초래할 뿐만 아니라 중장기적으로 경제 활성화를 저해하는 구조적 요인으로 지적되어 1997년부터 하시모토(橋本) 내각 하에서 공공투자사업 삭감을 주된 내용으로 하는 재정구조개혁이 추진되기 시작했다. 그런데 당시의 금융 불안으로 야기된 경기 침체 국면이 급속히 악화되면서 재정구조개혁이 동결되고 다시 경기부양을 위한 국채 발행과 감세정책이 동원되었다(국중호, 1998 : 7-9).

그러나 경기는 회복세를 보이지 않은 채 재정적자 상황은 더욱 악화되어 2001년 4월 고이즈미(小泉) 내각의 발족을 계기로 재정건전화를 위한 세출삭감에 초점을 둔 재정개혁이 추진되기 시작하였다. 예산제도개혁, 사회보장제도의 개혁, 그리고 삼위일체개혁 등 재정건전화를 위해 추진된 다양한 재정개혁은 일단 수치상으로 세출삭감과 재정수지 개선 성과를 얻고 있다고 할 수 있다. 2004년도를 기점으로 국채 발행액 및 공채 의존도가 증가 추세에서 감소 추세로 돌아선 것은 재정개혁의 성과가 반영된 결과라고 할 수 있기 때문이다(〈표 3〉 참조).

〈표 3〉 중앙재정의 공채발행액 및 공채 의존도의 추이

(단위: 조엔, %)

	2001	2002	2003	2004	2005	2006	2007	2008
공채 발행액	30.0	35.0	35.3	35.5	31.3	27.5	25.4	25.3
공채 의존도	34.3	36.9	44.6	44.6	41.8	37.6	30.7	30.5

자료 : http://www.mof.go.jp/seifuan20/ yosan001.pdf.

그러나 현재와 같이 세출삭감에 치중된 불완전한 개혁으로는 재정수지 개선에 일정한 한계가 있을 것으로 지적되고 있다. 경기회복에 따른 자연 세수 증대가 뒷받침해주지 않는 한 재정건전화 목표의 달성 여부는 불투명한 상태이기 때문이다. 특히 최근 글로벌 경제위기의 여파로 경기가 후퇴되고 세수 증가가 둔화되는 상황에서 경기 부양책으로 재정지출을 확대하고 있기 때문에 재정수지 개선 목표는 당분간 달성하기가 쉽지 않을 것으로 전망되고 있다.

또한 사회보장비 삭감에 초점을 맞춘 이른바 작은 정부론에 입각한 신자유주의적 재정개혁에 대해 근본적인 의문을 제기하는 견해도 적지 않다. 즉 GDP 대비 사회복지 지출의 비중이 아직 낮은 상황에서 이를 더 감축하게 되면 미래에 대한 불안을 증폭시켜 소비를 위축시키는 동시에 사회 양극화 문제를 심화시켜 경제 활성화는커녕 사회적 위기만을 격화시키고 이는 재정위기를 심화시키는 악순환으로 이어진다는 지적이다(神野 · 宮本, 2006 : 172-88).

실제로 최근 일본은 계층 간 소득분배의 불균형이 심화되는 한편 민간소비가 위축되면서 회복세를 보이던 경기가 다시 하강 국면으로 접어들고 있다. 물론 이러한 경기 침체는 대내외의 복합적인 요인에 의한 것이지만 재정개혁의 목표 및 방향성 설정과 관련하여 시사하는 바가 작지 않다.

4___ 맺음말

이상과 같은 일본의 예산제도, 예산과정, 그리고 세입세출예산의 내용에 대한 검토를 통하여 얻을 수 있는 일본 예산운영의 특징은 다음과 같이 정리할 수 있다.

첫째, 일반회계의 4배에 이르는 특별회계와 함께 정부관계기관예산, 재정투융자계획 등 복수의 예산이 존재하고 이들 회계 상호간에 대규모의 다양한 재정적 거래가 이루어져 전체적으로 상당히 복잡한 예산운영체계를 보이고 있다. 이러한 복잡한 예산운영체계는 국회의 엄격한 예산통제를 우회하기 위한 예산당국의 편의적 재정운영의 한 단면으로 볼 수 있다. 이는 결국 예산운영의 투명성을 약화시키고 관료제 외부에 의한 재정통제를 곤란하게 하는 요인으로 작용하고 있다.

둘째, 경제재정자문회의의 설치 운영으로 예산편성과정에 일정한 변화가 나타나고 있지만 전체적으로 예산당국 주도의 예산편성과정은 유지되고 있다고 할 수 있다. 그러나 자민당 일당우위체제가 정착되는 가운데 예산편성의 주요 내용은 관료제 내부의 행정과정과 병행하여 자민당과 사전 협의·조정하는 절차가 일정한 관행으로 제도화되어왔다. 이와 같이 자민당이 내각과 별도의 기관으로서 정책결정 및 예산편성에 관여하는 일본의 독특한 정부·여당 2원체제 하에서 예산당국은 예산편성의 주도권을 위협받지 않는 범위 내에서 자민당의 재정지출확대 요구에 타협해왔다고 할 수 있다. 이것이 결국 재정지출을 확대시키고 재정적자를 심화시켜온 구조적 요인의 하나로 지적되고 있다.

셋째, 일본정부의 재정지출 규모는 다른 OECD 주요 국가와 비교하였을 때 상대적으로 작은 편에 속한다. 그리고 재정지출 규모는 지속적으로 증가해오다가 세출삭감의 재정개혁이 본격화된 2000년대 초반부터 증가 폭이 둔화되면서 2003년도부터는 소폭이나마 감소하는 양상을 보이고 있다.

한편 자본형성지출은 다른 국가와 비교하여 오히려 상대적으로 높은 편인데 이는 다른 국가보다 산업기반시설 확충에 역점을 둔 경제성장 위주의 재정정책이 반영된 결과라고 볼 수 있다. 그리고 급속한 고령화와 소자녀화가 진행되면서 사회보장관계비가 지속적으로 증가하는 추세를 보이고 있다.

넷째, 1970년대의 석유파동으로 인한 경기침체에 따른 세수 감소를 계기로 1975년도부터 현재까지 1980년대 후반 90년대 초 몇 년 동안을 제외하고 매년 거액의 적자국채가 발행되고 있다. 그 결과 2008년도 현재 중앙정부 및 지방자치단체의 장기 채무를 더하면 GDP의 150%에 이르며 공채금 수입이 전체 재정수입의 30%대에 이른다. 이러한 누적채무와 공채 의존도는 다른 주요 OECD 국가의 2~3배에 이르는 것으로 상당히 심각한 수준의 재정적자 상태에 직면해 있다고 할 수 있다. 이는 결국 공채발행에 의한 지출확대와 감세정책이 경기부양 효과도 얻지 못한 채 재정운영의 비효율성이 증대되어 다시 대규모의 재정자금이 투입되는 악순환이 반복된 결과라고 볼 수 있다.

다섯째, 2000년대에 접어들어 고이즈미 내각의 발족과 함께 경제 활성화와 재정 건전화를 목표로 한 재정개혁이 적극적으로 추진되고 있고 일단 수치상으로 세출삭감과 재정수지 개선에서 일정한 성과를 얻고 있다고 할 수 있다. 재정개혁의 성과가 가시화되기 시작한 2004년도를 기점으로 국채 발행액 및 공채 의존도가 감소 추세로 돌아서고 있기 때문이다.

다만 세출삭감에 치중된 불완전한 개혁으로는 재정수지 개선에 일정한 한계가 있을 것으로 지적되고 있다. 특히 최근에 닥친 글로벌 경제위기에 대응한 재정지출 확대에 따라 재정수지 개선 목표는 당분간 달성하기가 쉽지 않을 것으로 전망되고 있다. 게다가 양극화를 심화시키는 사회보장비 삭감에 초점을 맞춘 재정개혁으로는 근본적으로 경제활성화는 물론이고 재정적자 문제를 해소할 수 없다는 비판적인 견해도 적지 않다.

이런 관점에서 보았을 때 향후 경제 활성화와 재정수지 개선이라는 일본 재정개혁의 목표를 달성하기 위해서는 일면 상충될 수 있는 재정건전화와 사회안전망 확충을 어떻게 연계시킬 것인가가 예산운영의 중요한 전략적 과제가 될 것으로 전망된다.

생각해볼 문제

1 일본에서 복잡한 예산운영시스템이 형성된 배경은 무엇이며 재정민주주의의 관점에서 어떻게 평가할 수 있는가?

2 일본의 예산과정과 관련하여 예산운영의 효율성과 대응성(responsiveness) 확보의 관점에서 예산당국과 내각, 그리고 집권당 간의 바람직한 관계는 어떤 것인가?

3 일본에서 다른 주요 OECD 국가와 비교하기 어려울 정도로 대규모의 채무가 누적되어온 요인은 어디에 있으며 재정적자로 야기되는 문제점은 무엇인가?

4 재정운영의 방향성 모색과 관련하여 일본에서 뿐만 아니라 최근 우리나라에서도 논란이 되고 있는 경제 활성화와 재정의 사회통합 기능은 어떤 관계에 있는가?

참고문헌

강신택(2000), 「재무행정론」, 박영사.

국중호(1998), 「1990년대 후반 일본의 재정개혁과 세제개편」, 한국조세연구원.

이남수·서세욱(2007), 「최근 일본의 재정개혁과 시사점 - 고이즈미 내각의 개혁을 중심으로-」, 국회예산정책처.

飯尾潤(2004), 財政過程における日本官僚制の二つの顔. 經濟産業研究所, 「RIETI Discussion Paper Series」, 04-J-007.

池田篤彦編(2008), 「圖說日本の財政平成20年度版」, 東洋經濟新報社.

大島通義・神野直彦・金子勝(1999), 「日本が直面する財政問題」, 八千代出版.

大田弘子(2006), 「經濟財政諮問會議の戰い」, 東洋經濟新報社.

財務省財務總合研究所(2008a), 「財政金融統計月報」, 672號.

_____(2008b), 「財政金融統計月報」, 674號.

新藤宗幸(1995), 豫算の編成, 「第4卷講座行政學」, 有斐閣.

神野直彦(2007a), 「財政のしくみがわかる本」, 岩波ジュニア新書.

_____(2007b), 「財政學」, 有斐閣. 財政學」, 有斐閣.

_____・宮本太郎編(2006), 「脫「格差社會」への戰略」, 岩波書店.

西尾勝(2001), 「行政學」, 有斐閣.

藤原碩宣編(1992), 「財政と現代」, 學文社.

本田雅俊(2001), 「現代日本の政治と行政」, 北樹出版.

眞渕勝(1994), 「大藏省統制の政治經濟學」, 中央公論社.

山口二郎(1987), 「大藏官僚支配の終焉」, 岩波書店.

Campbell, John C.(1977), Contemporary Japanese Budget Politics, The
    Regents of the University of California.

일본 내각부 홈페이지(www.cao.go.jp/)

    재무성 홈페이지(www.mof.go.jp/)

    후생노동성 홈페이지(www.mhlw.go.jp/)

07

중앙지방관계와 地方自治

임승빈

1 전후(前後)개혁과 현재의 지방 자치제도의 성립

    1946년에 '지방자치법'이 제정되어 1947년부터 실시된 일본의 지방자치는 2차 대전의 승전국인 GHQ(연합군사령부)에 의하여 골격이 이루어졌다고 해도 과언이 아니다. 그 이전의 일본 지방자치는 明治국가 때 형성되어 1945년에 패망될 때까지 지방자치라고 하기보다는 중앙의 통치기구로서 지방행정이 지속되어왔다. 明治지방자치는 세계사적인 관점으로부터 보면 아시아에 있어서 국민국가형성의 일환으로서 일본에서 국민국가적인 통일이 달성되고 그 국민국가형성의 기반으로서 지방자치가 시행되었다.[1] 당시 일본은 유럽의 지방행정 제도를 도입은 하였으나 그들 나름대로 국내의 통치질서에 맞게끔 재편하였던 것이다. 19세기 말 明治시대의 일본에 있어서 국민국가는 천황제국가로서 성립하였기 때문에 지방행정 또한 천황제국가를 지탱하는 하나의 중요한 지지기반으로서 이해가 되었던 것이다. 따라서 거의 비슷한 시기에 토크빌이 미국을 시찰하고 지방자치가 민주주의의 기초라는 의식은 戰前의 일본에서는 전무하였다고 해도 과언이 아니다. 이러한 상태 속에서의 전후 일본지방자치의

---

1 山田公平, "明治地方自治の國際的性格", 「日本地方自治の回顧と展望」, 日本地方自治學會編, 東京: 敬文堂, 1989年, p.56.

실시는 미국식 민주주의체제에 뿌리를 둔 근대적 지방자치의 시작이라고 할 수 있는 것이다. 지방자치와 관련된 전후 개혁의 성질 가운데 주요한 내용들의 특징을 개관하면 다음과 같다. 첫째, 도도부현과 시정촌이라는 2층제의 행정단위 구성방법을 각각 주민에 의한 단체장민선과 지방의회 민선이라는 기관대립형의 지방자치체를 실시하게 되었다. 자치단체기관 구성은 크게 두 가지로 나누어 집행부와 의회가 각각 독립적으로 구성하는 기관대립형과 의회가 집행부를 관할하는 기관통합형이 있으나 전후 일본의 지방자치제는 전자를 택한 것이다.

둘째, 지방자치단체의 공무원을 종래에는 관리(국가공무원)로서 취급했으나 지방공무원화시키고 그들의 임명권을 단체장에게 이양한 것이다. 이 결과 지방공무원은 노동조합 결성이 자유로워졌으며 전후 혁신자치단체 운동을 가능하게 한 요인으로도 작용하였다. 셋째, 明治시대 이후 지방자치단체를 장악해왔던 중앙정부의 내무(內務)성이 해체된 점이다. 이로써 자치단체를 실질적으로 관리하는 중앙부처가 소멸되어 자치단체의 자율성이 확보되게 되었다는 점이다. 물론 완전한 자율성은 아니었고 국가사무를 자치단체가 위임받아 처리하여야 하는 것이 명문화되었으며 중앙정부에 대한 재정적인 비율은 큰 변화 없이 유지되었다는 점 또한 한계라고 지적할 수 있겠다.

이하에서는 일본의 지방자치의 특징을 중앙과 지방과의 관계변화, 그리고 1990년대 이후 지방분권을 강조하면서 나타난 여러 가지 제도적 변화인 기관위임사무의 폐지, 삼위일체개혁, 시정촌 통폐합 등에 대해서 살펴보고 향후 전망으로서 도주제에 대한 논의를 정리하고자 한다.

2 ___ 시기별 중앙, 지방 간의 권력관계 변화

1) 중앙통제의 시기(1955-1965)

55년 체제에 의하여 탄생한 전후의 보혁 대립은 중앙권력과 지방권력이라고 할 수 있는 자치단체에게도 큰 영향을 미쳤다. 1955년에 보수정파 간의 연합세력인 자민당의 탄생과 공산당을 제외한 진보그룹 간의 연합세력인 사회당의 등장으로 정권은 보·혁대결로 양분화되었으며 보수정당인 자민당이 경제적인 고도성장을 배경으로 장기집권의 기틀을 잡는 시기라고 할 수 있다. 이 시기는 중앙정부는 보조금과 예산편성권을 이용한 지방에의 통제를 강화시키려는 집권화 경향과 지방에서는 권한의 이양을 주장하는 분권화의 움직임이 강했던 시기였다. 이때 정치가들의 움직임은 당시 이케다(池田) 수상을 대표하듯이 소득증대를 위하여 자치단체 역시 중앙의 보조금을 가져오는 데에 혈안이 되었기 때문에 재정적으로도 중앙에의 의존이 심했다. 따라서 3할 자치라는 자조적(自嘲的)인 용어도 등장했던 때이다. 이시기의 사무·인사·예산배분과정에서의 정부 간의 관계는 중앙의 통제가 강조된 시기였다고 할 수 있다. 자치단체의 사무 가운데 국가위임사무가 60% 이상을 차지했으며 인사도 지방사무관이라는 제도를 두어 중앙에서 자치단체를 통제하였다. 또한 예산에서는 예산편성지침을 하달하여 자치단체의 자율성은 상당부분 제약받는 상태였다.

2) 혁신자치단체의 등장시기: (1967-1977)

1960년대 중반 이후 도시부를 중심으로 공해, 복지, 주택 등 고도성장의 병리현상이 곳곳에 나타났다. 그 해결을 보기 위해 자치단체 내부에서는 주민운동이 활발해졌으며 시정참여운동이 東京, 오사카를 중심으로 번지기 시작했던 것이다. 이러한 주민운동과 혁신정당 등이 무당파 층을 흡수하며 京都, 오사카, 橫兵 등지에서 자치단체의 권력을 잡기에 이른 것이다. 이들은 풀뿌리 민주주의를 표방하며 국책사업 추진에 있어 중앙권력과의 충돌도 마다하지 않았다. 정부여당인 자민당은 록히드 사건 등으로 신자유 클럽이 등장이 상징하는 것처럼 점차 쇠퇴하기 시작했으며 제1 야당인 사회당도 좌우대립으로 당세를 확장시키지 못한 상태였다. 그 대신에 도시부를 중심으로 공명당과 공산당이 당세를 확장하기 시작했다. 관료는 중앙권력의 진공상태를 이용하여 그 어느 때보다 세력을 확장하였던 시기라고 할 수 있다. 이때의 정부 간 관계는 혁신자치단체의 도시부와 보수지지층의 농촌부자치단체로 나눌 수 있겠는데 혁신자치단체와 중앙정부는 초기의 단절과 충돌에서 점차적으로 혁신자치단체의 여당화로 인하여 후에 나타나는 상호의존관계의 전조가 형성되었다고 할 수 있다. 이 시기의 사무·인사·예산배분과정에서의 정부 간의 관계는 여당 쪽의 자치단체인가 혹은 혁신자치단체인가에 따라 그 양상이 달랐다고 할 수 있다. 다나카로 대표되는 열도개조론 속에서의 지역이익유도주의 성향은 중앙의 거물 정치가를 움직이게 했으며 정계에서는 건축·토목유치사업을 중심으로 뛰는 土建族이 태동되었다고 할 수 있다. 따라서 농촌지역의 자치단체와 중앙정부의 정부 간 관계는 중앙과의 연결고리를 강조하는 시기였다고 할 수 있다. 이에 반하여 도시부의 자치단체에서는 도시공해와 도시하층민의 권익보호를 강조함으로써 개발위주의 중앙정책과의 충돌을 가져왔다. 따라서 도시부의 자치단체와 중앙정부와의 관계는 악화 내지 단절되는 시기였다고 말할 수 있다.

3) 이익유도형 시기(1979-1993)

자민당 장기집권인 55년 체제 가운데서, 자치단체의 기본권 강조를 외쳤던 1960년대와 1970년대의 혁신자치단체의 시대가 끝나감과 동시에 지방권력의 중앙에의 투쟁을 종식시켰다고 할 수 있다. 그 대신에 족의원이라는 용어가 등장하였는데 이는 정부보조금규모가 큰 성청인 농림수산, 건설, 교통 상임위원회에 농촌출신의원들이 몰리면서 생겨난 현상이라고 볼 수 있다. 이들은 해당관료와 밀접한 관계를 유지하는 族議員이 되었으며 해당 자치단체는 족의원에게 강력한 정치적 기반이 되었던 것이다. 이러한 중앙과 지방의 관계를 집권과 분산이라는 말로 표현하기도 했던 시기이다. 이론적으로도 1955년부터 신보수주의 등장하던 시기까지 일본의 정부 간 관계를 분석하는 시각은 집권분권론적인 제도적 접근방법이 주류를 이뤄왔다고 할 수 있다. 이러한 전통인 일본의 지방자치론의 정부 간 관계에 대한 인식에 대해 집권-분권론 적인 연구를 무라마쯔(村松), 오타케(大嶽), 이토(伊藤) 등은 이를 전통적인 '垂直的 行政統制 모델'이라고 비판하고 있다. 그 대신에 그들은 신보수주의 등장과 때를 맞추어 '水平的 政治經濟 모델'을 제시하고 있다. 이러한 논쟁은 일본 정치행정을 분석하는 데에 있어서 파라다임의 전환이라고도 말할 수 있겠다. 즉 이전에는 중앙정부의 일방적인 통제에서 신보수주의의 영향으로 재정적자와 작은 정부의 지향 등으로 자연스럽게 자치단체에의 분권을 강조하면서 정부 간 관계 자체가 상호의존적으로 바뀌고 있다는 것이 이들의 주장이었던 것이다. 多元主義論者라고 할 수 있는 그들은 일본 지방자치의 空洞化理由를 중앙의 이니셔티브적인 지방통제·지방위임 사무의 증가, 정부보조금에 의한 재정통제, 중앙으로부터의 낙하산식 人事制度 등을 열거하고 있는 集權分權論者들을 비판하고 있다. 다원주의자들에 의하면 이러한 논의는 1945년 이후부터 1960년대 중반까지의 설명은 가능하지만, 거꾸로 그 이후의 지방선거에 있어서 지방정부에 의한 중앙에의 압력, 陳情活動, 지방출신정치가의 역할 등을 설명하기 위해서는 '수평적 정치경쟁 모델'이 타당하다고 주장하고 있다. 정부 간 관계에서 통제 중심의 일본행정을 지적하고 있는 집권분권론자의 경우는 주로 국가의 지배구조를 염두에 두고 권력관계를 분석하고 있지만 다원주의론자는 정책형성의 행위자인 정치가는 주로 권력구조 안에서의 예산 획득 과정에서의 역할을 하고 있다고 생각된다. 예를 들면, 캠벨이 일본의 예산편성에서 보이는 커다란 특징의 하나로서 다른 어떠한 나라보다도 많은 정책결정이 예산편성의 일부로서 행하여지고 있다는 점을 들고 있는 것은 이러한 의미에서 이해될 수 있겠다.

집권분권론자들은 국가의 지배구조를 지나치게 의식하여 중간 계층에 해당되는 지방정부의 독자적인 역할을 법제도적인 분석에 치중하였다고 생각된다. 예를 들면, 쓰레기 처리문제, 情報公開制度 등에 있어서는 지방정부에서 중앙정부보다 먼저 제도화가 진행되어 시행되고 있는 현실을 집권분권모델로서는 설명하기 어렵다고 생각된다. 또한 집권과 분권의 개념은 제로 섬(Zero sum)적인 관계가 아니라 동시에 팽창이 가능하고 또한 동시에 위축될 수도 있다고 생각된다. 예를 들어, 사회보장정책에 있어 최근의 변화로서 중앙정부의 강력한 권한의 아래에서 실시되는 生活保護法을 제외하고는 복지6법에 대해서는 지역의 다양성을 인정받아 機關委任事務로부터 團體委任事務로 변하는 새로운 정부 간관계가 성립되었다. 이러한 변화는 전후 일본의 정부 간관계가 정책결정의 변용에 의해 변화했다는 것을 시사해주고 있다. 이러한 변화가 일어난 이유는 여러 가지가 있겠으나 행정환경의 변화가 큰 요인이 된다.

이 시기의 사무·인사·예산배분과정에서의 정부 간의 관계는 고도성장전기나 혁신지방자치 때와는 달리 이익을 중심으로 한 상호의존적인 성향을 강조했던 시기라고 할 수 있다. 그 이유는 정치적 성공과 경제적 발전을 이루기 위하여 국고보조금을 확보하려는 목표에 중앙과 자치단체 모두 일치되었기 때문이라고 볼 수 있다. 따라서 중앙의 족(族)의원-업계-자치단체의 강한 삼각 트라이앵글로 지방의 SOC사업에 과다한 정부투자를 일으켜 재정적자의 심화라는 부작용도 발생시켰다.

4) 지방분권시기(1993-현재)

일본에 있어서 1993년 8월 9일은 지난 1955년 이래로 장기집권했던 자민당의 붕괴와 연립정당으로 구성된 호소가와(細川) 內閣의 발족이라는 역사적인 전환점이 되는 시기라고 할 수 있다. 호소카와 내각은 기존의 행재정개혁이 가지고 있는 여러 가지 기본방향에서 특히 지방분권에 치중을 하는 행재정개혁을 추진하게 되었다. 이러한 행재정 개혁의 흐름은 1994년 12월, 지방분권대강방침이 閣議決定으로 통과되었고 1995년 7월, 지방분권추진법을 성립시켰던 것이다. 이를 받아들여 일본정부 내에서는 학자그룹과 경제인, 전직관료들을 중심으로 지방분권추진위원회가 발족되어 구체적인 검토작업에 들어갔다. 그러나 법률은 성립되었어도 지방분권의 구체적인 모습은 1996년도에 중간보고서를 제출하였고 최종보고서가 아직은 드러나지 않고 있는 상태이다. 이 분권추진위원회는 정부로부터 독립된 제3자 기관으로서 7인의 위원으로 구성된 '지방분권추진위원회'가 담당하게 되었다. 1995년에 성립된 지방분권법의 주요한 내용은 국가와 지방공공단체와의 역할분담을 재조정하는 문제, 지방분권을 추진하기 위하여 보조금시책 등을 재검토하는 문제, 총리부에 '지방분권추진위원회'를 두는 문제 등이 포함되어 있다. 1990년대 행재정개혁은 지방분권 추진을 위해 구체적인 법을 정비한다는 의미로서만 중요하지 않고 중앙권력과 지방권력의 역할분담과 권력의 분산을 지향하고 있다는 점에서 중요했다.

이 시기의 중앙과 지방과의 관계가 왜 변화했는지에 대해서는 대내외적 요인으로 분석하는 경향이 강하다. 고도경제성장기라고 할 수 있는 1980년대 말까지만 해도 일본은 경제발전 지상주의에 입각한 강력한 중앙집권 체제를 유지하였다. 지방의 독자성이나 자주성은 경제발전 지상주의 하에서 논의의 여지를 찾을 수 없었다. 그러나 버블경제의 붕괴, 리쿠르트 사건에 의한 정치권에 대한 불신, 주택금융회사의 불법 대출 등으로 인한 관료에 대한 불신 등이 겹쳐지면서 중앙에 대한 불신감이 커졌던 원인도 있다. 또한, 사회 내부적으로도 산업의 소프트화, 고령화(高齢化), 소자화(少子化), 국제화, 정보화 등의 경제·사회적 변화가 발생되면서 국민의 의식과 가치관에 커다란 변화가 야기되었다. 이러한 변화의 이면에는 경제대국이라는 명성에 부응하는 생활대국을 건설하기 위해서는 국민 개개인의 가치와 삶의 질이 향상되어야 한다는 사회적 분위기가 팽배해 있었다. 따라서 국가, 기업 및 조직 중심의 집단주의적 사고로부터 개인, 가족 중심의 개인주의적 가치가 새롭게 존중되기 시작하였다. 이러한 가치관의 변화는 자연스럽게 국민 각 개인이 거주하고 있는 지역의 자주성과 이어져 지방분권의 중요성이 부각되었다. 주민자치에 입각한 지역의 정치 활성화를 위하여 주민참여의 수단으로 주민투표 및 정보공개제도 등이 논의되는 결과로 이어졌다.

반면에, 1990년대의 장기적인 경제침체는 재정적자의 가속화를 가져와 국민의 조세부담이 커지면서 지방으로부터의 지방분권을 강조하는 시기라고 볼 수 있다. 지방분권론자들은 지역 경제의 활성화를 위하여 정치행정권한의 이양과 책임체제, 시정촌과 도도부현의 역할배분, 중앙정부의 행재정과 관련된 규제완화, 재원의 재배분 등이 이루어져야 한다고 주장하였다. 특히 지방에 소재하고 있는 경제단체들의 지방분권 개혁에 대한 요구는 매우 강했다(辻山, 1995).

3___ 1990년대 행정개혁과 중앙권력과 지방권력의 역할 변화: 기관위임사무의 폐지

1990년대 중반부터 시작된 행재정개혁에서는 중앙권력과 지방권력의 역할분담문제가 중요한 이슈가 되었다. 중앙과 지방의 역할분담문제 가운데 가장 첨예하게 대립되고 있는 것은 종전의 국가사무라고 할 수 있는 기관위임사무와 그에 따른 재원의 재조정에 관한 처리문제라고 할 수 있다. 기관위임사무라 함은 국가, 광역자치단체인 都道府縣, 기초자치단체인 市町村 및 그 외의 공공단체의 사무이면서 법령에 의하여 광역자치단체의 지사 및 기초자치단체의 장의 기관에 위임되는 사무를 말한다. 지방자치단체의 행정은 그 실시에 있어서 자주성, 종합성의 확보가 꾀해져야만 하지만, 기관위임사무에 관해서는 통달이나 보조금교부 등에 의한 국가의 통제가 행해져 지방자치단체행정의 자주성, 종합성을 저해하고 있다. 또한 그로 인하여 행정책임의 소재를 불명확하게 했다. 예를 들면, 지방자치단체의 집행단계에서 재량이 필요한 경우(복지관련사무 등)와 법령해석에 차이가 있는 경우(외국인 등록, 지방공무원의 임기 등)가 이에 해당한다 하겠다.

이와 같은 기관위임사무는 지방자치법별표 3-4에 열거되어 있으며 주요한 사무로서는 생활보호ㆍ아동수당 등의 관계사무, 국민연금수첩ㆍ신체장애자수첩의 교부, 행정서사ㆍ조리사ㆍ이용사 등의 시험, 여관업·공중목욕탕 등의 허가, 도로·하천 등의 관리, 도시계획사업, 호적사무, 외국인등록사무 등이 있다. 지방자치단체의 장은 기관위임사무의 집행에 있어 국가의 기관으로서의 입장에 서야 하기 때문에 사무 처리에 있어 광역자치단체는 주무장관, 기초자치단체에서는 광역자치단체의 장 및 주무장관의 지휘감독을 받도록 되어 있다. 일본에서는 이러한 기관위임사무가 자치단체의 자율성 확보라는 측면과 국가 전체의 행정의 통일성 확보라는 측면에서 끊임없이 논란이 되어왔던 것이다. 이러한 기관위임사무에 대하여 지방분권추진위원회에서는 새로운 사무배분案을 내놓은 것이다. 명칭 또한 기관위임사무에서 법정수탁사무라고 변경할 것을 제시하고 있다. 그리고 법정수탁사무의 범위를 선거, 호적, 여권 등에 한정하는 안을 발표한 것이다. 또한 국가위임사무에 대해서는 자치단체가 이와 관련되는 조례를 만들 수 없었으나 자치사무에 대해서 조례제정권을 자치단체에 부여하는 방침을 세웠다.

그 결과 1999년 7월 8일의 지방분권 일괄법 제정에 의해 2000년 4월에 기관위임사무제도가 전면적으로 폐지되었다. 중앙집권행정 시스템 중의 하나인 기관위임사무제도의 폐지는 지금까지 국가가 포괄적인 지휘감독권으로 처리해왔던 사무방식을 지방자치단체의 실정에 맞는 종합적인 행정으로 가능하게 하였다. 다음의 〈표 7-1〉은 기관위임사무의 폐지 이후의 사무구분 및 국가와 지방의 관여관계를 나타낸 것이다.

〈표 7-1〉 기관위임사무 폐지 전후의 국가의 관여의 변화

● 단체사무
(공공사무 · 단체위임사무 · 행정사무)
 	
· 조언/권고(제245조)
· 자료의 제출요구(제245조)
· 시정조치요구(제246조의2)
 	
※ 그밖에 개별법에 기초한 관여
	● 기관위임사무(432)
	
	· 포괄적인 지휘감독권 (제150조,제151조)
	  허가권 · 훈령권 · 감시권 · 취소정지권 등
	  수단방법에 대해 법령의 규정 불필요
	
	· 조언/권고(제245조)
	· 자료의 제출요구(제245조)
	· 시정조치요구(제246조의2)
	· 직무집행명령(대집행: 제151조의2)
	※ 그밖에 개별법에 기초한 관여

● 자치사무(단체사무+298)
〈관여의 기본유형〉
 	
· 조언/권고(제245조의4)
(시정권고:제245조의6)
· 자료의 제출요구(제245조의4)
· 협의
· 시정요구(제245조의5)
 	
※ 그밖에 개별법에 기초한 관여
· 동의,허가/인가/승인.지시 기본유형
  에 따른 최소한의 것에 한정
· 대집행, 그 밖의 관여 가능한 설정하지
  않는다
	● 법정수탁사무(247)
	〈관여의 기본유형〉
	
	· 조언/권고(제245조의4)
	
	· 자료의 제출요구(제245조의4)
	· 협의
	· 동의
	· 허가/인가/승인
	· 지시(시정요구: 제245조의7)
	· 대집행(제245조의8)
	
	※ 그밖에 개별법에 기초한 관여
	  가능한 설정하지 않는다

주)___는 지방자치법에 일반적인 근거규정을 둔 관여이며, 직접 동법에 의거하여 행할 수 가 있는 것
주) 기관위임사무 폐지 후, 그 사무 중에는 사무자체가 폐지(40)된 것과, 국가의 직접직행사무(51)가 존재한다.
주) 괄호안의 수는 법률 수를 나타내며 사무구분 간에 있어서의 중복 등으로 인해 상호숫자가 맞지 않는다.
자료출처: 임승빈 외(2008). 국가와 지방 간의 사무구분 체계 개선방안. 행정안전부 보고서.

2000년 4월의 지방분권일괄법의 시행은 국가의 상당부분의 권한을 도도부현에, 또한 도도부현의 권한을 시정촌으로 이양하게 되었다. 즉, 지방자치법 개정에 의해 20만 이상의 인구규모를 갖는 경우에는 권한을 일괄하여 이양하는 '특례시제도'를 창설(지방자치법 제252조 26의 3 제252조 26의 7)하며, 또한 도도부현에서 시정촌으로 권한이양의 경우는 '조례에 의한 사무 처리의 특례제도'를 창설(지방자치법 252조 17의 2 제252조 17의 4)하여 지역의 실정에 맞는 사무이양을 추진하도록 하였다. 이로 인하여 제도상으로는 지방의 독자성과 자율성을 보장해주는 계기를 마련하게 되었다.

4 재정적 관점에서의 중앙과 지방간의 관계변화 : 삼위일체개혁

1) 삼위일체개혁의 등장 배경

삼위일체개혁은 2002년 6월 각의에서 결정된 '경제재정운영과 구조개혁에 관한 기본방침 2002(이하, '기본방침 2002')'에서 처음으로 공식적인 개혁의제로 제시되었다. '기본방침 2002'에서 제시된 삼위일체개혁의 구상은 전년도 경제재정자문회의의 '향후 경제재정운영 및 경제사회의 구조개혁에 관한 기본방침(이하, '기본방침 2001')'[2]에서 제시된 재정건전화의 관점에 중점을 둔 재정구조개혁에다 지방분권의 관점을 결합시킨 것이라고 할 수 있다.

물론 삼위일체개혁의 등장 이면에는 '잃어버린 10년'으로 대변되는 장기간의 경기 침체 속에서 경제 활성화를 위한 구조개혁을 전면에 내세운 고이즈미(小泉) 내각의 출범과 같은 정치경제적 요인도 크게 작용하고

---

2 경제재정자문회의는 내각의 정책 및 예산 기능의 강화를 위해 중앙성청개혁의 일환으로 2001년 1월 내각총리대신을 의장으로 설치되었다. '성역 없는 구조개혁'을 내세우며 2001년 4월에 발족한 고이즈미(小泉) 내각의 구조개혁은 경제재정자문회의를 중심으로 논의되고 그 결과를 매년 6월에 기본방침의 형태로 각의에서 결정하여 차년도 예산편성의 지침으로 활용하는 방식이 제도화되기 시작하였다. 2001년 6월에 경제재정자문회의의 내각에 대한 최초 답신인 '향후 경제재정운영 및 경제사회의 구조개혁에 관한 기본방침'이 발표된 이후 중요한 정책방향이라는 의미에서 통상적으로 '骨太の方針'으로 불리게 되었다. 이 논문에서는 '기본방침'으로 약칭하고자 한다.

있다. 그리고 삼위일체개혁은 단순히 재정재건 및 재정분권을 목표로 한 재정개혁의 차원에서만이 아니라 국고보조금을 매개로 한 기존의 정·관·업 밀착의 권력구조와 관료지배구조의 개편을 의도한 정치개혁으로서의 의미를 지니고 있기도 하다(高木, 2004a : 2; 岡本, 2006b : 9~10). 그러나 삼위일체개혁 구상의 구체적인 형성과정을 보면 심각한 재정위기 상황 속에서 재정재건을 위한 재정구조개혁이 부상한 가운데 그에 반발하는 형태로 제기된 지방분권개혁노선이 합류되면서 등장하는 것으로 이해할 수 있다(坪井, 2004 : 15).

즉, 재정의 중앙의존적인 시스템은 고도경제성장기에는 유지가 가능하였으나 저성장체제로 전환되면서 중앙정부는 이제 지방으로 재원을 이전할 만한 재정적인 여력을 상실하게 됨에 따라 현실적으로 시스템의 유지 자체가 어려운 한계의 상황에 이르게 되었다. 그럼에도 불구하고 근본적인 제도개혁을 유보한 채 기존의 재정시스템 내에서 임시적 차입금에 의해 재정적자를 봉합해옴으로써 지방 채무를 누적시키는 한편 중앙과 지방의 연동적 재정위기를 심화시키는 결과를 초래해왔다고 할 수 있다.

1990년대 중반부터 재정위기가 심화되는 가운데 재정위기의 원인과 구체적인 개혁전략에 대해서는 견해가 나뉘어져 있었지만 기존 재정시스템의 한계와 지방재정개혁의 필요성에 대한 공감대는 광범위하게 형성되고 있었다(神野, 1998 : 215~23). 그런 상황에서 1990년대 후반의 하시모토(橋本) 내각의 재정구조개혁이 좌초된 후 다시 2001년 4월, 구조개혁을 최대 국정과제로 제시한 고이즈미(小泉) 내각이 발족함에 따라 지방 세출 및 교부세 삭감에 초점을 맞춘 재정재건노선의 지방재정개혁 구상이 전면에 부상하기 시작한 것으로 보인다.

따라서 삼위일체개혁의 핵심은 심각한 재정위기에 직면하여 기존의 재정분권노선과 재정재건노선이 합류하면서 등장한 복합적 · 통합적 재정개혁의 성격을 지니고 있다고 볼 수 있다. 실제로 개혁의 구체적 내용을 보더라도 재무성 주도의 재정재건노선에서 주장해온 지방 세출의 삭감 및 교부세의 감축과 함께 지방자치단체 및 총무성이 주장해온 재정분권노선의 국고보조부담금의 삭감과 세원이양을 통합해놓은 것으로 볼 수 있다.

결국 지방재정의 자율성을 위축시키는 국고보조부담금의 비중을 줄이고 지방세를 근간으로 한 자주재원의 비중을 늘림으로써 지방자치단체의 재정적인 자율성을 제고시키고자 하는 재정분권의 측면과 함께 지방자치단체의 세출 합리화를 통해 국고보조부담금 및 지방교부세와 같은 이전재정을 감축함으로서 재정 건전화를 모색하고자 하는 재정재건의 측면이 동시에 존재한다. 이렇게 중앙과 지방 간의 재정관계를 구성하는 3대 요소에 대한 통합적 · 포괄적 개혁이 대규모로 추진된 예는 전후 10년에 걸친 제도개혁기 이후 유례가 없는 지방재정개혁으로서 그 의의가 크다고 할 수 있다(국중호, 2005 : 232).

이렇게 개혁의 목표 및 내용에 있어서 일면 상충될 수 있는 재정재건과 재정분권의 요소가 혼재되어 있는 관계로 개혁의 구체화 과정에서 개혁 목표의 우선순위나 구체적인 전략을 두고 재정분권노선과 재정재건노선 간의 대립과 절충이 반복되는 복잡한 양상을 보여왔다. 한편으로는 대립하는 양 노선의 주장을 다 같이 함께 수용하는 대신 양 노선에서 각각 반대해왔던 개혁과제를 각자 하나씩 양보하게 함으로써 개혁에 대한 저항과 반발을 완화하여 결과적으로 개혁을 가능하게 한 요인이 되기도 했다.

2) 삼위일체 개혁의 평가

삼위일체개혁의 수치목표가 구체화되고 본격적으로 실행에 옮겨진 2004년도부터 2006년까지, 이른바 삼위일체개혁의 제1기 3년 간의 성과는 약 4조 7,000억엔의 보조부담금의 삭감과 3조엔의 세원이양을 비롯한 5조 1,000억엔의 교부세 총액의 감축으로 정리할 수 있다.

아울러 삼위일체개혁에서 재정분권개혁의 요체라고 할 수 있는 세원이양을 위해서는 먼저 세원이양에 필요한 재원 확보의 전제로서 국고보조부담금의 폐지·삭감이 개혁의 최대 초점이 되었다.

그 가운데서도 의무교육비 국고부담금이 가장 논란의 초점이 되었던 분야이다. 의무교육비 국고부담금의 폐지를 통한 일반재원화를 주장하는 지방자치단체 측과 기존 국고부담제도의 유지를 주장하는 문부과학성의 입장이 팽팽히 대립하였다. 결국 양자 간에 수차례의 협의 과정을 거쳤지만 지방자치단체 측의 주장은 받아들여지지 않고 국고부담제도의 근간을 유지하면서 교원퇴직금 부담금의 일반재원화, 초중등학교 국고부담율을 기존의 1/2에서 1/3로 인하하는 방법 등을 통해 1조 2,717억엔을 삭감하여 세원이양하는 것으로 결정되었다.

사회보장 관련 분야에서는 생활보호비 국고부담제도가 논란의 초점이 되었다. 지방자치단체 측은 생활보호와 같은 소득 재배분 관련 분야는 지방자치단체의 기능으로서 적합하지 않은 데다 법정수탁사무로 되어 있기 때문에 재원이 이양되더라도 지방자치단체의 재량성이 확대되는 것도 아니라는 이유로 생활보호비 국고부담금의 이양에 반대하였다. 반면에 후생노동성은 보호율의 상승과 지역 간의 보호율 격차를 해소하기 위해서는 지방자치단체의 재정부담을 늘려 보호비를 억제하는 방향으로 유도

할 필요가 있다는 논리로 국고부담율의 인하를 주장하였다.

국고보조부담금 가운데 가장 큰 규모로 삭감된 분야는 공공사업 관련 보조부담금이다. 1조 7,829억엔이 삭감되어 그 중 9,886억 엔이 대체 재원 조치 없이 단순 삭감되었고 7,943억엔이 마치즈쿠리교부금 등 교부금으로 전환되었다. 결국 공공사업 관련 국고보조부담금은 큰 규모로 삭감되었지만 세원이양으로 연계된 삭감액은 시설정비 보조금의 일부만이 포함되고 거의가 단순 삭감되거나 교부금으로 전환되었다. 공공사업 관련 국고보조부담금에 대해서 재무성은 공공사업 투자 재원은 건설국채로 충당되기 때문에 세원이양의 대상이 될 수 없다는 논리로 강력하게 반대했다. 결국 대체 재원 조치 없이 상당한 규모의 공공사업 관련 보조금이 삭감되었는데 이로 인해 지방으로의 부담전가에 불과하다는 지적을 받기도 한다(務台, 2006 : 56).

세원이양은 삼위일체개혁에서 가장 중요한 부분이라고 할 수 있는데 국고보조부담금의 폐지·삭감과 연계되어 단계적으로 진행되었다. 2004년도부터 소득양여세[3]를 신설하여 2006년도까지 국고보조부담금 개혁에 상응한 잠정적인 세원이양 조치가 매년도 단계적으로 취해졌다. 그리고 2005년도 정부·여당의 최종합의를 통하여 세원이양의 규모와 구체적인 방법에 관한 기본적인 골격이 마련된 후 2006년도에 세법 개정

---

3 본격적인 세원이양까지의 잠정조치로서 2004년도부터 2006년도까지 소득세의 일부를 용도를 한정하지 않은 일반재원으로 국고보조부담금 폐지·삭감액을 기준으로 도도부현과 시정촌 간에 양여세 총액을 배분한 후 각각의 지방자치단체별로는 2004년과 2005년은 인구수를 기준으로, 2006년은 개정된 개인주민세 소득할 세율에 따른 각 자치단체의 세원이양 예상액 등을 기준으로 양여한 제도를 말한다.

을 통하여 2007년도부터 시행되기에 이르렀다.

　　삼위일체개혁에서 시도된 다양한 지방 세출 억제책은 지방재정뿐만 아니라 국가재정의 수지 개선에도 긍정적으로 기여한 것으로 평가된다. 우선 국고보조부담금의 대폭적인 삭감, 지방 세출의 억제와 교부세 총액의 감축은 중앙재정의 재정이전 부담을 줄이고 세출 증가세를 둔화시키면서 공채발행액과 공채의존도를 감소시키는 데에 기여한 것으로 보인다. 2004년도를 기점으로 국채 발행액 및 공채의존도가 증가 추세에서 감소 추세로 돌아선 것은 삼위일체개혁의 성과가 반영된 결과라고 할 수 있기 때문이다(〈표 7-2〉 참조).

〈표 7-2〉 중앙재정의 공채발행액 및 공채의존도의 추이　　　　　　　(단위 : 조엔, %)

	2001	2002	2003	2004	2005	2006	2007
공채발행액	30.0	35.0	35.3	35.5	31.3	27.5	25.4
공채의존도	34.3	36.9	44.6	44.6	41.8	37.6	30.7

자료 : 재무성 자료(http://mof.go.jp/seifuan19/yosan001.pdf)
인용: 이정만 "일본 삼위일체개혁의 추진과정과 성과에 관한 일고찰" 일본의 공공분야혁신 및 지방정부 혁신과제 포럼세미나 발제문(29/09/2007, 지방행정연구원)

　　이러한 재정 건전화의 성과는 삼위일체개혁뿐만 아니라 다양한 영역에 걸친 재정구조개혁과 함께 경기회복에 따른 자연세수 증가 효과가 가미된 것이다. 따라서 삼위일체개혁이 중앙재정의 건전화에 미친 순수한 효과를 측정하기란 쉽지 않다. 그러나 삼위일체개혁에 의해 전체적으로 지방으로의 세원이양보다 국고보조금 및 지방교부세 등 이전재정이 7조 엔 가까이 더 크게 삭감됨으로써 중앙재정의 세출 부담을 감소시키고 악화 일로에 있던 재정수지 상황을 개선시키는 전환점이 된 것으로 평가할 수 있다(이정만, 2007).

삼위일체개혁의 성과에 대해서는 재정분권의 관점에서 내용적으로 미흡한 측면이 있다는 비판적인 지적도 적지 않다. 그러나 보조부담금율의 일률적인 삭감과 교부세상의 임시방편적 특례조치 등에 의해 재원 부족을 봉합해온 종전의 지방재정개혁과 비교하면 전체 보조부담금의 약 40%에 가까운 대규모의 보조금 삭감과 그에 연계된 세원이양 및 교부세 개혁이 통합적 · 포괄적으로 추진된 것은 획기적이라고 평가할 수 있다.

2004년도를 기점으로 중앙재정과 지방재정의 공채발행액 및 공채의 존도가 증가 추세에서 감소 추세로 돌아선 것은 삼위일체개혁의 성과가 반영된 결과로 볼 수 있다. 또한 약 3조엔의 세원이양은 기존의 59 : 41의 국세와 지방세의 배분구조가 56 : 44로 변화되어 지방의 자주재원인 지방세의 기반을 확충에 기여했다. 또한 지방재정의 전체 세입에서 지방세가 차지하는 비중을 37%에서 약 49%까지 증대시키는 동시에 국고보조금 및 지방교부세와 같은 의존재원의 비중을 낮춤으로써 전반적으로 지방재정의 자립도와 자율성을 확대시키는 방향으로 기여하였다고 평가할 수 있다.

그러나 국고보조부담금의 폐지 · 삭감이 사무 · 사업 권한이나 중앙정부의 관여 · 개입에 대한 조정 없이 주로 단순히 보조부담율의 삭감에 의해 실행됨에 따라 국고보조부담금의 삭감 규모만큼 지방재정의 자율성이 강화되었다고 보기는 어려운 한계가 있다. 또한 세원배분 및 지방의 세입구조가 개선된 것은 사실이지만 공적 지출의 60%를 담당하고 있는 지방 세출과 지방세 수입 간에는 여전히 큰 격차가 존재하고 있다. 그 결과 대규모 재정 이전에 의존하는 집권적이며 중앙 의존적인 전후 일본의 재정시스템의 근간에는 큰 변화가 없다고도 할 수 있다.

결론적으로 일본의 사례에서도 보듯이 재정분권화는 다른 분권정책에 비해 성과가 낮고, 이에 대한 중앙부처의 저항이 매우 크다는 것을 알 수 있다. 그러나 일본은 단계별로 재정분권화의 목표를 명확히 하고, 이를 달성하기 위한 분위기 조성 및 지지기반의 조성 등에 힘쓰고 있음을 확인할 수 있다.

5___ 행정구역 통합과 중앙과 지방 간의 관계변화 : 도주제 논의와 시정촌 통합의 전개

1) 도주제(道州制) 논의

도주제의 도입은 일찍이 부터 논의가 되기는 하였으나 활발한 논쟁을 불러일으키게 된 직접적인 동기는 일본 경제계의 요구에서 시작된다. 경단련(經團連)과 일경련(日經連)이 통합 발족했던 일본경단련은 2003년 1월, '활력과 매력 넘치는 일본을 목표로('오쿠다(奧田) 비전')'를 발표했다. 그 중에서 일본의 지방제도로서 '주제(州制)의 도입'을 들고 '우리들은 중앙, 州(지역의 광역정치 행정단체)'의 양쪽 정부와 현행의 시정촌보다 광역적인 자치단체의 세 가지 정치 행정조직이 각각의 해당분야에 관해서 책임을 가지고 수행하는 새로운 시스템을 구축하는 것을 요구했다. 또한 사회자본정비와 지역의 환경 대책 등의 내정분야에 관해서는 州정부(전국에서 5~10) 및 기초자치단체를 확대, 통합하여 300개 정도를 제기하고 있다.

이와 같은 인식은 도도부현의 수는 47개 단체로, 메이지 중기의 근대적 자치제도 도입 때와 변함이 없어 변화하는 경제사회에 적응하고 있지 못한다는 데에서 출발하고 있다. 즉, 지금의 도도부현의 구역은 8세기경부터 고대 율령제 아래에서의 지방행정단위를 기초로 하였고, 1603년부터의 에도시대의 바쿠후(幕府)와 각 항(藩)의 관계를 기초로 하고 있는데,

이는 역사적으로 형성된 일본인의 의식과 합치하는 점에서 안정적인 것이지만 1945년 이후의 경제성장과 더불어 도도부현의 규모가 경제 실태와 맞지 않다는 것이다.

지방경제계의 움직임도 활발하다. 관서경제연합회는 2003년 2월, '지방의 자립과 가기책임을 확립하는 관서 모델의 제안'을 발표했다. 발표내용에서는 당면 과제로서 도주제의 도입만을 기다리지 않고, 광역연합 방식을 우선적으로 취해 도도부현이 국가 사무의 수혈로서 활용하는 것을 요구하고 있다. 또, 관서경제연합회는 2005년 '분권개혁에 있어서 관서의 올바른 자세'를 발표했다. 중부경제연합회는 2002년에 '도주제 이행의 제안'을 발표하고, 2004년 7월에는 도주제를 도입했을 경우 재원배분의 올바른 자세에 관해서 제안을 발표했다. 중앙지역경제연합은 2004년 11월, '중앙지방으로의 도주제이행론'을 정리하고 있다. 시코쿠(四國)의 네 개 현(縣) 경제동우회는 2005년 1월 4동우회의 틀에서 '시코쿠에서 도주제에 관한 검토위원회'를 발족시킨다고 발표했다. 큐슈경제동우회는 2005년 5월 큐슈 오키나와 8현과 국가의 중앙관청을 통합해서 '큐슈자치주'로 발전시키고, 독자적으로 산업정책을 진행하는 것 등을 목표로 '큐슈자치주 구상의 제안'을 어필했다(에구치 가츠히꼬, 2008).

최근의 동향으로 특징적인 것은 도도부현의 도주제 도입을 향한 움직임이다. 정부에서 도주제의 모델로 지정했던 북해도는 2004년 7월 도주제 특구로 전략적인 안건을 정리하고, 도의회에 보고하고 있다. 도내에 있는 국가의 중앙기관 가운데, 국토교통省 북해도개발국 등 10개 기관을 '통합행정청'으로 정리한 후에 10년 후를 목표로 도청과 통합해서 도주정부를 신설하는 계획을 나타내고 있다. 또, 이와테현(岩手縣), 아오모리

현(靑森縣), 아키타현(秋田縣)의 북동북 3현(縣)은 2003년 10월부터 각 현의 과장급에 의한 북동북 정책추진회의를 설치하고, 의논을 진행하고 있다. 더욱이 오카야마현(岡山縣)의 '中四國(중앙지방,시코쿠) 구상' 후지야마縣의 '코시(越)의 나라 구상(중앙지방 중 북쪽지방의 옛 명칭(北陸 4縣))', 카나가와縣 지사에 의한 '수도권연합(광역연합)' 등 다양한 도주제 구상이 나오고 있다.

2006년 2월 제 28차 지방제도조사회의 '도주제의 올바른 자세에 관한 답신'은 도도부현을 폐지하고 광역자치단체로 재편하는 '도주제의 도입이 적당'이라고 답신했다. 답신은 '도도부현 구역을 넘어서는 광역행정과제의 증대'로서 '도시화와 과소화(過疎化)의 동시진행과 인구 감소 등에 기인하는 과제에서 광역적 대응을 필요로 하는 것은 한층 증가한다'가 '재정적 제약의 증대에서 도도부현을 단위로 했던 행정투자에 의해 공공시설 등을 정비하고, 유지 갱신해가는 것은 어렵게 된다'고 서술하고 있다.

이 답신은 국가와 도주, 시정촌의 역할분담에 관해서 국가와 외교와 안전보장 등 '국가의 존립에 관여되는 것'을 제외, 가능한 한 도주에 권한을 이양한다. 현재의 도도부현의 권한은 대폭 시정촌에 이양하고 도주는 광역적인 역할에 중점을 이동한다는 원칙을 나타냈다. 특히 '各 부성(府와 省)의 지방지분부국이 실시되고 있는 사무는 가능한 도주에 이양한다'고 기록하고, 국가의 중앙기관의 기능을 도주로 이동해야만 한다는 생각을 포함시켰다. 국가에서 도주로 이양해야할 권한으로는 국도 일급 하천의 관리, 제2종 공항의 관리, 소방설비의 관리, 대기오염 수질오탁방지, 중소기업대책, 지방산업 관광진흥대책, 농지전용의 허가, 자동차등

록검사, 직업소개 훈련, 위험물 규제등 21항목을 들었다. 도주제로의 이행은 전국 동시를 원칙으로 하지만, 도도부현과 국가가 합의하면 선행도입도 인정한다는 점도 특징적이다. 도주의 행정 Top인 '장(長)'과 도주의 의회의원은 함께 주민에 의해 직접선거로 뽑는다. 단, 강대한 권한을 가진 도주의 장의 다선(多選)은 금지한다는 내용도 있다. 도주의 규모는 전국을 9, 11, 13도주로 나누어 구역 예를 예시하고, 애매했던 도주제의 이미지와 큰 틀을 처음으로 확립했다는 점에서 의미가 있다고 볼 수 있다. 예시했던 3개의 구역나누기는 모두 북해도와 오키나와현을 현상인 채로 도주로 이행한다. 동경에 관해서는 독립된 하나의 도주로 하는 안도 병기했다(에구치 가츠히꼬, 2008).

그러나 도입의 구체적인 시기는 명기하지 않고 '국민적 의논의 동향을 밟아서 행해야만 한다'고 해서 멈췄다. 그 위에 정부에 대해서 국민적 의논이 깊어져 도입의 기운이 높아지면 이념과 프로세스를 규정하는 추진법제를 정비하는 것도 제안하고 있다. 도주제를 주장하는 논의를 정리해 보면 다음의 4가지로 요약할 수 있다. (1)시정촌 합병이 진행되는 것으로 도도부현이 행하는 시정촌을 보완하는 사무가 축소되고, 도도부현 무용론이 나온다는 것이다. (2)지방분권화를 추진하기 위해서 권한과 재원의 수혈을 정비할 필요가 있다. (3)도도부현을 넘어서는 광역적인 과제에 대응할 수 있는 자치조직이 요구되고 있다. (4)국가의 중앙기관과의 통합 모체 도주(道州)를 만드는 것으로 중복행정을 회피하고, 행정조직의 슬림화를 추진한다는 취지에 부합한다. 이와 같은 도주제의 구상을 도식화해서 간략하게 말하면 도주제란 도도부현의 구역을 합병하고 국가의 지방중앙기관과의 통합을 이루는 것이라고 볼 수 있다. 즉, 지금 일본에서 논의되고 있는 도주제는 실현 가능성의 여부는 추이를 보다 면밀히 관찰하여야겠으나 단순한 도도부현 자치구역의 재편 합병이 아니라 근본적으로 국가개조라고 볼 수 있으며 전폭적인 중앙과 지방과의 관계 변화라고 볼 수 있다.

바꿔 말하면, 도주제가 원하는 것은 통치구조의 변혁이다. 국가는 외교 방위 등 국가밖에 할 수 없는 것에 전념하고, 내정의 대부분은 지방에 위임한다고 하는 것이다. 도주제의 도입에 의해서 '지방분권'과 '행정의 효율화=슬림화'를 실현하려는 구상이라고 볼 수 있다.

2) 시정촌(市町村) 통합

광역지방정부인 도도부현과 기초지방정부인 시정촌이라고 해도, 그 인구나 면적은 각각 다양하다. 도도부현을 보더라도 인구 1천만 명을 넘는 도쿄도에서 60만여 명의 돗토리현에 이르기까지, 면적 8만㎢를 넘는 홋타이도에서 2천㎢가 안 되는 카가와현에 이르기까지 규모가 다른 47개의 단체가 있다. 시정촌은 더욱 다양하다. 인구 3백만 명을 넘는 요코하마시에서 2백 명 미만의 도쿄도 아오가시마무라에 이르기까지, 면적 약 1,400㎢의 홋카이도 아쇼로쵸(町)에서 약 1.27㎢의 나가사키현 다카시마쵸(町)에 이르기까지 이 모든 것이 시정촌이라고 부르는 지방자치체이다.

시정촌의 수를 보면, 제2차 세계대전 후부터 조금씩 줄어들고 있다. 이것은 대체로 지방의 재정규모를 확대하여 그때 그때의 문제에 대처하기 쉽도록 하기 위해서이다. 특히, 1953년부터 1955년에 걸쳐 정촌(町村) 합병법에 근거하여 중앙정부의 유도 하에 정촌합병이 진행되었으며, 이 기간 동안에 약 1만이었던 시정촌이 절반으로 줄어들었다. 그 결과, 시정촌의 행·재정력이 확충되어 도시화에의 대응에 이바지하게 된다.

시정촌의 합병은 이후에도 시정촌의 실정에 맞게 진행되어 1990년도 초반에는 다음의 〈표 7-3〉과 같이 시정촌 수가 3,229개에 이르렀다.

〈표 7-3〉 일본자치단체의 수 (1995년 4월 현재)

都道府縣	47	都	1		
		道	1		
		府	2		
		縣	43		
市町村	3,232	市	664	指定都市	12
				中核市	17
				그 외의 市	635
		町	1,992		
		村	576		
특별구	23				
일부사무조합	2,830				
광역연합	1				

일본의 시정촌은 1888년 제도가 도입된 이래, 사회경제의 발전과 더불어 일상생활권의 확대에 대응할 수 있도록 서서히 그 규모를 확대해온 것으로, 기초적인 자치체로서 주민과의 친근함은 유지되고 있다고 하겠다. 시의 경우에는 도도부현에서처럼 사회경제권의 확대가 행정 단위를 넘는 경우에 문제가 되고 있다. 이와 같은 문제에 대한 대책으로서 지방분권 개혁의 큰 방향 가운데 하나는 시정촌 합병을 통하여 지방분권을 이루고자 하는 데에 있어 2008년 현재 약 1,800여 개로 급격히 감소하였으며 지금도 진행 중에 있다(〈그림 7-1〉과 〈표 7-4〉 참조).

〈표 7-4〉 주요국과 우리나라와의 기초자치단체별 인구 · 면적 비교　　　　　　(단위: 천명, ㎢)

국가명	인구 (천명)	면적 (㎢)	기초자치단체		
			개수	평균인구	평균면적
한 국*	48,584	99,924	230	211.2	434.5
일 본	127,347	377,835	1,800	70.7	209.9
미 국	280,563	9,384,677	19,429	14.4	483.0
영 국	60,178	241,752	434	138.6	557.0
프랑스	59,440	543,965	36,700	1.6	14.8
독 일	82,506	357,021	15,300	5.4	23.3
오스트리아	8,170	83,855	2,350	3.5	35.7
스페인	40,077	504,782	8,100	5.0	62.3
네덜란드	16,068	41,863	548	29.3	76.4
포르투갈	10,084	92,389	308	32.7	300.0
핀란드	5,184	338,127	452	11.5	748.0
노르웨이	4,525	386,919	435	10.4	889.5

자료출처: 행정자치부(2004). 내부자료. 한국*과 일본*의 경우 필자가 2008년도를 기준으로 재구성. 특히 한국의 경우 2006.7.1부터 제주도의 4개 기초자치단체가 없어짐에 따라 전국의 기초자치단체는 230개로 되었음.

〈그림 7-1〉 市町村통합의 진행(2005년 현재)

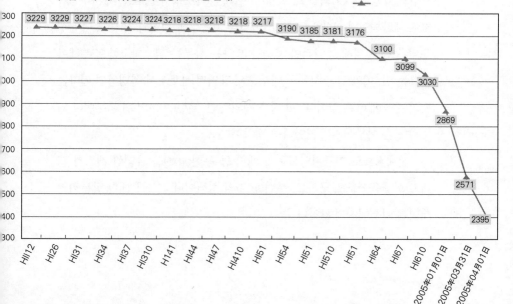

시정촌 통합에 대한 평가를 하여 보면 다음 2가지 관점에서 바라볼 수 있다. 첫째는, 부현(府縣)-시정촌이라는 현행 지방자치제도를 전제로 하여 이루어졌다는 점이다. 즉, 자치 2계층제를 유지하면서 부현(府縣)의 기능도 강화시키고 기초자치단체의 규모를 확대시켰다는 점이다. 그러나 앞으로도 현재의 부현(府縣)이 존속해야 한다고 판단했던 것이 아니라, 부현(府縣)제도개혁이라는 과제를 연기한 것이라고 봐야 한다는 반론도 있다. 즉, 이전의 도주제·연방제 등 부현(府縣)제도 자체에 대한 구조개혁에 대해서는 부정적이라고 평가할 수 있다. 그러나 부현(府縣)제도에 관한 다양한 개혁론을 '보류'한 것이 오히려 분권개혁을 가능하게 한 이유가 되었다고 보는 시각도 있다. 둘째는, 부현(府縣)과 시정촌의 관계를 가능한 한 대등·협력적 존재로 만든 조치라고 평가할 수 있다. 그러나 실정법상 부현(府縣)의 위치부여에 대해서는 계속 시정촌을 포괄하는 광역 지방공공단체로 인정되었으며, 수정은 이루어지지 않았다는 한계를 지적할 수 있다. 단, 그 소관사무에 대해서는 과거 4개의 사무 중 통일적 사무의 규정이 삭제되었고, 광역적 사무, 연락조정사무, 보완적 사무 3가지로 제한되었다(자치법 2조 5항). 이것은 처음부터 지역의 자주성, 다양성을 존중하기 위해 통일적인 처리를 요하는 사무는 필요최소한으로 해야 한다는 것, 이와 같은 사무의 대부분은 광역적 사무로서 설명하면 된다는 등의 주장에 따른 것이다. 이 점을 제외하면, 부현(府縣)의 위치 부여나 기능 수정은 이루어지지 않았다는 평가이다.

전체적으로 기관위임사무의 폐지 등 부현(府縣)을 둘러싼 제도가 크게 변화했음에도 불구하고, 부현(府縣)의 성격이나 기능에 대한 발본적인 개혁은 이루어지지 않았다.

	개정 전	개정 후
기본적 성격	시정촌을 포괄하는 관역 지방공공단체(법2조 6항)	시정촌을 포괄하는 광역 지방공공 단체(법2조5항)
기능 · 사무	① 광역에 걸친 사무 ② 통일적 처리를 요하는 사무 ③ 시정촌에 대한 연락조정에 관한 사무 ④ 일반 시정촌이 처리하기 부적당하다고 판단될 정도의 규모를 요하는 사무	① 광역에 걸친 사무 ② 시정촌에 대한 연락조정에 관한 사무 ③ 그 규모 또는 성질에 따라 일반 시정촌이 처리하기 적당 하지 않다고 인정되는 사무
시정촌에 대한 관여	① 자치법 및 개별법에 근거한 다양한 지취감독 등(기관위임 사무로서의 관여를 포함) (법150조 외) ② 시정촌의 행정사무에 관한 조례 의제정(통제조례) (법14조3항, 4항)	① 자치법 및 개별법으로 인정된 관여만(자치사무 또는 법정수탁 사무로서의 관여) (법245조의 2 외) • 기술적 조언 · 권고 · 보고징수 • 시정의 권고 · 동의 • 협의 · 지휘 • 허가 · 인가 · 승인 등
시정촌에 대한 사무 위임 등	① 시정촌장에 대한 사무위임 (법153조 2항) ② 시정촌 직원의 보조집행 (법 153조 3항) ③ 사무 위임(법 252조의 14)	① 조례에 의한 사무처리 특례 (법 252의 17의2) ② 사무 위탁(법 252의 14)
분쟁 처리	자치분쟁조정위원에 의한 분쟁 조정(법251조)	① 자치분쟁처리위원에 의한 분쟁 조정(법251조의 2) ② 자치분쟁처리위원에 의한 도도 부현의 관여 심사(법251조의 3)

생각해볼 문제

1 일본의 근대적 의미에서의 지방자치의 의의에 대하여 생각해보자.

2 일본의 중앙과 지방과의 관계 변화를 시기적 변천이라는 관점에서 생각해
보자.

3 1990년대 전후 55년 체제 붕괴이후 지방분권을 강조하면서 나타난 여러
가지 제도적 변화인 기관위임사무의 폐지, 삼위일체개혁, 도주제논의, 시
정촌 통폐합 등을 중앙과 지방과의 관계변화라는 측면에서 살펴보는 것이
전체를 이해하는 데에 도움을 줄 것이다.

참고문헌

국중호(2005), "일본의 지방재정구조 및 삼위일체 개혁에 관한 고찰", 「지방행정
연구」, 제19권 1호.

김순은(2001b), 영국과 일본의 지방분권 분석. 「한국지방자치학회보」,
13(2):101-122.

이정만 "일본 삼위일체개혁의 추진과정과 성과에 관한 일고찰", 일본의 공공분야
혁신 및 지방정부 혁신과제 포럼세미나 발제문 (29/09/2007, 지방행정연구
원)

임승빈(2006), 「지방자치론 제2판」, 서울:법문사.

최우용(2002), 「현대행정과 지방자치법」, 부산: 세종출판사.

에구치 가츠히꼬(2008), 일본이 추진하는 「지역주권형 도주제(道州制)」, 한반도
선진화재단, 일본PHP종합연구소, 조선일보가 2008년 5월 6일 주최한 세미

나 자료집, 21세기 광역분권형 국가운영, 5-21.

Office of Deputy Prime Minister(2002), Your Region, Your Choice: Revitalizing the English Regions. London: HMSO.

石弘光・磯部力・成田賴開・西尾勝(1995), 地方分權と分權推進法.「ジユリスト」, 1074: 8−27.

山田公平(1989), "明治地方自治の國際的性格",「日本地方自治の回顧と展望」, 日本地方自治學會編, 東京:敬文堂, 1989年, p.56.

大森彌(1998), 日本官僚の分權改革. 山脇直司・大澤眞理・大森彌, 共編,「現代日本のパブリユグ・フイロソフイ」, 東京: 新世社.

加茂利男(1990), 轉換器の大都市制度と東京・大阪. 植田政孝, 編,「世界大都市7 東京・大阪」, 東京: 東京大學出版會.

木村 收(2001),「地方分權改革と地方稅」, 東京: ぎょうせい.

西尾 勝(1999),「未完の分權改革」, 東京: 岩波書店.

村松岐夫(2003), 世紀轉換期の包括的地方ガバンス改革, 村松岐夫・稻繼裕昭, 編,「包括的地方自治ガバンス改革」, 東京: 東洋經濟新聞社.

神野直彦(2004), "三位一体改革の理念と現實",「都市問題」, 2004년 11월호.

總務省(2007),「地方財政白書」.

高木健二(2006), "新型交付稅と「基本方針2006」の行方",「自治總研」, 2006년 6월호.

_____(2005),「三位一体改革の檢証」, 公人社.

_____(2004a), "「三位一体改革」と地方の自治",「自治總研」, 2004년 7월호.

_____(2004b),「三位一体改革の核心」, 公人社.

地方分權推進委員會(2001),「地方分權推進委員會最終報告」.

古川俊一(1998), "一般財源をめぐる政治行政過程分析(十五)", 「自治研究」, 제
74권 10호.

務台俊介(2006), "國庫補助負担金の改革", 神野直彦編, 「三位一体改革と地方税
財政－到達点と今後の課題－」, 學陽書房.

08

일본의 정책과정
| 이론, 과정 그리고 특징 |

●

김세걸

●●●●●

오늘날 정부는 국민의 삶에 직간접적으로 영향을 미치는 많은 활동을 수행하고 있다. 국민들의 생명과 재산을 보호하기 위해 국방에 힘쓰고 치안을 유지하고 있으며, 국민생활의 편익을 증진시키기 위해 도로와 공원을 건설하고, 고용을 창출하고 소득을 높이기 위해 민간기업의 활동까지 지원하고 있다. 또한 의료, 연금, 교육 등에 재정을 지출함으로써 국민들이 질병과 기아와 무지로부터 벗어날 수 있도록 노력하고 있다. 이러한 활동을 수행하기 위해 정부는 국민들로부터 세금을 징수하고, 공권력을 발동하여 특정한 행위를 강제하기도 하고, 이에 순응하지 않는 자를 처벌하기도 한다.

이러한 정부의 활동은 모두 넓은 의미에서 정책의 집행이라고 할 수 있다. 정책이란 "바람직한 사회 상태를 이룩하려는 정책목표와 이를 달성하기 위해 필요한 정책수단에 대해 권위 있는 정부기관이 공식적으로 결정한 기본방침"이라고 정의할 수 있다(정정길 1997, 52). 정부가 특정 문제를 해결하기 위해 정책목표를 설정하고, 이를 달성하기 위해 필요하고 유효한 정책수단을 결정하고 집행하는 일련의 과정을 정책과정이라고 한다.

정책과정을 좀 더 세부적으로 나누어보면 다음과 같은 단계들로 구성된다. 첫째는 정책의제의 설정 단계다. 다양한 사회문제 가운데 어떤 것은 정부에 의해 정책적 해결을 위한 과제로서 채택되고 어떤 것은 방치되는데, 이러한 활동을 정책의제의 설정이라고 한다. 둘째는 정책대안의 작성 단계다. 정부는 정책의제로 채택된 문제의 해결을 위해 정책목표를 설정하고 이를 달성할 수 있는 여러 가지 수단을 검토·고안하여 대안을 제시하게 되는데, 이를 정책대안의 작성이라고 한다. 셋째는 정책대안의 채택 단계다. 실무자들에 의해 작성된 정책대안은 제도적으로 결정의 권한을 가진 자들에게 이관되어 심의되고 그 채택 여부가 결정되는데, 이를 좁은 의미에서 '정책결정'이라고 한다. 넷째는 채택된 정책대안이 담당 행정부서를 통해 집행되는 정책집행 단계이며, 다섯째는 집행된 정책의 효과와 비용 등을 검토하여 평가하는 정책평가 단계다.

이 장에서는 정책의제의 설정에서 정책대안의 채택에 이르기까지의 과정만을 다루고, 정책집행 및 정책평가에 대해선 9장과 10장에서 별도로 다룰 것이다. 먼저 1절에서 정책의 구성요소들에 대해 개념정리를 한 다음, 2절에서는 정책 유형에 따라 정책결정의 정치가 어떻게 달라지는가를 분석한다. 3절과 4절에서는 일본의 정책과정을 정부·여당 내에서의 정책결정과 국회에서의 정책결정으로 나누어 살펴본다. 마지막으로 5절에서는 일본의 정책과정에서 발견되는 몇 가지의 특징을 요약해서 정리한다.

1___ 정책의 구성요소

　　정책이란 그대로 방치할 경우 도달할 수 없는 상태를 인위적인 개입을 통해 실현하려고 하는 정부의 목적지향적인 행위이다. 정부가 정책을 통해 달성하고자 하는 바람직한 상태를 정책목표라고 하고, 그것을 달성하기 위해 사용하는 수단을 정책수단이라고 한다.

　　하나의 정책목표를 달성하기 위해 정부가 사용할 수 있는 정책수단은 대개의 경우 복수로 존재하며, 상위 정책의 수단이 하위 정책의 목표가 되기도 한다. 예컨대, '지구 온난화 방지'라는 정책목표를 달성하기 위한 정책수단으로 각국 정부는 자동차 배기가스 규제정책, 저탄소 대체에너지 개발정책, 탄소배출권 시장화 정책 등을 사용할 수 있으며, 저탄소 대체에너지 개발이라는 하위 정책목표를 달성하기 위해 풍력발전소 건설, 태양열 이용주택 공급 확대, 수소에너지 연구개발 지원 등을 정책수단으로 동원할 수 있다. 이때 하위 정책목표들은 상위 정책목표의 수단이라는 점에서 '도구적 정책목표'라고 하며, 정책집행 과정에서 정부가 민간부문을 동원하기 위해 사용하는 설득, 유인, 강제 등의 수단을 '실행적 정책수단'이라고 한다.

　　정부의 역할이 커짐에 따라 정부가 추구하는 복수의 정책목표들 간에 갈등이 생기기도 하고, 복수의 정책수단들이 상충하는 경우도 발생한다. 예컨대, 불황기에는 고용안정정책과 산업구조조정정책이 대립하게 된다. 이럴 경우 정책목표의 우선순위가 결정되어야 하며, 우선순위가 높은 정책목표를 위해 우선순위가 낮은 정책목표를 달성하기 위한 정책수단은 재조정되어야 한다. 이처럼 복수의 정책목표들 간의 우선순위를 정하고, 각 정책목표를 달성하는 데 필요한 복수의 정책수단들 가운데 어느 것을 선택할 것인가를 결정하는 행위를 정책결정이라고 한다.

모든 정책은 편익과 비용을 동시에 수반한다. 어떤 정책을 통해 편익을 누리는 집단을 정책 수혜자라고 하고, 비용을 부담하는 집단을 정책비용 부담자라고 한다. 예컨대, 약사들이 한약을 조제하여 팔지 못하도록 관련 법규를 개정할 경우, 약사들은 매출 감소로 손실을 보게 되고, 한의사들은 고객 증가로 이익을 보게 된다. 이 경우 한의사들이 정책 수혜자가 되고, 약사들은 정책비용 부담자가 된다. 이처럼 정책 수혜자와 정책비용 부담자가 불일치하기 때문에 정책결정을 둘러싸고 이해관계가 상충하는 사회집단들 사이에 갈등과 충돌이 일어나게 된다.

2__ 정책 유형과 정책결정

정책의 유형에 따라 정책과정의 참가자들도 달라지고, 그들의 이해
관계와 역학 구도도 변한다. 로이(Lowi 1964; 1970)와 윌슨(Wilson, 1980)
은 이 점에 주목하여 정책을 담당관청별로 분류하지 않고, 정책의 편익과
비용이 어떻게 배분되는가를 기준으로 분류한 다음, 그에 따라 정책결정
을 둘러싼 정치가 어떤 패턴으로 나타나고 있는가를 보여주고 있다.

1) 로위의 정책 유형에 따른 분석

로위는 정책을 4개의 기본 유형으로 나누고, 정책 유형에 따라 정책
결정의 정치가 어떻게 달라지는지 보여주고 있다.

① 분배정책(distributive policy) : 분배정책이란 정부가 국민 일반이
나 특정 사회집단들에게 각종 편익을 제공하는 정책을 말한다. 예컨대,
사회간접자본의 건설, 기업이나 농가에 대한 보조금 지급, 보건서비스나
교육서비스의 제공 등이 그것이다.

이러한 정책은 정부의 재정지출을 통해 이루어지기 때문에 결국 납
세자로서의 국민 일반이 그 비용 부담자가 되지만, 다수의 국민이 그 수
혜자가 되기도 하기 때문에 정책과정에서 비용 부담자와 수혜자가 정면
대결을 벌이는 상황은 발생하기 어렵다. 다만 개별적인 정책결정과정에

서 수혜자 집단들 간의 '예산획득경쟁'이 나타날 뿐이다. 1960년대 고도성장기에 나타난 자민당의 이익유도정치가 여기에 해당한다.

② 규제정책 (regulatory policy) : 규제정책이란 정부가 다수의 국민을 보호하기 위하여 혹은 특정 집단을 보호하기 위하여 사적인 활동에 강제적인 제약을 가하는 정책을 말한다. 공정거래법이라든가 식품위생법 등은 소비자로서의 국민 다수를 보호하기 위한 규제정책의 대표적인 사례이며, 근로기준법이라든가 농산물 수입규제 등은 노동자와 농민의 권익을 보호하기 위한 대표적인 규제정책이다. 공정거래법의 경우 수혜자는 국민 다수가 되지만, 비용 부담자는 소수의 독과점기업이 된다. 반면 농산물 수입규제의 경우 수혜자는 소수의 농민들이며, 비용 부담자는 다수의 도시 소비자들이다.

이처럼 규제정책 분야에서는 정책을 통해 이익을 보는 자와 손해를 보는 자가 확연히 구분되기 때문에 관련 이익단체들이 정책결정과정에 적극적으로 개입하여 서로 대립하는 전형적인 '이익집단 정치'가 나타나게 된다. 1980년대 미일구조마찰이 격화되던 시기에 자민당 정부가 추진하던 시장개방과 규제완화를 지향하는 개혁정책에 대한 이익집단들의 '총론 찬성, 각론 반대'식 저항이 여기에 해당한다.

③ 재분배정책(redistributive policy) : 재분배정책이란 계층 간의 소득 격차를 줄이고 저소득층의 복지를 증진시키고자 하는 정책으로서 고소득층에 대해 높은 세금을 부과하는 누진세 정책과 저소득층에 대해 복지 혜택을 부여하는 사회보장정책 등으로 구성된다. 이 정책의 수혜자는 노동자와 같은 저소득층이고 비용 부담자는 자본가와 같은 고소득층이기 때문에 정책결정과정에서 노·자 간의 '계급정치'가 나타나게 된다. 일본

에는 노 · 자 간의 계급균열보다 노 · 사 협조주의와 회사공동체 의식이 강하기 때문에 정치적 갈등이 '계급정치'로 표현되는 경향이 약하다.

④ 입헌적 정책(constitutional policy) : 정치체제의 구조와 운영에 관련된 정책으로 선거구를 조정하기 위한 선거법 개정이나 정부조직을 신설 혹은 통폐합하기 위한 정부조직법의 개정 등이 이에 속한다. 여기서는 정당과 관료조직이 주요 행위자로 등장한다. 1990년대 일본정치의 쟁점이었던 정치개혁(선거제도 변경)과 행정개혁(중앙 성청 통폐합)이 여기에 해당한다.

2) 윌슨의 정책 유형에 따른 분석

윌슨은 로위의 아이디어를 더욱 발전시켜 정책에 수반되는 편익과 비용이 특정 집단에 집중되어 있는가, 불특정 다수에게 분산되어 있는가에 따라 정책을 네 개의 유형으로 나누고, 그에 따라 정책결정의 정치 양상이 어떻게 바뀌는지를 보여주고 있다〈그림 8-1〉 참조).

〈그림 8-1〉 윌슨의 정책 유형에 따른 정책결정의 정치

		감지된 편익	
		넓게 분산	좁게 집중
감지된 비용	넓게 분산	대중적 정치	고객 정치
	좁게 집중	기업가적 정치	이익집단 정치

출처 : Wilson(1980), p. 419.

① 고객 정치(client politics) : 정책의 편익은 동질적인 소수 집단에 집중되어 귀속되는 데 반해, 그 비용은 이질적인 불특정 다수에게 분산되어 부담되는 정책의 경우에는 정책결정이 주로 정·관·업의 '철의 삼각형' 안에서, 즉 국회의 소관 상임위원회 의원들과 담당 관청의 관료들과 관련 이익단체의 간부들 사이에서 폐쇄적으로 이루어지는 경향이 있다. 정책 수혜자 집단은 동질적인 소수이기 때문에 단결된 집단행동과 적극적인 로비 활동을 전개할 수 있는 데 반해, 정책비용을 부담하는 측은 소비자나 납세자 대중과 같은 이질적인 불특정 다수이기 때문에 집단행동이 일어나기가 어렵다. 따라서 정책비용 부담자 측의 별다른 저항 없이 정·관·업 엘리트들의 담합으로 그들의 고객에게 혜택이 돌아가는 정책 결정이 이루어진다. 그 대표적인 사례가 농산물에 대한 수입규제와 추곡수매가 결정이다. 생산자 보호를 위한 각종 진입 규제정책이 이에 해당한다. 재계와 농민과 자영업자계층을 지지기반으로 하는 자민당의 이익유도정치가 가장 활발하게 일어나는 정책영역이 바로 여기다.

② 기업가적 정치(entrepreneurial politics) : ①의 경우와는 정반대로 정책에 수반되는 비용은 소수의 동질적 집단에 집중되는 데 반해, 그 편익은 대다수에게 돌아가는 정책의 경우에는 정책의제의 설정부터 쉽지 않다. 환경오염 규제나 소비자 보호를 위한 각종 사회적 규제가 이에 해당한다. 정책 수혜자 집단은 조직화되어 있지 않는데, 정책비용 부담자 측은 잘 조직화되어 있기 때문에 저항이 만만치 않기 때문이다. 이러한 정책은 특별한 계기를 통해 매스미디어에 의해 의제설정이 되거나 야심적인 정치적 기업가들(political entrepreneurs) 시민운동가나 역사적 인물로 기록되길 원하는 정치가 등 이 나타날 때 비로소 추진된다. 일본에서 1960년대

말에 제정된 공해규제 입법의 경우가 여기에 해당된다.

③ 이익집단 정치(interest-group politics) : 정책에 수반되는 비용과 편익이 모두 소수의 동질적 집단에 귀속되고, 쌍방이 모두 조직화되어 있고 정치행동의 유인을 강하게 갖고 있는 경우에는 관련 이익단체들이 정책과정에 난입하여 서로 힘겨루기를 하는 전형적인 이익집단의 정치가 나타난다. 노동 관련법의 입법과정에서 볼 수 있는 노동단체와 사용자단체의 대립이라든가, 의약분업 과정에서 나타난 의사회와 약사회의 대립 등이 여기에 속한다.

④ 대중적 정치(majoritarian politics) : 정책의 비용과 편익이 모두 이질적인 불특정 다수에게 미치는 경우다. 윌슨은 신문 방송 출판물의 윤리 규제, 낙태에 대한 규제 등을 사례로 들고 있으나, 로위의 분배정책에 속하는 정책들, 즉 정책비용 부담자도 납세자로서의 국민 일반이고, 정책 수혜자도 국민 대다수가 되는 보건서비스나 교육서비스의 제공 등이 여기에 속한다.

3 ___ 정부·여당 내에서의 정책결정

    정부의 정책은 법령, 조례, 계획, 통지, 각의(閣議) 결정, 시정방침 등의 다양한 형태로 사회에 공시된다. 이 가운데 집행력이 가장 높은 것이 법령이다. 정부의 계획이나 시정방침은 이상적이고 포괄적인 정책목표를 제시하고는 있어도 그 구체적인 강제수단까지는 정하지 않고 있는 데 반해, 법령은 국가 공권력에 의해 그 실행이 강제되고 있기 때문이다. 여기서는 법의 형식을 취하고자 하는 정책이 일본의 정부·여당 내에서 어떠한 절차를 통해 입안되고 결정되는가를 살펴보도록 한다.

1) 정책의제의 설정

    정책의제의 설정은 대체로 다음과 같은 계기들을 통해 이루어진다.

① 관청이 일상 업무를 수행하는 과정에서 새로운 문제를 인식하는 경우
② 매스컴 등에 의한 문제제기
③ 심의회나 정책자문기관 등의 제언
④ 이익단체 · 지방공공단체 등의 진정
⑤ 다른 관청의 권고

⑥ 내각 · 여당으로부터의 요청

⑦ 국회에서 의원들의 질의

이러한 경로를 통해 정책의제가 설정되면, 이를 관할하는 담당관청이 이에 대해 어떤 수준으로 대응할 것인지를 결정한다. 사안의 성격에 따라 어떤 문제는 행정지도와 같은 재량적 권한을 통해 해결할 수 있는 것도 있지만, 어떤 문제는 입법의 형태로 대응해야 하는 것도 있기 때문이다.

2) 정책대안의 작성

입법의 필요성이 인정되면, 담당 과에서 법안 초안을 작성하는 작업에 들어간다. 이때 법안 작성의 중심이 되는 것은 비경력조 중견관료들이다. 이들은 2~3년마다 전속하는 경력조 관료들에 비해 특정 정책분야에 장기간 관계해왔기 때문에 그 분야의 정책에 관한 한 전문가들이다. 초안 작성과정에서 국장 등의 간부들에 대한 설명이 수시로 행해지고, 필요에 따라서는 여야당의 관계 의원들에 대한 사전(事前) 설명도 행해진다.

이렇게 만들어진 법안 초안은 각 성청의 문서과에서 법조문의 심사를 받는다. 이를 통과한 법안 초안은 다른 관계 성청과의 절충작업에 들어가는데, 이것이 오늘날 일본의 정책과정에서 실질적으로 매우 중요한 절차라고 할 수 있다. 왜냐하면 오늘날처럼 다양한 이익들이 서로 착종하고 정책들이 복합화되고 있는 상황에서는 하나의 정책이 하나의 성청 내부에서 완결되는 경우가 매우 드물기 때문이다. 즉 정책의 주도권을 둘러싸고 여러 성청들이 서로 대립하는 경우가 적지 않는데, 정책의 혼선이나 성청 간의 분쟁을 사전에 예방하기 위해 절충작업이 절대 필요한 것이다. 특히 일본 관료제의 종할주의적(縱割主義的) 특성은 이러한 절충의 필요성을 배가시키고 있다고 하겠다.

다른 관계 성청과의 절충작업을 마친 법안은 내각법제국에 제출되어 다시 심사를 받는다. 심사의 주된 내용은 현행 법제와의 관계, 내용의 법적 타당성, 법안의 정합성, 법안의 명칭 및 조문의 배열 등이다. 이 과정에서 필요에 따라 법안의 수정이 행해진다. 특히 예산을 필요로 하는 예산관계 법안은 내각법제국의 심사와 더불어 재무성 주계국(主計局: 예산편성을 담당하는 부서)의 심사를 받아야 한다. 이를 통과한 법안은 각 성청 내부에서 사무차관이 주최하는 성의(省議)에서 승인받은 다음, 대신(大臣)의 결재를 얻어 사무차관회의에 보내지고, 여기서 승인된 법안은 각의 결정을 얻기 위해 내각에 보내진다.

3) 정책대안의 채택

성의에서 결정된 법안은 여당의 정책심의기구에도 보내진다. 자민당의 장기집권이 계속됨에 따라 자민당의 정책심의기구인 정무조사회가 국회 상임위원회의 심의에 앞서 내각제출 법안을 실질적으로 심사하는 장소가 되어왔다. 성청이 제출한 법안은 그 성청을 담당하고 있는 부회에서 먼저 심사를 받는다. 이때 성청의 담당과장이나 국장이 부회에 출석하여 법안에 대해 설명을 한다.

대부분의 법안은 정책 수혜자와 비용 부담자를 동시에 수반하기 때문에 그 내용을 둘러싸고 다양한 이익들이 충돌하기 마련이다. 따라서 부회에서의 법안 심사는 다양한 집단의 이익을 대변하는 자민당 의원들의 요구와 관청의 입장을 조정하는 장(場)인 동시에 자민당 의원들 상호 간의 이해를 조정하는 장이기도 하다. 하나의 관례로서 부회의 결정은 전원일치를 원칙으로 하고 있다. 부회 내부에서 의원들 간의 의견이 갈라져 강경한 반대가 있는 경우 당 간부들에 의해 설득이 행해지지만, 그래도 반대파의 동의를 얻지 못하면 조정이 이루어질 때까지 법안의 제출이 유보된다. 따라서 각 성청은 법안의 입안 단계에서부터 의원들에게 법안의 취지와 필요성을 설명을 행하고 법안이 무사히 통과될 수 있도록 협조를 부탁한다. 한편 관련 이익집단들은 자신에게 불리한 법안이 통과되지 않도록 관련 부회의 의원들에 대해 로비를 행한다.

부회 심사가 끝난 법안은 정무조사회심의회에 보내져 고도의 정치적 관점에서 재차 심사가 행해지지만, 부회의 결정을 뒤집는 일은 거의 없다고 한다. 그 후 법안은 당의 국회활동에 관한 최고의사결정기구인 총무회(總務會: 우리나라의 의원총회에 해당됨)에 회부되어 최종승인을 받는다. 총무회에서의 검토는 정책의 내용적 문제보다는 정치적 판단이 중심이 된다. 여기에는 당 간사장, 정무조사회장, 국회대책위원장 등이 출석하여 국회대책을 중심으로 정치정세 전반을 고려하여 논의한다. 필요에 따라 국회대책위원회를 통해 야당과의 사전절충을 행한 다음 각의 결정을 받기 위해 내각에 보내진다. 이상의 과정을 간략히 도식화하면, 〈그림 8-2〉와 같다.

각의에서의 모든 결정은 전원일치를 원칙으로 하고 있다. 각의에 부쳐진 안건은 이미 성청 간의 절충이 끝났고 자민당 내에서의 조정도 끝났기 때문에 안건을 둘러싸고 각료들이 충돌하거나 새로운 내용의 결정이 내려지는 일은 거의 없다고 한다. 그러한 의미에서 각의 결정은 거의 요식행위에 가깝다. 각의 결정을 거쳐 법안은 비로소 국회에 제출된다. 이

때 예산관계 법안은 관례로서 중의원에서 먼저 심의하도록 되어 있지만, 그 이외의 법안은 중의원과 참의원 어느 쪽에서 먼저 심의해도 무방하다.

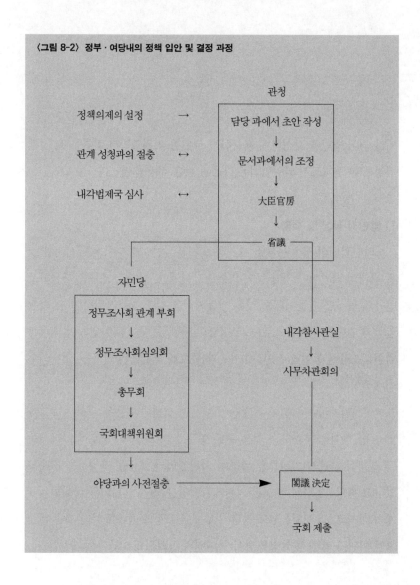

〈그림 8-2〉 정부·여당내의 정책 입안 및 결정 과정

4___ 국회에서의 정책결정

일본에서 법안의 제출권은 내각과 의원에게 있다. 국회의원들이 주체가 되어 법안을 작성하여 제출하는 행위를 의원입법이라고 하는데, 정책결정의 한 형태로서 의원입법은 다음과 같은 절차를 밟는다.

1) 법안의 작성 및 제출

의원입법의 경우 문제를 제기하고 기본적인 아이디어를 제시하는 것은 개개의 의원이나 정당 등의 의원집단이지만, 실제로 조문을 작성하고 법안의 형식을 만들어내는 것은 법률지식을 갖춘 전문가집단이다. 의원입법의 입안 협력기관으로는 각 정당의 사무국, 중·참 양원의 법제국과 위원회조사실 등이 있지만, 이 가운데 중요한 역할을 수행하는 것이 의원법제국이다.

의원법제국은 의원이나 정당이 제시한 정책의 내용을 정리하고 그에 맞는 법 형식을 부과하는 것을 주된 임무로 하고 있다. 경우에 따라서는 각 성청의 관료가 의원들을 위하여 의원입법의 조문을 작성하는 경우도 있다고 한다. 이렇게 작성된 의원제출법안은 입안을 의뢰한 국회의원에게 보내지고, 그 의원은 소속정당 내부에서 소정의 절차에 따라 제출에 필요한 의원 수의 찬성 서명을 받아 중의원과 참의원의 의안과에 제출한다.

2) 위원회 심의

국회에 제출된 법안의 심의는 위원회를 주된 무대로 하여 행해진다. 위원회의 의석 배분은 원내 각 정당의 의석 비율에 따라 행해지는 것이 원칙이지만, 반드시 일치하는 것은 아니다. 국회에 제출된 법안을 어느 위원회에 맡길 것인가는 의장의 보좌기관인 의원운영위원회에서 결정한다. 법안은 제출 순으로 심의에 부쳐지는 것이 아니라, 여야당이 의견일치를 본 것부터 심의에 부쳐진다. 여야당 대결법안처럼 야당이 성립을 저지하려는 법안은 회기 후반에 배치되는 경향이 있다. 심의에 얼마나 시간이 걸릴지 모르는 여야당 대결법안을 앞에 배치하면, 쟁점이 없는 법안까지도 심의가 늦어져 성립이 위태롭기 때문이다. 그러나 여야당 대결법안을 너무 뒤에 배치하면 심의 일정이 촉박하여 법안의 성립이 위태로울 수도 있다.

위원회 심의는 법안 제출자의 취지 설명으로부터 시작하는데, 내각 제출 법안의 경우 담당 대신이 하는 것이 통례이다. 위원회 심의의 초점은 법안에 대한 질의응답에 있다. 내각제출 법안의 경우 담당 대신이나 그 법안을 기초한 성청의 과장급 담당자가 출석하여 의원들의 질의에 응답한다. 위원회 심의에서는 필요에 따라 증인이나 참고인을 출석시켜 의견을 청취하거나, 공청회를 열거나, 다른 관련 위원회와 연합심사를 하는 수도 있다.

질의가 끝나면 필요에 따라 찬반 토론이 행해지고, 의결에 들어간다. 여기서 수정안이 제출되어져 있는 경우 수정안부터 의결한다. 수정안이 모두 부결되면 원안의 의결이 행해진다. 보통 위원장은 의결에 참가하지 않지만, 찬반이 동수일 경우에는 참가하여 그 가부를 위원장이 결정하게 된다. 의결은 보통 거수나 기립에 의해 행해진다.

3) 본회의와 제2원

위원회에서 의결된 법안은 본회의에 상정된다. 본회의에서의 심의는 위원회에서의 심의에 비해 형식적이다. 그러나 의회에서의 최종결정이 행해지는 곳은 본회의다. 위원회는 예비심사기관으로서 심의의 장이지만, 결정의 장은 아니다. 위원회에서도 의결이 행해지지만, 그것은 어디까지나 본회의의 의결에 있어 참고할 사항에 불과할 뿐이다.

본회의에서 질의가 끝난 법안은 토론에 부쳐진다. 토론은 각 정파를 대표하여 찬성과 반대를 표명하는 형식으로 행해진다. 토론이 행해지는 법안은 중요 법안의 경우이고, 많은 법안은 토론을 생략한 채 의결에 들어간다. 의결방식으로는 이의(異議) 없음, 기립, 기명투표의 세 종류가 있다. 이의 없음은 이미 전원일치가 판명되어 있는 법안에 대해 행해진다. 이에 대해 기립 의결은 찬반이 존재하는 법안에 대해 행해진다. 기명투표는 출석 의원의 1/5 이상의 요구가 있는 경우에 행해진다. 실제로 의결방식은 의원운영위원회에서 각 정파들 간의 절충에 의해 결정된다. 중요 법안에 대해선 기명투표 방식이 결정되는 것이 통례이다. 기명투표에서는 찬성 의원은 백표를, 반대 의원은 청표를 의장석 앞에 있는 투표함에 투입한다.

이렇게 하여 제1원을 통과한 법안은 제2원에 보내져 마찬가지의 심의과정을 밟는다. 제1원과 제2원의 의견이 대립하는 경우에는 양원협의회가 열려 조정이 행해진다. 제1원에서 성립된 법안이 제2원에서 수정된 예가 많은데, 이 경우 법안은 다시 제1원으로 회부되고, 위원회와 본회의에서 동의를 얻으면 법안으로서 성립된다. 단 중의원이 2/3 이상의 다수로 법안을 재가결하면 참의원의 이의는 묵살된다.

4) 정책과정에서 야당의 영향력

　일본의 입법과정의 특징으로 가장 많이 지적되고 있는 것은 성립 법안 가운데 내각제출 법안이 차지하는 비율이 높고, 또한 그 성립률도 매우 높다는 것이다. 전자는 전후 평균 83% 정도이며, 후자는 85%를 상회하고 있는 것으로 나타났다. 그러나 이는 의원내각제 하에서의 일반적인 현상임에 주목할 필요가 있다. 영국의 경우도 정부법안은 성립 법안의 85% 정도를 차지하고 있고, 그 성립률은 90%를 넘고 있다. 오히려 일본의 경우가 내각제출 법안의 성립률이 상대적으로 낮은 편이다.

　영국에 비해 일본의 내각제출 법안의 성립률이 낮은 이유는 무엇인가? 이는 입법과정에서 일본의 야당이 적지 않은 영향력을 행사하고 있다는 반증이다. 물론 자민당이 다수파를 형성하고 있는 국회에서 내각제출 법안이 다수결에 의해 부결된 경우는 거의 없다고 한다. 성립되지 못한 법안의 대부분은 심의 미완료에 의해 폐안이 되어버린다. 일본의 야당은 비공식적인 다양한 수단을 통해 법안의 심의와 의결을 방해함으로써 자신들이 반대하는 법안이 회기 내에 성립되는 것을 저지해왔던 것이다. 그 대표적인 수법으로는 위원회에서의 심의 거부, 본회의에서의 취지설명 요구와 질문 공세를 통한 시간 지연, 본회의 의결시의 우보전술(牛步戰術), 최후의 수단으로서 의장석 점거를 통한 의사진행 방해 등을 들 수 있다.

　이러한 야당의 저항이 효력을 발휘할 수 있는 것은 대부분의 정책결정에는 시간적인 제약이 따르기 때문이다. 어떤 법안의 성립이 지연되면 그 법안에 준거하는 정책도 지연되지 않을 수 없다. 정책의 실행이 지연되면 될수록 그 정책의 실효성도 저하될 가능성이 높아진다. 특히 긴급한 대응이 요구되는 정책의 경우나 1년을 단위로 하는 예산에 기초한 정부 활동의 경우에는 더욱 그렇다. 일본 국회의 분절된 회기와 이중으로 심의를 해야 하는 양원제는 정책결정의 시간적 제약을 제도적으로 강화하고 있다. 앞서 설명했듯이, 일본 국회는 회기 내에 성립하지 못한 법안은 모두 폐안 처리해버리기 때문에 일단 폐안이 된 법안은 다음 국회까지 기다려서 똑같은 과정을 반복해야만 한다. 그럴 경우 정책의 실행은 한없이 지연될 것이다. 따라서 정부·여당은 시급한 법안을 일정한 시간 안에 성립시키기 위해 야당의 요구를 어느 정도 들어주지 않을 수 없게 되고, 야당은 시간을 볼모로 하여 정부·여당으로부터 일정한 양보를 얻어낼 수 있는 것이다.

그러면 왜 다수파인 자민당은 소수파인 야당을 배제한 채 단독으로 의사진행을 강행하지 않는 것일까? 이에 대해선 전원일치를 중시하는 일본인의 문화적 전통과 소수파의 권리에 대해 비교적 관용적인 일본 언론의 보도 자세 등을 그 이유로 지적할 수 있을 것이다. 일본 국회에서는 위원회의 이사회가 위원회 운영에 관한 모든 것을 결정하는데, 이 결정은 전원일치로 행해지는 것이 하나의 관례이다. 야당이 반대하는 경우 여당은 끈질긴 설득공작을 행한다. 만약 예외적 상황에서 결정이 강행될 경우에도 이는 다수결로서가 아니라 위원장 직권으로서 행해진다. 그 이유는 의사 강행의 책임을 위원장 개인에게 전가함으로써 정당 간의 결정적인 대립을 피하기 위해서라고 한다. 그럴 경우 위원장의 사과나 사퇴로 문제를 수습하는 것이 오래된 관행이다.

소수파인 야당이 정책결정의 시간적 제약과 전원일치의 관행을 무기로 하여 다수파인 정부·여당에 대해 영향력을 행사할 수 있는 것은 무엇보다도 여론의 지지가 있기 때문이다. 다시 말해, 정부·여당이 수의 힘으로 단독 심의와 의결을 강행하지 않는 것은 문화적 전통이나 관행에도 그 원인이 있지만, 더 중요한 것은 그럴 경우 여론의 비난을 받기 때문이다. 여기서 매스미디어의 역할이 중요하다. 일본의 매스미디어는 구미의 그것에 비해 의제설정의 기능은 작지만, 보도의 특정 자세를 지속적으로 반복함으로써 여론 형성의 기초가 되는 틀을 제공하는 기능을 갖고 있다고 말해진다. 특히 정부·여당에 대해 비판적인 태도를 취하는 경향이 있는데, 이것이 정부·여당의 독주를 견제하는 역할을 하고 있다.

5___ 일본의 정책과정에서 발견되는 특징

　일본의 정책과정에서 발견되는 몇 가지 특징을 지적한다면, ① 관청의 관할 영역별로 정·관·업 하위정부가 견고하게 구축되어 있다는 점, ② 관료제의 사회적 이익 조정기구로서 심의회가 적극적으로 활용되고 있다는 점, ③ 관료조직 내부의 횡적인 합의 형성을 위해 품의제와 같은 의사결정방식이 채용되고 있다는 점 등을 들 수 있다.

1) 하위정부와 고객정치

　관료들은 조직의 사명을 실현하고 조직의 영향력을 유지·확대하기 위해 정부 내에서 자기가 담당하는 업계의 이익을 대변하게 된다. 이는 각 부서가 자기 담당 업계의 보호와 건전한 발전을 주요 정책목표로 삼고 있기 때문이며, 이를 이유로 하여 재정당국으로부터 더 많은 예산을 할당받기 위해서이다. 한편 관료들은 재량적 예산배분권한과 인허가 등의 규제권한, 그리고 정보의 독점 등을 권력자원으로 하여 관할영역의 이익단체들을 자신의 통제 아래에 두려고 한다. 이에 대해 관할영역의 이익단체들은 자신들의 고충을 담당 관청에 진정(陳情)하고, 관료들이 필요로 하는 전문지식과 정보를 제공하기도 하고, 행정의 말단 사무를 대행하면서 협조의 대가로 담당 관청을 통해 정부 보조금을 획득하고, 규제에 의한 보호를 받게 된다.

대부분의 일상적인 정책결정이나 업계 내의 분쟁 조정은 담당 관청과 관련 이익단체 간의 상호의존 관계에 기초하여 폐쇄적으로 행해지는 것이 일반적이지만, 예산의 증액이나 신규 입법이 필요할 경우 혹은 성청 간의 정책 대립이 발생했을 경우 자민당 정치가들의 개입이 요청된다. 이때 해당 성청과 이익단체들은 자민당 정무조사회 관련부회 소속 의원들을 자신의 '응원단'으로 동원하게 된다. 자민당 의원들은 관련 이익단체의 이익을 정치적으로 대변함으로써 그 대가로 정치자금과 표의 동원을 제공받고, 관련 관청의 입장을 옹호함으로써 관료에게 접근할 수 있는 길을 확보한다. 이러한 상호의존에 기초하여 종적으로 분할된 행정영역별로 정·관·업 하위정부가 구축된다.

2) 심의회를 통한 이익조정과 정책 정당화

일본에서 심의회는 명분상으로는 ① 사회적 이익의 조정, ② 행정에의 전문지식 주입, ③ 행정에 대한 감시와 통제 등의 기능을 수행하기 위해 설치되었다고는 하나, 실제로 가장 중요한 것은 ④ 관료들이 작성한 정책에 정당성을 부여하는 역할을 한다는 것이다.

관료들이 심의회의 운영과 답신을 자신들이 원하는 방향으로 일정하게 유도할 수 있는 것은 무엇보다도 심의회 위원의 인선을 관료들이 하기 때문이다. 물론 일정한 자격 기준을 갖춘 사람을 대상으로 해야 하고 또한 관련 이익집단별로 위원의 수를 어느 정도 균형 있게 안배해야 하겠지만, 많은 경우 해당 관청의 정책노선에 동조적인 지식인·언론인들과, 해당 관청과 밀접한 이해관계를 갖고 있는 거대 이익집단의 대표들로 구성되는 것이 일반적이다. 나아가 심의회의 사무국 기능은 소관 관청이 대행하고 있으며, 심의회 위원들은 대부분의 경우 관료들이 제공하는 자료에 의거하여 사안을 심의한다. 이처럼 심의회의 구성과 운영이 관료들에 의해 주도되고 있기 때문에 심의회에서 다양한 의견들이 표출되고 서로 조정되기도 하지만, 심의회의 답신은 관료들이 짜놓은 기본틀 안에서 이루어지는 경우가 많다.

3) 품의제의 횡적 합의 형성 기능

일본 관료제는 품의제(稟議制)라고 불리는 독특한 내부 의사결정방식을 갖고 있다. 품의제란 관료제의 말단 사무관에 의해 기안된 계획이나 결정에 관한 품의서(결재문서)가 관계자들에게 순차적으로 회람되고, 나아가 계층적 조직구조를 거슬러 올라가 순차적으로 상급 관리자들에게 회람되어 최종적인 결재권자에 이르는 의사결정방식이다. 이와 같은 의사결정방식의 채용은 만장일치의 합의를 중시하는 일본인의 문화적 전통의 산물이기도 하지만, 일본 관료제 내부의 종할주의와도 관계가 깊다. 즉 일본의 관료들은 성청 내부에서도 국(局)이나 과(課) 단위로 자신들의 조직 권한을 지키려고 서로 경쟁하고 있는데, 다른 부서의 의사결정이 자신들의 권한을 침해할 경우 집단주의적 분쟁이 발생하게 된다. 이를 사전에 방지하고 성청 내부의 횡적인 합의 형성을 위해 품의제와 같은 의사결정방식이 채용되었다고 할 수 있다.

품의제적 의사결정방식에 대해서는 다음과 같은 비판이 제기되고 있다. 첫째, 품의서가 최종적인 결재권자에 이르기까지 긴 시간이 걸리기 때문에 업무 처리의 능률을 저하시키고 있다는 것이다. 둘째, 품의서를 열람하는 것이 그것에 대해 암묵적으로 동의하는 것으로 인식되어 결과적으로 책임의 소재를 분산시킨다는 것이다. 셋째, 이러한 하의상달(下意上達: bottom-up)형 의사결정방식은 상급 관리자가 지도력을 발휘할 수 있는 여지를 없앰으로써 관료제 운영의 경직화를 초래한다는 것이다.

그러나 일본 관료제의 내부 의사결정이 모두 일률적으로 품의제 방식에 의거한다고 단정지을 수는 없다. 최근의 연구에서는 일상 업무나 법규를 재량적으로 적용하는 행정처분 등의 의사결정에서는 품의제 방식이 채택되고 있지만, 중요한 정책판단을 요하는 사안에 대해선 품의제적 의사결정과정에 들어가기 전에 상급 관리자가 중심이 되어 관계자 회의를 반복한 후 그 합의사항을 품의서로 작성하여 회람하고 있다는 것을 밝히고 있다. 따라서 위에서 지적한 세 가지 폐해가 반드시 타당한 것은 아니라고 하겠다.

생각해볼 문제

1 한일 자유무역협정(FTA)을 체결하려는 정책이 추진되고 있다고 가정할 때, 어떤 집단이 찬성하고, 어떤 집단이 반대하겠는가? 찬성과 반대의 명분과 실리는 무엇이겠는가? 이에 대해 정책 수혜자와 비용 부담자라는 개념을 사용하여 분석해보자.

2 일본의 정책과정에서 발견되는 특징의 하나는 행정영역별로 강력한 하위정부가 형성되어 있다는 점이다. 왜 이러한 현상이 나타나는가? 일본 관료제의 역사와 전후 정당정치의 구조라는 양 측면에서 생각해보자.

3 관료 주도형 정책결정과 정당 주도형 정책결정의 특징과 장단점에 대해 생각해보자.

참고문헌

정정길(1997), 「정책학원론」, 대명출판사.

大嶽秀夫(1992), 「政策過程」, 東京大學出版會.

岩井奉信(1988), 「立法過程」, 東京大學出版會.

猪口孝・岩井奉信(1987), 「族議員の硏究」, 日本經濟新聞社.

中野實(1992), 「現代日本の政策過程」, 東京大學出版會.

伊藤光利 他(2002), 「政治過程論」, 有斐閣.

Jordan, Grant(1990), "Sub-governments, Policy Communities and Networks - Refilling the Old Bottles?", Journal of Theoretical Politics, Vol. 2. no. 3.

Lowi, Theodore(1964), "American Business, Public Policy, Case Studies and Political Theory", World Politics, Vol. 16.

Lowi, Theodore(1970), "Decision Making vs. Policy Making: Toward an Antidote for Technocracy", Public Administration Review, Vol. 30.

Wilson, James Q.(1980), American Government: Institutions and Politics, Lexington: D.C. Heath and Co.

09

일본의 정책집행

| 정책과정, NPO, 시민과의 관계 등 |

김웅희

정책집행의 단계는 이론적으로는 국회에서 법안이나 예산안이 가결된 시점을 기점으로 하여 정책평가가 시작되기까지의 기간을 가리킨다. 그러나 현실적으로는 정책결정 이전 단계에도 전결정과정이라고 불리는 정치와 행정의 상호작용이 끊임없이 발생하며 정책실시의 단계에서도 도중에 정책평가가 이루어지기도 한다. 정책집행에는 정책결정 이후에 행정내부에서 이루어지는 일련의 집행과정, 정책집행에 의한 정책출력(output)과 정책의 사회적 효과(outcome)의 측면이 포함되어 있다. 또한 정책은 기계적 또는 자동적으로 실시되는 것이 아니며, 입안단계에서 상정한 대로 효과를 거두지 못하는 경우도 적지 않다. 다시 말해, 정치적인 합의나 재원의 조달에 성공했으면서도 정책실시의 단계에서 그 정책목적이 수정되거나 경우에 따라서는 당초의 목적과는 다른 목적으로 치환되는 실시의 갭이 발생할 수 있는 것이다. 이처럼 집행과정에는 정책과정에 관련된 다양하고 흥미로운 논점들이 발견된다. 이러한 점을 해명하는 것에 집행과정을 고찰하는 의의가 있다고 하겠다.

이 장에서는 먼저 정책네트워크론의 연구성과를 염두에 두면서 일본의 정책집행과정에서 관민경계영역(gray zone)이 어떠한 역할을 수행하는지, 그 실체는 무엇이고 어떻게 변화해왔는지에 대해 분석한 다음, 2절에서는 정책집행과정이 어떠한 배경 하에서 연구대상으로 다루어지게 되었는지, 정책집행의 모델에는 어떤 것이 있는지, 그리고 지금까지 일본에서는 어떠한 연구가 이루어져왔는지에 대해 개괄적으로 살펴본다. 3절에서는 일본의 행정에 있어 행정처분에 대신하여 다용되어온 유연한 행정지도에 대해 사회적 규제와 행정지도, 경제성장과 행정지도, 공공사업과 기술관료의 역할로 나누어 살펴본다. 4절에서는 서비스행정과 일선관료제의 재량에 초점을 맞춰 정책의 집행과정이 결정된 정책 또는 정해진 직무를 기계적 · 자동적으로 수행하는 것처럼 보인다 해도 실제로는 행정자원의 유한성이나 재량의 문제와도 밀접하게 관련된 복잡한 과정임을 설명한다. 마지막으로 5절에서는 정책집행활동의 새로운 선택지로서 규제완화, 민간위탁, 민간의 자립자조에 대해 살펴보기로 한다.

1___ 일본의 정책과정과 그레이존 (gray zone)

　　현대 일본의 정책과정에서 발견되는 특질 중의 하나로 국가와 사회의 경계영역(gray zone)에서 협의와 조정 기능을 담당하는 다양한 제도의 발달을 들 수 있다. 각종 외곽단체, 업계단체, 공사의 자문기관, 연구회, 그리고 아마쿠다리와 출향 등 관민간의 인사교류 관행 등이 그것이다. 이러한 제도와 관행들은 집행과정을 비롯한 정책과정 전과정의 일요소로서 일본의 정책시스템에 뿌리를 내리고 있다.

1) 정책네트워크론의 사정(射程)

　　전후 한동안 일본의 정책과정은 행정관료제의 강한 통제를 중시하는 모델에 의해 분석되었지만, 고도경제성장에 따른 민간부문의 자율성 증대, 자민당의 정책능력 향상 등 비관료제부문의 약진 등을 배경으로 점차 국가섹터의 다원화, 이익집단의 영향력, 그리고 국가부문과 이익집단 부문을 연결하는 제도로서 정책네트워크를 중시하는 모델로 추이해왔다. 이익집단이나 사회집단이 국가에 대해 어떠한 연합관계를 형성하는가에 초점을 두고 일본의 정책과정을 분석해온 신협조주의(neocorporatism)나 신다원주의(neopluralism)에서는 사회집단의 자율성을 중시한다. 특히 1970년대 이후 국가와 사회의 중간에 위치하는 경계조직이나 이익집단,

양자를 연결하는 제도로서의 정책네트워크는 일관적으로 이러한 연구에 있어서 중요한 위치를 점해왔다.

정책과정연구에 있어서 제도가 갖는 규정성에 주목한 오키모토 (Daniel I. Okimoto)가 일본을 관계 중심적(relational) 국가로서 규정한 것은 민간부문과 밀접히 연결된 네트워크라고 하는 조건 하에서만 권력을 행사할 수 있는 국가라는 의미에서였다. 일본의 국가는 국가와 사회의 경계영역에 존재하는 다양한 네트워크에 의해 보완되고 있는 것이다 (Okimoto 1989). 오키모토는 정부와 시장 사이의 중간영역을 점하는 비공식 연결계, 즉 중간지대로서 각종 외곽단체, 업계단체, 공사의 자문기관, 비공식 연구회, 아마쿠다리 관계 등을 들고 있다.

통산성의 산업정책을 축으로 전시기부터 고도경제성장기(1925-1975)까지의 일본 경제정책을 검증하는 연구를 통해 통산성을 일본의 경제발전을 뒷받침한 뱃길 안내인으로 묘사하고, 경제관료의 우위성을 주장한 찰머스 존슨도 일본의 정부와 산업이 서로 협조관계를 형성하기 위해 열심히 노력해왔으며, 그것을 추구하는 수단으로서 다양한 독자의 제도를 개발해온 것에 주목한다. 관민협조를 가능케 한 독자의 제도로서 행정지도, 공식 심의회, 간담회, 그리고 아마쿠다리 네트워크 등의 정부와 기업 간의 인사교류관행 등을 들고 있다(Johnson 1982, 312-313).

쯔지나카 유타카(辻中豊)는 일본의 관료제가 1960년대 중반을 전기로 행정지도, 유연한 법령 운용, 공사의 자문기관, 공공법인, 업계단체, 그리고 아마쿠다리, 출향 등의 인적 교환메커니즘과 같은 간접적이고 보다 세련된 통제수단의 궁리 및 체계화를 통해 반침투적 네트워크 시스템 (osmotic network system)으로 전환했다고 한다. 일본의 공사, 정부와 기업, 단체 간에 복잡하게 얽혀 있는 중간조직은 다른 액터와의 커뮤니케이션 채널을 확보하고 반침투적 네트워크의 형성을 촉진하는 것으로 관료제에 활용되어, 사회적 이해를 반영하면서 한편으로는 관료제의 영향력 확대에 공헌한 것으로 자리매김되고 있다(Tsujinaka 1993, 204-205).

이러한 논의는 정책네트워크론으로 수렴된다고 할 수 있다. 정책네트워크는 국가와 사회의 상호침투라는 시점을 강조하는 개념틀의 일종이다. 카첸쉬타인(Peter J. Katzenstein)은 정부의 정책과정을 위해 관료와 민간부분의 지도자를 연결시키는 공식 또는 비공식 네트워크를 정책네트워크라고 칭하고 있다(Katzenstein 1977, 892). 또한 정책네트워크는 자원의 존이라는 관점에서 정책작성·결정·집행을 둘러싸고 자원의 의존을 통해 상호 연결되고, 자원의존구조의 단절에 의해 다른 군·복합체와는 구별되는 조직의 군·복합체라고 정의되기도 한다.

한편, 정책네트워크가 현실적으로 존재하는 느슨한 연결의 실태를 나타내는 개념으로 사용되는 경우가 많은 반면, 정책커뮤니티(policy community)는 게임의 룰이나 규범과 같은 제도, 개념도식에 중점을 두며 보다 문화 인류학적인 뉘앙스를 갖는 개념이라고 할 수 있다. 캠벨(John Creighton Campbell)은 얼굴과 이름을 알고 있으며 패러다임(paradigm)과 전문용어를 공유하는 것이 정책커뮤니티의 전제조건이라고 지적한다. 정책커뮤니티에서의 합의는 어떤 아이디어를 외부에 받아들이게 하기 위한 필수조건인데 일본의 정책과정에서의 합의는 통상 그 정책분야를 다루기 위해 설치된 법령에 의거한 심의회 등의 보고서에 구체적으로 나타나고 있다고 한다(Campbell 1989).[1]

이처럼 일본의 정책과정에 대한 다양한 연구는 각각 제시하는 프레임

워크의 상위에도 불구하고, 관민의 밀접한 관계의 토대가 되는 경계영역의 제도화에 대해서는 거의 일치하고 있다. 이하에서는 정부와 사회의 경계 영역을 제도화한 것으로서 일본의 정책과정에 뿌리를 내리고 있는 특수법 인, 인가법인, 공익법인, 그리고 심의회 등에의 대표 파견, 아마쿠다리, 출 향 등의 조직 차원의 인적 교환메커니즘에 대해 간략히 살펴보기로 한다.

2) 그레이존에의 탐험: 종래형 주체

정책의 형성에서 집행까지를 관통하는 정책과정의 이해를 보다 심화 시키기 위해서는 정부기관을 횡단하여 실체로서 존재하고 있는 정책네트 워크 또는 하위시스템의 중요성과 정책엘리트가 수행하는 결정적인 역할 에 주목해야 한다. 또한 정책의 형성 · 집행에 있어서 일반대중이 수행하 는 역할은 정치과정 연구자들이 생각하는 만큼 크지 않을 수 있다는 점도 간과해서는 안 된다. 특정 정책영역에서 거론되는 논의는 일반대중이나 대부분의 의원들이 가진 것보다 훨씬 전문적인, 그 정책에 관련된 고급정 보를 요하는 것이다. 이하의 논의에서는 정책네트워크의 중요성과 그것 이 갖는 엘리트 경사성을 염두에 두면서 일본의 정책과정에서 발견되는 그레이존을 특수법인 등, 공익법인, 그리고 인적 교류 메커니즘을 중심으 로 설명하기로 한다.

특수법인 등은 행정에 관련된 공적인 사업을 수행하기 위해 특별 법

---

1 캠벨에 의하면, 정책커뮤니티는 정보의 공유(shared information)나 관점의 공유(shared perspective)가 중시되기 때문에 고정화된 이해관계에 사로잡힌 철의 삼각형과 유동적인 이슈네트 워크(issue network)의 중간에 위치한다.

률에 의해 설립된 법인이다. 1950년대 중반 이후 고도경제성장기에 특히 많은 특수법인 등이 설립되었고 이후 행정니즈의 다양화·고도화에 대응하여 공공사업, 정책금융, 연구개발 등 폭넓은 분야에서 각 성청 등과의 긴밀한 연계 하에 다양한 정책실시기능을 수행해왔다. 모두 권한, 재원, 인원, 정보의 각 자원에 있어 주무관청에 일정 기반을 갖지만, 법인격의 성질에 따라 그 연결에는 강약이 존재한다.

특수법인은 통상 광의의 의미로는 특별 법률에 의거하여 한정수 설치되는 법인을 가리키는 경우가 많지만, 협의에 있어서는 총무청설치법 제4조 제11호에 의거하여 '법률에 의해 직접 설립되는 법인 또는 특별의 설립행위에 의해 설립하게 되어 있는 법인'을 가리킨다. 협의의 특수법인은 정부가 필요한 사업을 행하려고 하는 경우, 행정조직 외에 독립의 법인격을 가짐으로써 행정조직 내부에서는 달성되지 않는 효율적인 업무운영의 확립 등을 지향하는 것이다. 그러나 개별 법률에 의거하여 설립되어왔기 때문에 조직, 운영 등에 대한 공통의 준칙이 존재하지 않으며, 또한 그 운영 등이나 존재방식에도 여러 가지 문제가 지적되고 있다. 특수법인 업무의 성격은 행정대행적인 것, 민간사업자적인 것, 조합적인 것 등 다양하며, 그 업무내용도 금융기관, 영리목적의 특수회사, 기금, 공제, 재단, 연구기관 등 다종다양한 것이 혼재되어 있다.

인가법인은 특별의 법률에 의거하여 한정수 설립된다는 점에서는 특수법인과 마찬가지지만, 특수법인이 '특별의 설립행위'에 의해 강제적으로 설립되는 것임에 반해 인가법인은 주무대신의 인가를 받아 민간 등 관계자의 발의에 의해 설립된다는 점에서 특수법인과는 다르다. 인가법인의 예로서는 주무관청과 밀접한 관계를 가지면서도 강한 독립성을 갖는 일본은행이나 일본적십자사 등, 또한 주무관청으로부터의 독립성이 낮고 그 행정활동을 보좌하는 경제기획청의 총합연구개발기구, 건설성의 일본하수도사업단 등이 있다. 나아가 대장성의 일본세리사연합회, 농림수산성의 전국농업협동조합중앙회, 통산성의 일본상공회의소나 정보처리진흥사업협회 등과 같이 사업자단체로서의 기능을 겸하지만, 그 업계의 공공성이 강하기 때문에 또는 연혁적으로 인가법인이 되어 있는 것도 있다. 인가법인은 1960년대 중반 경부터 설립되기 시작했는데, 특수법인과 마찬가지로 누차에 걸쳐 정리합리화 계획의 대상이 되었다.

특수법인 등에 대해서는 설립 당초의 사회적 요구를 대체로 달성하고 시대의 변화와 함께 그 역할이 변질되거나 저하된 것, 민간사업자와 유사한 업무를 담당하고 있으며 국가 관여의 필요성이 인정되지 않는 것 등의 존재가 문제시되어 여러 차례에 걸쳐 정리합리화계획이 실시되었다. 1997년 12월의 행정개혁회의 최종보고에서는 ①경영책임의 불명확성, ②사업운영의 비효율성·불투명성, ③조직·업무의 자기증식성 ④경영 자율성의 결여 등이 문제점으로 지적되었다. 이후 2001년 12월의 '특수법인등정리합리화계획'에 의거하여 중장기적인 재정지출의 삭감·효율화와 재정투융자개혁과의 관련성 등을 고려하여 특수법인 및 인가법인이 폐지 또는 민영화되거나 독립행정법인의 형태로 대폭 정리되었다. 2008년 10월 1일 현재 각 부성에 합계 31법인이 현존하고 있다. 독립행정법인제도란 각 부성의 행정활동에서 정책의 실시부문 가운데 일정 사무·사업을 분리하여 이를 담당하는 기관에 독립의 법인격을 부여함으로써 업무의 질 향상과 활성화, 효율성의 향상, 자율적인 운영, 투명성의 향상 등을 도모하는 제도이다. 이러한 제도 하에 2008년 10월 1일 현

재 각 부성에 100법인의 독립행정법인이 설립되어 있다.[2]

독립행정법인, 특수법인 등을 정부의 수족이라고 한다면, 보다 민간에 가까운 공익법인(재단법인, 사단법인)은 일반적으로 민법 제34조에 의거하여 설립되는 사단법인 또는 재단법인을 말하며, 영리를 목적으로 하는 것이 아니라 공익에 관한 사업을 행하는 것으로서 주무관청의 인가를 받아 설립된다. 1996년 10월 1일 현재, 공익법인의 실수(26,089)는 국가소관법인이 6,815, 도도부현 소관법인이 19,336법인에 이른다. 1996년 이후 공익법인 실제수의 추이를 보면 1998년의 26,380법인을 피크로 감소경향을 보이고 있으며 2007년 10월 1일 현재 24,648법인으로 국가소관이 6,720, 도도부현 소관이 18,056법인이다.

국가소관 법인 중에서 압도적으로 많은 것은 문부성 관련법인으로 1,792(연법인수)법인에 달하며 전체의 24.5%를 점하고 있으며, 이하 통상산업성(908), 운수성(848), 대장성(798), 후생성(573) 순이다. 성청재편후 2007년 10월 1일 현재 가장 많은 것은 후생노동성 관련법인(7,431)으로 전체의 28.9%를 점하고 있다. 이것은 이전부터 의료나 고용문제에 관련된 법인이 많았다는 점에 더하여, 복지의 확충과 고령자문제 등 최근 주목을 받고 있는 테마에 관련된 법인이 많기 때문이다. 다음으로 많은 것이 문부과학성 관련법인으로 6,738법인(26.3%)로 나타났다. 이는 민법 제34조에 규정된 5가지 목적 중에서 '자선'을 제외한 '학술, 기예, 제사, 종교'의 4분야는 문부과학성의 소장사무에 관련되어 있다는 것이 크게 영향

---

2 주무관청별 독립행정법인수는 내각부(4), 총무성(4), 외무성(2), 재무성(4), 문부과학성(25), 후생노동성(14), 농림수산성(13), 경제산업성(11), 국토교통성(20), 환경성(2), 방위성(1) 순이다.

을 미치고 있다. 후생노동성과 문부과학성 관련법인이 전체의 반수 이상을 점하고 있으며, 이하 국토교통성, 경제산업성, 농림수산성 순이다.

1996년 10월 1일 현재 국가소관의 공익법인을 설립목적별로 보면, 교육·학술·문화가 3,736법인(51.1%)으로 가장 많다. 산업(업자단체형)을 주요목적으로 내걸고 있는 법인이 2,806(38.3%), 생활일반은 2,320(31.7%), 정치·행정(행정보완형)은 1,359(18.6%)로 나타났다. 소분류항목에 대해 살펴보면, 학술·연구를 목적으로 하는 법인이 1,173(16.1%)으로 가장 많고, 여기에는 재단의 수가 많다. 그 다음으로 많은 것이 '통상산업(업자단체형)'의 772법인(10.6%), '재정·경제(행정보완형)'의 710법인(9.7%)으로 모두 사단의 수가 현저하게 많다(總理府編 1997, 105-109).

2007년 10월 1일 현재의 조사에서도 마찬가지로 교육·학술·문화가 3,856법인(53.6%)으로 가장 많았고, 다음으로 산업이 2,605법인(36.2%), 생활일반이 2,415법인(33.6%), 정치·행정이 1.382법인(19.2%)로 나타났다. 소분류항목에 대해 살펴보면, 학술·연구를 목적으로 하는 법인이 1,190(16.6%)으로 가장 많고, 그 다음으로 '재정·경제(행정보완형)'의 751법인(10.4%), '통상산업(업자단체형)'의 697법인(9.7%)으로 재정·경제를 목적으로 하는 공익법인이 증가한 것으로 나타났다(內閣府編 2008, 15-17).

한편, 2006년에는 공익법인제도를 약 100년 만에 개혁하는 공익법인제도개혁 3법이 성립되었고, 동3법은 2008년 12월 1일부터 시행되었다. 이는 민간단체가 자발적으로 행하는 공익을 목적으로 하는 사업의 실시를 촉진하고 활력 있는 사회를 실현하기 위해, 사단법인 및 재단법인의

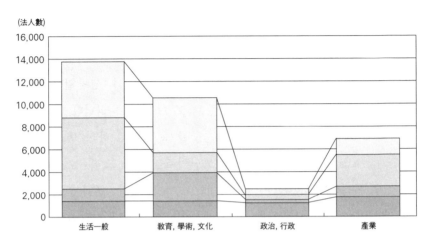

〈그림 9-1〉설립목적별 공익법인 수(2007년 10월 1일 현재)

	합계	국가 소관		도도부현 소관	
		사단	재단	사단	재단
연법인수	25,392	3,848	3,340	8,971	9,233
생활일반	13,697	1,224	1,191	6,222	5,060
교육·학술·문화	10,556	1,237	2,619	1,822	4,878
정치·행정	2,977	966	416	681	914
산업	6,860	1,795	810	2,824	1,431
합계	34,090	5,222	5,036	11,549	12,283

설립 허가 및 이에 대한 감독을 주무관청의 재량에 의해 실시하게 되어 있는 공익법인에 관한 제도를 개혁하여 공익사단법인 및 공익재단법인으로서의 인정 및 이에 대한 감독을 독립위원회(내각부 공익인정등위원회, 2007년 4월 설립) 등의 관여 하에 내각총리대신 또는 도도부현지사가 실시하는 제도이다. 이에 따라 법인설립 등의 주무관청제 · 허가주의에서 주무관청제 · 허가주의의 폐지로 공익법인제도가 변하게 된다.

오키모토는 국가의 관료제와 특수법인, 인가법인, 공익법인과 같은 공공적 중간기관과의 관계를 일본의 이중행정구조로 파악하고 있으며, 이 경우 제2부문인 특수법인 등은 정부부문과 민간부문과의 사이를 연결하는 가교로서의 기능을 담당하게 된다. 관청을 떠난 관료들이 공사, 공단 등의 특수법인과 업계단체, 나아가서는 민간회사 등에 재취직하는 아마쿠다리 관행은 정부부문과 민간부문을 연결하는 결합구조를 생생하게 보여주고 있다(Okimoto 1989, 152-165).

독립행정법인, 특수법인, 인가법인의 임원 인사는 주무관청에 의해 이루어지고 있으며, 국가공무원출신자의 재취직 포스트로 기능하고 있다. 2004년 12월 24일 총무성 자료에 의하면, 독립행정법인(108법인)의 임원 658명 중 317명, 특수법인(38법인)의 임원 438명 중 127명, 인가법인(8법인)의 임원 193명 중 17명이 퇴직공무원으로 나타났다.[3] 원래 민간부문의 비영리활동을 뒷받침하는 조직체로서의 위상으로 설립된 공익법

---

3 內閣官房 · 總務省報道資料「獨立行政法人等の役員に就いている退職公務員等の狀況の公表について」(2004年12月27日)〈 http://www.soumu.go.jp/s-news/2004/041227_2.html 〉(최종검색일: 2009년 1월 4일)

인도 현실로서는 중앙성청으로부터의 아마쿠다리를 받아들이고 있다. 1996년 10월 1일 현재 국가소관법인의 이사 중에서 국가공무원 출신자는 7,080명으로 이사 전체의 4.7%에 해당된다. 또한 아마쿠다리를 받아들이고 있는 법인 수는 2,483법인으로 전체의 36.4%이다. 2007년 10월 1일 현재에도 국가소관의 6,720법인 중에서 임원에 국가공무원 출신자가 있는 법인은 2,871법인(전체의 42.7%)에 이른다. 소관하는 관청출신 이사와 더불어 동일업계 관계자도 이사직에 취임하고 있다. 1996년 10월 1일 현재 국가 소관의 공익법인 중에 동일업계 관계자가 이사 현재 수의 절반을 넘는 법인 수는 1,631법인(22.3%)에 달한다. 2007년 10월 1일 현재에는 957법인(도도부현 소관법인의 경우 5,120법인)에 이르고 있다. 도도부현 소관법인 역시 도도부현 공무원 출신자를 이사로 받아들이고 있다(內閣府編 2008).

지정법인은 공익법인 중에서 개별 법령 등에 의거하여 주무대신 또는 도도부현지사 등으로부터 특정의 행정사무의 집행에 대해 지정을 받은 법인을 말한다. 지정법인의 예로서 식품위생법에 의거한 지정검사기관, 전기사업법에 의거한 지정검사기관 등이 있다. 지정법인은 일반 공익법인에 비해 임원이 많으며, 행정과의 인적 연결도 밀접한 경향이 있다. 2007년 10월 1일 현재 행정위탁형법인의 현황을 보면, 특정 법령 등에 의해 각 부성으로부터 제도적으로 사무·사업의 위탁·추천 등을 받은 법인 수는 410법인에 이른다. 또한 각 부성으로부터 국가소관 공익법인에 대한 보조금·위탁비 등(2006년도 결산)을 보면 교부법인 수 963법인, 교부총액 3,524억엔에 이르고 있다. 국가, 지방자치단체를 불문하고, 관청과 공익법인과의 사이에는 인사와 보조금을 통한 깊은 연결구조가 존재하고 있는 것이다.

공익법인 중에서 행정을 모체로 하는 정치·행정단체나 지정법인 등은 준행정조직이라고 할 수 있고, 사업자단체는 준민간조직이라고도 할 수 있는 성격을 갖는다. 나아가 예산, 인력, 업무의 각 측면에서 주무관청과 밀접하게 연결되어 있는 특수법인, 인가법인, 공익법인 이외에 법인격이 없는 임의단체도 주무관청 및 국이나 과에 대응하여 설립되어 있다. 특히, 업계단체(사업자단체)는 특별법에 의거한 각종 조합, 공익법인의 일부 이외에 법인격이 없는 임의단체도 많다. 일반적으로 업계단체는 임의단체로서 발족하여 나중에 공익법인으로 승격해가며, 설립의 계기로는 민간의 자주적인 것과 감독관청에 의해 요청된 것이 있다. 이러한 업계단체의 역할로서 요네쿠라(米倉)는 압력단체기능, 정책수행기능, 카르텔기능, 정보창출기능을 지적하고 있다(米倉誠一郞 1993, 185-189). 오키모토는 업계단체가 산업 내의 합의를 성립시키고 산업과 정부와의 사이를 연계시키는 연결기구로서 커다란 역할을 수행해왔다고 평가하고 있다 (Okimoto 1989, 165-172).

한편, 국가와 지방공공단체의 인사교류에 있어서는 건설성, 자치성, 농림수산성, 후생성이 압도적인 비율을 점하고 있으며, 포스트의 장기 고정화 현상이 나타나고 있다. 자치단체에의 출향은 보조금이나 자치단체에 대한 국가의 관여 수와 높은 상관관계를 보이고 있다. 성청별로 세분화된 보조금을 받기 위해서는 상당히 번잡한 절차가 필요하며, 사정에 밝고 인맥이 두터운 출향 공무원에게 맡기는 것이 효과적이다. 보조금과 출향인사는 수레의 양바퀴와 같이 중앙성청이 지방을 제어하고, 자치단체가 중앙성청에 접근하는 기능을 수행해왔다고 할 수 있다.

아마쿠다리, 출향 등이 쌍무적 인적 교류라고 한다면, 자문기관을 통한 인적교류는 다각적인 교류라고 할 수 있다. 종적인 연결을 강화시키는 데 일정한 역할을 수행하고 있는 외곽단체, 업체단체, 아마쿠다리 등은 그 집행활동에서 얻어지는 정보와 기술을 주무관청과의 일상적인 접촉이나, 나아가 공사의 자문기관의 위원 취임을 통해 행정성청의 정책형성과정에 환류시키는 기능을 담당하고 있는 것이다.

2___ 일본의 정책집행과정 연구

　　이 절에서는 정책집행과정은 어떠한 배경 하에서 연구대상으로 다루어지게 되었는지, 정책집행의 모델에는 어떤 것이 있는지, 그리고 지금까지 일본에서는 어떠한 연구가 이루어져왔는지에 대해 개괄적으로 살펴보기로 한다.

　　정책과정연구에 있어서 정책집행의 중요성이 인식되기 시작한 것은 1970년대 이후이다. 그동안 행정학의 주된 관심은 정관관계론, 중앙지방관계론, 조직내부의 활동으로서의 관리론에 초점이 맞추어져 있었다. 하지만 현실의 정치행정에 있어서는 어떤 정책이 관료나 이익집단의 강고한 저항에 부딪쳐 그 집행단계에서 알맹이가 없어지는 경우가 많다. 또한 집행과정에서 수단의 자기 목적화 현상이 발생하여 소기의 목적이 상실되는 경우도 결코 적지 않다. 이러한 맥락에서 1970년대 이후 정책집행과정의 연구가 진행되게 되었으며, 정책이 어떻게 왜곡되어가는지에 대해 실증연구가 축적되어왔다.

　　집행과정연구의 본격화는 연방정부(경제개발국)의 고용촉진정책이 입안단계의 의도와 동떨어진 결과를 초래하는 원인은 무엇인가, 주나 자치단체의 실시단계에서 사업이 당초에 의도한 결과를 초래하지 못하는 것은 무엇 때문인가라는 의문에 대한 해명이 계기로 작용했다. 집행과정에서는 입안·결정단계와는 다른 액터나 이해, 고려해야 할 사정이 발생할 경우, 정책목적이 변용됨으로써 정치적인 합의가 이루어지고 재원도 확보된 연방정부의 사업이 지방에서 실패하게 된다. 이러한 실시에 수반되는 실패의 원인을 규명하는 작업이 정책집행연구의 중요한 테마로 자리 잡게 된 것이다.

집행론은 조직관리의 능률이 아니라, 정책의 집행과정에서 정책목적이 변용해가는 것에 주목하는 이론이다. 정책의 실시에는 정책의 입안과는 다른 독자의 환경과 조건이 존재하는 것이다. 이는 정책목적이 변용될 정도로 독자적인 과정인 것이다. 집행론이 연방의 보조사업의 시레벨에서의 실시를 관찰하는 것에서 비롯된 것에 대응하여 일본에서도 중앙레벨의 정책의도가 지방레벨에서의 실시과정에서 다른 성격을 띠게 되는 것이 관찰된다. 예를 들어, 구건설성의 정책인 공영주택예산이 도시재개발에 이용되거나 농림수산성이 소관하는 농업용수로를 위한 예산이 도시지역의 배수로에 이용된 것은 잘 알려진 사례이다(村松岐夫 2001, 226-228).

집행과정을 연구하는 분석틀에는 크게 두 가지의 흐름이 있다. 첫째는 미국에서 많이 보이는 하향식(top down) 어프로치이고, 다른 하나는 주로 유럽에서 전개된 상향식(bottom up) 어프로치이다. 하향식 어프로치는 정책결정과 그것에 깊이 관련된 중앙정부의 담당직원 측에서 지방정부나 말단의 실시담당자나 대상집단을 분석하는 분석틀이다. 이에 대해 상향식 어프로치는 지방이나 현장에서 서비스 제공에 관여하고 있는 정책주체의 네트워크를 확인하고, 그 목표, 전략, 활동, 접촉 등을 명확히 하려는 분석틀이다.

이러한 어프로치는 조직을 움직여가는 활동으로서 리더십과 루틴

(routine)이라는 두 가지 절차와 관련이 있으며, 던사이어(Andrew Dunsire)의 조직관리에 관한 두 가지 모델에도 적용할 수 있다. 던사이어의 제1모델은 다수의 조직단위의 집합에 의해 이루어지는 행정에서는 기존 하부단위에 깊이 뿌리를 내린 견해(가치관)가 집행에 영향을 미치는 측면을 강조하는 아래로부터 실시를 바라보는 모델이다. 제2의 모델은 상위기관이 톱다운 형식으로 내린 명령이 집행되어가는 것을 강조하는 모델이다. 그러나 던사이어는 제2의 톱다운 모델에서도 리더십과 루틴의 맞물린 관계를 지적하면서 현장으로부터의 정보가 정책의 내용에 침투한다고 지적한다(Dunsire 1978).

1970년대가 되면 미국, 영국, 북유럽에서 실시론 내지는 집행론이 발전하여 일본의 행정학에도 파급되게 되었다. 그 전기라고도 할 수 있는 일본에서의 실시과정 연구의 효시는 모리타 아키라(森田朗)의 운수성 육운행정의 허인가행정에 관한 집행과정의 분석이다(森田朗 1988). 이후 일본의 실시과정의 실증연구도 점차로 축적되고 있다. 행정법학이나 경제학의 행정지도 분석도 실시론으로서 유익하다고 할 수 있다. 행정지도에서는 통산성 등에 의한 산업정책은 특히 주목된다. 그러나 실시과정의 연구에 주목하게 되면서 집행과정이나 실시연구라는 명확한 자리매김은 아니지만, 지금까지의 일본 관료제 연구나 중앙지방관계 연구 중에도 실시연구라고 할 수 있는 논고가 다수 포함되어 있음을 알 수 있다(村松岐夫 2001, 226-228).

그럼에도 불구하고 일본의 행정연구에 있어서 정책의 실시과정에 관한 분석이 그다지 축적되어오지 않았다는 것은 부정할 수 없다. 그 이유로서 들 수 있는 첫 번째는 법령이나 예산의 집행과정은 행정관리의 영역이라고 간주되어왔기 때문에 행정학에 있어서 실시과정에 대한 연구가 그다지 추진되지 않았다는 것이다. 오히려 관심의 대상이 된 것은 관리자에 의한 부하의 관리라고 하는 관점에서의 인사관리나 조직의 운영관리로서였다. 이러한 연구는 반드시 행정조직만을 대상으로 한 것은 아니지만, 조직론이나 산업·조직심리학의 영역에서 많은 연구업적을 인정할 수 있다. 두 번째 이유로는 정책의 실시과정은 허인가 등 법적 행위가 중심을 이루는 것으로 행정법학의 영역에 속하는 것이라고 여겨져왔기 때문에 행정학의 연구대상으로는 간주되지 않았다는 점을 들 수 있다.

나아가 정책의 실시과정은 기술관료나 하급관료의 업무영역에 속하는 것이라고 여겨져왔기 때문에 행정학의 중심적인 대상으로는 다루어지지 않았다. 이는 일본의 행정학이 정관관계론이나 중앙지방 관계, 또는 일본 관료제론에 중점을 두어온 것과 무관하지 않다. 이 때문에 일본의 행정연구의 주된 연구대상이 사무계의 고급관료의 의식과 행동양식에 초점이 맞춰지게 되었고, 그 결과로서 하급관료나 기관이 담당하는 실무적 집행과정에 대한 관심이 반드시 높지는 않았다고 할 수 있다.

이렇게 볼 때 실시활동의 분석에 있어서는 행정법과의 연계가 중요함을 알 수 있다. 또한 종래 행정학이 관심을 가져온 정치와 행정, 중앙지방 관계, 행정 내부의 관리과정에 대한 연구에 더하여 국가와 사회라는 틀을 사정에 넣을 경우 실시론을 본격적으로 전개할 필요가 생기는 것이다. 이하 다음 절에서는 국가와 사회라는 틀 안에서 일본의 규제행정과 행정지도에 대해 살펴보기로 한다.

3___ 규제행정과 행정지도

　　규제란 시민, 민간의 활동에 관해 행정에 의한 법적인 룰을 설정하는 것을 말한다. 허인가는 그 중에서도 기본적인 것으로 허가와 일반적으로 금지되어 있는 것을 특정인에게 해제하는 것을 말하며, 인가는 민간의 활동을 가능하게 하는 권한을 새롭게 설정하는 것을 말한다. 따라서 허인가의 실시는 민간의 경제활동에 크게 영향을 미치게 된다. 이러한 룰을 사법에 의해 엄격하게 준수하게 하는 국가라는 의미로 존슨은 미국을 규제형 국가(regulatory state)로 규정했다. 규제형 국가에서는 경제는 국가가 정하는 룰의 틀 안에서 민간의 주체적 결정에 의해 움직인다. 이와는 대조적인 것이 일본으로 대표되는 발전지향형 국가(developmental state)이다. 국가는 룰을 정하고 그 실행을 감시하는 것만이 아니라 법률을 기준으로 하기보다는 법률이 허락하는 재량을 수단으로 민간활동을 방향지우는 것이 국가의 역할이 된다. 인가한 사업에 대해서는 국가는 국민의 이익을 위해서 감독과 지도를 행하는 책무를 갖게 된다.

　　일본의 행정은 특히 전후 현저하지만, 법률은 골격에 해당되는 사항을 정하고, 내용, 절차 등의 세부적인 내용은 각의에서 결정되는 정령이나 각 성청이 정하는 성령에 위임되어 범위가 넓은 것이 특징이다. 또한 일본의 행정은 상기 행정의 재량과는 별도로 각성청설치법상의 소장사무, 권한에 대한 일반규정을 근거로 소관사항에 대해 행정지도를 칭하면서 법령이 규정하고 있지 않은 것과 같은 사항에 대해 광범위하게 사실상 민간의 행동과 절차를 규제해왔다.

행정지도란 일반적으로 '행정이 상대방의 동조나 협력을 얻어 그 의도를 실현하려고 하는 법적 구속력을 갖지 않는 지시, 조언, 권고, 요망 등의 이름으로 불리는 행위(廣辭苑第四版)'이다. 행정지도는 유연성이 있고, 행정처분에 대신하는 것으로 다용되었으며, 전후일본의 산업육성에 공헌했다. 한편, 허인가와 같은 공적인 행정처분과는 달리 법적으로는 비공식적인 것이기 때문에 투명성과 공평성의 관점에서 문제가 지적되어왔으며, 개혁의 대상이 되어왔다. 그 결과, 지금까지의 지나친 행정지도를 시정하기 위해 행정절차법을 제정하고 행정지도에 대해 엄격한 조건을 부과하게 되었다.

1) 사회적 규제와 행정지도

각종 규제법에 있어서는 규제목적을 실현하기 위한 정책수단, 그리고 법의 실효성을 높이기 위해 법에 따르지 않을 경우의 벌칙에 대해 규정하고 있다. 그러나 실제로는 위반행위가 있다고 하더라도 형벌에 의한 제재가 이루어지는 것은 오히려 드물며 행정지도를 통해 대처하는 것이 통상적이다. 비공식적인 행정지도라는 수단을 이용함으로써 신속성을 확보하거나, 규제대상과의 양호한 관계를 유지하면서 미래에도 협력관계를 확보하려 하거나, 법률의 불합리성을 현장에서 미조정하는(법률에 정하는 기준이 지나치게 엄하기 때문에 그 적용을 유보하는) 등의 이유가 거론된다.

즉, 집행과정에서 행정관료의 권한행사에 수반되는 재량의 범위가 크고, 위반자에 대해서는 형벌에 의한 제재를 가하는 대신 행정지도를 통해 준수를 촉구하는 경향이 일반적으로 나타나는 것이다. 이처럼 공식권한행사의 회피는 법령에서 정하는 규제가 그림의 떡에 지나지 않게 된다는 것을 의미하는 한편, 특히 고의적이지 않거나 또는 경미한 위반자에 대해서는 행정에 의한 신속하고 유연한 대응을 가능하게 했다. 그 장점으로서 정책의 실시과정에서 행정(규제기관)과 규제대상과의 상호작용을 통해 양자의 양호한 의사소통이 이루어지고, 규제의 집행에 필요한 행정의 비용부담이나 문제해결을 모색하는 경우의 교섭비용(재판 비용 등)이 억제된다는 점을 지적할 수 있다. 반면, 실시과정에서 법령에 의거한 규제권한이 행사되지 않음으로 인해 국민의 생명 · 안전이 침해될 수도 있다는 문제도 간과할 수 없을 것이다.

규제권한을 실제로 행사할 것인지의 여부는 규제 사례에 따라 달라질 것이며 시대에 따른 변천도 고려해야 할 것이다. 대기오염 규제 사례를 보면, 그동안 지방자치단체는 기업 · 공장이 국가가 정하는 법률의 기준을 위반하더라도 행정명령을 발동하는 경우는 오히려 적고, 또한 국가가 정하는 기준보다 엄격한 조치를 취하는 경우에는 종래 행정지도 등의 비공식적인 수법에 의존해왔다. 행정지도이기 때문에 강제력이 없는, 어디까지나 기업 · 공장에 대한 배출 억제 요청에 지나지 않는다. 실제로 엄격한 규정이 적용되는 경우에도 그것은 기업 · 공장의 자주 노력에 의한 것이었다. 이러한 비공식적인 수법은 행정과 기업과의 유착이나 기업에 의한 행정의 포섭이 발생할 수 있다는 점에서 정책과정의 투명성과 어카운터빌리티(accountability)의 관점에서 문제가 있었다.

하지만 근년 환경피해가 중대한 공공문제로서 인식되면서 국가에 의한 환경정책의 강화, 그리고 관련 규제권한의 적극적인 발동을 바람직하게 여기는 지방자치단체 수장의 견해를 토대로 자치단체에 따라서는 비공식적인 행정지도가 아니라 법이나 조례에 의한 행정명령을 직접적으로 발동하는 사례가 증가하고 있다. 현에 따라서는 국가의 다이옥신 대책을 계기로 근년 배출 기준 위반기업에 대해 개선권고(행정지도)를 거치지 않고 행정명령을 발동하는 사례가 증가하고 있다.

2) 일본의 경제성장과 행정지도: 금융정책, 산업정책

전술한 바와 같이 성청 관료제는 법안과 예산안의 작성을 담당하는 것 이외에도 법령에 의거한 각종 허인가를 행하고, 지방자치단체나 민간의 활동을 조성하기 위해 보조금을 배분하며, 나아가 기업과 그 단체에 대해 행정지도에 의한 정책유도를 행하고 있다. 관료제의 영향력의 비결은 이러한 허인가와 행정지도에 의존하는 바가 크다. 전후 일본의 산업정책은 성청 관료제의 허인가와 행정지도를 바탕으로 경제성장을 견인했다고 할 수 있으며, 이 절에서는 금융정책과 산업정책을 예로 성청에 의한 관여의 구조를 개괄적으로 살펴보기로 한다.[4]

금융행정의 영역에 있어서의 규제행정에 관해서는 호송선단행정이 유명하다. 대장성(현재는 재무성)은 은행업계, 증권업계 등 각각의 영역에 있어서 업계단체를 결성하게 하고, 최종적으로는 업계단체의 자주적인 룰을 통해 가장 경영체력이 허약한 기업이나 단체에 보조를 맞춰가면서

---

4 일본의 경제발전에 대한 행정의 공헌도에 대한 이해는 그것을 극단적으로 중시하는 견해에서부터 그다지 중시하지 않는 논의까지 다양하다.

허인가권을 배경으로 행정지도를 실시해왔다. 또한 업계단체 등이 대장관료의 재취직 자리로 기능해온 측면도 있다. 이러한 정책운영이 일본 경제의 안정적 성장에 공헌해온 것은 사실이지만, 다른 한편으로 대장성과 금융기관과의 사이에 유착을 낳았고, 나아가 금융을 둘러싼 국제화의 흐름 속에서 각행의 경쟁력을 결과적으로 약화시키는 폐해를 낳았다고 지적되고 있다.

통산성은 상세한 지시를 수반하는 임기응변의 행정지도로 철강·석유화학·자동차산업 등에 대해 업계전체의 수급조정을 실시하면서 일본의 고도경제성장을 뒷받침하는 각종 산업을 육성해왔다. 그리고 불황기에는 조업단축의 권고나 설비투자를 억제하는 권고를 행하여 공급을 조정했다. 통산성의 행정지도에 있어서 특징적인 점은 통산성과 업계단체 사이에 이익공동체라고도 할 수 있는 커뮤니티가 성립되었고, 그 커뮤니티에 있어서 행정지도 자체가 제도화되었다는 점이다. 제도화된 행정지도를 통해서 통산성은 정책입안에 필요한 현장의 정보를 적시에 입수하고, 또한 그 관할영역을 확장할 수 있었으며, 퇴직 후의 재취직 자리를 확보할 수 있었다. 한편 개별기업은 정책정보를 적시에 입수하거나 일정 시장점유율을 확보할 수 있게 되는 등 신규진입자의 공포에 노출되지 않고 그 지위를 지키면서 업계 전체의 발전을 지향할 수 있었던 것이다.

행정과 업계와의 밀접한 연계 하에 정책이 결정되면 사전에 업계단체의 합의가 확보된다는 것을 의미하기 때문에 그 정책은 효율적으로 실행에 옮겨지게 된다. 그러나 이러한 정책운영에는 폐해도 크다. 수급조정은 업계를 구성하는 각 기업의 점유율을 유지하면서 이루어지기 때문에 신규진입을 방해하기 쉽고, 신규진입기업은 그만큼 불리한 대접을 받

게 된다. 양자의 이러한 연결은 유착구조를 낳기 쉽고 행정활동의 불투명
성을 초래하기 쉽다.

이러한 행정지도에 대해서는 다음과 같은 비판이 있다. 첫째, 행정지
도는 행정에 의한 법률상 근거가 없는 민간개입의 수단이기 때문에 그 정
통성이 문제시되었다. 이 때문에 1994년에 행정절차법이 제정되어 행정
지도에 일정한 법적 근거가 부여되는 대신, 문서로 행하지 않으면 안 되
는 등의 조건이 부가되었다. 둘째, 행정지도는 생산자의 이익을 우선시할
뿐 소비자의 이익을 고려하지 않는 경우가 적지 않다는 비판이다. 또한
생산자의 이익에 있어서도 시장점유율의 유지에서 나타나듯이 신규진입
자에게는 매우 불리하게 작용하는 점도 비판의 대상이 되었다. 세 번째로
행정책임의 관점에서는 만약 행정지도가 부적절하고 불합리한 경우에도
원래 비공식적인 것이기 때문에 재판 등에 있어서 법적 구제가 곤란하다
는 지적도 있다. 네 번째로 예를 들어 수급조정이나 조업단축 등의 행정
지도를 통해 쇠퇴 산업의 수명이 연장되었다 하더라도 그것이 과연 일본
경세에 결과적으로 바람직한 것이었는가에 대한 의문이다.

3) 공공사업과 기술관료

성청 관료제에 있어서 '캐리어관료'란 일반적으로는 사무관(법제관
료)을 말한다. 그러나 공공사업의 정책과정에 있어서는 기술관료(기관)의
존재도 무시할 수 없다. 인사시스템을 보면, 공공사업을 담당하는 성청
(구건설성이나 농림수산성)에서는 기관 쪽이 법제관료보다도 훨씬 많이 채용
되고 있다. 또한 법제관료는 성청 내의 다양한 국을 이동하면서 제너럴리
스트가 되는 것에 반해 기관은 입성한 국(예를 들어, 도로국, 하천국 등)에서

스페셜리스트가 되어 국내에서 퇴직까지 근무하는 것이 일반적이다.

　이러한 인사제도를 배경으로 본성에서 현장의 공사사무소에 이르기까지 사업분야 별로 일계열의 기관집단이 형성되고 이를 통해 정책입안·집행이 이루어진다. 나아가 일계열의 기관집단은 성청의 외연에도 커뮤니티를 확대하고 있다. 자치단체, 연구자, 민간기업(컨설턴트·설계·종합건설업자), 특수법인, 공익법인 등이 그것이다. 장기계획이 확장성이 있는 커뮤니티 속에서 도로국이나 하천국과 같은 소관국의 기관을 중심으로 작성되고 실시되는 것이다. 5개년 단위로 작성되는 장기계획에는 사업량의 총량과 그것에 투하되는 사업경비의 총액이 기재되어 있을 뿐 개별의 사업계획은 기재되어 있지 않다. 장기계획 나아가 그것을 활용하여 획득한 예산을 바탕으로 보다 구체적인 사업을 기재한 사업계획이 작성되는데, 신규의 대규모 공공사업은 별도로 하더라도 일상화된 공공사업은 예산요구에서 사업의 실시단계에 이르기까지 거의 모두 기관에 맡겨져 있으며 이 경우에는 법제관료의 개입 여지는 법령기술이나 문서작성기술면에 거의 한정되게 된다. 이처럼 정치가(족의원)나 업계단체 등 '응원단'의 존재뿐만이 아니라 성청 관료제의 조직구조와 이를 기반으로 한 정책수법이 공공사업의 입안에서 실시과정에 이르기까지 크게 영향을 미치고 있는 것이다(新藤宗幸 2002).

4___ 서비스행정

서비스의 제공은 시민을 위해 제공되는 공공활동이다. 일본에서는
전후의 행정에 의한 서비스 제공은 전후부흥의 과정에서 출발했다. 그 후
장기에 걸친 경제성장에 의한 재정확장을 토대로 눈부시게 확충되었다.
행정서비스에는 인프라정비 등의 공공사업이든 복지서비스든 중앙행정
기관이 직접 서비스를 제공하는 경우, 지방자치단체나 민간단체에 보조
금을 교부하여 실시하는 경우, 또는 그레이존이라고 할 수 있는 공단이나
사업단을 통해서 실시하는 경우 등이 있다.

1) 서비스 제공에 관한 공사분담

행정서비스의 종류는 교육, 공공사업, 각종 복지서비스 등 다양한 분
야에 이르고 있다. 최근 행정서비스 제공에 관한 공사분담의 방식이 주목
을 받고 있다. 기업의 경영혁신방식을 도입한 신공공관리(NPM: New
Public Management)에서는 가능한 한 많은 것을 민간과 시장에 맡기는 것
이 제안되고 있다. 〈표 9-1〉에서는 서비스 제공에 있어서의 행정 · 민
간 · 그레이존의 관계와 공사분담의 방식을 잘 보여주고 있다.

주체	공공성과 사적이익	가격형성	진입특성	구체적인 예
정부	공	과세	폐쇄적	경찰 · 군대
그레이존 I (준행정기관)	공〉사	보조금 · 시장수수료	다소 폐쇄적	지방공영기업 독립행정법인
그레이존 II (사적단체)	공+사 or 공〈사	시장 사회적 룰	다소 개방적	금융 · 보험 공익사업
사기업	사	시장	개방적	통상의 사기업

출처: 村松岐夫(2001), p.69.

주목할 만한 것은 공공재로서, 국가 내지는 행정의 임무로서 의심의 여지가 없었던 경찰기능이나 소방기능에 있어서조차 현재는 민간의 영리활동이나 자원봉사자의 지원이 기대되는 부분이 생겨나고 있다는 것이다. 국가와 행정의 기능은 서비스행정의 영역에서도 근본적인 검토대상이 되어 있는 것이다. 노인개호와 같은 영역에서는 국가, 지방, 민간복지단체, 보험회사, 병원, 지역, 가정의 복잡한 협력에 의해 다양한 형태의 기능분담방식이 형성되어 있다. 후술하는 특정비영리활동법인의 광범위한 참여가 기대되고 있는 것도 공공서비스 제공의 영역이다.

2) 일선관료제(street level bureaucracy)

행정에 의해 제공되는 다양한 서비스에 관련하여 주목할 만한 논의 중에 일선관료제론이 있다. 여기서는 행정의 대상이 되는 상대(이것을 행정객체, 소비자, 고객, 수급자 등 여러 가지로 칭하고 있음)와 관료의 관계에 대해 행정서비스 제공활동의 말단과 고객의 관계를 중심으로 설명하기로 한다. 일반시민이 갖는 행정에 대한 이미지는 이러한 행정과의 접촉점에 의거하고 있다.

경찰관이나 케이스워커(caseworker), 공립학교의 교원, 공립병원의 의사, 노동기준감독서의 감독관 등이 일선관료의 전형이다. 이들은 공무원인 한편, 전문직으로서 채용되어 전문가로서의 직업윤리에 의거하여 행동하는 동시에 재량의 여지가 많은 업무를 담당하게 된다. 이처럼 상급기관(상사)에 의한 농밀한 지위감독을 받지 않고, 폭넓은 재량권을 갖고 대상자와 직접 접하면서 직무를 수행(정책을 집행)하는 행정직원을 일선관료(street level bureaucrats)라고 한다. 이러한 일선의 행정직원이 갖는 폭넓은 재량은 리소스 배분의 재량과 법적용의 재량으로 나누어진다.

일선관료의 행동양식과 이들 직원을 감독하는 일선 감독관의 움직임은 행정내용을 결정지음에 있어서 극히 중요하다. 일선관료의 재량은 일정 부분 관료제적 구속을 받으면서도 업무의 중심적 내용을 결정적으로 특징지을 수 있는 것이다. 어떤 교통위반자를 위반자로 할 것인가의 여부는 경찰관의 재량에 의해 결정된다. 복지 수급 자격의 해석이나 적용이 케이스워커에 의해 결정되는 현실도 이와 유사하다. 특히 일선관료 자체가 갖는 리소스(근무시간, 에너지 등)가 유한하다는 것이 그들의 행동에 영향을 미치게 된다.

예를 들어, 시민의 고충을 전화나 상담창구에서 접수하는 직원은 어떤 고객으로부터의 상담에 시간을 들여 대응하고 청내의 부국과 그 상담 내용에 대해 일일이 상의할 수도 있다. 그러나 그렇게 함으로써 다른 고객으로부터의 상담을 접수할 시간이 한정되게 된다. 또한 접수된 상담 사

항의 담당으로 생각되는 부국을 소개함으로써 책임을 전가하는 것(たらい 回し)도 가능하지만, 그렇게 해서는 행정직원에 대한 기대에 부응할 수 없 게 된다.

이처럼 정책의 실시과정은 결정된 정책 또는 정해진 직무를 기계 적·자동적으로 수행하는 것처럼 보인다 하더라도 실제로는 행정자원의 유한성이나 재량의 문제와도 밀접하게 관련된 복잡한 과정이다. 또한 일 선관료와 정책의 대상집단 사이의 상호작용과 교섭의 과정으로서도 나타 날 수 있는 것이다.

5___ 정책집행활동의 새로운 선택지

1980년대 이후 재정위기의 심화와 정부활동의 비효율성이 지적되면서 작은 정부로의 전환이 추진되고 있다. 구체적인 행재정개혁이 추진됨에 따라 정책집행활동에 있어서도 규제완화와 민영화, 민간위탁의 추진, 민간의 자립자조 등의 구체적인 새로운 선택지가 주목을 받고 있다. 이러한 새로운 선택지들은 말할 것도 없이 기존의 정책집행활동에 많은 변화를 초래하고 있다.

1) 규제완화

규제완화란 지금까지 정부가 민간 활동에 대해 행하여온 개입을 삭감 또는 폐지하는 것을 말한다. 여기서 공적 규제는 경제적 규제와 사회적 규제로 나눌 수 있다. 경제적 규제란 산업의 건전한 발전과 소비자의 이익을 제고하기 위해서 행하는 규제로 공급의 확보, 가격의 안정, 신용의 유지, 산업의 진입자격, 설비투자나 생산량 등에 대해 규제하는 것으로서 전기, 가스, 금융, 운수, 통신, 농림수산, 석유 등의 국민생활에 관련된 산업분야에 많이 발견된다. 한편, 사회적 규제는 국민의 생명·재산의 안전 등을 확보하는 것을 목적으로 한 규제로 소비자나 노동자의 안전·건강의 확보, 자연환경의 보전, 사고재해의 방지 등을 위한 기준, 자격, 제한 등의 규제를 말한다. 이는 산업분야뿐만이 아니라 널리 국민에게 영향을 미치는 것이 많다. 예를 들어 자동차운전면허, 의사 등의 국가자격 등이 그 대표적인 예이다.

이러한 규제에 대해 민간의 창의적 활력과 자립적인 활동을 제약하는 것에 연결된다고 하여, 경제적 규제에 대해서는 원칙자유 · 예외규제의 기본적 입장에서 재검토를 실시하고 있고, 사회적 규제에 대해서도 사회경제정세의 변화와 기술혁신의 진전 등에 대응한 규제의 합리화를 행하고, 규제의 타당성과 유효성에 대해 재검토한다는 기본방침이 제시되어 있다. 한편, 이러한 규제완화에 대해서는 공적 조직의 기득권 상실에 연결될 수 있기 때문에 각 성청의 현업부문이나 사업부국으로부터 강한 반발을 초래하기도 한다.

2007년 3월 31일 현재 허인가 등 건수의 총수는 12,786건이다. 부성별로 허인가 등 건수를 보면 국토교통성(2,485건), 경제산업성(2,069건), 후생노동성(1,936건), 금융청(1,782건), 농림수산성(1,379건) 등의 순으로 되어 있다.

일본에서 규제의 척도로 인식되고 있는 허인가 등의 건수는 '허인가 등의 실태의 통일적 파악 기준'에 의거하여 총무성이 파악하고 있다. 규제완화 등의 개혁 양태에는 규제의 폐지, 규제대상범위의 축소, 규제기준의 완화, 강한 규제에서 약한 규제로의 완화 등 다양한 사례가 있다. 이 때문에 법률의 폐지 등 규제 자체가 폐지되는 경우는 그 근거조항도 폐지되기 때문에 당연히 허인가 등의 건수는 감소하게 된다. 하지만 규제대상범위의 축소, 규제기준의 완화, 강한 규제에서 약한 규제로의 완화 등의 경우에는 허인가 등의 규제조항이 남기 때문에 허인가 등의 건수 감소에는

<表 9-2> 중앙성청 등 재편 후 부성별 허인가 등 건수의 추이

(단위: 건)

부성명	제1회 2002.3.31 (a)	제2회 2003.3.31	제3회 2004.3.31	제3회 2005.3.31	제4회 2006.3.31	제4회 2007.3.31 (b)	(b)−(a)
내각부	77	77	81	81	80	95	18
공정거래위원회	25	23	23	23	23	23	−2
국가공안위원회	117	117	120	126	125	125	8
금융청	1421	1501	1634	1736	1845	1782	361
총무성	575	604	650	663	669	673	98
법무성	237	278	285	297	299	294	57
외무성	47	47	51	51	50	43	−4
재무성	727	734	771	772	809	831	104
문부과학성	566	573	586	622	636	636	70
후생노동성	1543	1602	1862	1910	1894	1936	393
농림수산성	1114	1132	1219	1323	1383	1379	265
경제산업성	1866	1935	1997	2038	2058	2069	203
국토교통성	2042	2058	2161	2343	2437	2485	443
환경성	229	291	325	353	379	384	155
방위성	35	35	38	38	38	31	−4
計	10621	11007	11803	12376	12725	12786	2165

출처: 總務省行政評価局「許認可等の統一的把握の結果について」(2008年 3月)

연결되지 않을 수도 있다. 또한 역으로 허가대상이었던 것의 일부에 대해 신고로 완화했을 경우에 신고의 근거조항이 새롭게 마련되는 등 건수가 증가하는 경우도 있다.

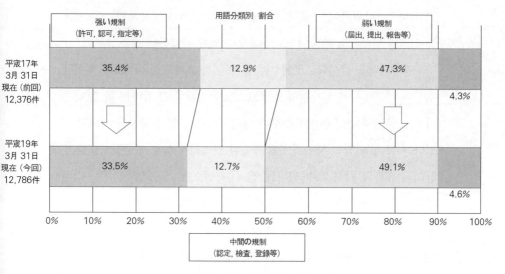

〈그림 9-2〉 허인가 등의 용어분류별 비율의 추이

出処: 總務省行政評価局「許認可等の統一的把握の結果について」(2008年3月)

허인가 등 총수에서 점하는 용어분류별 비율(〈그림 9-2〉)을 보면, 2005년 3월 31일의 조사결과에 대해 A그룹(강한 규제: 허가, 인가 등)이 35.4%에서 33.5%로 1.9포인트 저하(건수는 98건 감소)했고, C그룹(약한 규제: 신고, 보고 등)이 47.3%에서 49.1%로 1.8포인트 상승(건수는 428건 증가)하여 허인가 등 전체로 강한 규제에서 약한 규제로의 이행이 발견된다.

2) 민간위탁의 추진

소자고령화의 진전과 재정상황의 악화를 배경으로 지방공공단체를 중심으로 향후에도 공공의 기능을 확실하게 담당하기 위해 '새로운 공공공간'의 형성이 요구되고 있다. 그 하나의 방식으로 민간위탁이 추진되고 있다. 민간위탁이란 공적인 책임의 범위 안에서 대응하기는 하지만, 그 실시나 서비스의 제공에 있어서 민간기업에 위탁하는 것을 말한다.

민간위탁을 실시함으로써 기대할 수 있는 효과는 ①직영으로 행하는 경우와 비교해서 행정자원의 조달코스트를 삭감할 수 있다는 점, ②마찬가지로 공무원이 대응하는 것보다 행정서비스의 질적 향상을 기대할 수 있다는 점, ③민간의 사업자에게 공평한 진입의 기회를 제공함으로써 민간의 수요를 환기시킬 수 있다는 점, ④직영으로 대응하던 인원을 다른 부문으로 돌릴 수 있기 때문에 효율적인 조직운영이 가능하게 된다는 점 등을 수 있다. 다만, ①② 및 ③의 경우에 대해서는 계약의 방법이 수의계약일 경우에는 경비의 절감이나 서비스의 향상에 연결된다는 보장이 없다는 문제가 발생할 수 있다. 또한 지명경쟁입찰을 채용한다고 해도 경쟁에 제한이 있어 실질적으로는 수의계약과 별반 다르지 않은 경우가 발생할 수 있다는 문제점도 있다. 최근에는 인터넷을 통해 일반경쟁입찰에 의한 신청을 실시함으로써 이러한 문제점을 극복하려는 움직임도 있다. 또한 ④에 대해서도 직영으로 실시하는 경우에는 공무원으로서의 신분을 갖기 때문에 민간위탁으로 사업형태를 변경했다고 해서 즉시 이들 직원을 배치전환하거나 해고시키는 것이 용이하지 않다는 문제도 발생한다. 이 때문에 결과적으로 민간위탁한 비용분만큼 추가 경비부담이 발생할 가능성도 배제할 수 없다.

민간위탁을 추진함에 있어 그 전제로서 다음과 같은 점을 고려해야 한다. 우선 업무의 효율화를 위해 기존업무의 표준화나 비용분석을 실시하여 업무의 집행방법을 적극적으로 재검토해야 한다. 또한 효율화의 효과를 극대화하고 동시에 경쟁성을 확보한다는 관점에서 포괄화, 공통화가 필요하다. 나아가 행정부가 직접 집행해야 하는 업무와 민간사업자를 활용하는 경우가 바람직한 업무에 대한 구분을 명확히 해야 할 것이다.

3) 민간의 자립자조

민간의 자립자조란 행정기관에 의한 공적인 책임의 범위에서 벗어나 민간의 공익활동의 책임영역으로 하는 것이다. 구체적인 실시주체로서는 각종 공익법인이나 NPO(Non Profit Organization, 민간비영리단체), 또는 자원봉사자단체 등이 여기에 해당된다. 민간위탁이 영리를 목적으로 하는 민간사업자에 대한 사업의 위탁이라고 한다면, 민간의 자조노력은 지금까지 행정활동의 범위 안에서 대응하던 것을 민간공익활동으로 자리매김하는 것을 의미한다. 따라서 행정활동의 중심은 고객에 대한 직접적인 서비스 제공으로부터 민간의 공익단체나 고객을 지원하는 형태로 이동된다.

일본의 시민사회 부문은 전통적으로 다른 부문에 비해 정책과정에의 참여가 미약한 편이었다. 그러나 작금의 시민사회의 성숙 또는 사회적 자본(social capital) 확대에 대한 기대가 정책전환을 촉진하였고, 정치·행정에 의한 공공성의 전담에 대한 재검토를 촉구하는 계기로 작용하고 있다. 최근에는 정치·행정만이 아니라 지역사회(NPO, 자원봉사 등)나 시장(민간기업) 등 사회 전체가 그 기능을 담당해야 한다는 인식이 확산되고 있다.

정책과정에의 참여라는 영역을 뛰어넘어 공공성을 담당하는 주체로서 주목을 받고 있는 것이 NPO이다. 일본에서는 시민단체(시민활동단체)나 자원봉사자단체를 지칭하는 경우에 많이 사용되고, 명시적인 정의는 없지만, '불특정다수의 이익의 증진을 목적으로 시민의 자발적인 참여를 기반으로 계속적으로 비영리활동을 행하는 민간의 조직·단체이며, 영리조직과는 달리 이익을 관계자에게 배분하지 않을 것'이 기본적인 요건으로 인식되고 있다.

일본에서는 시민단체를 설립·운영하는 과정에서 관료적 개입 등 제약이 많았으나, 1998년 3월에 제정된 '특정비영리활동촉진법(이하 NPO 법)'과 2001년도의 세제 개정에 따라 NPO 법인의 수가 현격히 증가하였다. NPO법은 영리를 목적으로 하지 않고 특정 사회적 목적을 위해 활동하고 있는 민간단체가 간편하게 법인격을 갖출 수 있도록 한 법률이다. 2001년도 세제 개정에서는 인정NPO법인에 대해 기부를 행한 경우 그 기부에 대해서는 기부금공제 등의 대상으로 하는 세제상의 조치가 이루어졌다. 인정NPO법인제도는 NPO법인에 대한 기부를 촉진함으로써 NPO법인의 활동을 지원하기 위해 설계된 세제상의 조치이다. NPO법의 성립에 따라 지방자치단체에서도 공익활동촉진조례를 제정하는 기관이 증가하고 있다. NPO법은 일본의 시민사회가 정책지식을 창출하고, 동시에 지방자치단체 및 중앙정부의 정책과정에 밀접하게 관여할 수 있는 제도적인 틀로서 기능할 것이라고 기대되고 있다. 〈표 9-3〉은 2008년 9월 30일까지 설립인증을 받은 35,659법인의 특정비영리활동법인의 정관에 기재된 활동분야를 집계한 것으로 주로 지역사회를 활동무대로 보건·의료 또는 복지의 증진, 사회교육의 추진, 도시 만들기의 추진, 어린이의 건전 육성을 위한 활동을 목표로 내걸고 있는 단체가 많은 것을 알 수 있다.[5]

〈표 9-3〉 특정비영리활동법인의 활동분야(2008년 9월 30일 현재)

	활동의 종류	법인 수	비율(%)
제1호	보건·의료 또는 복지의 증진	20,670	58.0
제2호	사회교육의 추진	16,391	46.0
제3호	도시 만들기의 추진	14,496	40.7
제4호	학술, 문화, 예술 또는 스포츠의 진흥	11,654	32.7
제5호	환경의 보전	10,102	28.3
제6호	재해구원활동	2,295	6.4
제7호	지역안전활동	3,526	9.9
제8호	인권의 옹호 또는 평화의 추진	5,551	15.6
제9호	국제협력활동	6,998	19.6
제10호	남녀공동참여사회의 형성 촉진	3,008	8.4
제11호	어린이의 건전 육성	14,401	40.4
제12호	정보화사회의 발전	3,081	8.6
제13호	과학기술의 진흥	1,653	4.6
제14호	경제활동의 활성화	4,556	12.8
제15호	직업능력의 개발 또는 고용기회의 확충 지원	6,405	18.0
제16호	소비자의 보호	1,929	5.4
제17호	전각호의 활동을 행하는 단체의 운영 또는 활동에 관한 연락, 조언 또는 구조 활동	16,274	45.6

주1: 하나의 법인의 복수의 활동분야의 활동을 행하는 경우가 있기 때문에 합계가 100%가 되지 않음
주2: 제12호에서 제16호까지는 개정특정비영리활동촉진법 시행일(2003년 5월 1일) 이후에 신청하여 인증된 분야만이 대상임

---

5 內閣府NPOホームページ「特定非營利活動法人の活動分野について」(2008年9月30日現在)〈http://npo-homepage.go.jp/data/bunnya.html〉(최종검색일: 2009년 1월 4일)

향후 자원봉사자의 자발적인 참가의욕을 고취하고, 이를 보장하기 위한 NPO법인에 대한 기대는 점차 높아질 것으로 기대되고 있다. 또한 사회적 인지의 측면뿐만이 아니라 정부로부터의 위탁사업 등을 통한 사업수입의 확보나 커뮤니티 비즈니스의 실현 등의 가능성도 기대되고 있다. 특히 NPO법은 시민사회의 다양한 자원(인재, 시설, 자금, 정보 등)과 시민생활을 뒷받침하는 공공적인 커뮤니티, 즉 사회적 자본(social capital)을 상호 변환시키는 장치로서 기대되고 있는 것이다.

전통적으로 일본에서는 자치회나 쵸나이카이(町內會), 또는 사회복지협의회가 지역사회의 자립자조를 담당해왔는데, 이들 지역조직은 어떤 면에서는 행정의 하청단체적인 성격을 띠고 있다는 문제가 있다. 이 때문에 민간의 자립자조의 체제라고 보기에는 지나치게 행정의존적인 경향을 띠고 있는 것이 한계이다. 한편으로 자원봉사자단체는 임의로 활동을 행하는 것이 본래적인 활동의 형태이기 때문에 일정 업무에 책임을 갖고 조직적으로 대응하는 것은 적격이 아닐 수 있다는 문제점이 있다. 이러한 의미에서 NPO법인 등 자립자조단체의 조직적·재정적인 기반을 어떻게 안정화시킬 것인가 하는 것이 향후의 과제가 될 것이다.

생각해볼 문제

1 일본의 정책과정에서 중요한 위치를 차지하는 관민경계영역(gray zone)의 실체는 무엇이고, 정책집행과정에서 어떠한 역할을 수행하고 있으며, 그 역할은 어떻게 변화해왔는지에 대해 생각해보자.

2 전후일본의 금융·산업정책은 성청 관료제의 허인가와 행정지도를 바탕으로 경제성장을 견인했다고 할 수 있다. 금융정책과 산업정책을 사례로 성청 관료제의 영향력의 비결과 시장에 대한 관여의 구조에 대해 생각해보자.

3 정책의 집행과정은 결정된 정책 또는 정해진 직무를 기계적·자동적으로 수행하는 것처럼 보인다 해도 실제로는 행정자원의 유한성이나 재량의 문제와도 밀접하게 관련된 복잡한 과정이다. 서비스행정과 일선관료제의 재량에 초점을 맞춰 이를 설명해보자.

4 정책집행활동에 있어서 규제완화, 민간위탁의 추진, 민간의 자립자조 등의 새로운 선택지가 주목을 받고 있다. 이러한 선택지들이 기존의 정책집행활동에 어떠한 변화를 초래하고 있는지 생각해보자.

참고문헌

Andrew Dunsire(1978), *Implementation in a Bureaucracy*, Martin Robertson.

Chalmers Johnson(1978), *Japan's public policy companies*. Washington D. C.: American Enterprise Institute for Public Policy Research.

Chalmers Johnson(1982), *MITI and the Japanese Miracle: The Growth of Industrial Policy, 1925-1975*. Stanford: Stanford University Press.

Daniel I. Okimoto(1989), *Between MITI and the Market: Japanese Industrial Policy for High Technology*. Stanford: Stanford University Press. ダニエル・沖本(渡辺敏譯). 「通産省とハイテク産業」, サイマル出

版會.

Eugine Kaplan(1972), *Japan: The Government Business Relationship: A Guide for the American Businessman*. Washington D. C.: U.S. Department of Commerce. 米商務省(大原進 吉田豊明譯), 「株式會社・日本：政府と産業界の親密な關係」, サイマル出版會.

John Creighton Campbell. 1989. "Bureaucratic Primacy: Japanese Policy Communities in a American Perspective", *Governance*. Vol. 2, No.1, 5-22.

Michael M. Atkinson & William D. Coleman(1992), "Policy Networks, Policy Communities and the Problems of Governance", *Governance*. Vol.5, No.2(April), 154-180.

Peter J. Katzenstein(1977), "Conclusion: Domestic Structures and Strategies." *International Organization*. 31, No.4(Autumn).

Sabatier, Paul, A.(1992), "Political Science and Public Policy: An Assessment", Dunn and Kelly, ed. *Advances in Policy Studies since 1950*. Transaction, 27-57.

Yutaka Tsujinaka(1993), "Rengo and Its Osmotic Networks", Gary D. Allinson and Yasunori Sone, ed. *Political Dynamics in Contemporary Japan*, Ithaca and London: Cornell University Press.

大嶽秀夫(1990), 「現代政治學叢書11 政策過程」, 東京大學出版會.

大山耕輔(1996), 「行政指導の政治経濟學」, 有斐閣.

笠原英彦桑原英明編(2004), 「日本行政の歴史と理論」, 芦書房.

木原佳奈子(1995), 「政策ネットワークの分析枠組み」, 「アドミニストレーショ

ン」, 第2卷3号(12月).

新藤宗幸(2002),「技術官僚」, 岩波新書.

總務省行政評価局(2008),「許認可等の統一的把握の結果について」,(3月).

總理府編(1997),「平成9年版公益法人白書」.

第二次行革審(1988),「公的規制の緩和に關する答申」,(12月1日).

內閣官房・總務省報道資料(2004),「獨立行政法人等の役員に就いている退職公
　　務員等の狀況の公表について」,(12月27日)〈http://www.soumu.
　　go.jp/s-news/2004/041227_2.html〉(최종검색일: 2009년 1월 4일)

內閣府編(2008),「平成20年度公益法人に關する年次報告」.

內閣府NPOホームページ(2008),「特定非營利活動法人の活動分野について」.

〈http://www.npo-homepage.go.jp/data/bunnya.html〉(최종검색일: 2009
　　년 1월 4일)

畠山弘文(1989),「官僚制支配の日常構造」, 三一書房.

早川純貴・內海麻利・田丸大・大山礼子(2004),「政策過程論:「政策科學」への
　　招待」, 學陽書房.

眞渕勝(2000),「課題設定・政策實施・政策評価」, 伊藤光利・田中愛治・眞渕勝,
　　「政治過程論」, 有斐閣.

眞山達志(1994)「實施過程の政策変容」, 西尾勝・村松岐夫編集,「講座 行政學(第
　　5卷) 業務の執行」, 有斐閣.

村上芳夫(2003),「政策實施(執行)論」, 足立幸男・森脇俊雅編著.「公共政策學」,
　　ミネルヴァ書房.

村松岐夫(2001),「〔第2版〕行政學教科書」, 有斐閣.

森田朗(1988),「許認可行政と官僚制」, 岩波書店.

米倉誠一郎(1993),「業界団体の機能」, 岡崎哲二・奥野正寛,「現在日本の経濟システムの源流」, 日本経濟新聞社.

リプスキー(田尾雅夫・北大路信郷譯)(1988),「行政サービスのディレンマーストリート・レベルの官僚制」, 木鐸社.

10

정책평가와 행정책임

•

권영주

●●●●●●

　　일본은 전후 개혁 후 일정한 변동기를 거쳐 상당히 안정된 '기획편중'의 시스템을 형성하고 있었다. 그리고 그 시스템 아래에서 장기에 걸쳐 고도의 경제성장을 이룩했다. 그러나 하나의 시스템은 일정한 사회적 환경조건 하에서 충분히 그 기능을 발휘한다. 그 전제가 되는 환경조건이 변하면 기존의 시스템이 기대하는 기능을 충분히 발휘할 수 없다. 1990년대부터 일본은 장기적인 경제불황, 위기적인 재정상황, 급속한 소자화와 고령화의 진정 등으로 인해 극히 어려운 상황에 놓여 있다. 또한 행정적으로는 행정과 금융기관과의 불상사, 불량채권 문제, 기업간부나 관료의 도덕적 해이 등이 빈발하고 있었다. 이와 같은 1990년대를 '잃어버린 10년'이라고도 한다.

　　그러나 일본은 가만히 앉아만 있었던 것은 아니었다. 다음 세기를 준비하기 위한 새로운 시스템의 정비기였다. 그 대표적인 예가 1993년의 행정절차법, 1995년의 지방분권추진법, 1998년의 중앙성청등개혁기본법, 1999년의 정보공개법과 국가공무원윤리법, 2001년의 행정기관이 수행하는 정책의 평가에 관한 법률(평가법) 등이며, 이를 통하여 새로운 시스템을 정비하였던 것이다.

　　이와 같은 새로운 시스템의 정비는 대체로 행정의 책임성을 확보하는 방향으로의 개혁이었다. 기획편중 시스템 아래에서는 주된 노력이 계획단계에 있었기 때문에 정책을 집행한 결과 그것이 효과적이고 효율적이었는가에 대한 충분한 설명책임(accountability)을 수행하지 못하였다. 이에 관한 처방전으로서 중앙성청의 재편과 동시에 국가 행정기관에 대한 정책평가제도를 도입했던 것이다.

　　이 장에서는 행정의 책임성을 확보하기 위한 수단으로서 정책평가에 초점을 두고, 일본의 정책평가제도를 고찰하는 것이 목적이다. 구체적으로는 첫째, 정책평가가 행정학에서 어느 위치에 속하는가 둘째, 행정의 책임성을 확보하기 위한 수단으로서 어떠한 방법들이 있는가 셋째, 일본에서의 정책평가제도는 무엇이며 어떻게 운영되고 있는가를 고찰하기로 한다.

1___ 정책평가와 행정책임

　일본에서의 정책평가는 대체로 두 가지의 행정학적 맥락에서 연구되고 있다. 그 하나는 정책과정론이고, 다른 하나는 행정책임론이다.

　첫째, 정책과정론에서 정책평가를 연구한다. 즉 정책은 정책의제의 형성, 정책형성, 정책결정, 정책집행, 정책평가로 이어지는 일련의 과정을 거치게 된다. 정책평가는 이러한 일련의 정책과정 중 최종단계에 있는 것이다(사후평가). 그리고 기존의 정책을 변경하거나 새로운 정책을 형성할 경우에는 정책의 어느 단계에서나 평가를 하게 된다. 즉, 정책집행과정에서 정책이 소기의 목적을 달성하고 있는가를 어느 단계에서나 평가하여 집행의 조정이 이루어진다. 이와 같이 정책평가는 정책과정의 어느 단계에서도 있을 수 있는 것이다(사전평가).

　둘째, 행정책임론에서 정책평가에 대한 연구이다. 즉 정책평가를 행정책임을 확보하기 위한 수단의 하나로서, 행정책임론(행정통제론)의 일부로서 다루고 있다. 일반적으로 행정책임이란 행정조직이나 그가 속한 행정관이 자신에게 부여된 임무를 적정하게 수행하는 것을 말한다. 그리고 만약 그 임무를 수행하지 않았을 경우 어떠한 제재를 가함으로써 담보된다. 따라서 행정책임은 그것을 수행하는 담당자의 입장에서 보면 책임의 문제이고, 책임을 묻는 측에서 보면 통제의 문제이다.

그러나 정책과정론에서의 정책평가든, 행정책임론에서의 정책평가든 이들 모두 행정에 대한 적절한 통제를 통하여 행정의 책임성을 확보하려고 한다는 점에서 양자는 수렴한다. 즉 정책평가가 행정학의 어디에 위치하든 간에 정책의 책임성을 확보하기 위한 하나의 수단으로서의 의미를 갖는다.

행정책임의 문제는 누가, 누구에 대한, 무엇에 관한 책임인가 하는 것이다. 이에는 두 가지 종류가 있다. 즉 개개의 행정관이 그의 임무에 관해 그가 속한 조직에 대해 지는 책임(행정관의 상사에 대한 책임)과, 행정조직이 조직으로서 그 활동에 관하여 국민의 요구에 대해 지는 책임(행정조직의 국민에 대한 책임)으로 구별할 수 있다.

행정관의 상사에 대한 책임을 좀 더 살펴보면, 행정관이 상사가 부여한 임무를 수행해야 할 임무책임, 구체적인 상황에서 상사의 명령에 복종해야 할 복종책임, 상사의 질문에 답하고 임무의 수행상황에 대하여 보고해야 할 응답책임, 임무를 게을리 하거나 상사의 명령에 반하면 제재를 받아야 할 수재책임(受裁責任)으로 나눌 수 있다. 통상 책임을 진다고 할 때는 임무책임을 말하며, 책임을 지고 사직한다고 할 때는 수재책임을 말한다.

행정조직의 국민에 대한 책임은 오늘날의 중요한 행정책임이며, 민주주의를 원칙으로 하는 현대국가의 정치제도와 밀접한 관련이 있다. 주권자인 국민의 다양한 정치적 요구가 의회의 심의를 거쳐 법률이나 예산이라는 형태로 국민의 의사를 결정하고 그것을 행정부가 집행한다. 행정권의 임무는 국민의 권리를 침해하지 않고, 의회가 결정한 국민의 의사를 실현하는 것이다.

accountability, responsibility, liability의 개념

　　본래 영어에서 책임을 나타내는 용어로는 accountability, responsibility, liability가 있다. 행정통제(행정책임)에서의 책임은 accountability, responsibility를 주로 사용하고, liability는 조금 다른 의미로 사용한다.

　　liability는 손해나 피해의 보상·배상이라는 뉘앙스가 강한 개념이다. 예를 들면 제조물책임법(1995년)에서는 product liability라는 용어가 사용된다. 스스로의 과실로 손해, 피해를 입힌 경우 손해에 책임을 진다는 개념이다.

　　accountability를 일본에서는 설명책임이라고 종종 번역한다. 그러나 accountability를 설명책임으로 번역하는 것은 용어의 의미를 축소시키는 것이다. accountability의 개념 속에는 다양한 의미가 내포되어 있기 때문이다. 그리고 responsibility는 법적으로도 도덕적으로도 바른 것을 한다는 의미가 포함되어 있다.

　　accountability, responsibility는 유사개념으로 혼용해서 사용하는 경우도 있다. 그러나 엄격하게 보면 개념상의 차이가 크다. 그 차이를 〈표〉로 정리하면 다음과 같다.

〈표〉accountability, responsibility

구분	accountability,	responsibility
제도적/비제도적	제도적 책임	비제도적 책임
제재의 유무	책임을 수행하지 않으면 제재	없으나 있어도 약함
책임인식의 주관/객관	객관적 책임	주관적 책임
책임확보수단의 구체성	미리 구체적으로 지정	추상적
능동책임/수동책임	타율적 수동적 책임	자율적 능동적 책임
책임 판단자의 위치	외부의 제3자	내부(개인의 윤리감)

한편 행정책임에는 수동적 책임과 적극적 책임이 있다. 수동적 책임은 상사나 조직 외부의 문책자에 대하여 정당하게 직무를 수행하고 있다는 것을 나타내기 위한 설명책임(accountability)인데 반해, 적극적 책임은 합법성이나 정당성뿐만 아니라 보다 적극적으로 사회적 과제에 적절하게 대응하는 것을 증명하는, 또는 국민의 요망에 정확하게 대응하는 것을 증명하는 포괄적 책임(responsibility)이다.

행정책임에 있어서 이들 양자 중에서 어느 것을 중시할 것인가가 문제이다. 이것은 행정관의 전문가로서의 책임감을 신뢰할 수 있는가, 그렇지 않으면 비전문가인 의회를 신뢰할 수 있는가 하는 가치관의 차이에 달려 있다. 이에 관하여는 1940년대에 프리드리히(Friedrich)와 파이너(Finer) 간에 전개된 행정책임에 대한 논쟁이 유명하다. 프리드리히는 적극적 책임으로 파악해, 전문적·과학적 지식에 기초한 전문가 집단에 의한 통제로 행정의 적정성을 확보하는 기능적 책임과 국민의 요구에 따른 정치적 책임의 중요성을 역설한다. 그의 이러한 주장은 의회에 의한 통제에 불만이 있기 때문이다. 그리고 기능적 책임에는 전문가 집단의 능력을, 정치적 책임에는 시민참여를 높이 평가한다.

이에 대해 파이너는 전통적인 민주적 통제의 원리로 반론한다. 그는 외부적인 제도적 통제에 의해서만 책임성을 확보할 수 있고, 내부적인 행정관의 자의적인 억제만으로는 국민감정에 책임질 수 없다는 것이다.

이하에서 행정책임을 확보하기 위한 방법을 고찰하기로 한다. .

2___ 행정책임을 확보하기 위한 방법

행정책임을 확보하는 방법을 이해하는 데 있어서는 길버트(Gilbert, 1959)의 유형화가 도움이 된다. 길버트는 두 가지의 축을 도입하여 유형화를 시도한다. 그 하나의 축은 통제자가 조직의 외부에 있는가 내부에 있는가이고, 다른 축은 그 통제자가 법률 등 공식적이고 제도적인 것인가 비공식적이고 비제도적인 것인가이다. 이 두 가지 축을 중심으로 책임성을 확보하는 네 가지의 방법이 나온다.

〈표〉책임확보의 유형(Gilbert)

① 내재적 · 공식적 통제	③ 외재적 · 공식적 통제
② 내재적 · 비공식적 통제	④ 외재적 · 비공식적 통제

첫째 내재적 · 공식적 통제에는 관료제 내의 계층제에 기초한 통제와 행정기관 상호간의 수평적인 통제를 생각할 수 있다. 전자에는 각 성의 대신에 의한 통제, 차관 이하의 상사에 의한 직무명령이나 인사권에 기초한 통제가 있고, 후자에는 회계검사원, 재무성, 인사원, 총무성(정원관리, 행정감찰 등) 등 총괄기관에 의한 각 성청에의 관리통제가 있다. 중앙지방 관계에 있어서 법정수탁사무를 통한 각 성청의 자치단체에 대한 통제도

이러한 통제에 속한다.

둘째 내재적·비공식적 통제에는 조직문화나 기관철학 등 직장의 분위기가 의외로 강한 통제력을 발휘한다. 유급휴가는 남겨야 한다는 조직문화가 그 좋은 예이다. 또한 조직 내의 비공식적 권력관계가 영향을 미치는 다양한 통제를 생각할 수 있다. 예산편성에 강한 권한을 갖는 재무성이 타성청의 인사에 영향을 미치는 경우는 비공식적 통제의 좋은 예이다. 행정윤리에 의한 자기규율도 여기에 속한다.

셋째 외재적·공식적 통제로는 의회통제나 사법통제가 그 대표적인 예이다. 모든 행정통제 중에서 가장 기본적인 수단이며, 그 골격은 통상 헌법에 규정된다. 일본국헌법은 의원내각제를 채택하고 있으며, 국회는 내각총리대신의 지명, 법률의 제정, 예산의 결정, 국정조사권 등을 통하여 행정을 통제한다. 다만 국회에 의한 내각의 통제는 정치에 의한 내각의 통제와 구별되어야 한다. 전자가 법적 권한의 문제라면, 후자는 정치의 문제에 속한다. 또한 지방자치에서 보장하고 있는 주민에 의한 직접청구권도 여기에 속한다.

한편 사법통제는 구체적인 소송을 기다려 개별적·사후적으로 행정책임을 묻는다는 점에서 한계를 갖는다. 이 사법부에 의한 통제는 프리드리히가 언급한 기능적 책임의 원형이라고 할 수 있다. 의회통제가 아마추어에 의한 개괄적 통제라면, 사법통제는 법적 전문가에 의한 전문적 통제이기 때문이다.

넷째 외재적·비공식적 통제로는 이익집단에 의한 통제, 시민참여, 풀뿌리 민주주의 등을 들 수 있다. 또한 여론·매스컴에 의한 통제, 행정에 대한 정보공개의 압력도 시민의 유력한 통제수단이다. 여기에도 기능적 책임이 있을 수 있다. 의료, 토목, 건축과 같은 전문적 분야에서 그 효과가 크다. 예를 들면 유아에 대한 예방접종의 유무를 판정할 수 있는 자는 의료의 전문가 집단이지 의회나 지사나 시민이 아니다.

이상에서 행정책임을 확보하기 위한 방법으로 길버트의 유형화에 근거하여 설명하였다. 그런데 1990년대 이후 일본에서는 행정의 책임성을 확보하기 위한 새로운 방법들이 계속 도입되고 있다. 1993년의 행정절차법, 1997년의 외부감사제도, 1999년의 정보공개법과 국가공무원윤리법, 2002년의 행정기관이 수행하는 정책의 평가에 관한 법률 등이 그것이다.

이하에서는 이들에 대해서 조금 더 자세히 살펴보기로 한다. 다만 정책평가에 관해서는 절을 바꾸어 좀 더 자세히 고찰하기로 한다.

1) 행정절차제도

행정절차제도란 지금까지 불투명하여 국민의 의견을 반영하는 기회가 보장되지 않았던 준칙제정이나 계획수립, 그리고 개개의 인허가 등 행정의 결정에 있어서 공정성·투명성을 제고할 목적으로 행정의 결정 절차를 정하는 제도이다. 1993년에 제정된 일본의 행정절차법에는 국민의 권리·이익에 관한 개개의 결정(행정처분)을 함에 있어서 객관적인 절차를 규정하고, 심사기준이나 결정까지의 기간 등을 미리 공개하여 투명성을 높이고, 이해관계자의 의견진술기회를 보장함으로써 결정의 공정성을 담보하고 있다.

이 제도는 행정절차를 정비함으로써 행정관의 자의적인 결정에 의한 국민의 권리침해를 방지하려는 것이다. 행정상의 결정은 다양한 이해관계자와 관련되고 그 영향력도 크다. 이에 그 결정절차를 투명하게 함으로써 시민에 의한 민주적 통제가 가능하도록 하고 있다.

2) 외부감사제도

일본에서의 주된 감사기관은 중앙정부의 경우 회계검사원이고, 지방의 경우는 감사위원이다. 이들 기관은 모두 집행기관 내에 존재하는 독립된 감사기관이다. 이들 감사기관의 주된 임무는 집행부의 예산집행 및 결산을 감사하여 국회(지방의회)에 보고하는 것이다.

이러한 과정에서 큰 문제는 각 성청 등 집행부와 회계검사원(감사위원)의 권력관계이다. 지나치게 심한 감사는 라인 관청의 협력을 얻기 힘들다는 문제가 있다. 따라서 감사기관은 라인 관청의 협력을 얻기 위해 타협을 하게 되는데 그렇게 되면 감사의 질이 떨어진다.

이러한 딜레마를 해소하기 위하여 중앙정부와 지방정부는 새로운 제도를 도입하기에 이른다. 즉 중앙정부 수준에서는 국회법을 개정하여 중의원의 결산위원회를 결산행정감시위원회로 변경하였다. 행정활동을 사후적으로 평가하고 이를 통하여 행정감사를 강화하기 위한 것이다.

또한 지방정부 수준에서는 1997년 지방자치법을 개정하여 1999년부터 외부감사제도를 도입하였다. 이 제도는 도도부현, 정령지정도시, 중핵시에 대하여 변호사나 공인회계사 등과 계약을 체결하여 예산집행을 감사할 수 있게 하였다. 이들 외부에서 감사를 인수한 자는 공무원으로 간주되어 비밀 준수 의무 등 공무원에 부여된 것과 같은 의무를 진다.

3) 정보공개제도

정보공개제도란 정부가 보유하고 있는 정보의 공개 청구가 있을 때 청구권자에게 원칙적으로 공개할 의무를 지는 제도이다. 정보공개는 정치참여와 행정책임의 대전제이다. 그런데 정부의 관료조직은 수집한 정보를 독점하고 일상 집행의 준거가 되는 행정규칙을 공개하지 않고 익명으로 하려는 성향이 있다. 이 정보독점과 익명을 권력의 원천으로 하여 아마추어인 정치가나 민중을 조정하려고 한다. 정보공개제도는 관료적 지배의 폐해를 타파하고 행정의 책임성을 확보하여 주민 주권을 회복하려는 노력의 일환이다.

4) 공무원윤리

행정책임을 확보하기 위한 또 하나의 수단이 공무원윤리에 관한 규정이다. 일본은 1999년 국가공무원윤리법을 제정하였다. 이 법의 목적은 국가공무원이 국민전체의 봉사자로서 그 직무가 국민으로부터 위임받은 공무라는 점을 고려하여 국가공무원의 직무에 관한 윤리를 확보하기 위하여 필요한 조치를 강구함으로써 직무집행의 공정성에 대한 국민의 의혹과 불신을 초래하는 행위를 방지하고 공무에 대한 국민의 신뢰를 확보하는 것이다.

그리고 직원이 준수해야 할 직무에 관한 윤리원칙을 규정하고 있다. 첫째, 직원은 국민전체의 봉사자로 국민 일부만의 봉사자가 아님을 자각하고, 직무상 취득한 정보에 대하여 국민 일부에 대해서만 유리한 취급을 하는 등 국민에 대해 부당한 차별적 취급을 해서는 안 되고, 항상 공정하게 직무를 집행해야 한다. 둘째, 직원은 항상 공사를 분명히 하고, 그 직무나 직위를 자기나 자기가 속한 조직의 사적이익을 위해 사용하지 말아야 한다. 셋째, 직원이 법률로 부여된 권한을 행사할 때에는 당해 권한의 행사 대상이 되는 자로부터 증여를 받는 등 국민의 의혹과 불신을 초래하는 행위를 하지 말아야 한다.

3___ 일본의 정책평가제도

정책평가제도의 도입은 일본만의 현상이 아니다. 서구 선진국의 많은 나라들이 정책평가제도를 도입하고 있다. 1970년대 2차에 걸친 오일쇼크 이후 1990년대까지 서구 선진국은 행정에 민간의 경영방법을 도입하려는 신공공관리(NPM, New Public Management)적 개혁이 널리 퍼졌다. 정책평가는 이와 같은 신공공관리 개혁의 일환으로 업적·성과에 의한 통제를 하기 위해 정책평가제도가 정비된 것이다.

일본의 정책평가제도는 이러한 세계적인 흐름을 받아 몇몇 지방자치단체에서 먼저 평가제도를 도입한다. 예를 들면 미에현(三重縣), 홋카이도(北海道), 시즈오카현(靜岡縣) 등에서 평가제도를 도입하는 등 행정개혁을 단행한다.

이에 자극을 받아 중앙정부 차원에서는 1996년 말 중앙성청 개혁을 담당한 행정개혁회의에서 정책평가제도가 거론되기 시작하였다. 행정개혁회의에서는 종래 일본행정이 법률의 제정, 예산의 획득에 중점을 두었으나 사회정세변화에 따른 정책변경을 위한 평가기능을 경시했다고 비판한다. 그리고 1997년 12월의 최종보고에서 전면적인 정책평가제도의 도입을 주장한다. 이를 실현하기 위해 중앙성청 등 개혁추진본부가 설치된다. 그 결과 1998년 6월에 중앙성청개혁기본법이 성립되었으나 정책평가에 대한 기본법은 제정되지 못하였다. 국회에서 중앙성청개혁기본법안을 심의하는 과정에서 부대결의로 행정평가법(가칭) 제정에 대한 검토를 명기하였다. 이를 받아 2000년 9월에 '정책평가제도의 법제화에 관한 연구회'를 설립하고 '행정기관이 수행하는 정책의 평가에 관한 법률안'을 마련하여 2001년 3월에 국회에 제출하였다. 국회는 이 법안에 대한 심의를 거쳐 6월 22일에 국회를 통과하였고, 2002년 4월 1일부터 시행에 들어갔다.

1) 정책평가의 개념

정책평가의 개념은 기본적으로 정책과 평가의 두 가지 요소로 구성된다. 정책은 평가의 대상이다.

정책은 좁은 의미에서는 정부가 하는 것을 말하나 넓은 의미에서는 정치의 세계에서 이루어지는 것도 포함한다. 그러나 정책평가에서의 정책은 일반적으로 좁은 의미로 사용된다. 즉 정책이란 행정기관이 그 임무나 소관사무의 범위 내에서 일정한 행정목적을 실현하기 위해 기획 및 입안을 하는 행정상의 행위에 대한 방침, 방책과 기타 이에 준하는 것을 말한다. 구체적으로 행정기관이 소관하는 정책은 협의의 정책, 시책, 사무·사업으로 구분할 수 있다.

① 협의의 정책: 특정한 행정과제에 대응하기 위한 기본적인 방침의 실현을 목적으로 하는 행정활동의 총합이다.
② 시책: 위의 기본적인 방침에 기초하여 구체적인 방침의 실현을 목적으로 하는 행정활동의 총괄이며, 협의의 정책을 실현하기 위한

구체적인 방침이나 대책으로 이해할 수 있다.

③사무·사업: 구체적인 방침이나 대책을 구현하기 위한 개개의 행정수단으로서의 사무 및 사업이며, 행정활동의 기초적 단위가 된다.

평가에 있어서 핵심적인 개념요소는 측정, 분석, 판단이다. 즉① 정책의 효과에 관한 정보·데이터를 수집하여 합리적인 방법으로 측정하고 분석하는 것, ② 측정하고 분석한 결과에 대하여 정책의 목적이나 정책의 목표 등 일정한 척도에 비추어 검토하고 객관적으로 판단하는 것, ③정책의 수립이나 그에 따른 집행을 정확하게 수행할 수 있도록 정보를 제공하는 것이다.

이상과 같이 정책평가의 개념을 정의할 수 있지만, 현실적으로는 이와 유사한 개념들이 다수 사용되고 있다. 예를 들면 행정평가, 사무·사업평가, 독립행정법인평가, 시장화테스트, 예산집행조사 등이다. 이들 유사개념의 차이는 대부분 평가대상의 범위에 있어서의 차이로부터 유래하는 경우가 많다.

2) 정책평가 시스템

정책평가는 정책수립 및 집행을 정확하게 수행하기 위한 중요한 정보를 제공할 목적으로 각 부성의 정책을 스스로 평가한다. 정책평가는 기획(Plan), 집행(Do), 평가(See)를 주요요소로 하는 정책관리 사이클 속에서 제도화된 시스템이다. 이러한 시스템이 효과적으로 기능하면 다음과 같은 것을 기대할 수 있다.

일본에서의 정책평가, 행정평가, 업적평가의 개념

　　일본에서 2001년도에 도입된 정책평가(policy evaluation)란 거시경제정책에서 말하는 큰 단위의 활동 평가가 아니다. 또한 프로젝트 평가와 같이 비용편익분석(비용대효과분석)에 한정하는 것도 아니다. 정책목표의 타당성을 그 정책목표를 달성하는 수단(프로그램이나 프로젝트)의 합리성으로부터 평가하는 것이다. 평가기준은 효율성(능률성)이나 절약(경제성) 뿐만 아니라 효과성이나 평등도 중요하고, 사회적 형평, 인파워먼트에 대한 배려, 젠더 바이어스가 없는 것 등도 기준으로 생각하고 있다.

　　이에 비하여 행정평가는 영어가 없는, 일본의 독특한 개념이다. 총무청(현총무성)의 해석에서는 종래의 행정감찰과 정책평가의 양자를 모두 포함한다. 엄밀하게 말하면 행정감찰의 기능을 행정평가로 생각하고 있다. 지방자치단체에서는 행정이 조직의 업적이나 재무회계제도를 개선하는 것을 행정평가라고 부르고 있다. 벤치마킹, 기업회계방식, 대차대조표, 발생주의회계, 행정경영품질개선 등을 행정평가라고 부를 때도 있다.

　　업적측정(performance measurement)란 정책수단인 시책이나 사업이 목적을 달성하고 있는가 하는 그 업적 혹은 실적(performance)을 측정하려는 것이다. 영국이나 미국에서 1980년대에 유행하여 현재는 상당히 세련되어 있다. 본래 정책평가의 evaluation과는 다르지만, 정책의 평가에 사용하는 경우도 있다. 일본에서는 이것이 정책평가라고 잘못 이해하는 경우가 적지 않다. 그때 무엇을 어디까지 달성할 것인가 하는 목표치가 필요하다. 도도부현에서는 그것을 수치지표로 설정하는 작업에 상당히 노력하고 있다. 그러나 이러한 수치화에는 필연적으로 조작이 필요하며, 이 조작이 비현실적이거나 부적절하면 업적측정작업이 쉽지 않다.

① 정책의 질 향상

② 행정의 정책능력향상과 직원의 의식개혁

③ 정보의 공개로 국민에 대한 행정의 설명책임의 철저

④ 정책의 투명성 확보

⑤ 행정에 대한 국민의 신뢰성 향상

정책평가의 방법으로는 사업평가방식, 실적평가방식, 종합평가방식이 있다. 또한 이들 세 가지의 방식을 결합한 새로운 방식을 사용하기도 한다. 여기서는 이 세 가지 방식에 대해서만 알아보기로 한다.

첫째, 사업평가방식이란 개개의 사업과 시책의 실시를 목적으로 하는 정책을 대상으로 한다. 이것은 정책을 결정하기 전에 그 선택에 도움을 주기 위해 해당 사업 또는 시책을 대상으로 하여 미리 기대되는 정책효과나 거기에 필요한 비용 등을 추정하여 측정한다. 그리고 그 결과, 상위의 목적에 비추어 타당한가, 행정이 담당할 필요가 있는가, 비용에 걸맞는 정책효과를 거둘 수 있는가 등을 평가하는 것이다.

둘째, 실적평가방식이란 정책을 결정한 후에 정책의 계속적인 수정과 개선에 도움을 주기 위해 채택하는 방식이다. 미리 달성할 목표를 설정하고 이에 대한 실적을 정기적 · 계속적으로 측정하는 것이다. 또한 목표기간이 종료된 시점에서 목표기간 전체의 대응태세나 최종적인 실적을 총괄하여 목표달성도를 평가하는 것이다.

셋째, 종합평가방식이란 정책결정을 하고 일정한 기간이 경과한 후, 문제점 해결에 필요한 다양한 정보를 제공함으로써 정책의 수정이나 개선에 도움을 주기 위해 채택하는 방식이다. 특정한 테마에 대하여 정책효과의 발현상황을 다양한 각도에서 분석하여 정책에 대한 문제점을 파악하고, 그 원인을 분석하는 등 종합적으로 평가하는 것이다.

정책을 평가하는 기준은 일반적으로 필요성, 효율성, 효과성이다. 필요성 관점에서의 평가는 정책이 갖는 행정목적이 국민이나 사회의 수요 또는 보다 상위의 행정목적에 비추어 타당성을 갖는가, 그 정책을 행정이 담당할 필요가 있는가 등을 분명히 하는 것이다. 효율성 관점에서의 평가는 정책효과와 비용과의 관계를 분명히 하는 평가이다. 효과성 관점에서의 평가는 추구하는 정책효과와 그 정책을 집행함으로써 얻을 수 있는, 또는 얻을 것으로 예상되는 정책효과의 관계를 분명히 하는 평가이다.

위와 같은 세 가지 외에 정책의 특성에 따라 선택적으로 적용될 수 있는 기준으로 공평성과 우선성이 있다. 공평성 관점에서의 평가는 행정목적에 비추어 정책효과와 비용이 공평하게 분배되어 있는가를 분명히 하는 평가이다. 우선성 관점에서의 평가는 그 정책이 다른 정책보다 우선해야 하는가를 분명히 하는 평가이다.

각 부성은 정책평가 결과를 바탕으로 정책수립에 중요한 정보를 적절하게 활용하고, 적절하게 반영하도록 할 필요가 있다. 이를 위해 각 부성은 정책평가 담당조직을 중심으로 평가결과의 정리, 정책반영의 추진, 예산·법령 등의 관리, 부국 간 연대의 확보 등을 통하여 정책평가의 결과를 정책에 반영할 수 있도록 하고 있다. 그리고 그 내용을 각 부성의 기본계획에 포함시키도록 하고 있다.

3) 정책평가의 실태

일본에서는 실제로 평가가 어떻게 이루어지고 있었는가? 이를 알기 위해서는 총무성이 평가법에 근거하여 매년 국회에 보고하는 '정책평가 등의 실시상황 및 그 결과 정책에의 반영상황에 관한 보고'가 도움이 된다. 이에 근거하여 정책평가의 실태를 알아보기로 한다.

정책평가 등에 관한 계획의 개요

정책평가 등에 관한 개요는 각 부성의 계획과 총무성의 계획으로 나누어볼 수 있다.

각 부성의 계획은 각 부성의 장이 평가법과 정책평가에 관한 기본방침에 기초하여 각 부성의 소관정책에 대하여 3년 이상 5년 이하의 기간마다 기본계획을, 매년 사후평가의 실시에 관한 실시계획을 수립하도록 하고 있다. 각 부성에서는 모든 기본계획과 실시계획을 수립하고 있으며, 평가의 계획적 추진, 설명책임의 철저를 위하여 연초에 계획을 수립하는 것이 중요하다. 각 부성별 기본계획과 2004년도 실시계획의 주요 내용을 보면 다음과 같다.

① 계획기간: 17부성 중, 3년 이상 4년 미만으로 하고 있는 곳이 10 부성, 4년 이상 5년 미만으로 하고 있는 곳이 1부성, 5년으로 하고 있는 곳이 6부성
② 정책평가의 방식: 사업평가방식, 실적평가방식 및 종합평가방식을 기본으로 하면서 정책의 특성 등에 따라 적절한 방식을 채택하고 있는 곳이 11부성, 그 외의 6부성은 각각 정책의 특성 등에 따라 합목적적으로 적절한 방식을 채택하고 있음.
③ 사전평가를 대상으로 하는 정책: 평가법에 사전평가실시가 의무로

되어 있는 곳 외에도 사전평가를 실시한다고 명기한 곳이 13부성

④사후평가를 대상으로 하려고 하는 정책: 대상으로 하려고 하는 정책을 평가 방식별로 기재하고 있는 곳이 12부성, 모든 정책을 대상으로 한다고 일반적으로 기술하고 있는 곳이 4부성

⑤정책평가 결과의 정책에의 반영: 평가법 및 기본방침에 따라 정책평가결과를 정책수립에 적절히 반영, 정책평가담당조직 · 정책소속부국 · 예산 등을 담당하는 조정부국과의 연대 도모 등의 규정을 두고 있음.

⑥인터넷, 기타의 방법으로 정책평가에 관한 정보의 공표: 평가법 및 기본방침에 따라 정책평가에 관한 정보를 인터넷 홈페이지에서의 게재 등을 통하여 공표한다는 취지의 규정을 둠.

⑦기타 정책평가의 실시에 관한 필요한 사항: 평가법 및 기본방침에 따라 정책평가에 관한 국민의 의견 · 요망을 수집하기 위한 창구를 분명히 하고, 제기되는 의견 · 요망을 적절하게 활용하는 등의 규정을 둠.

평가 전담조직으로서 총무성은 정책의 통일성과 종합성을 확보하기 위한 평가를 실시하고, 각 행정기관의 정책평가 실시상황을 고려하여 정책평가가 객관적이고 엄밀하게 실시되는 것을 담보할 수 있도록 하는 평가활동을 한다. 또한 총무대신은 매년 당해년도 이후 3년 간의 평가에 관한 계획을 수립하도록 하고 있다.

정책평가의 실시상황

평가법에는 각 부성의 장이 정책평가를 할 때 평가서를 작성하여 총무대신에게 송부하고 공표하게 되어 있다. 또한 각 부성의 장은 적어도 매년 1회 정책평가의 결과가 정책에 반영되고 있는 상황을 총무대신에게

〈표 1〉 각 행정기관별 사전·사후평가의 실시 상황

(단위: 건)

행정기관명	사전평가	사후평가				계
		법제7조 제2항1호	법제7조 제2항2호	법제7조 제2항2호	법제7조 제2항3호	
내각부	-	18	-	-	-	18
궁내청	-	-	-	-	-	2
공정거래위원회	-	7	-	-	-	7
국가공안위원회·경찰청	16	5	-	-	-	21
방위청	20	31	-	-	-	51
금융청	5	38	-	-	-	43
총무성	10	79	-	-	-	89
공해등조정위원회	-	5	-	-	-	5
법무성	11	17	-	-	6	34
외무성	38	108	7	11	-	164
재무성	-	34	-	-	-	34
문부과학성	87	242	-	-	-	329
후생노동성	84	113	-	-	52	249
농림수산성	3,945	2,099	-	81	-	6,125
경제산업성	112	90	-	1	5	208
국토교통성	743	641	26	515	-	1,925
환경성	76	48	-	-	-	124
계	5,147	3,575	33	608	65	9,429

〈자료〉行政管理研究センター(2008: 47)

통지하고 공표하게 되어 있다.

2004년도 각 부성의 정책평가 실시상황은 〈표 1〉과 같다. 즉 전체의 정책평가 실적 건수는 9,428건으로 매년 1만 건 전후를 보이고 있다. 2004년도는 전년도(11,177건)에 비해 1,749건이 감소하였다. 이는 재평가 대상인 개별 공공사업수의 감소가 주된 요인이다.

정책평가 결과는 정책의 수립에 중요한 정보원이 되므로 적시에 절절하게 활용하고, 절절하게 정책에 반영되어야 한다. 각 부성이 정책평가 결과를 정책에 반영한 상황은 〈표 2〉와 〈표 3〉에서 알 수 있다. 〈표 2〉는 사전평가 결과를 평가의 대상이 된 모든 정책에 반영하고 있다. 즉, 평가결과를 바탕으로 2005년도 예산요구, 2005년도 보조사업 실시지구의 채택 등에 반영하고 있는 것이 대부분이다. 그 중에서 정책을 개선·수정을 한 건수는 18건에 불과하다.

〈표 3〉은 사후평가를 실시한 4,281건 모두가 그 평가결과를 정책에

〈표 2〉 사전평가 결과의 정책 반영상황

(단위: 건)

사전평가 결과의 정책 반영상황		개별공공사업을 대상	연구개발과제를 대상	개별정부개발원조를 대상	왼쪽 이외의 신규개별사업을 대상	신규시책 등을 대상	계
평가실시 건수		4,564	197	38	127	221	5,147
	평가실시 건수	4,564 (4,564)	197 (197)	38 (38)	127 (127)	221 (204)	5,147 (5,130)
	상기건수 중 정책의 개선·수정을 한 건수	-	5	-	10	3	18

( )안의 수치는 2005년도 예산요구 등의 요구에 반영된 건수임.
〈자료〉行政管理研究センター(2008: 50-52)

반영하고 있는 것을 보여주고 있다. 각 부성이 실적평가방식 등에 의해 폭넓은 행정 분야를 대상으로 정기적으로 평가한 것은 전체 754건 중 382건(50.7%)이다. 이것은 평가결과를 고려하여 개선 · 수정(폐지 포함)을 한 것이다.

〈표 3〉 사후평가 결과의 정책 반영상황 (단위: 건)

사전평가 결과의 정책 반영상황		현재 실시하고 있는 정책을 대상으로 평가					완료후 · 종료시의 사업 등을 대상으로 평가(사업 평가방식 등)	계
			행정의 폭넓은 분야를 대상으로 정기적으로 평가 (실적평가방식 등)	특정 테마를 대상으로 평가(종합평가식 등)	개별계속사업 등을 대상으로 평가(사업평가방식 등)	미착수 · 미종료의 사업 등을 대상으로 평가(사업평가방식 등)		
평가실시 건수		2,748	754	137	147	1,710	1,533	4,281
정책 반영 건수		2,748 (2,579)	754 (682)	137 (112)	147 (75)	1,710 (1,710)	1,533	4,281
	지금까지 계속 추진	2,200 (2,112)	372 (328)	115 (108)	93 (61)	1,620 (1,620)	-	-
	평가대상정책의 개선 · 수정을 실시	513 (432)	377 (354)	22 (4)	54 (14)	60 (60)	-	-
	평가대상정책의 중점화 등	199 (192)	187 (185)	7 (2)	5 (3)	-	-	-
	평가대상정책의 일부 폐지, 휴지, 중지	65 (63)	57 (57)	-	8 (6)	-	-	-
	평가대상정책의 폐지, 휴지, 중지	35 (35)	5 (5)	-	-	30 (30)	-	-

( )안의 수치는 2005년도 예산요구 등의 요구에 반영된 건수임.
〈자료〉行政管理研究センター(2008: 53)

4___ 지방에서의 평가

　일본의 정책평가제도는 앞에서도 언급한 바와 같이 지방자치단체에서 먼저 도입하였다. 중앙정부와 다른 지방자치단체에 평가제도의 확산에 큰 영향을 미친 선구적 사례는 미에현(三重縣)의 사무·사업평가시스템, 홋카이도(北海道)의 재평가시스템, 시즈오카현(靜岡縣)의 업무기술표 등에서 도입한 평가활동들이다.

　미에현의 사무·사업평가시스템은 지방의 평가활동에 있어서 선구자로서 미디어를 통하여 많은 지방자치단체에 소개되었다. 또한 국가에서 도입한 정책평가제도를 디자인할 때도 참고가 되었다. 홋카이도의 재평가시스템도 화제가 되어 1997년 12월에 하시모토 총리가 재평가시스템을 도입하도록 지시하였다. 이를 받아 1998년부터 공공사업 관련 6개의 성청이 홋카이도의 재평가시스템과 거의 같은 취지의 재평가시스템을 도입하였다. 또한 총무성은 정책평가제도의 도입을 검토하기 위하여 개최한 '정책평가제도의 방법에 관한 연구회'에서도 미에현과 홋카이도의 평가시스템을 조사하여 정책평가제도의 디자인 구축에 많이 참조하였다.

　또한 중앙정부는 지방의 움직임에 자극을 받아 2001년의 행정기관이 수행하는 정책의 평가에 관한 법률(평가법)을 제정하기에 이른다. 그리고 많은 지방자치단체에서도 평가제도가 널리 확산되기 시작했다. 2006

년 1월 현재 도도부현에서는 거의 모든 단체(46개 단체), 정령지정도시에서는 전부(14개 단체), 중핵시에서는 80% 이상의 단체(37개 중 32개), 특례시에서는 약90%의 단체(39단체 중 35단체)가 도입을 완료하였다. 이를 시행하고 있는 131개 단체 중 125개의 단체가 예산의 요구 및 사정에 활용하고, 123개 단체가 사무·사업의 수정에 활용하고 있다.

또한 시구(市區)에서는 694개 단체 중 311개 단체가 도입을 마쳤고, 101개 단체가 시행 중이며, 이를 검토하는 단체를 포함하면 679개 단체가 행정평가를 도입하고 있다. 정촌(町村)에서는 1,291단체 중 161개의 단체가 도입을 완료했고 78개 단체가 시행 중에 있으며, 검토 중인 단체를 포함하면 1,044단체가 행정평가를 도입하고 있다.

이하에서는 미에현, 홋카이도, 시즈오카현의 평가시스템에 대해서 좀 더 자세히 알아보기로 한다.

1) 미에현(三重縣)

(1) 도입배경

미에현에서는 1990년대 후반 이후, 행재정개혁의 일환으로 사무·사업평가제도가 도입되었다. 1995년에 기타가와(北川正恭) 지사가 취임한 후, 사와야카(さわやか) 운동이라는 직원의식개혁 운동을 전개하였다. 사와야카란 サービス(서비스, 행정의 가치 제고), わかりやすさ(생활자를 기점으로 한 행정의 구현), やる氣(각자가 목표를 세워 도전함), 改革(기존의 개념을 버리고 백지에서 시작함)의 머리글자를 따서 만들어졌다. 사와야카 운동은 생활자를 기점으로 한 행정을 운영하기 위하여 ①목표·성과지향의 사

무·사업체제의 확립, ②정책에 반영되는 사무·사업평가시스템의 확립, ③선진현으로서의 행정목표 도전체제의 확립을 그 정책으로 내걸고 있다. 이 중에서 사무·사업평가시스템의 확립이 가장 중요한 정책으로 1996년 4월에 본격적으로 도입되었다.

(2) 제도의 내용

사무·사업평가시스템의 대상이 되는 사무·사업은 1997년 이후 종합계획에서의 정책체계를 기초로 하여 설정하였다. 정책체계란 정책전개의 기본방향-정책-시책-기본사무·사업-사무·사업이라는 연쇄적인 목표수단으로 구성된다. 이 중에서 기본사무·사업과 사무·사업이 평가의 대상이다.

구체적인 평가는 담당부국이 평가시트에 기입하는 방식으로 행해진다. 평가시트는 기본사무·사업을 대상으로 한 기본사무·사업목적평가표, 사무·사업을 대상으로 한 사무·사업목적평가표의 두 종류가 있다. 기본사무·사업목적평가표는 예산편성 시에 작성하며, 기본사무·사업의 관점에서 실시하려고 하는 사업의 위치나 공헌도, 주력 등을 명확히 하고, 개개 사무·사업의 필요성과 기대되는 효과에 대하여 작성한다. 사무·사업목적평가표는 1998년 이후 신규사무·사업목표평가표와 계속사무·사업목표평가표의 두 종류로 나누어진다. 당초에는 계속사무·사업목표평가표에 의한 평가를 중심으로 전개되었다.

평가의 구체적인 내용은 이들 평가표에서 제시한다. 사무·사업목적평가표에는 크게 ①사무·사업의 목적 및 성과, ②사무·사업의 환경변화, ③사무·사업의 평가, ④개혁안·예산요구를 기재한다. 이 중 ①

의 사무·사업의 목적 및 성과에 대해서는 대상(무엇과 누구를 대상으로), 수단(실제 행하는 사무·사업의 내용), 의도(어떠한 상태가 되고 싶은가), 결과(기본 사무·사업의 의도)를 기재한다. 이들을 부국 내에서 논의하여 기재함으로써 종합계획에서 나타난 정책의 체계 중에서 개별 사무·사업의 위치, 즉 무엇을 위해 이 사업을 수행하는가 하는 목표를 확인한다.

당해 사업의 목적은 성과지표로 수치화하여 사무·사업이 추구하는 목표가 무엇인가를 단적으로 표현한다. 다만 이들 수치를 바로 평가에 사용하는 것이 아니라 수치를 참고하면서 목표 등의 타당성, 개선해야 할 사항 등을 논의한다. 목적과 의도를 확인하면 이들 대상, 의도 등의 타당성 외에 공공부문 관여의 타당성이나 현의 관여 타당성(민간이 공급가능한가를 체크함)에 대하여 평가한다. 이렇게 평가를 거친 후, 당해사업을 어떻게 개선할 것인가, 그리고 폐지해야 할 것은 없는가 등 개선안과 예산요구안을 제시한다.

2) 홋카이도(北海道)

(1) 도입배경

1997년 1월부터 홋카이도는 공공사업 개편의 일환으로 평가활동을 시작했다. 도입배경으로는 첫째, 지방분권에 따른 재정적 자립의 필요성 둘째, 공공사업 의존형 산업구조에서의 탈피 필요성 셋째, 1995년에 발각된 일련의 부정경리문제로 저하된 홋카이도 도정에 대한 신뢰회복을 위해 도정의 개혁이 필요했기 때문이다.

호리(堀達也) 홋카이도 지사는 1997년 1월 6일, 연두인사에서 평가의

실시를 표명했다. 이를 받아 1997년 1월에 정책회의에서 정책 재평가의
실시요강을 제정했다.

(2) 제도의 내용

장기적으로 정체된 시책에 대하여 스스로 재평가하여 앞으로의 대응
에 대하여 정리하는 것을 목적으로 한다. 평가의 대상이 되는 정책은 다
음과 같다. 첫째, 시책이 장기간 정체되어 있다고 인정되는 것 둘째, 시간
의 경과와 함께 시책을 둘러싼 사회 환경이나 주민요망의 변화에 따라 시
책의 가치나 효과가 저하된다고 인정되는 것 셋째, 시책의 원활한 추진에
문제가 있어 시책이 장기적으로 정체할 위험이 있다고 인정되는 것이다.
여기서 장기적이라는 것은 약 10년을 상정하고 있다.

재평가 작업은 대상시책의 결정, 재평가방법 등의 검토, 재평가작업
의 실시, 방침결정 등의 순으로 이루어진다. 우선 구체적인 대상시책의
선정에 있어서는 각 부국과의 협의·조정을 거쳐 정책회의에서 결정한
다. 다음으로 선정된 시책을 담당부국에서 여러 각도로 검토하고 검토평
가조서를 작성한다. 여기에는 필요성, 타당성, 우선성, 효과, 주민의식,
대체성 등을 정리하게 되어 있다. 작성된 검토평가조서는 검토팀(부지사
를 좌장으로 하고, 부지사가 지명하는 직원으로 구성된 조직)이 재평가된 방침을
검토하여 재평가조서를 작성하여 정책회의에 제출한다.

마지막으로 정책회의에서 검토팀이 제출한 재평가조서를 기초로 당
해 시책에 대한 방향(시책의 효지, 폐지, 대체시책의 실시 등)이 결정된다.

3) 시즈오카현(靜岡縣)

(1) 도입배경

시즈오카현에서는 1970년대부터 행재정개혁을 추진하였으며, 1995년부터는 시즈오카현 행재정개혁대강을 개정하여 새로운 행재정개혁의 틀을 제공하였다. 그리고 그 활동의 일환으로 평가가 추진되었다.

행재정개혁대강에는 민간기업의 재구축(reengineering)의 개념을 도입하여 행정의 생산성을 향상시키려 하고 있다. 그리고 이러한 생각을 직원들에게 침투시킬 목적으로 2년 동안 직원들의 의식개혁을 내용으로 하는 직원연수를 실시하였다.

1997년에는 총무부에 행재정개혁의 전문담당부국으로 행정개혁실을 설치하여 기존 업무에 대한 시스템을 발본적으로 개혁하기 위하여 본격적인 행재정개혁을 전개하였다.

앞에서 언급한 직원 의식개혁을 위한 연수에서 시즈오카현립대학의 기타오지(北大路信鄕) 교수가 업무기술표를 고안하였다. 업무기술표는 업무분석이나 문제발견을 위해 각 부국에 공통적인 모형으로 사용된다. 행정개혁실에서는 각 부국에서 작성한 업무기술표에 기초하여 계속 논의를 하는 중에 이 업무기술표가 평가로서의 기능을 갖추고 있다는 점, 직원의 의식개혁에 효과가 있다는 점을 발견하고, 시즈오카현 독자적인 평가시스템을 구축하기 위해 기타오지 교수의 어드바이스를 받아 업무기술표의 본격적인 도입을 추진하였다.

업무기술표의 도입은 1997년 6월부터 시작하여 본청의 모든 부국에서 작성하도록 하였다. 그 후 시즈오카현에서는 일본 최고의 행정개혁을 목표로 2002년에는 종합계획과의 연결, 2003년 이후에는 평가정보를 업무기술표에 추가하여 현의회에 제출하고 의회가 검증하도록 하는 등 업무기술표의 업그레이드를 계속하고 있다.

(2) 제도의 내용

업무기술표란 본청의 각 실(시즈오카현에서는 1998년 조직개편으로 조직단위인 과를 폐지하고 정책목적별로 편성된 실을 설치하여, 과장보좌 등 중간직을 폐지하여 직위계층의 슬림화를 도모함)이 달성해야 할 목적을 기본으로 하여 그것을 실현하기 위한 업무의 내용을 크고 작은 항목으로 구분하여 기재하는 것이다. 업무기술표의 목적은 목적·수단 관계의 명확화에 있다. 즉, 현이 종합계획에서 설정된 목표를 상위목적으로 하고 그것을 달성하는 수단 및 그 달성목표를 체계적으로 기술함으로써 실(室)이 수행해야 할 업무의 체계를 명확히 하는 것이다. 그리고 2003년 이후에는 당해 수단의 타당성 및 효과에 대한 평가를 기재함으로써 각 부국의 업무성과를 명확히 하도록 하고 있다.

실이 추구하는 최상위 목표와 그 관리지표(목표치)는 2002년 이후 현의 종합계획 지표와 일치하여, 실의 목적이 종합계획 중에 어떠한 위치를 점하고 있는가도 알 수 있다. 또한 현의 목표와 그 달성상황, 실현을 위한 방책을 알 수 있다. 각각의 항목에서는 진척도를 알 수 있도록 관리목표를 정해 목표치와 그 달성기한을 기재하고 있다.

또한 2003년부터 평가를 함께하고 있다. 평가라는 항목에는 전년도의 성과와 그 실현을 위한 수단의 타당성·효과에 대하여 분석·설명하게 한다. 그리고 평가결과는 다음 연도 예산 및 정원에 반영하도록 하고 있다.

5___ 평가제도의 실적과 과제

일본에서 평가법에 의한 정책평가제도가 도입된 이후, 앞에서도 본 바와 같이 각 부성에서는 매년 약 1만 건 전후의 정책을 평가하고 있다. 이 숫자만을 보아도 평가활동 자체가 당초의 예상대로 착실하게 실시되고 있다는 것을 알 수 있다. 그리고 총무성은 평가결과의 정책반영상황을 매년 정리하여 공표하고 있다. 그 결과, 2004년도에 25건, 총사업비 약 3,300억엔, 제도 도입으로부터 3년간의 누계로는 123건, 총사업비 약 2.4조엔에 달하는 정책을 폐지하였다.

정책평가를 통해 직원들의 의식도 개선되는 효과를 낳았다. 총무성이 실시한 설문조사 결과에 의하면 직원들이 정책성과에 대한 목표를 설정할 수 있게 되었고, 성과지향적 사고가 높아졌다고 한다.

위와 같은 성과에도 불구하고 다음과 같은 과제를 내포하고 있다. 즉, 첫째 중요한 정책에 대하여 진정으로 필요한 평가가 이루어지지 못하고 있는 점, 둘째 평가결과의 반영이 여전히 불충분하다는 점, 셋째 수치목표의 설정이나 제3자의 활용 등 평가의 객관성을 확보하는 조치가 여전히 불충분하다는 점, 넷째 평가결과나 관련정보 등에 관하여 국민에 대한 설명책임이 불충분하다는 점 등의 과제를 안고 있다.

6___ 맺음말

일본은 새로운 세기를 향하여 많은 개혁을 단행하고 있다. 그 중의 하나가 행정의 책임성을 강화하는 개혁이었다. 일본에서 도입된 행정평가제도도 행정의 책임성을 강화하기 위한 개혁으로 이해할 수 있다.

이러한 개혁들을 좀 더 시야를 넓혀 조망해보자. 일본은 명치유신 이후 근대화 정책을 계속 수행해왔다. 그 근대화 정책은 서구 선진국을 따라잡는 정책들이었다. 전전에는 군비확대 및 식민지 개척에 의한 근대화 정책이었다고 하면, 전후에는 고도 경제성장에 의한 근대화 정책이었다. 근대화 정책은 필연적으로 국가가 주도하는 '기획편중'의 정책일 수밖에 없었다. 국가의 중요한 정책을 관료가 결정하여 경제·사회를 국가가 주도하는 관료우위의 국가였다. 이러한 정책은 20세기를 통하여 타당하다고 할 수 있다. 그러나 20세기 말, 이러한 정책들이 한계에 봉착하게 된다. 즉, 일본은 장기 경제 불황과 여러 가지 사회적, 행정적, 정치적 문제에 봉착하게 된다.

이를 극복하기 위한 1990년대의 개혁들은 관료우위의 국가를 타파하기 위한 정책들이다. 행정개혁에 의한 정치우위의 국가, 나아가서는 진정한 시민사회를 건설하기 위한 것들이다. 이것은 지금까지의 근대화 정책과는 다른 또 하나의 근대화 정책이며, 진정한 민주국가를 건설하기 위한 정책들이다.

이때 전면에 등장하는 것이 시민의 개념이다. 일본에서는 서구의 근대국가에서 생성된 시민이라는 개념은 존재하지 않았다. 즉 시민이 정치·행정의 주체로서 존재했던 때는 한 번도 없었다. 만약 일본에서 시민 개념이 있다고 하면 행정서비스의 수혜자로서의 시민일 것이다. 1990년대부터 단행한 행정절차법, 지방분권추진법, 중앙성청등개혁기본법, 정보공개법, 국가공무원윤리법, 평가법 등 일본에서 행정의 책임성을 강화하는 정책들은 시민을 진정한 주체자로 생각하는 정책들인지도 모른다. 즉 시민이 주체가 되는 새로운 거버넌스 체제를 구축하는 작업의 일환일 것이다.

생각해볼 문제

1 행정개혁에 있어서 정책평가의 도입이 왜 중요한 것인가?

2 행정의 책임성을 확보하기 위한 다양한 방법들 중에서 가장 효과적인 방법은 무엇이며, 그것이 왜 효과적인가?

3 다른 선진국이나 우리나라에서는 정책평가가 어떻게 이루어지고 있는가?

참고문헌

宇都宮深志·新川達郎(1991), 「行政學」, 東海大學出版會.

桑原英明・増田正編(2003),「自治体行政評価の基礎」, 創開出版會.

西尾勝(1991),「行政學」, 放送大學教育振興會.

西尾勝(1993),「行政學」, 有斐閣.

西尾勝・村松岐夫(1995),「講座行政學：市民と行政」, 有斐閣.

白智立(2001),「日本の行政監察・監査」, 法政大學出版局.

島田晴雄(2002),「行政評価」, 東洋経濟新報社.

福田耕治・眞淵勝・縣公一郎(2002),「行政の新展開」, 法律文化社.

村松岐夫(1994),「日本の行政：活動型官僚制の変貌」中公新書.

村松岐夫(1999),「行政學教科書」, 有斐閣.

森田朗(1998),「行政學の基礎」, 岩波書店.

行政管理研究センター(2006),「政策評価ハンドブック」, ぎょうせい.

行政管理研究センター(2008),「政策評価ガイドブック」, ぎょうせい.

Finer. Herman(1941), "Administrative Responsibility in Democratic Government", Public Administration Review, Vol. 1.

Friedrich, Carl J.(1940), "Policy and Nature of Administrative Responsibility" in C. J. Friedrich & E. S. Mason eds., Public Policy, Harvard University Press.

Gilbert, Charles E.(1959), "The Framework of Administrative Responsibility", The Journal of Politics, Vol. 21.

11

일본 행정환경의 변화

●

김호섭

1___ 행정환경이란

정책이나 행정서비스를 행정체제의 산물로 보는 체제이론(system theory)적 견해에 의하면 무엇을 투입시키는가에 따라서 정책이나 행정서비스의 내용이 달라진다.[1] 투입은 환경에서 오는 것으로 환경의 특성은 투입의 내용을 결정한다. 따라서 사회 및 경제적 환경이 변화하면 투입의 내용이 달라지고, 달라진 투입에 의해서 행정체제가 산출하는 정책이나 행정서비스의 내용이 달라질 것이다. 사회 및 경제적 환경이 변화했는데도 불구하고 행정체제가 산출하는 정책이나 행정서비스가 구태의연하면 그 행정체제는 새로운 환경으로부터 오는 요구를 감당하지 못하고 있다는 비판에 직면할 것이며, 결국에는 국민의 정치적 지지를 잃을 것이다.

환경이 투입을 통해서 정책이나 행정서비스에 영향을 미치는 경우는 첫째, 간접적인 영향으로서 환경이 행정체제를 변화시키고 다시 변화된 행정체제가 정책과 행정서비스에 영향을 미치는 경우이다. 둘째, 행정체제에는 영향을 미치지 않고 직접적으로 정책이나 행정서비스에 영향을 미치는 경우를 들 수 있다.

환경이 투입을 통해서 직접적으로 정책과 행정서비스에 영향을 미치

---

1 David Easton(1965), *A Systems Analysis of Political Life* (N.Y.: John Wiley &Sons), 32.

는 경우는 투입이 행정체제 내부에서 정책이나 행정서비스로 전환 (conversion)되는 과정에서 행정체제의 구조나 운영방식에는 영향을 미치지 않고 정책이나 행정서비스의 내용에만 영향을 미친다는 의미이다. 그러나 실제로 행정 담당자나 행정체제의 분위기나 이념, 행정체제의 구조 등에는 전혀 영향을 미치지 않고 정책에만 영향을 미치는 투입의 경우는 거의 없다.

행정환경이 정책이나 행정서비스에 영향을 미치는 것은 주로 행정체제에 대한 투입을 통해서이며 투입은 요구와 지지로 나누어서 생각할 수 있다. 행정체제에 대한 환경의 요구(demand)는 사회문제의 해결요구라는 형태로 나타난다. 일본에서 자주 나타나는 자연재해인 지진에 의해서 발생한 사회문제 즉, 피해복구와 초기 대처 및 피해의 예방 등을 해결해 달라고 정부에 요청하는 것이 이러한 요구의 예이다.

행정체제는 환경으로부터 투입되는 지지(support)에 의해서 환경이 요구하는 것을 실현한다. 지지의 예로서는 선거에서 정치적 지지를 표현하는 투표 행위를 포함하여, 인적자원 및 물적자원의 제공 및 국민의 공권력 순응 등을 들 수 있다. 인적자원으로서는 일반 관료, 경찰 및 자위대를 포함한 공무원의 충원 등이 대표적인 예이며, 물적자원으로서는 조세의 납부가 지지의 대표적인 예이다. 공권력 발동에 대한 국민의 순응은 행정 규제나 처벌 등을 받아들이는 행위 등으로 나타난다. 국민들이 행정체제를 지지하지 않는다면 공권력 발동을 받아들이지 않을 것이다.[2]

---

2 정정길(1997), 「정책학원론」(대명출판사), 89-91.

2___ 투입과 행정수요 : 일본의 경우

일본 행정학계에서는 행정수요라는 개념을 자주 사용한다. 행정수요란 정부의 행정서비스를 통해서 국민들이 충족을 기대하는 효용이다.[3] 행정체제의 환경을 구성하는 사회적 및 경제적 환경의 변화가 행정수요의 변화를 발생시킨다는 측면에서는 체제이론에서 말하는 요구와 거의 비슷한 개념이다.

국민들이 요구한 사회문제의 해결을 위해서 행정체제가 산출한 (output) 대응이 정책이나 행정서비스라고 볼 수 있다. 특정한 사회문제를 해결하라는 요구가 강해지면 이 문제를 해결하기 위해서 정책이 만들어질 가능성이 높아진다. 사회문제가 정책문제로 의제가 형성되는 근본적인 원인은 이러한 사회문제를 발생시키는 사회 및 경제적 환경의 변화이다.

변화된 환경을 인지하고 그러한 인지에 근거하여 새로운 정책대응을 입안함에 있어서 그 추상성과 구체성 정도에 있어서 폭넓은 차이가 있다.[4] 정책대응의 기본방침을 표명한 추상도가 높은 정책(policy)은 행정서비스의 생산과 공급이라는 형태로 설계된 시책(program)으로 분해되며

---

3 西尾勝(2008), 「行政學 新版」, (東京: 有斐閣), 283.

4 村松岐夫(2008), 「行政學敎科書」, (東京: 有斐閣), 21.

그 시책은 또다시 개별 행정서비스의 내용으로 확정된 사업(project)으로 까지 구체화한 경우에는 대응해야 하는 과제량(대상집단 · 대상물의 수량 및 공급하는 서비스 양)을 추정하는 작업이 필수적이다.

　일본에서 행정수요라는 개념이 사용된 것은 1962년 설치된 임시행정조사회(제1차 임조)에서가 처음이다.[5] 시장 메커니즘의 수요 · 공급의 개념을 정치 메커니즘에 유추 적용한 것이다. 정부가 공급하는 행정서비스에 대한 수요는 시장에서 매매되는 재화 및 서비스에 대한 수요와는 다음과 같은 점에서 다르기 때문에 유추 적용은 한계를 가지고 있다. 즉 행정서비스는 화폐를 매개로 한 가격과 효용의 등가교환을 통해서 수요량이 자연적으로 결정되지 않으며, 가격과 공급량 간에 자동조정 작용을 기대할 수 없다. 그러나 개별기업이 경영에 있어서 수요를 예측하기 위해서 사용하는 개념과 수법을 정부가 공급하는 행정서비스 수요예측에 유추 적용하는 것은 어느 정도까지는 가능하며 유효하다.

　행정수요의 규모를 예측하기 위해서는 인구학적인 속성에 관한 구조 분석이 필요하다. 일본 내각부가 매년 책정해서 발표하는 경제동향 예측은 행정서비스를 공급하기 위한 가장 기초적인 환경변동 예측으로서 여러 정책영역에서 참조되며, 각 성청이 수립하는 계획책정의 지표로 활용된다. 이 경제동향 예측에서 가장 기본적인 지표는 인구 변화에 관한 예측이다.

　또한 행정서비스의 상호대체성 혹은 상호보완성을 분석하기 위해서 구매력 분석과 같은 수요의 발생구조에 관한 분석이 필요하다. 즉, 행정서비스 전체에 관해서도 공적 제공자와 사적 제공자 양자 간의 영역에서

5　西尾勝, 같은 책, 283.

역할분담이 논의되는 것처럼 구매력분석과 같은 공공서비스 공급주체에 관한 분석이 필요하다. 행정서비스에 있어서도 양과 질, 제공방법, 요금 등에 의해서 행정수요에 관한 선호곡선이 변동되는 측면이 있다. 법률에 근거한 행정서비스를 생산하고 공급하기 위해서 법령의 입안·결정으로부터 예산의 입안·결정 단계까지 이행되어야 하며 그 각각의 단계에서 대응해야 하는 과제를 수량화하여 파악하는 것이 행정서비스 공급자인 정부에게 필요한 작업이다. 여기에서 행정수요라는 개념이 등장하게 된다.

3___ 새로운 정책문제를 발생시키는 환경의 변화

　일본의 행정체제는 일본 사회 및 경제의 새로운 환경변화로부터 발생하는 여러 가지 사회문제를 해결하기 위한 정책이나 행정서비스를 산출한다. 일본 행정학계에는 행정체제 속에서 정치 및 정책과정이 주로 전개된다는 '행정주도론 패러다임'이 존재한다.[6] 정책을 만들어내는 과정 즉 정책과정에서 관료가 정치가를 압도한다는 견해이다. 이 글에서도 정치체제라는 개념보다는 행정체제라는 개념을 보다 자주 사용하며, 그 체제에 투입되는 환경적 요소를 중시한다. 일본의 경제학자 및 사회학자들이 지적하는 대표적인 환경변화는 첫째, 선진국 따라잡기식 경제모델의 종식이라는 경제성장 수준의 변화, 둘째, 인구의 소자녀화 및 고령화라는 일본 인구 구성의 변화, 셋째, 국제화, 넷째, IT산업을 비롯한 과학기술의 발전을 대표적으로 지적하고 있다. 이 글에서는 위에서 지적하는 환경변화의 내용과 정책대응을 간략하게 살펴보겠다.

1) 선진국 따라잡기식 모델의 종식
　일본 행정환경의 변화에서 가장 근본적인 것은 '선진국 따라잡기식

　6　村松岐夫, 같은 책, 11

(catch up)' 경제성장이 끝났다는 것이다. 따라잡기식 경제성장 모델은 가깝게는 1945년 이후, 멀리는 19세기 말 메이지유신 이래 일본이 국가적으로 채택한 모델이다. 일본 사회의 여러 측면 특히 소득수준, 기술수준, 생산체제, 기업경영, 산업구조, 노동자의 숙련도 등에서 미국과 유럽의 선진국가들과 큰 격차가 있어서 그 격차를 조속하게 메울 필요가 있다는 인식에 일본 국민의 컨센서스가 형성되었다.

일본이 세계 제2 경제대국이 되기까지 일본의 행정체제는 기본적으로 '따라잡기식' 경제성장에 합목적적으로 운영되었다.[7] 따라잡는 과정에서는 미국과 유럽 선진 국가들이 모델로서 존재했기 때문에 일본은 행정이 일정 목표를 세우고 관민일체가 되어 경제발전을 추진하는 전략을 채택했으며, 이러한 전략은 잘 기능했다. 즉 관료가 규제를 통해서 행정조직을 이용하여 민간활동에 관여하고 폭넓은 행정재량을 구사하며 경제를 주도했던 시스템은 선진국 따라잡기 과정에서는 효율적으로 기능했다. 고용관행에 있어서도 신입 종업원을 훈련과 교육을 통해서 기업에 맞는 샐러리맨으로 육성하여 종신고용과 연공서열의 보상체계를 통해서 정년퇴임까지 고용을 보장하는 기업조직을 유지하는 것이 유효했다.

'선진국 따라잡기식' 경제성장이 성공하여 1980년 후반부터는 GDP 규모로 세계 제2대국의 지위를 달성했다. 일본 경제는 미국을 제외한 다른 선진국을 상회하는 높은 성장을 실현했다. 세계 제2 경제대국 지위를 달성한 이후 선진국 따라잡기식의 경제성장은 더 이상 성립되지 않

---

7 Charlmers Johnson, *MITI and the Japanese Miracle: The Growth of Industrial Policy, 1925~1975* (Stanford: Stanford Univ. Press, 1982).

게 되었다. 일본이 따라잡을 선진국은 지구상 더 이상 존재하지 않게 되었으며, 선진국과 일본 간 '격차축소형' 성장은 더 이상 필요없게 되었다. 새로운 경제성장 모델이 일본에게 필요하게 되었다.

이러한 경제성장 모델의 변화는 일본의 경제사회구조를 변화시키는 근본적인 원인이 되고 있다. 소득수준, 기술수준이 세계에서 최고수준에 달해서 '따라잡을' 모델이 없어졌기 때문에 이제부터는 개인, 기업이 스스로 위험을 부담하면서 발전적인 분야를 창조해서 스스로 앞장서지 않으면 안 되게 되었다. 관료에 의한 행정적인 유도가 아니라 시장 메커니즘에 참가하는 각자의 '보이지 않는 손'을 통해서 자원배분을 정해가는 시장 메커니즘이 유효하게 된다. 높은 성장률도 더 이상 보장되지 않게 되었다. 이러한 따라잡기식의 경제성장의 종식에 의해서 일본은 규제완화를 통해서 행정시스템의 개혁, 기업경영, 고용관행의 수정이 추진되는 배경이 되었다.

1990년대 초반 이래 소위 '잃어버린 10년' 동안 지속된 경제불황을 극복할 행정 리더십은 발휘되지 못했던 이유도 '따라잡기식' 모델을 대체할 수 있는 경제성장 모델을 찾지 못했기 때문이라고 볼 수 있다. 규제에 의해서 경제성장을 지도한 행정체제 스스로가 행정 권한의 핵심인 규제권한을 완화하는 주체가 되기는 어렵기 때문에 사회 및 경제적 환경으로부터 행정체제 자체가 개혁의 대상이라고 지적되었다.

경제의 성장발전, 이에 수반하는 국민의 소득수준의 향상, 그리고 그 결과로서 나타나는 고학력화, 생활수준과 생활양식의 변화, 생활의식의 변화 등은 여러 정책영역에 매우 큰 영향을 미치는 가장 기초적인 환경요인 군이다. 경제성장률의 변화는 국민소득의 수준을 결정하며, 중앙정부 및 자치체의 세수 혹은 연금재정 등에 직접적으로 영향을 미치며, 인사원의 급여권고 혹은 생활보호 행정의 최저생활기준의 결정을 좌우한다. 소득의 향상에 수반하는 고학력화 경향은 교육행정에 대한 행정수요를 높이고, 생활양식의 변화는 주택정책 폐기물처리정책 관광정책 등에 전환을 재촉한다. 생활의식의 변용은 범죄의 발생동향을 변화시켜서 경찰행정에 새로운 과제를 만들어낸다.

2) 인구구성의 변화

인구의 절대 숫자와 구성변화는 경제 사회에 큰 영향을 미쳐서 일본의 행정체제에 투입되는 요구의 내용을 변화시킨다. 후생노동성 소관의 후생행정, 문부과학성 소관의 교육행정과 같이 국민에 대한 서비스를 제공하는 성질의 행정활동은 인구의 연령별 성별 구성의 변동을 반영하는 행정서비스를 생산한다. 예를 들어 초등학교, 중고등학교, 대학교의 입학생수가 감소함에 따라서 교육행정 서비스는 그 내용을 달리해야 한다. 국토교통성이 소관하는 전국종합개발계획, 도로 · 하수도 · 공원 · 항만 · 철도 · 공항 등 공공사업, 총무성이 관리하는 지방자치 제도 · 지방교부세제도 등은 인구의 지역분포의 변화에 크게 좌우되는 정책영역이다. 예를 들어서 소위 동경 일극집중 및 지방의 대도시 집중이 어떻게 나타나는가에 대응해서 정책을 생산해야 한다.

일본의 인구구조 변화의 내용을 일본의 '국립사회보장 인구문제연구소'가 2002년 1월 공표한 인구예측에 근거하여 보면 다음과 같다. 첫째, 인구의 절대수준이 감소하기 시작한다. 상기한 예측에 의하면 2000년에 1억 2693만이던 일본의 인구는 2007년의 1억 2797만인을 최고점으로 해서 이후 지속적으로 감소할 것이다. 총인구는 2025년에는 1억 2114만인, 2050년에는 1억 59만인이 될 것으로 예상된다.

둘째, 고령화의 진전이다. 65세 이상의 고령자가 전 인구에 점하는 비율은 2000년의 17.4%에서 2025년에는 28.7%, 2050년에는 35.7%로 상승할 것이다. 일본의 고령화는 그 속도가 빠르며, 수준이 높다. 우선 일본의 고령화는 세계에 예를 찾을 수 없을 정도로 빠르게 진행되고 있다. 고령화률이 7%에서 14%로 도달하기까지의 연수를 비교하면 프랑스는 115년, 스웨덴은 85년, 영국은 45년이 걸렸으나, 일본은 30년이 채 걸리지 않았다. 또한 2010년 이후 도달하는 일본 고령화의 수준은 아마도 세계에서 가장 높은 수준일 가능성이 크다.

셋째, 소자녀화의 진전이다. 연소인구(0~14세)가 전체 인구에 차지하는 비율은 2000년의 14.6%에서 2025년에는 11.6%, 2050년에는 10.8%로 저하될 것으로 예상된다.

〈표〉 각국의 평균수명

평균수명 (출생시)	남성(세)			여성(세)		
	1950-55	May-00	2045-50	1950-55	May-00	2045-50
일본	61.6	78.3	83.3	65.5	85.2	90.9
한국	46	73.5	79.9	49	80.6	87.1
호주	66.9	77.9	84.1	72.4	82.9	88
스웨덴	70.4	77.8	83.5	73.3	82.3	87
미국	66.1	74.7	80.4	72	80	85.7
중국	39.3	70.5	77.4	42.3	73.7	81.3
브라질	49.3	67.3	76	52.7	74.9	83
인디아	38.1	61.7	73.4	36.6	64.2	77.9

출처: Japan 2008: An International Comparision (Keizai Koho Center).

	1950-55	2000-2005	2045-50
일본	2.75	1.29	1.6
한국	5.4	1.24	1.54
미국	3.45	2.04	1.85
스웨덴	2.21	1.67	1.85
중국	6.22	1.7	1.85
인디아	5.91	3.11	1.85

출처: Japan 2008: An International Comparision (Keizai Koho Center).

상기한 인구 구조의 변화는 세대 간의 균형관계를 변화시킨다. 대표적으로 종속인구지수의 변화이다. 전통적으로 15~64세까지 인구를 생산연령인구라고 부른다. 연소인구와 노년인구의 합이 종속인구이며, 생산연령인구가 생산한 경제적 재화 및 서비스에 의존한다는 의미이다. 종속인구를 생산연령인구로 나누면 종속인구지수로서 일하는 사람 1인이 몇 사람을 부양하는가를 나타내는 지표이다. 이 종속인구지수는 2000년에는 46.9%였으나, 2025년에는 67.5%, 2050년에는 86.7%로 상승할 것으로 예측된다.

종속인구지수를 연소종속 인구지수와 노년종속 인구지수로 분해할 수 있다. 금후 소자녀화가 더욱 진전될 것이기 때문에 연소종속 인구지수는 어느 정도 저하할 것이다(2000년에는 21.4%, 2025년 19.5%, 2050년 20.1%). 고령화가 진전되면 노년종속 인구지수는 상당히 상승할 것이다(2000년 25.5%, 2025년 48.0%, 50년에는 66.5%). 따라서 지금부터는 더 많은 고령자를 부양해야 하기 때문에 노동력 인구가 그만큼 더 무거운 부담을 지게 된다. 즉, 현재는 3.9인이 1인의 고령자를 부양하지만, 2025년에는 2.1인, 50년에는 1.5인이 고령자 1인을 부양할 것으로 예측된다.

　인구구조의 변화는 주로 노동력 인구의 감소와 저축율의 저하라는 두 가지 측면에서 장기적인 경제성장률을 저하시켜서 일본의 경제사회 전체에 영향을 미친다. 우선 노동력이라는 관점에서 인구의 감소는 노동인구를 감소시켜서 성장률을 저하시킬 것이다. 일본에서는 소자녀화 경향이 시작된 것은 1960년대 중반이기 때문에 이미 생산연령인구는 감소 국면에 들어섰다. 상기한 인구 예측에 의하면, 2000년의 생산연령인구는 8600만인, 2025년에는 7200만인, 2050년에는 5400만인으로 추계된다. 그러나 생산연령인구가 감소하더라도 여성과 고령자의 노동비율을 조절하면 성장력의 저하를 어느 정도 막을 수 있기 때문에 인구구성 변화에 대응하는 정책이 필요하게 될 것이다.

　둘째, 고령화가 저축율을 인하시키기 때문에 경제성장에 필요한 자본형성을 막는 측면이 있다. 일반적인 근로자는 일할 수 있는 기간에 노후를 준비하며(저축율이 높다), 은퇴하면 저축을 헐어서 생활을 유지한다(저축율은 저하되고 마이너스가 된다). 이것이 '라이프 사이클의 가설' 개념이다. 다만, 개개인이 이러한 행동을 취하더라도 인구구조가 변화하지 않으면 경제전체의 저축 소비 균형이 변화하지 않는다. 그러나 근로세대와 은퇴세대의 균형이 변하면 경제전체의 저축율도 변한다. 즉, 고령화가 진전되면 저축하는 근로세대보다도 저축을 사용하는 고령세대가 증가하기 때문에 경제전체로서는 저축율이 저하되게 된다. 일본의 가계저축율은 국제적으로 보면 높지만, 1990년대 후반 이후 일본의 저축율은 급격하게 저하되고 있으며 최근에는 미국 및 서유럽 선진국의 평균에 거의 도달했다. 이것은 고령화의 영향일 가능성이 높다. 국내저축이 감소하면 투자의 원자본이 부족하게 되어 국내투자가 어렵게 되고 따라서 성장률이 낮아진다. 다만, 국내의 저축이 감소해도 해외로부터 자본 유입이 있다면 국내의 투자는 낮아지지 않을 것이기 때문에, 국내 저축율 저하에 대응하는 정책이 필요하게 된다.

인구의 소자녀 고령화에 의한 성장률 저하를 막기 위해서 일본의 행정체제가 산출한 대응책으로 다음과 같은 정책이 제안되었다. 첫째, 노동력 인구의 감소에 대해서는 여성과 고령자의 활용이 있다. 여성의 사회진입이 미국 및 서유럽 국가들에 비해서 일본이 낮기 때문에 여성을 활용할 여지가 많다. 고령자에 관해서도 일본의 고령자는 노동의욕이 높기 때문에 조건만 정비된다면 고령자들이 더 많이 노동할 수 있다. 외국인 노동자의 활용을 생각할 수 있다. 또한 기계를 도입하여 노동자 1인당 자본장비율을 높여서 노동생산성을 높이는 정책수단도 가능할 것이다.

국내저축의 감소에 대해서도 미국 등 해외로부터 자본을 보다 많이 도입하는 것을 생각할 수 있으며, 다른 한편 투자의 자본효율을 상승시키는 유도 정책을 생각할 수 있다. 또한 일본의 중앙 및 지방 정부가 90년대 전반 이래 현재 (2009년)까지 지속적으로 보유하고 있는 거액의 재정적자는 국내 저축을 재정에서 소비해버린다는 것을 의미하기 때문에 재정을 건전화하여 국내 저축을 민간부문이 보다 더 활용하도록 할 필요성이 지적되고 있다. 생산요소의 생산성을 상승시키는 정책을 생각할 수 있다. 즉, 연구개발에 대한 자원의 투입을 증가하여 기술진보를 촉진시키는 한편, 경제구조를 변화시켜서 자원이 보다 더 생산성이 높은 분야에 투입되도록 유도하는 정책을 생각할 수 있다.

일본 사회의 인구구조 변화에 의해서 행정체제의 환경이 변화되는 정책분야의 대표적인 분야는 사회보장제도이다. 일본의 종래 연금제도는 현재의 근로세대가 현재의 고령세대를 지원하는 부과방식을 기본으로 하고 있다. 이것은 인구증가, 경제성장시대에는 매우 잘 기능했다. 그러나 인구가 감소하고 고령화가 진전되어 경제성장률이 저하되었기 때문에 세대 간의 부담과 연금급여의 균형이 깨지게 되었다.

생산 연령인구의 감소 추세에도 불구하고 부과방식 중심의 연금제도를 유지하려면 생산연령인구가 부담 가능한 범위로 고령세대의 급여수준을 낮추어야 한다. 그러나 이것은 현재의 고령세대에 부여하고 있는 연금급여액의 대폭 삭감이 필요하다. 연금 삭감폭을 줄이려 한다면 정부가 모자란 부분을 보충해야 하기 때문에 막대한 재정지출이 필요하다. 재정지출은 결국은 국민의 세금으로 충당하기 때문에 세율 인상이 필요하다.

앞에서 지적했듯이 소자녀 고령화 사회가 되면 사회보장 제도는 '세대 간' 돕는 방식인 부과방식은 더 이상 존립할 수 없게 된다. 즉, '세대 내'에서 돕는 것이 기본이념인 적립방식으로 이행할 필요성이 나타난다. 적립방식은 장래 지급될 연금의 원금을 가입기간 중에 근로자 자신이 보험료 등으로 적립 및 운영하여 수령할 시기가 오면 이자를 붙여서 반환하여 받는 방식이다. 이 방식이 엄격하게 실시된다면 고령자가 받는 금액은 그 사람이 생산 연령시기에 거출한 보험료와 금리의 합계액으로 충당되며 다른 세대에 의존하는 것은 없다. 이 방식은 한 사람 한 사람이 얼마나 오랫동안 살아갈지는 모르지만 같은 세대의 사람은 대체로 평균적으로 몇 살까지 생존할지 예상하는 것이 가능하며, 동일 세대에서 단명으로 끝나는 사람이 장기간 생존하는 사람을 돕는, 즉 세대 내에서 돕는다는 의미가 있다. 그러나 금리변동의 영향을 쉽게 받아서 인플레이션에 약하다는 문제점을 가지고 있다.

일본의 소자녀화, 고령화에 의해서 촉발된 인구구성의 변화는 현행 공적 연금제도에서 여러 가지 문제점을 발생시켰다. 연금제도 개혁의 여러 방향성에 대한 논의는 2009년 현재 일본 사회의 매우 중요한 정책의 제가 되었다. 공적 연금제도의 문제에 관해서는 젊은 세대를 중심으로 현행 제도의 유지가능성에 대해서 의문을 제기하고 있으며, 세대 간의 공평성에 대한 우려와 불안이 강해지고 있다. 이 때문에, 지속가능한 공적 연금제도를 설계하기 위해서는 부담능력이 있는 사람은 연령에 관계없이 그 능력에 대응해서 공평하게 부담을 늘리는 방법도 검토되고 있다. 즉 고령자도 경제적 부담을 지불할 만큼 재정적 능력이 있다면 그에 대응해서 부담을 나누며, 급여의 개선과 효율화라는 방책을 실시하여 국민 전체가 장래에 대해 안심할 수 있는 공적 연금제도의 설계가 필요하다.

3) 세계화(globalization)의 진전

세계화는 일본에 있어서 멀리는 메이지유신 이후, 가깝게는 제2차 세계대전 이후 일관되게 지속되어온 흐름이지만, 최근에는 국경을 넘어서 사람, 물자, 돈의 움직임이 활발하게 되어 세계경제의 일체화가 진전되고 있다. 이러한 글로벌화는 두 측면에서 종래형의 일본의 사회구조를 변화시키고 있다. 하나는 경제주체가 국경을 넘어서 자유롭게 활동하는 결과 제도 관행이 표준화되고 있다. 두 번째 방향은 제도를 둘러싼 국제경쟁이 확대된 결과 많은 제도가 세계에서 가장 효율적으로 활용한 쉬운 제도로 수렴된다는 것이다.

일본의 행정 부처 중에서도 국제관계를 소관으로 하는 외무성 방위성을 비롯하여 시장개방과 무역수지 등 통상에 깊이 관여하고 있는 경제산업성과 농림수산성은 국제경제 체제의 변화에 대응해야 한다. 재무성과 금융청은 국제금융 등 무역외수지에 관여하기 때문에 국제경제체제의 움직임은 정책형성의 환경이 된다. 해운과 항공 등 국제운수를 소관하고 국토교통성 등 경제관청 혹은 산업행정관청의 행정활동은 무엇보다도 국제 정치경제체제의 변동에 의해서 크게 규정된다. 세계화의 영향은 상기의 성청에 한정되지 않는다. 오늘날은 거의 모든 행정활동이 국제기관이 설정한 국제기준에 구속되며 일본도 국제기준 형성을 위한 국제활동에 주도적으로 참여하고 있다. 보건후생성은 ILO(국제노동기구) 및 WHO(세계보건기구)가 제시하는 노동 및 보건 위생에 관한 국제기준을 국내 행정기준과 상호 정합되도록 운영해야 한다. 총무성은 UPU(만국우편연합) 및 ITU(국제통신연합)가 제시하는 국제통신에 관한 국제기준에 대응해서 국내 행정기준을 형성한다. 경찰청의 경우에 있어서도 ICPO(국제형사경찰기구)가 제시하는 국제범죄와 범죄인 인도에 관한 국제기준을 준수한다.

세계화 과정 중에서 일본은 외국과 통상마찰을 경험했다. 고도성장기 후반기에 일본 기업은 해외시장을 향해서 수출확대에 노력했다. 일본기업은 저가격이면서 고품질인 제품을 만드는 제조기술을 바탕으로 국제경쟁력을 세계시장에서 높였다. 일본의 대외수출은 1960년대 섬유에서 시작하여 철강, 컬러텔레비전, 자동차, VTR, 반도체 등 분야에서 미국과 서유럽 등 선진국 시장에서 무역마찰이 발생했다. 일본의 수출방식은 '집중호우식'이 되어 수출상대국 시장에서 차지하는 일본제품 비율이 급

상승함에 따라서 무역마찰 문제가 발생했다.

일본 경제가 세계에 점하는 지위가 높아지고, 글로벌화가 진행되는 가운데 통상문제는 계속해서 발생하고 복잡해지고 있다. 일본 수출품에 의해서 상대 국가의 시장에서 경쟁력을 잃은 산업분야에서 실업이 발생하여 정치적 문제가 되었다. 무역적자와 실업발생이라는 국내적 정치문제를 해결하기 위해서 상대국은 수입관세를 인상하거나, 일본에 정치적인 압력을 가해서 수출자율규제를 요구하는 사태가 발생했다. 무역자유화는 경제적으로 무역 당사국 쌍방에 상호 이익이 되지만 지속적인 무역적자 발생과 실업자의 대량 발생은 국내적으로 정치적 문제를 발생시키며 각국의 정부는 이러한 국내문제에 대해서 대응해야 한다는 것이 현실이다. 미국은 1980년대 이후 일본의 시장개방을 요구했다. 일본에 대해서 해외 기업으로부터 수입과 해외 제품의 일본 수출에 대해서 시장접근을 보장하라는 요구도 높다. 즉 해외제품에 대해서 폐쇄적으로 운영되고 있는 일본의 농산물 시장 및 노동력 시장에 해외 제품과 노동력이 진입할 수 있도록 보장하라는 요구 등이다.

통상마찰의 원인은 일본의 무역수지와 경상수지가 대폭적인 흑자를 지속적으로 기록하고 있다는 점이다. 경상수지의 흑자가 계속되어 대외자산이 누적된 결과, 일본은 세계 최대 순채권국이 되었다. 그 때문에 개발도상국에 대한 경제원조를 비롯해서 세계경제 전체에 공헌하도록 요구를 받았다. 일본은 정부개발원조(ODA: Official Development Assistance)를 중심으로 개발도상국에 자금을 공급했다. 일본은 1989년 미국을 제치고 세계 최대의 규모가 되었으며, 1991년부터 2000년까지 세계 최대 규모의 ODA 제공국가였다. 현재의 일본은 ODA의 규모로 보면 세계 2위 국가이다.

세계화의 다른 측면인 국제적인 정책협조가 일본의 국내경제의 안정을 교란하는 원인이 되기도 한다. 예를 들어서 1985년9월 G5에 의한 '플라자 합의' 이후, 국제적인 정책협조의 이름으로 일본의 금융정책 당국은 엔(円) 가치 상승에 의한 무역흑자를 감소시키라는 국제적 압력에 협조했다. 엔화 가치 상승에 의해서 국내적으로 취할 수 있는 금융정책 범위가 좁아졌으며 가격 경쟁력을 잃은 일본의 기업은 동남아시아를 주요 대상으로 직접투자에 나서게 되었으며 그 이후의 버블경제라 불리는 사태의 원인이 되었다는 지적이 있다.

1985년 '플라자합의'는 그때까지 지속됐던 달러의 고가치를 시정하기 위해서 각국이 협조해서 외환시장에 개입하여 달러 가치하락을 유도하겠다는 것이 주요 합의사항이었다. 일본에 있어서는 엔가치 상승으로 환율을 유도하는 것을 의미했다. 급격한 엔가치 상승은 수출 의존형 일본 경제에 커다란 타격을 입혀서 엔고불황을 극복하기 위해서 금융완화정책이 채택되었다. 이것이 그 이후의 버블경제의 근본적인 원인이 되었다. 버블경제의 원인을 지적하는 견해는 여러 가지가 있으며 그러한 견해에 대한 고찰은 이 글의 목적은 아니다. 여기서는 국내적인 안정을 중시할 것인가, 국제적인 협조를 중시할 것인가의 선택이 요구되는 문제라는 것을 지적하고자 한다. 세계화에 의해서 대립되는 정책결과를 생산하는 두 개의 정책을 동시에 시행하는 것은 불가능하게 되었기 때문이다.

4) 과학기술의 진보

과학기술의 진보발전은 문부과학성이 소관하는 연구개발행정을 비롯해서 경제산업성·농림수산성·국토교통성 등이 소관하는 산업행정, 총무성이 소관하는 전기통신행정·방송행정, 후생노동성이 소관하는 의료행정 등 폭넓은 정책영역에 커다란 영향을 미치는 환경요인군이다. 환경성이 소관하는 환경보전 행정이나 폐기물처리 행정 분야에서는 과학기술에 의해서 새롭게 생산된 신물질·신소재·신제품이 발생시키는 새로운 문제에 지속적으로 대응해야 한다.

21세기 기술혁명의 핵심적인 요소는 90년대 후반에 급속히 발전되고 보급되어 상업적 이용이 진전된 인터넷에 의한 IT혁명이다. 인터넷은 정보유통 비용을 획기적으로 인하시켰으며 시장원리가 쉽게 적용되도록 만들어주는 상업적 수단에 그치지 않았다. 인터넷은 연구자와 시민에 의한 정보의 공유와 이상의 추구라는 네트워크 공동체의 형성에 결정적으로 유리한 환경을 만들었다.

인터넷은 구조개혁의 주역으로서 경제사회의 존재방식을 변화시키고 있다. 인터넷의 상업적 이용에 의해서 개인이 네트워크를 통해서 통합되며 시장도 전 세계적으로 통합되고 웹사이트 상으로만 입지하는 다국적기업이 출현하여 새로운 단계를 맞이하게 되었다. IT혁명에 의해서 변화하는 환경에 대응하기 위해서 행정체제는 엄청난 노력이 필요하다. 행정체제가 개인보다 우월했던 한 이유는 정보량을 많이 보유하고 정보에 대한 개인들의 접근을 통제할 수 있었기 때문이다. 21세기 IT혁명에 의해서 행정체제가 향유했던 우월적 지위는 더 이상 보장되지 않는다.

정보화에 의해서 점점 더 진행되는 가상공간화에 의해서 자연적인 존재라는 의미에서의 개인적인 인간의 기존 성격을 저해하는 경향은 지금보다 점점 더 강해지면 강해지지 약해지지는 않을 것이다. 따라서 공업화 사회와는 다른 정보화 사회에 걸맞는 사회 안전망의 구축이 필요하다. 특히 유아기부터 의무교육 과정에서 자연에 접근하는 여러 가지 현실체험을 중복하는 공부와 그 방향으로 교육제도 전체의 전환이 필요하다.

2000년 일본에서 빈발한, 정상적인 인간관계를 맺지 못하고 가상공간의 세계와 현실세계를 혼동하여 살인에 빠진 17세의 연속 살인 범죄사건은 네트 사회의 부정적인 면을 나타내는 한 예일 것이다. 정보화는 일면에서는 개인중심의 사회를 만들어내는 동시에 다른 한편에서는 자동화와 병행된 과도한 인공화에 의해서 자연인으로서 인간의 힘을 약체화시키는 경향이 있다. 그러나 이것이 단순히 정보화에 의한 것은 아니며 소자녀 고령화와 가족 지역사회의 붕괴, 특수적이지만 전후 일본사회의 과도 공업화가 가져온 취약한 사회기반에도 이유가 있다.

IT혁명이 산업에 미치는 영향은 다음과 같다. 첫째, 정보 거래의 비용을 대폭 저하시켰다. 이것은 영리를 목적으로 하는 기업에게 뿐만 아니라, 소비자 개인에게도 적용된다. 정보취득을 위한 시간이 현저하게 단축되고 범위도 전 세계로 확대되었다. 원하는 시간에 전 세계로부터 리얼타임으로 원하는 정보를 입수하는 것이 가능해졌다. 기업은 경쟁 상대의 제품, 품질, 가격, 경영상태의 정보로부터 고객정보, 판매처, 판매 조건까지 또한 재료 및 부품 등 구매정보에 관해서도 종래의 계열에 한정된 하청기업의 정보뿐만 아니라 국내외 부품 생산업체에 관한 비교검토가 가능하게 되었다. IT 혁명시대에는 공개된 네트워크에 연결되지 않은 기업은 유통망에서 빠져버린다. 기업은 생존을 위해서 네트워크에 가입하도록 사실상 강제되고 있다. 기업 간의 코스트 경쟁은 지금까지는 계열 내 혹은 국내 동업자 간에서 경쟁했으나, 인터넷 시대에는 국경을 넘어서 환율의 차이까지 생각하면서 국제적인 경쟁이 되었다. 공업제품의 표준화와 세계적인 과잉 생산능력의 축적문제가 합쳐지면서 가격의 지배권이 소비자와 구매자에 옮겨져서 생산자 및 공급자의 수익률이 악화되었다.

둘째, 유통코스트로 대폭 삭감시켰다. 기업의 수주 및 발주는 80년대 온라인화되었으나 이것은 어디까지나 자사 내, 혹은 계열 내에 폐쇄적인 것이었다. 이것이 오픈 네트워크화됨에 따라 전 세계로 확대되었으며 중개업자가 배제되어 유통코스트를 인하시켰다. 인터넷의 보급에 수반하여 정보기기 가격과 통신비용의 인하에 의해서 수발주 비용은 저하됐으며, 물류비용도 물류 및 배송시스템의 효율화, 확충, 다양화에 의해서 저하되었다.

셋째, 네트 경제로 전환에 의해서 가격의 지배권이 기업(생산자)로부터 개인(소비자)에게 옮겨졌다. 폐쇄체계의 시대에는 상품에 관한 정보를 공급자가 일방적으로 독점했기 때문에 소비자와는 정보의 비대칭성이 있었다. 그러나 오픈 네트워크화되면서 정보의 독점상태는 더 이상 유지할 수 없게 되었다. 정보공유가 전제되어 개인(소비자)은 경합 생산업체에 관한 정보입수가 가능해졌으며 비교, 대조가 용이하게 되었다. 또한 정보를 공개하지 않는 기업은 네트 경제로부터 배제되었다. 가격의 지배권은 공급자로부터 소비자에게 옮겨졌으며 이 전환에 의해서 기업은 코스트 경쟁에 나서게 되어 비용 삭감에 집중하게 되었다.

오픈 네트워크화에 의해서 초국가적인 기업활동을 전개하는 기업과 전 지구적 규모로 통합된 개인과 시장에 의해서, 국민국가는 후퇴할 수밖에 없게 되었다. 네트 경제와 네트워크로 통합된 개인에 의해서 구성된 21세기형 사회에서는 전후 일본에서 지배적이었던 관주도조정형 행정체제는 발생된 문제에 대처하는 사후감독형으로 전환될 수밖에 없다. 정책 결정과정에서도 관의 결정에 민간이 따라가는 '세로(縱)형'으로부터, 관과 민이 공동으로 결정하는 '가로(橫)형'으로 전환되었다. IT혁명 후에 나타나는 사회구조는 국가주도보다는 변화에 대한 순응성이 높은 민간기업과 개인이 주도적으로 새로운 기회를 찾는 형태로 전환될 수밖에 없다.

IT 혁명에 의해서 세계질서 형성에 있어서 미국의 발언권은 더욱 강력해지고 있다. ME(micro electonics), IT, 생명과학 등의 신기술과 소프트웨어의 규칙(룰) 작성이 미국에서 개최되는 전문가와 정부수뇌가 같이 만나는 사적 포럼에서 이루어지며, 이것이 미국과 세계의 공통 규칙이 되어 각국의 관계법령도 그 규칙에 따라서 책정된다.

오픈 네트워크화에 의해서 개인이 직접 세계에 연결되어 자기주장을 하며 같은 주장을 하는 사람들과 교류가 가능하게 되었다. NPO의 활동은 지금은 인터넷을 매개로 해서 국경을 넘어서 확대되며, 새로운 국제연대와 시민활동의 확대가 나타난다. 글로벌리즘을 반대하여 국가주권을 강조하는 사람들도 나타나지만, 이해와 주장을 같이 하는 시민들이 상호 국경을 넘어서 연대하고 행동하여 문제를 해결하는 새로운 운동의 울타리는 인터넷의 등장에 의해서 확대되었다. 세계화가 진전되는 것은 결코 단순히 다국적기업과 미국 재무성과 월스트리트의 복합체뿐만 아니라 풀뿌리 지구시민에 의한 세계화도 진전된다.

네트 경제 사회는 아이디어와 기술이라는 지적 자원에 의해서 주도되는 사회가 된다. 네트워크는 국가에 의한 규제를 배제하기 때문에 시장이 가지는 폭력성과 불안정성이 쉽게 발현된다. 1997년 7월 동아시아의 통화위기, 2008년 미국의 월스트리트에서 최초로 발생한 금융위기가 세계금융위기로 급격하게 전파되는 것에서 나타나듯이 세계시장의 불안정화는 네트워크화에 의해서 과거에 볼 수 없던 속도와 규모 및 강력함으로 나타난다. 정보화 네트워크화에 의한 재편은 이러한 세계시장의 불안정화라는 리스크와 동전의 앞과 뒤이다.

IT 혁명은 종래형의 산업구조에 변혁을 가져온다. IT기술 및 IT산업에는 (1)기존의 산업구분을 초월하는 횡단적인 성격을 가지며(금융과 소매, 통신과 방송 등) (2)스피드가 요구되며(기술혁신의 템포가 빠르다) (3)규모의 경제성, 네트워크의 경제성이 작용하기 쉽다는 특징이 있다.

이러한 특징을 가지는 IT기술 산업분야에 관해서는 (1)고용의 유동성이 높으며 (2)기업끼리의 결합이 탄력적으로 변화하며 (3)직무에 특화한 전문교육이 제공되며 (4)직접금융을 통해서 벤처기업에 자금이 흐르기 쉽게 경제체제가 바뀌어야 한다. 그러나 지금까지의 일본형 경제시스템은 (1)고용의 유동성이 낮으며 (2)기업 간의 거래관계가 고정적이며 (3)기업에 특화한 인재형성이 주류이며 (4)간접금융 중심이었기 때문에, IT형 경제와 전혀 맞지 않았다. 이것은 IT에 한하지 않고 바이오 기술 등 차세대를 주도할 신기술에 거의 공통된 것이라고 할 수 있다. 즉, 이러한 신기술을 살리기 위해서는 종래형의 경제구조를 변화시키지 않으면 안 된다.[8]

---

8 久保新一, 「戰後日本經濟の構造と轉換: IT化 グローバル化を超えて」(東京: 日本經濟評論社, 2005), 195-199.

4___ 맺음말

이 글에서는 환경이 정책에 미치는 영향을 중심으로 일본의 사회 및 경제적 환경변화를 분석했다. 그러나 정책학에서 연구하는 핵심적인 대상은 정책이 환경에 미치는 영향이 되는 경우가 많다. 정책이 환경에 미치는 영향은 정책효과와 정책비용을 나눌 수 있다. 정책효과는 의도된 효과와 부수효과가 있다. 정책효과는 정책이 집행되어 정책목표들이 달성됨으로써 나타나는 결과이다. 정책목표가 사회문제를 해결하는 데 있는 경우에는 사회에 존재하던 문제가 어느 정도 해결되는 것으로 나타나게 되고 새로운 상태를 창조하는데 있는 경우에는 바람직한 새로운 상태가 이루어지는 것으로 나타난다. 정책비용은 정책수단의 실현을 위해서 지불된 사회적 희생을 의미하는데, 정책비용의 내용이나 성질 및 규모는 정책수단과 정책집행에 의해서 주로 결정된다. 일본에 있어서도 정책학의 주 연구대상은 이러한 정책이 환경에 미치는 영향인 경우가 많다.

생각해볼 문제

1 일본의 행정체제에 영향을 미치는 사회 및 경제적 환경 변화는 이 글에서

지적한 네 가지 이외에 어떠한 변화를 더 생각해볼 수 있는가?

2 일본의 사회 및 경제적 환경 변화에 일본의 행정체제는 잘 대응하고 있는 가? 잘못 대응하는 측면은 무엇이며, 잘못 대응하게 되는 이유는 무엇인 가?

3 일본의 행정체제의 환경을 구성하는 사회 및 경제적 변화의 내용과 한국의 사회 및 경제적 변화의 내용은 어떤 점에서 공통적이며, 어떤 점에서 상이 한가?

참고문헌

정정길(1997), 「정책학원론」, 대명출판사.

久保新一(2005), 「戰後日本經濟の構造と轉換: IT化 グローバル化を超えて」, 東京: 日本經濟評論社.

西尾勝(2008), 「行政學 新版」, 東京: 有斐閣.

小峰隆夫(2006), 「日本經濟の構造變動: 日本型システムはどこに行くのか」, 岩波書店.

八田英二·廣江滿郎 編著(2007), 「日本經濟の構造と變化: 經濟學への誘い」, 東京: 晃洋書房.

Easton, David(1965), A Systems Analysis of Political Life, N.Y.: John Wiley &Sons.

Johnson(1982), Chalmers. MITI and the Japanese Miracle: The Growth of Industrial Policy, 1925-1975, Stanford: Stanford Univ. Press.

12

일본의 행정개혁

·

이상훈

●●●●●

　이 장의 목적은 1990년대 이후 일본에서 행해진 행정개혁을 분석하는 것이다. 1990년대 이후를 분석하는 이유는 이 시기가 일본 행정개혁의 역사와 의미에 있어서 중요한 전환기이기 때문이다. 그러나 행정개혁이라 하더라도 그 대상이 광범위하기 때문에 주로 중앙정부조직, 즉 중앙성청의 개혁을 중심으로 분석하고자 한다. 또한 이 장은 다른 장과는 달리 정치과정론적 분석이 중심을 이룬다. 왜냐하면 행정개혁이란 정치개혁으로서의 의미를 포함하고 있기 때문이다.

1___ 행정개혁의 개념과 내용

1) 행정개혁의 개념

세계적으로 행정개혁을 어떻게 정의할 것인가에 대해서는 분석레벨의 상위(相違), 분석대상국의 정치체제의 상위, 분석대상의 시간적 범위의 상위에 의해 다의적으로 될 수밖에 없으며, 일반적 · 보편적인 정의는 존재하지 않는다.

> ### 개혁이란
>
> 모셔(F. C. Mosher)가 "보다 좋은 방향으로의 변화"라는 규범적 의미를 갖고 있는 것이 개혁이라고 규정하고 있는 것처럼 개혁이라고 하는 동적 현상은 일종의 '변화'이긴 하지만, 무조건적인 변화 · 변동이 아니며, "바람직한 방향으로의 변화"라는 의미를 암묵적으로 가지고 있는 개념이다. 따라서 개혁은 가치중립적인 변화라고 하는 의미에 현 상태가 개선되어야만 한다는 규범적 의미도 포함하고 있는 이중적인 개념이다. 즉, 실제로는 그렇지 않은 경우도 많겠지만 적어도 이념적으로는 어떤 대상을 변화시키거나 그 변화가 개악을 의미하지 않는다는 가치판단이 내재하고 있는 것이다. 개혁이 가지고 있는 이러한 의미 때문에 유권자는 개혁을 선호하며 따라서 모든 정치가들이 개혁을 정치과제로 주장한다고 보면 된다.

일본에 있어서 행정개혁에 관한 정의는 당연히 행정학의 관점에서 논의되어왔다. 행정학적 관점에 의한 행정개혁의 정의에서 알 수 있는 것은 다음의 두 가지이다. 첫째로, 행정개혁이 갖는 의미는 시대에 따라 다르다는 점이다. 즉 정치, 행정, 경제, 사회가 직면한 다양한 문제에 대응하는 개혁 요청의 내용이 시대에 따라 다르며, 일반적으로 행정개혁이라고 해도 분석하는 시간적 범위에 의해 그 대상에 차이가 있다는 것이다. 예를 들면, 제1임조[1]가 활동한 1960년대의 행정개혁에 대한 시대적 요청은 고도성장에 따르는 행정수요의 변동에 제대로 대응하지 못한 구태의연한 행정기구나 행정운영에 대한 비판에서 출발하고 있다. 그 결과 행정개혁의 정책적 논점은 고도성장에 대응하기 위해 무역 자유화와 개발을 포함한 산업 합리화, 행재정(行財政) 기능의 확충 합리화 등의 추진을 목표로 하는 것이었다. 이와 비교하여 제2임조가 활동한 1980년대의 행정개혁에 대한 시대적 요청은 재정위기를 초래한 일본의 정치 · 행정 · 경제구조에 대한 비판, 그리고 시장경제의 원리를 무시한 정부에 의한 개입 시스템에 기인하는 국제적 경제마찰 및 자민당의 고정적인 지지기반을 지탱해온 재량적 이익배분시스템에 대한 위기의식에서 나온 것이었다. 따라서 행정개혁에 요청된 정치적 과제는 저성장기에의 대응이라고 하는 주로 구조적인 문제의 해결에 있었던 것이다.

둘째는 행정학적인 정의에 있어서는 행정개혁이 가지는 '정치개혁'

---

1 일본에서 행정개혁에 대한 심의안을 작성하기 위한 임시행정조사회는 전후 2회 설치되었다. 그 때문에 1960년대 초 이케다 하야토(池田勇人)내각 시에 등장한 임시행정조사회를 제1임조라 부르고, 80년대 초기 스즈키 젠코(鈴木善幸)내각 시에 출발하여 나카소네 야스히로(中曾根康弘)정권 기간 동안에 행해진 행정개혁에 커다란 영향을 미쳤던 임시행정조사회를 제2임조라 불러 구별하고 있다.

으로서의 의미가 별로 중시되고 있지 않다는 점이다. 그러나 무라마츠 미치오(村松岐夫)가 "행정개혁은 정치개혁이다. 세계의 정치학이 보여주고 있는 것처럼 정당과 관료제의 관계는 그 우위관계보다는 융합관계가 주목되고 있는 것이 현대고도산업국가의 정치이다"라고 명확하게 말하고 있는 것처럼 행정개혁은 정치적인 측면이 극히 강하다고 할 수 있다.

이와 같은 관점에서 본다면, 행정개혁은 "기존의 행정체계와 사회·행정환경 사이에 차이가 생겨 이 차이를 해소하기 위해 사회의 특정 계층이 목적의식을 가지고 행정의 새로운 역할을 창출하고자 하는 것"이지만, 동시에 그 과정은 이념과 욕망, 관료제의 합리성과 이익정치가 교차하고 있는 정치과정이라고 말할 수 있다. 다시 말해서 행정개혁은 정치적·경제적·사회적 환경의 변화와 침체의 문제에 대처하기 위한 혁신적 제안의 단순한 적용이라고 볼 수는 없으며, J·D·몽고메리(J. D. Montgomery)가 말한 것처럼 그것은 "관료제와 사회의 다른 구성요소와의 관계 또는 관료제 내의 여러 가지 관계를 조정하기 위한 정치과정"이고, 제1임조에 참가했던 로야마 마사미치(蠟山政道)가 말한 것처럼 행정개혁은 결코 그 개혁안에만 의존하고 있는 것은 아니며, 그것은 정치과정의 중요한 일환이기 때문에 내각이나 국회의 동향에 영향을 받는다고 볼 수 있다.

2) 행정개혁의 내용

행정개혁은 세계 어느 나라를 막론하고 반복해서 행해지며 기존의 행정체계와 사회나 행정환경 사이에 발생한 차이를 해소하기 위해 대두된다. 그렇다고 해도 일본에서 행해진 행정개혁의 내용, 즉 행정개혁 과

〈표 1〉 행정개혁에서 제기되는 문제와 그 해결책

제기되는 문제		해결책
(1) 정부가 너무 크다.	인원 수	삭감 또는 제한
	조직 수	국(局)·특수법인·심의회 등의 통폐합
	지출	총예산 또는 보조금 등 예산항목의 억제
(2) 정부가 비효율적이다.	관료적 형식주의에서 기인하는 비효율적 행정	과학적 행정
	방만한 인사관리	채용·보수·승진의 합리화
	수준 이하의 결정	적절한 전문성, 정책분석, 정책평가
	완만함	지진 등의 위기에 대한 신속한 대응
(3) 정부조직이 수요에 적합하지 않다.	조직 간의 애매하고 중복된 직무범위, 임무, 기관의 명칭	합병 등
	중앙·지방정부간의 부적절한 권한의 배분	분권화
(4) 정부가 경제나 사회에 과잉 개입하고 있다.	방만한 서비스 제공	독립행정법인화, 민영화
	과잉 규제	규제완화
	행정지도 등에 의한 비공식적인 개입	투명하고 보편적인 규칙의 제정
	시민의 자율적인 영역 침식	시민의 권리보호 강화
(5) 관료가 부도덕하다.	뇌물, 정실, 접대 등의 오직	보다 철저한 규제와 감시
	자의적인 결정	명확한 규칙
	거만함	태도의 개선
(6) 관료는 특수이익에 과잉 반응한다.	철의 삼각형(iron triangles) 유력한 이익단체 이익유도형 정치가	업무독점의 해체 관민접촉의 제한 정당의 리더십 강화
(7) 정책이 밀실에서 결정된다.	인가나 수입규제 등에 관한 불명료한 규제	투명화
	정보의 은폐	의사록의 공개, 정보공개

(8) 정부는 잘못된 정책을 실시하고 있다.		정책의 개선
(9) 관료가 너무 강하다.	정부 VS 사회	시민사회의 강화
	관료 VS 여당	정당의 리더십 강화
	중앙 VS 하위정부	중앙집행부의 강화
	보수파 VS 관공노(官公勞)	노조의 해체
(10)정부가 비민주적이다.	지방정부	자율성 향상
	시민의 소리가 반영되어 있지 않다	응답성 촉진

〈출처〉 ジョン・クレイトン・キャンベル, (2008), 「行政改革による政策轉換・非轉換」曾根泰敎・大山耕輔「日本の民主主義」, 慶応義塾大學出版會, p.174, 참조.

정에서 반복해서 거론되는 문제와 해결책은 〈표 1〉에서 볼 수 있는 것처럼 너무나 폭이 넓고 다양하다.

〈표 1〉에서 알 수 있는 '협의의 행정개혁'과 마찬가지로 구조개혁과 같은 '광의의 행정개혁'도 다의적으로 사용되어왔다. 1980년대 나카소네(中曾根) 내각 때의 행정개혁 내용이 하나의 예라고 할 수 있다. 신도 무네유키(新藤宗幸)가 말하고 있는 것처럼 나카소네 정권기의 행정개혁은 "행정개혁이라는 이름 하에 거대한 정치개혁이 진행되었다. 경제・재정 위기에 봉착한 선진국에 공통적으로 보이는 신보수주의와 '강한 국가'를 지향한 신국가주의가 연결되어 있는 것이야말로 나카소네 정치 하에서 행해진 행정개혁의 특징"이었던 것이다. 나카소네 수상은 신보수주의와 국제공헌이라는 이념 하에 '증세 없는 재정재건'이라는 목표를 달성하기 위해 재정개혁, 국철을 포함한 3공사의 민영화, 규제완화 등을 주요

과제로 삼았다.

　무라야마(村山) 정권을 이어받은 하시모토(橋本) 정권에서는 구조개혁을 ①재정구조개혁, ②경제구조개혁, ③사회구조개혁, ④금융시스템개혁, ⑤행정개혁, ⑥교육개혁 등 6개의 개혁으로 국민 앞에 구체적으로 제시했는데, 이러한 하시모토 정권의 구조개혁 내용을 전부 포함하고 있었던 것이 나카소네 정권기의 행정개혁이라고 할 수 있다. 마찬가지로 고이즈미 내각이 표방하고 있는 행정개혁도 구조개혁의 일환이긴 하지만, 의미나 내용상으로는 나카소네 정권기와 다르지 않다고 볼 수 있다. 다시 말하면, 고이즈미 정권기의 행정개혁도 '정치개혁'으로 볼 수 있으며, 그것은 '광의의 행정개혁'이라고 평가할 수 있다는 것이다. 보다 구체적으로는 '협의의 행정개혁'을 포함하여 민영화·규제개혁, 재정개혁, 금융·산업개혁, 사회복지개혁, 지방행정개혁, 교육개혁, 환경개혁 등이 고이즈미 수상이 추진하고 있는 구조개혁의 내용이었다고 말할 수 있다.

　문제는 행정개혁의 내용이 다양하다는 데 있는 것이 아니라 그 어느 나라에 있어서도 대규모의 개혁의 시도가 도로(徒勞)로 끝나버렸음에도 불구하고 영속적으로 반복되고 있다는 데 있다.

2___ 일본 행정개혁의 역사

　제2차 세계대전 후의 선진제국의 행정개혁을 개관하면 크게 3단계로 나눌 수 있다. 제1단계는 종전 직후의 개혁이며, 이것은 패전국에만 국한되지 않는다. 전시체제 하에서 팽창한 행정기구나 군사조직의 개혁, 전시 비상사태에서 형성된 행정운영시스템의 개혁 등이 실시되었다. 제2단계는 고도성장이 진행되는 과정에서 사회적 경제적 진전과 종래의 행정제도 및 운영시스템과의 부정합 부분에 대한 행정개혁 제안이 분출했다. 그 예로 총괄적인 행정관리기관의 창설 제안이나 예산제도의 개혁 등을 들 수 있다. 제3단계는 안정성장 내지는 저성장기에 기존의 행정제도에 대한 재검토가 계획되거나 작은 정부를 지향하기 위한 개혁이 진행되기도 하였다.

　일본의 경우는 패전 후인 1945년에서 1950년대에 걸쳐 진행된 행정정리가 제1단계에 속한다. 고도성장이 시작된 후 미국의 후버위원회[2]를 모방하여 만들어진 제1차 임시행정조사회에 의한 행정개혁의 추진은 제2단계에 속한다고 볼 수 있다. 그리고 오일쇼크 이후, 나카소네 정권 하의 제2차 임시행정조사회, 하시모토 정권 하의 행정개혁 회의, 고이즈미 정권 하의 행정개혁 추진본부에 의해 진행된 행정개혁은 제3단계에 속한다고 할 수 있다.

1) 패전 후의 행정기구개혁

패전 이후 새로운 일본국헌법체제로의 이행기 때에는 행정조직도 크게 개편되었다. 먼저 평화주의, 민주화의 관점에서 대동아성(大東亞省), 육해군성, 내대신부(內大臣府)가 각각 폐지됨과 동시에 내무성의 해체, 임시인사위원회의 설치 등이 시행되었다. 또한 경제재건을 위해 전재부흥원(戰災復興院), 경제안정본부, 공정거래위원회, 물가청 등이 설치되었다.

이처럼 많은 성청의 폐지, 설치가 패전 후인 2, 3년 내에 집중적으로 시행되었다. 이 같은 대규모의 기구개혁은 평상시에는 다양한 이해당사자의 저항으로 실현되기 어렵지만 점령통치 하에서 GHQ의 강한 리더십을 기반으로 의외로 빠르게 진행되었다. 한편 행정개혁과 관련해서는 1948년 7월에 지금까지 내각에 설치되어 있던 행정조사부가 행정감찰위원회의 기능을 추가하여 행정관리청으로 발족하게 된다.

1948년 2월, 미국은 '경제안정 9원칙'의 실시를 GHQ의 총사령관 맥아더에게 지령한다. 이는 패전 후의 인플레이션 악순환을 차단하고 통화안정, 예산균형에 의해 인플레이션을 억제하기 위한 것이었다. 1949년 2월에는 그 실시를 위해 닷지(Joseph M. Dodge)가 내일(來日)하여 이른바 닷지라인(Dodge Line)이라 불리는 철저한 긴축재정을 일본정부에 요구했다.

---

2 후버위원회란 미국에서 제2차 세계대전 직후 2차에 걸쳐 조직된 행정개혁을 위한 위원회를 말한다. 트루먼대통령시대의 제1차 후버위원회(1947-49년)는 전후 비대화한 행정조직을 어떻게 효율화할 것인가라는 목적 하에 전대통령 후버(H. C. Hoover)를 위원장으로 12명의 위원으로 구성되었다. 위원회는 종적행정의 폐해를 제거하여 대통령이 행정조직을 명확하게 컨트롤할 수 있도록 한 점에서 성과가 있었다고 평가받고 있다. 아이젠하워대통령시대의 제2차 후버위원회(1953-55년)에서는 정책과 기능면에 관심을 두고 연방정부의 기능 축소와 민간기업과의 경합을 피해야만 한다는 제안이 행해졌다.

일본정부는 1949년 5월에 각성청의 정원을 정한 '행정기관직원정원법'을 새롭게 제정하여 6월부터 실행에 옮겼다. 그 결과 성청에서 13만 명, 국철에서 12만 명이 정리되었고, 실제 퇴직자도 16만 명을 넘었다.

1952년 4월의 샌프란시스코 조약의 발효를 앞두고, 점령 아래에서 제정된 정령(政令)의 재검토가 정령자문위원회(政令諮問委員會)에서 행해졌으며, 다양한 문제와 더불어 행정기구 개혁도 과제로 채택되었다. 위원회의 답신에서는 인사원의 폐지, 보안성(保安省), 국토성, 통신성의 설치 등의 기구개혁안과 함께 비현업(非現業) 사무직원 20% 이상의 삭감이 포함되어 있었다. 이에 기초하여 이른바 제2차 행정정리가 진행되었지만 기구개혁에 있어서는 관계성청의 반대가 심해 난항을 겪었으며 인원정리에 있어서도 당초 목표의 반을 달성하는 데 그쳤다. 다만 이때 완성된 중앙정부기구의 골격은 2001년 성청재편까지 그 형태를 거의 유지하게 된다.

2) 이케다 정권 하의 임시행정조사회

1960년 12월 행정심의회가 제출한 답신에 따라 이케다 하야토(池田勇人) 내각 아래에서 임시행정조사회(臨時行政調査會 : 이후 제1임조라 약칭함)가 1962년 2월에 설치되었다. 그 배경에는 경제계로부터의 행정합리화, 행정개혁에 대한 강한 요청이 있었다. 제1임조의 임무는 행정실태를 전반적으로 검토하여 행정제도 및 행정운영의 개선에 관한 기본적인 사항을 조사·심의하는 것으로 이를 위해 행정기관에 대한 자료제출요구권이나 현지조사권을 가지고 있었다. 동시에 수상은 조사회의 답신을 존중할 의무가 있었기 때문에 제1임조가 상당한 수준의 권위를 가지고 있었다고 말할 수 있다. 다만, 조사회설치법이 국회를 통과할 때 "공무원의 인원정리와 신분변경을 행하지 않는 범위에서의 답신"이라는 부대결의 가 있었기 때문에 활동에 있어서는 어느 정도의 제약이 있었다.

제1임조는 정력적으로 조사·심의를 실시하여 1964년 9월 29일 1000쪽이 넘는 답신을 내각총리대신에게 제출하고 해산했다. 제1임조의 답신은 16항목으로 이루어져 있었으며, 수상의 리더십 강화나 내각의 종합조정기능 확충 등 행정과제를 처리하는 방법에 역점을 두었다. 중앙지방관계에서는 중앙의 임무는 기획기능이고 지방의 임무는 실시기능이며, 교육 민생 위생관계사무의 지방공공단체로의 대폭적인 이양과 함께 기관 위임사무는 적극적으로 활용되어야 한다고 하였다. 또한 인허가 등의 제한, 행정기구의 통폐합 등 그 후 20세기 말이 되어서야 겨우 개화하게 되는 다양한 아이디어가 포함되어 있었다.

따라서 제1임조의 답신은 당시로서는 너무 이상적이라는 비판을 받아 소비자행정기구의 확충 등 일부만 진척되고, 대부분은 실현되지 못했다.

3) 나카소네 정권 하의 임시행정조사회

스즈키 젠코(鈴木善幸) 내각은 오히라 마사요시(大平正芳) 정권을 계승하여 재정재건을 지속하고자 했다. 단 오히라 내각이 내건 증세(增稅)노선이 국민의 격렬한 반발을 초래했기 때문에 정부지출의 삭감에 의한 '증세 없는 재정재건'을 슬로건으로 내걸었다.

스즈키 내각은 1981년 3월에 도코 토시오(土光敏夫)를 회장으로 하는 임시행정조사회(이하 제2임조)를 발족시켰다. 발족에 즈음하여 도코는 스즈키 수상을 만나 답신을 반드시 실행할 것, 증세 없는 재정재건을 행할 것, 지방의 행정개혁도 실시할 것, 소위 말하는 3K적자[3]의 발본적 개혁 및 민간활력의 활용[4] 등 4개 항목을 제안, 스즈키 수상은 이를 전면적으로 수용했다.

재정위기 아래에서 설치된 제2임조는 당초부터 '증세 없는 재정재건'을 기본방침으로 정하고, '작은 정부'를 목표로 3공사 즉 일본국유철도, 일본전신전화공사, 일본전매공사의 민영화 등 다양한 제안을 했다.

한편 1982년 11월에 스즈키 수상이 사임했지만, 행정개혁에 관한 정책은 스즈키 내각에서 행정개혁의 주관 관청인 행정관리청장관을 지낸 나카소네 야스히로(中曾根康弘) 수상에 의해 계승되었다. 나카소네는 제2임조 답신의 실현을 최대정책과제로 삼는 입장을 견지했다. 그리하여 제2임조의 행정개혁은 세출삭감과 3공사의 민영화 등에서 어느 정도의 성과를 거두었다고 평가받고 있다.

청빈하고 강직한 성품으로 국민의 절대적 지지를 받았던 제2임조회장 도코 토시오

---

3 이것은 재정팽창의 원인이 되었던 식량관리 특히 쌀(KOME)의 관리, 國鐵(KOKUTETSU), 健康保險(KENKOUHOKEN)의 적자를 일컫는 것으로, 일본어의 첫 자음 K를 따 3K적자라고 불리었다.
4 민간활력을 활용하기 위한 정책은 규제완화, 국공유지의 유효이용, 공공사업을 민간이 주체가 되어 행하는 관민공동 프로젝트 등을 통해 다방면으로 확대되어갔으며, 이러한 민간 활력 모델 만들기의 목표가 된 것이 3공사의 민영화였다.

4) 중앙성청 재편 그 좌절의 역사

위와 같은 성과를 거둔 행정개혁의 역사에도 불구하고, 일본에 있어서 중앙성청에 관한 개혁은 실패의 역사로 기록되며 그 배경에는 관료제의 저항이 존재한다고 한다. 전후 개혁과정에 있어서도 그러하였으며, 제1임조가 실패로 끝난 것도 관료의 저항 때문이라고 한다. 재계는 왜 제1임조의 답신이 실현되지 못했는가에 대한 이유 중 하나로 행정개혁에 대한 반대세력으로서의 관료제의 힘을 들고 있다. 또 사토 에이사쿠(佐藤榮作) 내각 이래 휴면상태에 있었던 행정개혁을 내각의 과제로 내걸었던 것은 후쿠다 타케오(福田赳夫) 수상이었지만, 이때의 중앙성청 통폐합의 시도도 각 성청과 여당 자민당의 반대에 의해 실패로 돌아갔다. 즉 후쿠다 내각은 1977년 12월에 '행정개혁계획'을 공표했는데 그 중심은 건설성과 국토청을 통합하여 주택성을 만들고 통산성과 과학기술성을 통합하여 자원에너지성을 설치하자는 것이었다. 그러나 주택성도, 자원에너지성도 설치되지 못했던 것이다.

또한 제2임조에 의한 행정개혁을 중심으로 관료제의 저항을 간략하게 검토해보면, 제2임조 시에 재정재건을 위한 정책수단으로서 채용된 일률삭감방식[5]과 함께 행정개혁 과제의 하나였던 성청조직의 정리·합리화는 관료제의 자주개혁에 위임되었다. 자주적인 개혁은 관료제가 저항할 수 있는 계기를 제공하는 결과를 가져왔다. 1982년 7월에 제출된 '행정개혁에 관한 제3차 답신(기본답신)'에서 성청조직 재편론이 거론되었지만, 관료제는 이 성청조직 재편론에 강하게 저항했다고 전해지고 있

---

5 예산삭감에 있어서 우선순위 및 평가기준 없이 성청 간에 공평하게 일률적으로 삭감하는 방식.

다. 그 이유는 심의 중에 종합조정기능을 강화하기 위해 경제기획청이나 국토청을 통합한 '총합기획청' 구상이 제안되어 관료기구의 개혁 가능성이 대두되었기 때문이다. 원래 이 구상도 1부 21성청체제 레벨에 있어서의 종합기획기능의 강화라고 하는 과제의 크기에서 볼 때 아주 작거나 부분적인 의의밖에 갖지 못했다. 그럼에도 불구하고 이 안도 각 성청 OB 의 반대로 햇빛을 보지 못하고 국토청 · 홋카이도(北海道)개발청 · 오키나와(沖繩)개발청 3청의 통합안이 대신 만들어졌으며, 이 3청의 통합안도 결국은 실패로 돌아갔다.

이상과 같이 일본에서의 중앙성청의 개혁은 관료제의 저항에 의한 좌절의 역사라고 볼 수 있는 것이다.

3___ 정치변동기의 행정개혁

　　일본에서 '하시모토 행정개혁'으로 불리며 착수된 중앙성청의 재편에 의해 새로운 중앙정부조직이 2001년 1월 6일에 출범했다. 하시모토 류타로(橋本龍太郎) 수상은 1997년 1월의 시정방침연설에서 6개의 개혁을 내각의 과제로 내걸었다. 행정개혁(중앙성청의 재편, 내각기능의 강화), 재정개혁(세출삭감, 세출구조의 개혁), 사회보장개혁(의료·복지시스템개혁, 연금개혁), 경제개혁(규제완화에 의한 경제의 활성화), 금융개혁(금융의 자유화), 교육개혁이 그것이다.

　　여기에서는 6개 과제의 하나로 출발하여 명치유신과 전후 개혁에 이은 '제3의 개혁'이라고 불리며 진행된 행정개혁 중 2001년에 새로운 모습으로 탄생한 중앙성청의 재편과정을 검토한다. 왜냐하면 일당우위정당시스템 하에서 관료제와 자민당 간의 장기적이고 안정적인 융합관계가 1993년의 자민당 붕괴와 야당전락이라는 정치변동에 의해 변화를 야기했으며, 그것이 1980년대 행정개혁에서의 관료제 개혁과는 다른 결과를 가져왔다고 생각하기 때문이다.

1) 중앙성청 재편과정의 흐름

　　1996년 1월 무라야마 토미이치(村山富市) 내각총리대신의 돌연한 사임에 따라 하시모토 연립내각이 성립했다. '하시모토 행정개혁'은 96년 6월 자민당이 '하시모토 행혁(行革)의 기본방향에 대해서'를 공표함으로써 출발했다고 볼 수 있다. 이것은 1996년 10월의 총선거를 의식한 것이었다. 1996년의 총선거에서는 전후 일본의 고도성장을 지탱해온 정치·행정시스템이 저성장, 고령화, 국제화, 다양한 가치관이라는 새로운 상황에 적절히 대응할 수 없게 되었다는 인식이 국민들 사이에 광범위하게 확산되면서 각 당이 일제히 행정개혁을 공약으로 들고 나왔던 것이다.

행정개혁의 중심 테마인 중앙성청의 재편문제는 공산당을 제외하면 각 당의 재편안 내용에 큰 차이가 없었다. 전반적으로 보면 일단 국민에게 어필하고 보자는 식의 중앙성청의 통폐합이라는 느낌이 강하고 통폐합을 왜 실행해야 하는가라는 기본정책에 관한 이념이 결여되어 있다고 볼 수 있다. 단지 총선거의 결과, 단독 과반수를 점한 정당이 없는 정세 하에서 각 당의 행정개혁안에 차이가 없다고 하는 것은 선거 후의 연합정권 수립은 물론 행정개혁 추진에 있어서 각 당이 결집하기 쉬운 하나의 요인이 되었다고 말할 수는 있을 것이다.

1996년 10월 31일 자민당·사회민주당·신당사키가케의 여당 3당은 '새로운 정권을 향한 3당 정책합의'를 발표하였다. 이 합의에 따라 중앙성청의 재편과 통합을 위한 종합적인 사항을 조사·심의하기 위한 '행정개혁 회의'가 발족되었다. 이 행정개혁 회의는 내각총리대신(회장)과 행정개혁담당대신(총무청장관, 회장대리) 및 13명의 위원으로 구성되었다. 행정개혁 회의는 21세기의 국가기능체제와 중앙성청 재편, 수상기능의 강화를 위한 구체적 방안의 마련을 주요 검토과제로 삼고 발족 1년 후인 1997년 12월 3일, 전후 50년 동안 제도피로를 일으킨 각종 행정제도를 근본적으로 개혁하여 21세기형 행정시스템으로 전환한다는 것을 기본이 념으로 하는 최종보고서를 발표하였다. 이 최종보고서에는 내각기능의 강화, 중앙성청 재편, 행정기능의 감량·효율화, 공무원제도 개혁 등 광범위한 내용이 담겨 있었다.

1997년 12월 4일, 일본정부는 행정개혁 회의의 최종보고서에 담긴 내용을 최대한 존중한다는 방침을 결정하고, 차기통상국회에 중앙성청 재편 등을 위한 기본적의 법률안을 제출하기로 결정했다. 또한 그 준비체제를 갖추기 위해 내각에 내각총리대신을 위원장으로 하고 전각료를 위원으로 하는 중앙성청재편준비위원회를 설치하였다. 행정개혁 회의의 최종보고서에 기초한 '중앙성청개혁기본법안'은 1998년 2월 17일 제142회 국회에 제출되었으며, 6월 9일 참의원 본회의에서 가결되었고 6월 12일에 공포되었다. 중앙성청개혁기본법 제정 이후 행정개혁 회의의 최종보고서를 구체화하기 위한 관계법령 정비작업이 진행되어 1999년 12월 성청개혁실시와 관련된 법률이 제정 및 개정된 결과 2001년 1월 6일, 새로운 정부조직의 출발로 이어졌다.

2) 1부 12성청체제의 출발

새로운 중앙성청체제의 출발이란 '1부 21성청'에서 '1부 12성청'으로의 재편을 의미한다. 성청의 재편에 수반하여 관방(官房) 및 국(局)의 총수는 128에서 96으로, 과실(課室)의 총수는 1166에서 997로 감소했다. 내각기능을 대폭적으로 강화시키려는 의도에서 내각부를 신설하여 수상을 보좌하는 내각기능을 강화하고, 각료 외에 종래의 정무차관을 대신하는 부대신, 정무관 포스트를 신설하여 정치가를 각 성청에 대량으로 보내는

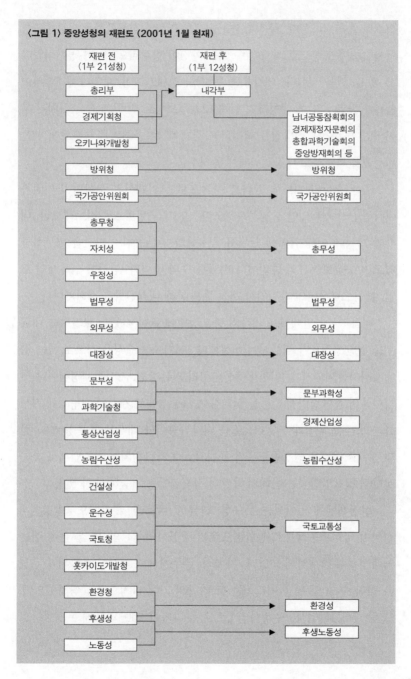

〈그림 1〉 중앙성청의 재편도 (2001년 1월 현재)

재편 전 (1부 21성청)	재편 후 (1부 12성청)
총리부	내각부
경제기획청	
오키나와개발청	남녀공동참획회의 경제재정자문회의 총합과학기술회의 중앙방재회의 등
방위청	방위청
국가공안위원회	국가공안위원회
총무청	총무성
자치성	
우정성	
법무성	법무성
외무성	외무성
대장성	대장성
문부성	문부과학성
과학기술청	
통상산업성	경제산업성
농림수산성	농림수산성
건설성	국토교통성
운수성	
국토청	
홋카이도개발청	
환경청	환경성
후생성	후생노동성
노동성	

시스템을 확립하였다. 종적행정을 타파함으로써 정책결정을 관료주도형에서 정치주도형으로 대체할 수 있는 환경이 형식적으로나마 정비되었다고 볼 수 있을 것이다. 내각부는 총리부, 경제기획청, 오키나와개발청이 합류, '관료우위'에 대항하기 위해 12성청보다도 한 단계 높은 위치가 부여되었다. 예산편성방침을 책정하는 경제재정자문회의를 둠으로써 예산편성권을 확보하고 대장성지배에 종지부를 찍는 것을 목표로 하고 있다.

또한 수상의 지도력 강화를 목적으로 각의에서의 수상의 발의권과 내각관방의 기획입안을 명문화하였다. 좀 더 구체적으로 검토해보면, 내각법 개정에 의해 각의에 있어서의 수상의 기본방침 발의권을 명문화하였으며 수상보좌관의 증원이나 비서관 수의 탄력화, 임기제 임용제의 도입, 관청으로부터의 파견인사 개선 등을 통해 내각관방을 강화했다.

내각부설치법에서는 내각의 중요정책에 관한 사무를 보좌하는 내각부를 일반성청보다 격상시켜 신설했다. 여기에는 수상을 장으로 하는 경제재정자문회의가 설치되어 예산편성의 기본방침, 거시경제정책이나 사회자본의 총합정비계획 등을 심의하여 대장성에서 재편된 재무성에 지시하는 형태를 취하게 되었다. 또한 내각관방이나 내각부에 부성(府省) 간의 정책조정권을 인정함으로써 종래의 사무차관회의를 최종단계로 하는 상향식 정책입안과는 반대의 하향식 정책입안을 가능하게 하였다.

성청레벨에 있어서는 운수성, 건설성, 국토청, 홋카이도개발청의 4성청이 국토교통성으로 통합됨으로써 공공사업예산의 8할을 손에 쥐는 거대성청이 탄생하게 되었다. 자치성, 총무청에 우정성이 통합된 총무성은 직원 수 30만 명을 거느리는 또 하나의 거대 관청으로 등장하였으며, 그 중 우정3사업[6]은 우정사업청으로 분리되어 2003년도에 우정공사로 이행되지만, 국영은 사실상 유지되어 초점의 민영화 문제는 연기되었다. 후생, 노동 양성은 통합되어 후생노동성이 탄생하였고, 대장성은 재무성으로 개편되었다. 대장성이 가지고 있던 금융행정은 금융감독청이 대장성 금융기획국을 흡수하여 생긴 금융청으로 이관되었다. 금융청은 대장성 관료에 대한 과잉접대 등의 불상사에 대한 비판을 배경으로 정치적으로 결정된 '재정·금융 분리'의 일환으로 설치되었으며, 종래의 개별금융기관에 대한 검사·감독업무에 더하여 법 개정 등 금융제도의 기획·입안업무도 담당하게 됨으로써 일원적으로 금융행정을 책임지고 관리하게 되었다. 문부성과 과학기술청의 원자력행정을 제외한 부문이 문부과학성으로, 통상산업성과 과학기술청의 원자력행정이 경제산업성으로 통합되었으며, 환경청이 환경성으로 승격하였다. 기존의 조직형태가 크게 변화되지 않은 성청은 법무성, 외무성, 농림수산성, 방위성으로 승격하지 못한 방위청 등이다(〈그림 1〉 참조). 그 후 방위청은 '방위청설치법 등의 일부를 개정하는 법률안'이 국회에서 성립되어 2007년 1월 9일에 방위성으로 조직이 개편되었다.

3) 중앙성청의 재편가능요인

　　행정개혁 그 중에서도 중앙성청의 개혁이 관료제의 저항에도 불구하고 왜 가능했는가는 대단히 흥미로운 부분이다. 그 답으로 여기에서는 정치 환경의 변화에 중점을 두고자 한다. 물론 경제적 환경변화, 추진체제

---

6 우편, 우편저금, 간이보험의 3가지 사업을 가리키는 말로 당시 전국 약 2만 5천 개의 우체국에 약 30만 명의 직원이 재직하고 있었다.

와 개혁절차의 변화, 여론과 매스미디어의 변화 등도 중요하지만, 이러한 환경적인 요인이 다 갖추어져 있다고 하더라도 그것을 정치과제로서 채택하고 추진하는 것은 정치의 역할이기 때문이다.

경제적 환경 변화

1990년대에 들어와 일본 경제는 버블경제 붕괴에 의한 위기에 직면했다. 이 버블경제 붕괴 후의 불황탈출을 위해 거대한 재정지출과 감세라는 경기자극책이 수차례 시도되었음에도 불구하고 이러한 케인즈적 정책은 거의 효과를 거두지 못하고 재정적자를 급상승시켰으며, 경기의 후퇴에 의해 세수는 늘지 않고 1997년까지 국채의 누적채무는 팽창을 계속하였다. 또한 국제적인 금융규제완화에 대응하지 못한 결과 일본은 구조불황에 직면하게 되었으며, 심각한 1990년대의 경제불황은 일본인들 사이에 자조적으로 '잃어버린 10년' 혹은 '제2의 패전'이라고 불리었다. 결국 연이은 관료제의 불상사 발생과 함께 위와 같은 경제적 문제에 의해 그것을 조직으로 담당하고 있는 중앙성청 조직 자체가 제도피로를 일으키고 있기 때문이라는 인식이 확산되어갔다. 이러한 인식의 확산이 중앙성청 재편구상에 계기를 부여했으며 하시모토 행정개혁에 연결되어갔던 것이다.

추진체제 및 개혁절차의 변화

하시모토 행정개혁의 추진체제로서는 수상직속기관인 행정개혁 회의가 중핵이 되지만, 수상을 포함한 전 각료로 구성하는 정부의 행정개혁 추진본부, 그리고 제3자기관인 행정개혁위원회와 지방분권추진위원회가 있으며, 자민당행정개혁추진본부가 있다. 이 기관들이 하시모토 행정개혁의 추진을 지원하는 모체이다. 그 중에서도 이전의 행정개혁과정과는 달리 수상 스스로 행정개혁 회의의 회장에 취임했다는 것이 중요하다. 왜냐하면 행정개혁 회의의 결정사항이 사실상 그대로 하시모토 내각의 결정이 되기 때문이다.

1부 12성청을 축으로 하는 중앙성청 재편에 관한 개혁안은 하시모토 내각이 행정개혁 회의를 발족시켜 약 1년여에 걸친 논의 끝에 결정되었다. 그러나 제3차 임시행정개혁심의회가 중앙성청의 재편에 대한 답신을 제출한 1993년부터 계산한다면 계획된 행정개혁안이 결론에 다다르기까지는 5년, 2001년에 실시되기까지는 약 8년의 장기적인 기간이 필요했다. 이 동안에 여·야 정권이 두 차례나 바뀌었고 여당 내에서도 하시모토 정권, 오부치 케이조(小淵惠三) 정권, 모리 요시로(森喜朗) 정권으로 바뀌는 과정을 겪으면서도 개혁의 연속성이 유지되었다. 연속성이 유지된 원인은 행정개혁의 절차 특히 '중앙성청개혁기본법'에 있다고 볼 수 있다. 왜냐하면 이 법률에 의해 중앙성청 재편의 설계도를 확정지음으로써 행정개혁의 정치과정에 등장하는 행위자들의 행동이 규정되었다고 생각하기 때문이다. 개혁을 위한 법률이 제정되면서 구체적인 성청설치법 등의 작업 시에 필요한 기준이 존재하게 됨으로써 정당을 우군(友軍)으로 끌어들여 저항하고자 하는 관료제와 이해 관계자의 저항을 상당 부분 억지(抑止)하는 효과가 있었던 것이다.

여론과 매스미디어의 변화

전후 일본의 지속적인 발전을 가져온 것은 관료제의 역할 때문이라고 생각했던 국민들의 신뢰가 1990년대 들어 변화를 보이기 시작했다. 특히

90년대 중반 대장성과 후생성을 비롯한 관료제의 불상사가 속출함으로써 전후 일본 통치구조의 중핵을 담당해온 관료에 대한 불신은 국민들 사이에서 정점에 달했으며, 그것은 행정개혁에 대한 기대 및 지지로 나타났다.

또한 매스미디어의 획기적인 변화가 중앙성청의 개혁에 커다란 역할을 수행했다고 볼 수 있다. 즉 일본의 보도기관은 권력에 밀착해서 자세한 보도는 하지만 권력의 근본적인 문제점을 정면에서 추급하려고 하지 않으며 권력의 홍보기관으로서는 기능하지만 그것에 대한 체크기능으로서는 기능하지 않는 구조적인 문제점을 안고 있다고 한다. 그러나 이번 중앙성청의 재편, 특히 대장성 개혁을 예로 들어 살펴본다면 일본의 보도기관은 대장성이 갖고 있는 문제점을 지속적으로 지적하고 개혁에 대한 대장성의 저항을 엄격하게 체크함으로써 전후 수차례에 걸쳐 좌절된 대장성 개혁에 커다란 힘이 되었다.

관료제에 대한 국민여론이 신뢰에서 불신으로 변화하는 과정 속에서 행정개혁 회의의 정보공개 전략과 관료제 문제의 심각성을 인식하고 있던 매스미디어에 의한 지속적인 보도가 국민의 지지여론을 동원할 수 있었으며, 중앙성청의 개혁에 커다란 원동력이 되었던 것이다.

정치 환경의 변화

관료제와 자민당은 일당우위정당시스템 하에서 안정적이고 장기적인 융합관계·이해관계를 유지해왔다. 그러나 93년, 자민당이 야당으로 전락하면서 자민당과 관료제 사이에 변화가 일기 시작했다. 이 변화가 중앙성청이 재편될 수 있었던 정치 환경 변화의 첫 번째 요인이다. 자민당 정권이 붕괴하자 자민당 장기집권 아래에서 '정치화' 되어 있던 관료제는 새로운 여당의 자리에 앉은 비자민 諸정당, 특히 그 중핵에 있었던 오자와 이치로(小澤一郞)의 신생당과 긴밀한 파트너관계를 구축하려고 했다. 정계가 불안정한 상태에서는 중립적으로 행동하는 것이 정답이었음에도 불구하고 관료제는 자민당이 단기간 내에 다시 정권에 복귀했다는 사실을 고려한다면 최악의 선택을 하고 말았다. 구체적으로 말한다면 호소카와 정권기의 특징은 본래 내각을 지탱해야 할 관료기구, 특히 대장성과 통산성이 비자민연립여당의 중추와 극히 밀접한 관계를 가지고 있었다는 것이다. 이러한 관계를 상징하는 사건이 '국민복지세' 구상을 둘러싼 혼란이었다. 대장성의 사이토 지로(齋藤次郞) 사무차관과 밀접한 관계에 있던 오자와 두 사람에 의해 시도된 것으로 알려진 국민복지세 도입구상과 그 좌절에 대해 자민당은 장기간 융합관계를 유지해왔던 대장성이 재정재건이라고 하는 자신들의 사정만을 고려하여 만들어낸 국민경시의 정치라고 비판하였다. 이 혼란과정에서 자민당의 정치가는 대장성에 의해 무시되고 바보취급 당했다고 하여 분개했다고 한다. 관청 중의 관청으로 불리며 막강한 권력을 자랑하던 대장성은 오자와를 파트너로 선택한 결과 여당에 복귀한 자민당에게 있어서 더 이상 파트너가 될 수는 없었으며, 오랫동안 지켜져왔던 대장성 조직을 보전하는 약속도 위와 같은 대장성의 '배신행위'에 의해 파기되었다.

자민당이 대장성 개혁을 본격적으로 추진하기 위해서는 그 전에 대장성과의 파트너십을 단호하게 청산할 필요가 있었으나 대장성은 끊어내버리기에는 너무나도 가깝고 매력적인 존재였다. 정권을 한번 건네주는 것에 의해서 처음으로 자민당은 대장성을 잘라버리는 결의를 굳힐 수 있었다. 이러한 배경 아래에서 진행된 대장성 개혁이 계기가 되어 중앙성청

개혁이 시작되었던 것이다. 관료제 저항의 가장 강력한 무기였던 자민당 의원을 통한 저항은 그 유효성을 상실하고 말았다. 또한 관청 중의 관청이라 불리었던 대장성의 개혁이 다른 중앙성청의 재편보다 선행되어 이루어졌다는 사실은 다른 중앙성청이 개혁에 대해 저항하는 힘을 약화시키는 효과를 가져왔다고 볼 수 있을 것이다.

정치환경 변화의 두 번째 요인으로는 당시의 정권이 복수정당에 의해 이루어진 연립정권이었기 때문이라는 점을 들 수 있을 것이다. 1996년 1월 무라야마 수상으로부터 하시모토가 정권을 인수받을 때 자민·사민·사키가케 3당에 이루어진 '3당 합의'에 중앙성청의 재편에 대한 검토항목이 포함되어 있으며, 1996년 10월의 총선거 후 여당 3당이 교환한 '새로운 정권을 향한 3당 정책합의' 문서에도 중앙성청의 대대적인 개혁과 1998년 통상국회에의 법안제출을 명시하고 있다. 이러한 제약으로 인해 관료기구의 정리통합에 대해 지지모체인 노동조합과의 관계상 소극적일 수밖에 없었던 사민당도 표면적으로는 반대가 어렵게 되었다. 최대 야당인 신진당도 행정개혁에 관한 한 기본적으로 자민당과 일치하고 있었으며 그 의미에서 공산당과 함께 반대 가능성이 있는 사민당이 여당으로서 연립정권에 참가하고 있던 시기야말로 중앙성청 재편을 추진하는 호기였던 것이다. 또한 중앙성청의 재편에 선행되어 불완전하게나마 대장성 개혁이 실현될 수 있었던 이유도 야당시절에 대장성에 비판적이었던 사회당(사민당)[7]이 여당에 참여하고 있었다는 점과 사민당 이상으로 대장성 개혁에 열심이었던 사키가케가 여당이었다는 점을 들 수 있을 것이다.

---

7 사회당은 1996년 1월 19일에 개최된 당대회에서 당명을 사회민주당(사민당)으로 변경했다. 참고로 말하면 사회민주당으로의 당명의 영문표기 변경은 이미 90년에 이루어졌다. 즉 90년 9월 6일의 중앙집행위원회에서 'SPJ : Socialist Party of Japan'을 'SDPJ : Social Democratic Party of Japan'으로 변경할 것을 결정했던 것이다.

4___ 정치주도형 행정개혁

하시모토 행정개혁이 추구한 정치주도라는 개념은 정책면에서 말하면 내각과 여당의 일체적인 운영을 의미하며, 제도적으로는 내각주도에 의한 정책결정시스템의 구축을 의미한다. 이때 정치주도가 의미하는 것은 여당으로서의 자민당주도가 아니라 내각주도 또는 수상의 리더십이라고 하는 것은 명백하다. 그것은 지금까지의 정치·행정의 관행, 즉 관료우위에 의해 이루어지는 정책결정의 구조를 근본적으로 수정하는 것이라고 말할 수 있을 것이다. 위와 같은 내각(수상)에 의한 정치주도라는 제도적 환경의 변화를 적극적으로 이용하려고 한 것이 고이즈미 준이치로(小泉純一郎) 수상이었다.

이러한 자세가 고이즈미 정권이 전후 일본의 역대정권 중에서 사토 에이사쿠(佐藤榮作), 요시다 시게루(吉田茂)에 이어 세 번째로 긴 장기정권을 유지할 수 있는 배경이라고 말할 수 있다. 이 고이즈미 정권이 일관해서 주장해온 슬로건이 '성역(聖域) 없는 구조개혁'이다. 경제, 재정, 행정, 사회, 정치 각 분야에서의 구조개혁은 고이즈미 정권의 상징적 과제였으며, 일본국민도 고이즈미 수상의 '구조개혁'을 지지했기 때문에 내각지지율도 기본적으로 40% 이하를 기록한 적이 없이 전후 일본정치 역사상 예외적인 고수준을 장기간에 걸쳐 유지할 수 있었다.

1) 고이즈미 행정개혁의 내용

버블경제 붕괴 후 일본은 '잃어버린 10년'을 경험했다. 일본 재생을 누구나 기대했으며, 역대 내각은 개혁을 추진했지만 이렇다 할 성과는 얻을 수 없었다. 이러한 분위기 속에서 고이즈미는 "일본을 바꾼다, 정치를 바꾼다, 자민당을 바꾼다"고 선언하며 등장했다. 고이즈미가 수상이 될 수 있었던 것은 정관(政官)의 이익관계를 기초로 한 종래의 정책결정시스템을 변화시켜 달라는 기대였을 것이다. 고이즈미 정권의 발족 초기에는 오래된 정치체질의 구조개혁을 이 수상이라면 할 수 있을지도 모르겠다는 기대를 갖게 했다. 그리고 취임하자마자 곧 내각의 구체적 과제로서 구조개혁을 내걸어 개혁에 대한 분위기가 고조되었다. 당초 고이즈미 개혁에 반대하는 자는 수구파이며 기득권을 지키려 하는 정의롭지 못한 자라는 평가가 내려질 정도였다.

고이즈미 정권 아래에서 행정개혁추진본부가 추진한 행정개혁 중 핵

고이즈미

심적인 사항을 정리해보자. 고이즈미 정권 하의 2004년 행정개혁방침은 광범위한 과제를 포함한 중기적인 개혁방침이라 할 수 있으며, 주요한 내용은 ①간소하고 효율적인 정부의 실현, ②독립행정법인 조직업무의 재검토, ③특별회계 및 공회계의 재검토, ④공무원제도개혁 추진, ⑤공익법인제도의 근본적 개혁, ⑥지방분권 추진이었다. 또한 2005

년 12월에 각의 결정된 '행정개혁 주요방침'의 내용은 ①정책금융개혁, ②독립행정법인, 공영경기관계법인, 그 밖의 정부관계법인의 재검토, ③특별회계개혁, ④총인건비개혁의 실행계획, ⑤정부자산채무개혁 등이다. 이를 실현하기 위한 기본적인 개혁방침, 추진력 등을 포함한 '행정개혁추진법안'이 2006년에 통상국회에 제출되어 5월에 성립했다.

2) 고이즈미 정권의 행정개혁 과정

고이즈미 수상은 위와 같은 행정개혁을 실천에 옮기면서 국민의 절대적 지지를 기반으로 구조개혁이라는 이름 하에 도로공단 민영화와 우정공사 민영화를 이루어냈다.

도로공단 민영화

일본 도로공단 등 도로 4공단[8]은 2005년 10월 1일 6개의 고속도로주식회사와 공단의 자산·채무를 인수받은 독립행정법인인 일본고속도로보유·채무변제기구로 재편되어 '민영화' 되었다. "민간이 할 수 있는 것은 민간에게 맡긴다"는 슬로건을 내건 고이즈미 수상은 취임 이래 정책의 핵심에 구조개혁을 위치시키고 추진해왔다. 도로공단의 민영화는 그 내용은 어찌되었든 모양에 있어서는 고이즈미 개혁노선의 하나의 결실이다.

고이즈미 내각은 일본 도로공단 등 4공단의 민영화를 전제로 한 새로운 조직 및 그 채산성의 확보를 검토하기 위해 '도로관계 4공단 민영화

---

8 도로4공단이란 일본 도로공단, 수도고속도로공단, 한신(阪神)고속도로공단, 혼슈시코쿠(本州四國) 연락교공단 등의 4공단을 말한다.

추진 위원회 설치법'에 의거 '도로관계 4공단 민영화 추진 위원회'를 설치하였다. 추진 위원회는 국토교통성과 일본 도로공단 등의 관계자로부터의 히어링을 포함한 검토를 진행하여 2002년 12월 6일에 '의견서'를 고이즈미 수상에게 제출했다. 이 '의견서'에 기초하여 일본정부는 2004년 3월 9일에 '도로관계 4공단민영화관계 4법안'을 각의에서 결정하였다. 이 법안은 그 후 국회에서의 심의를 거쳐 성립하고 같은 해 6월 9일에 공포되어 2005년 10월 1일에 시행되었다.

그러나 결국 고속도로정비계획의 전 노선 건설이 가능하게 된 민영화 법안이 통과됨으로써 '민영화'라는 껍데기는 고이즈미 수상이 취했지만 '고속도로 건설'이라는 알맹이는 자민당 도로족이 취하는 결과를 낳았다. 실제로 민영화의 구조를 검토해보면, "간판을 바꾼 것에 불과하다"고 냉소를 받아도 이상하지 않다. "불필요한 고속도로는 앞으로 만들지 못하게 하겠다. 약 40조엔으로 늘어난 빚을 조기에 변제한다." 이것이 논의 시작의 주목적이었다. 그러나 계획되었던 약 9천Km의 고속도로는 모두 건설되고, 주식회사의 뒤에는 정부가 존재하는 구도로 변질되었다. 신회사가 신규노선의 건설을 자주적으로 건설할 수 있게 되었다는것은 어디까지나 표면적인 것이고, 최종적인 결정권은 국토건설성의 심의회가 잡고 있다. 정부는 주식의 1/3 이상을 보유하고, 대표이사의 선임에 간섭할 수 있다. 자금조달수단이 되는 사채에는 정부의 보증까지 존재한다.

고이즈미 수상은 총재 취임 전부터 "자민당을 붕괴시키더라도 개혁을 단행하겠다"고 공언했다. 그러나 고이즈미 수상은 도로공단 개혁을 정치적으로 결단하고 도로공단의 민영화라는 목표를 내걸었지만, 구체적인 정책의 작성을 민영화추진위원회의 위원에게 맡겼을 뿐만 아니라 그 추진위원회가 분열했을 때에도 아무런 행동을 취하지 않았다. 그 결과 개혁목적을 공유하지 않는 자민당도로족의원의 의향을 대폭 반영하는 형태로 위와 같은 내용의 개혁법안이 성립해버렸다. 이러한 의미에서 정치적 결단뿐만 아니라 정치적 리더의 개혁에 대한 관여도가 개혁의 성패를 좌우하는 중요한 요인이라는 것이 명백해졌다고 할 수 있다. 구조개혁이라는 슬로건 하에 고이즈미 수상이 하시모토파에게 '저항세력'이라는 악역의 평가를 내리고, 자신은 개혁파로서 악역을 퇴치하는 이미지를 만들어내 참의원선거, 중의원선거, 그리고 정관관계의 수정에 어느 정도의 효과를 거두었다. 그러나 도로공단 개혁에 한정하여 말한다면, 고이즈미 수상은 도로공단의 진정한 개혁보다는, 바꾸어 말하면 진정한 개혁자가 되기보다는 선거에서의 승리와 여론의 지지를 얻기 위해 정치적으로 개혁자의 이미지가 필요했기 때문에 도로공단의 개혁을 정권의 주요과제로 선택했다고 볼 수도 있다.

또한 도로공단 개혁의 과정과 그 결과를 검토한 결과, 국토교통성과 도로족, 지방자치단체의 연합전선에 의한 도로공단 개혁의 저항이 여전히 존재하고 있음을 확인할 수 있었다. 그것은 성청, 족의원, 관련단체의 삼자로 구성되는 '하위정부(subgovernment)'의 이익을 해치는 개혁의 경우에는 관료가 수상의 의향에 반하여 족의원이나 관련단체와 연계하여 저항할 수 있음을 보여준 것이다.

우정공사 민영화

2001년 1월부터 중앙성청 등 개혁기본법에 기초하여 성청재편이 행해지는 과정에서 자민당총재선거에 출마한 고이즈미는 공약에서 행정개혁에 대해 "민간이 할 수 있는 것은 민간에게 위임하고, 지방에 맡길 수 있는 것은 지방에 맡긴다. 우정사업에 대해서는 민영화한다는 생각의 기본은 바꾸지 않지만, 당면 우정 3사업의 공사화와 우정사업에의 민간 참여를 실현하고 당내 논의를 거친 후 더욱 개혁을 추진한다"고 선언했다.

자민당총재에 재임된 고이즈미 수상은 우정사업을 2007년부터 민영화하기 위한 법률안을 2005년에 국회에 제출하도록 지시했다. 그 후 경제재정자문회의를 중심으로 우정민영화에 대한 논의가 진행되었으며, 우정민영화의 구체적인 안과 필요한 법안 작성 업무 등을 수행하기 위해 '우정민영화에 관한 유식자회의'와 내각관방에 '우정민영화 준비실'이 설치되었다. 고이즈미 수상은 2004년 9월 10일 경제재정자문회의의 자문·답신을 수용하여 '우정민영화 기본방침'을 각의 결정했다. 이것으로 인해 일본 우정공사는 2007년부터 민영화한다는 기본방침이 제시되었다. 그 내용은 우정공사의 4개의 기능(창구 서비스, 우편, 우편저금, 간이 보험)을 각각 주식회사로서 독립시키는 것과 더불어 이들 4개 주식회사의 경영 일체성을 확보하기 위해 국가가 이들 4사업 회사를 자회사로 하는 순수지주회사를 설립한다는 것 등이다. 기본방침에 입각한 민영화 법안의 입안(立案)작업은 다케나카(竹中) 내신을 중심으로 우정민영화 준비실에서 행해졌다.

고이즈미 수상은 자민당 의원들의 반대를 제압하고 2005년 4월 27일에 우정민영화 관련법안을 국회에 제출했으며, 국회는 중의원과 참의원에 '우정민영화에 관한 특별위원회'를 설치하고 심의를 진행했다. 우정민영화 법안은 중의원의 심의과정에서 정부·여당 간의 조정을 거친 본회의에서 5표의 근소한 차이로 가결되었지만, 8월 8일의 참의원 본회의에서는 자민당집행부의 예상보다 많은 17표 차이로 부결되었다. 자민당의원 중 22명이 반대표를 던졌으며 8명이 결석 내지는 기권함으로써 합계 30명이 고이즈미 수상의 개혁에 반대의사를 표명했다. 고이즈미 수상은 법안부결 후 바로 해산을 단행하였다. 9월 11일에 실시된 중의원선거는 자민당이 296의석을 획득하여 고이즈미 자신도 예상하지 못했던 대승리로 끝났다. 그리하여 공명당을 합친 총 의석수가 중의원의 3분의 2 이상을 점하는 거대 연립여당이 탄생하게 되었다.

〈표 2〉 우정공사 민영화의 흐름

년 월	관 련 사 항
2001. 1	성청재편에 따라 우정 3사업이 총무성의 '우정사업청'으로 이관
2001. 4	고이즈미 내각 발족
2002. 4	우정공사 관련 4법안 국회제출
2002. 7	우정공사 관련 4법안 성립
2003. 4	우정공사 발족. 우편 민간 참여 허용
2003. 9	고이즈미 수상, 2007년 4월부터의 민영화를 포함시킨
	자민당총재선 공약 발표
2003. 10	자민당 중의원선거 공약에 우편사업의 민영화를 명기
2003. 10	내각부에 '우정민영화 연락협의회' 설치
2004. 4	경제재정자문회의가 우정민영화 중간보고 결정
	내각관방에 우정민영화 준비실과
	'우정민영화에 관한 유식자회의' 설치
2004. 9	우정사업 분할과 민영화를 목표로 한 '우정민영화의 기본방침' 각의 결정
	수상을 본부장으로 하고 전각료로 구성되는 우정민영화 추진본부 내각에 설치
2005. 4	우정민영화 관련 6법안이 각의 결정
2005. 8	우전민영화 법안 참의원 부결. 고이즈미 수상 중의원 해산
2005. 9	중의원 선거 자민당 대승
2005. 10	우전민영화 법안 가결 성립
2005. 11	우정민영화 추진실 발족
2006. 1	우정민영화의 준비·기획을 위한 일본우정주식회사 설립
2007. 10	일본우정주식회사가 지주회사로서 그룹영업을 개시

일본국민의 압도적 지지를 받은 우정공사 민영화는 2007년 10월 일본우정주식회사가 지주회사로서 그 산하에 우편사업주식회사, 우편국주식회사, 주식회사우정(郵政)은행, 주식회사간보(簡保)생명보험을 두고 그룹영업을 개시함으로써 그 과정이 종결을 맞이하게 되었으며 고이즈미 구조개혁의 최대의 성과로서 높이 평가를 받고 있다. 그러나 왜 우정개혁이 필요하게 되었는가를 검토해보면 평가가 달라질 수도 있다. 우정공사가 개혁과제가 될 수밖에 없었던 이유는 고이즈미 정권이 재정적자를 엄청난 규모로 팽창시켜 우편저금과 간이보험이 대량으로 국채와 재투채(財投債)[9]를 인수해야만 하는 상황을 만들었기 때문이다. 지금까지 고이즈미 정권은 '구조개혁'에 의해 '작은 정부'를 지향한다고 반복해서 주장해왔다. 하지만 사실은 다르다. 2001년 3월 말, 약 540조 엔이었던 국가의 채무잔고는 2005년 3월 말 시점에 780조 엔으로 오히려 급격하게 팽창했다. 문제는 우편저금과 간이보험에 거액의 국채와 '재투채'를 인수시켜 더 심각한 상황을 만들었다는 데 있다. 고이즈미 정권이 이러한 구조를 만들고, 우정공사를 '주식회사화'한다는 형식으로 스스로 발생시킨 문제의 책임을 회피하려 했다는 것이다.

---

9 재투채(財投債)란 특수법인에 융자하기 위해 2001년 4월에 신설된 재정투융자금특별회계가 국가의 신용으로 발행하는 국채를 말한다.

5___ 행정개혁의 평가

　　행정개혁의 성과를 측정하는 것은 쉬운 작업이 아니다. 선거제도개
혁의 효과와 같이 당의 의석 수의 변동에 의해 제도의 효과를 측정하는
것이 용이한 분야에 있어서는 많은 연구가 축적되어 있지만, 행정개혁에
있어서는 수상의 리더십이 어느 정도 강화되었는가, 종적행정이 어느 정
도 불식되었는가 등을 측정하는 것이 용이하지 않기 때문에 많은 연구가
이루어지고 있다고 보기는 어렵다.

　　행정개혁이 '성공'했는가 '실패'했는가에 대한 질문에 대해서도 마
찬가지이다. 성공과 실패를 어떠한 관점에서 보느냐에 따라 그 평가는 달
라질 수 있기 때문이다. 예를 들면, 고이즈미의 행정개혁에 대한 평가이
다. 일반적으로 고이즈미의 행정개혁은 고이즈미 수상의 입장에서는 커
다란 '정치적 성공'을 거두었다고 평가받고 있다. 그 근거로 수상에 취임
한 이후 5년 동안 구조개혁을 정권의 최우선 과제로 내세우고 정치적 리
더십을 발휘하는 것 같은 모습을 연출하였으며, 그것이 국민의 지속적인
지지로 이어졌다는 점이 거론된다. 가장 상징적인 사건이 우정민영화 법
안의 부결(否決)과 중의원 해산, 그리고 국민의 압도적 지지에 의한 자민당
의 대승 및 민영화 법안의 통과라고 할 수 있을 것이다. 개혁자로서의 이
미지를 지속적으로 창출함으로써 당내 기반이 약했던 고이즈미 수상은 높

은 내각지지율을 기반으로 장기정권을 유지할 수 있었다는 것이다.

그러나 필자와 같이 관점을 달리하면 즉 행정개혁의 내용에 중점을 둔다면 평가는 달라진다. 예를 들면, 도로공단 개혁의 과정과 그 결과의 검토에서 알 수 있는 바와 같이 고이즈미 수상은 도로공단 개혁을 정권의 최우선 과제의 하나로 내걸고 각의 결정했지만, 실질적으로 개혁의 과정에서 리더십을 발휘하지 않았으며 도로공단을 특수회사의 형태로 민영화했다는 것에 만족함으로써 개혁파로서의 이미지를 유지하는 데 그쳤다. 반면, 도로공단의 민영화에 의해 기득권에 침해를 받는 국토교통성 및 자민당의 도로조사회, 국토교통부회에 소속된 족의원의 저항이 강력하게 전개됨으로써 도로공단의 민영화는 실패로 끝났던 것이다. 또한 우정공사 민영화의 분석에서 알 수 있는 바와 같이 구조개혁에 의해 '작은 정부'를 지향한다고 반복해서 주장해온 고이즈미 정권이 재정적자를 엄청난 규모로 팽창시켜 우편저금과 간이보험이 대량으로 국채와 재투채(財投債)를 인수해야만 하는 상황을 만들었기 때문에 개혁을 실시하지 않으면 안 되었다는 점을 고려한다면 평가가 달라질 수도 있다는 것이다.

그러나 일반적으로 행정개혁이 '성공'이라는 평가를 받기 위해서는 4가지 조건이 존재한다고 말할 수 있다. 일본 행정개혁의 역사를 살펴보면 커다란 개혁을 성공적으로 진행하기 위해서는 몇 가지 공통된 조건이 있음을 알 수 있을 것이다.

첫째, 행정개혁의 추진에는 정치적 리더십이 절대적으로 필요하다. 통상 행정개혁을 주장하는 것만으로도 절반 이상의 사람들이 반대한다. 행정개혁은 기득권익을 가진 관계, 정계, 업계 등의 저항에 조우하기 때문에 그 저항을 돌파할 수 있을 만한 정치 지도력이 뒷받침되어야만 성공할 수 있다. 정치적인 리더십이 없으면 행정개혁은 진행될 수 없고 추진하는 실행부대가 없으면 실현되기 어렵다.

둘째, 대규모 제도개혁을 진행하기 위해서는 명확한 이념이나 비전이 있는지 없는지가 문제시된다. "무엇을 위한 행정개혁인가"라는 명확한 비전과 이념은 진행될 방향성의 이해를 용이하게 한다. 특히 개혁에 의한 '고통'이 국민에게 요구될 때 중요하다. 명확하고 납득할 만한 비전 또는 이념이 존재한다면 행정개혁이 성공으로 이어질 확률이 높다.

셋째, 행정개혁을 추진하는 데는 '상징'이 필요하다. 예를 들면 제2임조의 회장이었던 도코 토시오는 청렴함과 강직함과 화려한 경력 등에 의해 그 자체가 제2임조의 상징이었으며, 그의 국민적인 인기가 나카소네 수상이 행정개혁을 추진하는 데 있어서 영향력을 발휘했다. 또한 국민들이 이해하기 쉬운 행정개혁의 슬로건도 행정개혁의 상징으로 작용할 수 있으며, 그 예로는 '증세 없는 재정재건'을 들 수 있다.

넷째, 행정개혁을 성공으로 이끌기 위해서는 유효한 수단과 아이디어가 필요하다. 예를 들어 신자유주의자가 주장하는 민영화나 분권, 규제완화 등이 이에 해당한다고 볼 수 있다. 독립행정법인이라는 방법도 행정개혁의 유효한 수법이 될 수 있다.

마지막으로 한 가지만 첨언하고 마무리를 하고자 한다. 이 장에서는 행정개혁의 구체적 내용이나 행정개혁의 접근방법, 그 방향 등 행정학적 접근법을 선택하지 않았다. 왜냐하면 행정개혁은 정치개혁이기 때문에 정치과정론적 분석이 더 중요하다고 생각했기 때문이다. 행정기구를 개혁하기 위해서는 일종의 선택, 결정, 결단을 필요로 하며, 그것은 말할 필요도 없이 행정의 결단이 아닌 정치적 결단을 말한다. 그 정치적 결단은 유권자도 당연히 포함되지만 통상은 정치 리더의 결단이다. 또한 행정개혁에는 저항이 존재한다. 정치과정론적 분석이 중요한 이유다.

생각해볼 문제

1 왜 일본을 포함한 세계 여러 나라에서 행정개혁이 정치과제로 반복적으로 대두되는가?

2 왜 행정개혁을 정치개혁이라고 말하는가?

3 일본 행정개혁의 특징 중 하나는 심의회가 추진체제의 중핵을 이루고 있다는 것이다. 왜 행정개혁에서 심의회가 중요시되는가?

참고문헌

염재호(2005), "일본정치행정시스템의 제도적 변화", 「아세아연구」, 48권 1호.

이상훈(2002), "일본의 중앙성청 재편에 관한 요인분석", 「국제정치논총」, 42집 1호.

이상훈(2003), 「일본의 정치과정-국제화시대의 행정개혁」, 보고사.

이상훈(2006), "고이즈미정권기의 행정개혁", 「일본연구논총」, Vol.24.

채원호(2005), "전후 일본의 중앙정부개혁", 「한국거버넌스학회보」, 12권 1호.

최은봉(2007), "관료제도" 현대일본학회, 「일본정치론」, 논형.

飯尾　潤(1993), 「民營化の政治過程」, 東京大學出版會.

稲継裕昭(2008),「行政改革と政治」新川敏光・大西裕編「日本・韓國」, ミネルヴ

　　ァ書房.

大嶽秀夫(1994),「自由主義的改革の時代」, 中央公論社.

新藤宗幸(1997),「眞の行政改革とは何か」, 岩波書店.

田中一昭(2006),「行政改革」, ぎょうせい.

並河信乃編(2002),「檢証行政改革」, イマジン出版.

増島俊之(1996),「行政改革の視点」, 良書普及會.

水口憲人他編(2000),「変化をどう說明するか：行政篇」, 木鐸社.

저자소개

■ 염재호(廉載鎬)

1955년 생. 고려대학교 법과대학에서 행정학을 전공하고 미국 스탠포드대학에서 정치학 박사 학위를 받았다. 한국정책학회 회장과 현대일본학회 회장을 역임하고 현재 고려대학교 정경대학 행정학과 교수로 재직 중이다. 지은 책으로는 「現代韓國の市民社會·利益團體」(2004, 東京: 木鐸社), 「일본 과학기술 개발의 네트워크화 현황과 전망」(1997), 「딜레마 이론」(1994) 등이 있다.

■ 채원호(蔡源互)

1961년 생. 연세대를 졸업하고, 서울대 행정학 박사 및 동경대 대학원 박사과정을 수료했다. 영남대 교수를 거쳐 현재 가톨릭대학교 정경학부에 재직하고 있으며, 정부혁신생산성연구소 소장을 맡고 있다. 지은 책으로는 「새한국정부론」(2006, 공저), 「한국 지방자치의 이해」(공저, 2008) 등이 있다.

■ 김기석(金基石)

1960년생. 한국외국어대학교를 졸업하고 로스엔젤레스 소재 캘리포니아대학교(UCLA)에서 정치학 박사학위를 받았다. 경남대학교 극동문제연구소 연구원, 동경대학교 객원연구원을 거쳐 현재 강원대학교 정치외교학과 교수로 재직 중이다. 지은 책으로는 「21세기 동북아공동체 형성의 과제와 전망」
(2006, 김영작 공편) 등이 있다.

■ 하정봉(河正鳳)

1969년 생. 고려대학교와 서울대학교 행정대학원을 졸업하고 일본 쓰쿠바대
학에서 법학박사(행정학 전공) 학위를 받았다. 현재 계명대학교 행정학과 조
교수로 재직 중이다. 지은 책으로는「現代韓國の市民社會・利益團體」(2004,
東京, 공저), 「작은 정부론」(2007, 공저), 「행정과 지방자치」(2008, 공역) 등
이 있다.

■ 최은봉(崔恩鳳)

1958년 생. 이화여자대학교에서 정치외교학 학사, 석사학위를 받았고, 미국
오하이오 주립대학에서 정치학 박사학위를 받았다. 현재 이화여자대학교 정
치외교학과 교수로 재직 중이다. 지은 책으로는 「변동기의 한일 정치 비교」
(2003, 공저), 「일본정치론」(2007, 공저) 등이 있다.

■ 길종백(吉鍾伯)

1970년 생. 고려대학교를 졸업하고 일본 쓰쿠바대학에서 법학 박사학위를 받
았다. 고려대학교 행정학과 강사를 거쳐서 현재 순천대학교 행정학과 조교수
로 재직 중이다.

■ 이정만(李貞滿)

1964년 생. 서울대학교 정치학과와 행정대학원을 졸업하고 일본 동경대학에서 석박사(학술) 학위를 받았다. 경기개발연구원 초빙연구원을 거쳐 현재 공주대학교 행정학과 교수로 재직 중이다. 논문으로는 「일본 삼위일체개혁의 추진과정과 성과」(2008) 등이 있다.

■ 임승빈(林承彬)

1959년 생. 한국외국어대학교를 졸업하고 일본 동경대학교에서 학술학 석사 및 박사학위(행정학전공)를 받았다. 한국지방행정연구원, 한국행정연구원, 국립순천대학교 교수 등을 거쳐서 현재 명지대학교 행정학과 교수로 재직 중이다. 지은 책으로는 「지방자치론 3판」(2009), 「정부와 NGO」(2009) 등이 있다.

■ 김세걸(金世杰)

1960년생. 서강대학교 정치외교학과 학부와 대학원에서 정치학 학사, 석사, 박사학위를 받았다. 일본 쓰쿠바대학 외국인연구자, 한국방송대학교 일본학과 겸임교수를 거쳐 현재 서강대학교 공공정책대학원 대우교수로 재직 중이다. 지은 책으로는 「현대일본정치의 이해」(2008, 공저) 등이 있다.

■ 김웅희(金雄熙)

1964년 생. 서울대학교를 졸업하고 일본 쓰쿠바 대학에서 국제정치경제학 박사학위를 받았다. 한국전자통신연구원 선임연구원을 역임하고 현재 인하대학교 국제통상학부 부교수로 재직 중이다. 지은 책으로는 「현대일본정치의 이해」(2008, 공저) 등이 있다.

■ 권영주(權寧周)

1959년 생. 서울시립대학교 행정학과를 졸업하고 일본 교토대학에서 박사학위를 받았다. 교토대학 조수(助手), 국회의 입법조사분석관을 거쳐 현재 서울시립대학교 행정학과 교수로 재직 중이다. 주된 관심사는 일본의 정치행정, 지방자치, 지방행정 등이다.

■ 김호섭 (金浩燮)

1954년 생. 서울대학교 정치학과를 졸업하고 미국 미시간대학(Univ. of Michigan)에서 정치학 박사학위를 취득했다. 세종연구소 연구위원을 거쳐 현재 중앙대학교 국제관계학과 교수로 재직 중이다. 지은 책으로는 「일본우익 연구」(2000, 공저) 등이 있다.

■ 이상훈(李相薰)

1961년 생. 한국외국어대학교를 졸업하고 일본 국립오사카대학에서 법학 박사(정치학 전공)학위를 받았다. 오사카대학 전임강사, 강릉대학교 부교수를 거쳐 현재 한국외국어대학교 일본학부 부교수로 재직 중이다. 지은 책으로는 「일본의 정치과정」(2003) 등이 있다.

일본행정론

지은이 현대일본학회
펴낸이 김옥희
펴낸곳 애플트리태일즈

초판 1쇄 인쇄 2009년 2월 23일
초판 1쇄 발행 2009년 3월 5일

출판등록 2004년 8월 5일 제16-3393호
주소 서울시 강남구 역삼동 679-5 아주빌딩 501호
전화 (02) 557-2031
팩스 (02) 557-2032
인터넷홈페이지 www.appletreetales.com

ISBN 978-89-91667-45-7 93350